JN220054

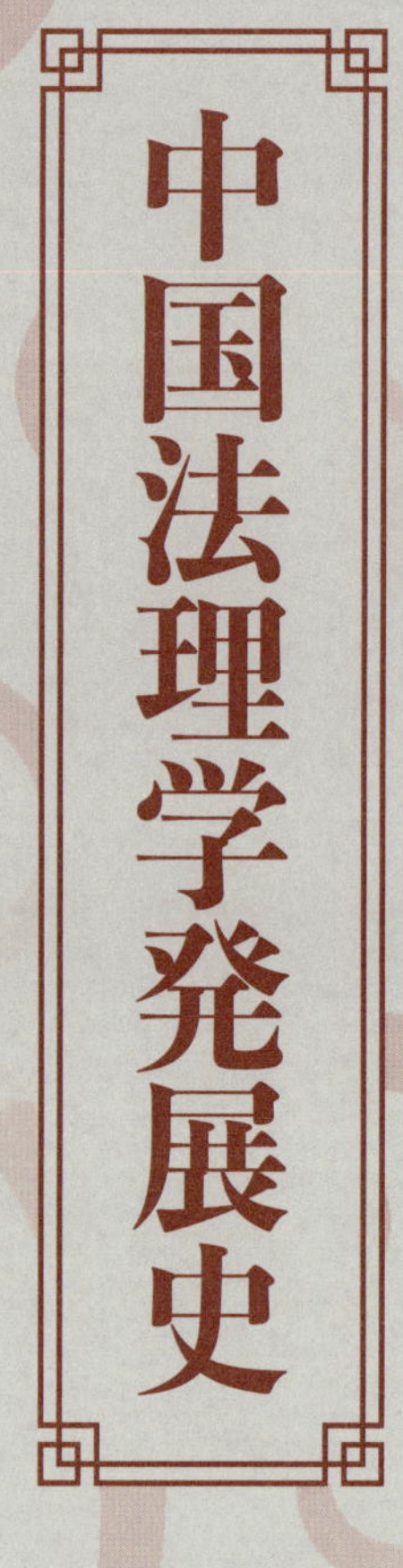

中国法理学発展史

李龍

呂衛清・神田英敬 訳

アーツアンドクラフツ

目次

装丁◉林 二朗

中華社会科学基金（Chinese Fund for the Humanities and Social Sciences）資助

＊本書は、武漢大学出版社の授権を得て『中国法理学発展史』（李龍著、2019年）を日本語に翻訳し、中華社会科学基金（Chinese Fund for the Humanities and Social Sciences）の助成金を受けて出版したものである。

中国法理学発展史

序論

　中国の法理は長い歴史を誇り、その奥深さ、豊かな民、強い国といったものは、独特の性格を兼ね備えながら、永遠に輝きを放っている。それは何千年も蓄積されてきた法治文明の結晶、歴代統治の集大成であり、「文景の治」、「貞観の治」、「康乾の治」といった繁栄を形成し、民族団結と国家統一の文明古国を作り上げると同時に、張騫（ちょうけん）のシルクロード開拓や鄭和（ていわ）の南海大遠征といった快挙を導き、民族の英雄を代々育み、国を治める人材の数々を育て上げてきた。歴史の限界と階級による偏見のせいで、中には多くの無用なものも挟まってはいるものの、合理的な参考と科学的な転換を経た上で、自国のその貴重な法治的文化財は未だ失われてはいないのである。これから理論と実践を結びつけ、まずは中国古代の法理学に導かれたいくつかの事例から話を始めたい。

一、中国法理学に導かれたいくつかの古代の事例

㈠法の海で浮き沈みした斉の桓公

　斉の桓公（かんこう）は春秋時代斉国の君主で、姓は姜（きょう）、名は小白（しょうはく）、斉の襄公（じょうこう）の弟で、紀元前六八五～六四三年の在位であった。彼は襄公が殺された後、武力で国を取り戻し即位した。そして即刻、鮑叔牙（ほうしゅくが）の提案を採用して「矢で射られた恨み」にこだわらず、管仲（かんちゅう）を宰相に任命して改革を主導させた。これにより、管仲が提唱した「法を以て国を治める」とは切っても切れない縁を結んでいく。まず彼は、管仲が提起した「人を以て本と為す」と「法を以て国を治める」という理念に基づき、国内の各分野にて改革を行う。⑴「貨を通して財を積み」、「漁塩の利」を興した。斉の国は東シナ海に面しており、塩業と漁業は極めて盛んであった。桓公は管仲の意見に基づき、塩官と鉄官を設置し、漁業および鉄鉱貿易を奨励して国財を蓄

積した。⑵農業の税制を改革し、「地を相て征を衰ぎ（訳注：土地によって税率に差をつける）」、農業の発展を奨励した。⑶行政組織を改革し、富国強兵に努めた。⑷贖刑制度を推進し、司法改革を強化した。⑸優れた人材を登用し、「匹夫善あれば得て挙ぐべし」とした。[1]⑹法に則って事を運び、すべては改革後の法律に照らして事を運んだ。

こうして「法を以て国を治める」を真剣に遂行したことにより、斉の国の経済状況はすぐに好転し、以来、国内における階級間の矛盾は緩和されていった。斉は日増しに強くなっていき、「諸侯を九合して天下を一匡し」た桓公は春秋時代における初代覇者となる。同時に、斉には良好な社会秩序が出現し、その様子も一変した。したがって司馬遷（しばせん）は『史記』の中で、斉の国における「倉廩実ちて礼節を知り、衣食足りて栄辱を知る。上度に服すれば則ち六親固し」という素晴らしい局面を称賛したのである。[2]

斉の桓公は、強い国力を背景に「尊王攘夷」の旗印を掲げ、燕の国に北戎を討つよう呼びかけて手助けをする。また、邢・衛両国を救い出し、戎狄が中原の諸侯に対し蔡・楚に攻め込むのを防いだ上、召陵にて楚の国と合流したのであった。同時に、周王室の内乱を平定し、何度も諸侯を召集して盟約を結ばせ、春秋一の覇者となっていく。

桓公はまさに、管仲の「人を以て本と為す」と「法を以て国を治める」という二大奥義を用いたおかげで、斉を強くし、春秋一の覇者という偉業を成就することができたのである。いわゆる「法治興れば則ち国家興り、法治強ければ則ち国家強し」ということである。斉の強さは、一つの道理、すなわち「法治は確かに国を治める道である」ことを示している。それと同時に、斉が強から弱へと転落していく様も、同様に「法を奉ずる者強ければ則ち国強し、法を奉ずる者弱ければ則ち国弱し」ということ示している。紀元前六四五年に管仲が世を去ると、斉の改革はそこまでとなり、「法を以て国を治める」は絵空事となった。桓公が改革措置の撤廃を宣言すると、そこから国内は大乱に陥る。人々は互いに相手を貶め合うようになり、国の大臣は国事をよそに権力闘争に明け暮れ、最終的に宮廷の内乱に巻き込まれた桓公は、宮中で餓死するという無残な最期を遂げている。

斉の桓公が法の海で浮き沈みをした一生は、法治がいかに重要なものであるかを示している。まさに改革をしようとしている国家にとっては存亡に関わる一大事なのである。これには以下の理由がある。第一に、法治は国を治める道である。改革は歴史的には変法と言われるが、この科学的名称だけ見ても、法治と改革の内在的関連が十分に示されている。ただ当時、斉の桓公が採用した管仲の「法を以て国を治める」と現代における法治とでは多少の違いがある。当時のものは形式的法治に過ぎず、実質的法治ではない。その目的も王権を守ることにあった。とはいうものの、当時の王権は奴隷制から封建制への過渡期にあったため、社会発展の法則から言えば、時代の要求に適ったものであるというべきで、ましてや法律の権威を強調し、法律が悪を挫いて善を助け、権利の帰属を定めることができると強調されている点は、当時としては進歩的な意義があったのである。第二に、法治は社会の魂である。法治は社会関係の調整装置であり、良好な社会秩序の構築にも有利で、社会の長期的安定を保障するものである。更に重要なことは、「法を以て国を治める」は、罪を憎んで人を憎まずと強調したことである。それは「後王に法る」ことを主張し、「事法に断ず」「法は貴きに阿らず（訳注：法は身分の高い人にもへつらうことはない）」ことを求め、法律が是非を判別する基準であることを強調した。更に管仲は「法を以て国を治める」ことを打ち出すと同時に、道徳の教化的役割を重視するよう求め、「国の四維（訳注：国を維持するために必要な四つの綱）」、すなわち「礼義廉恥」を提唱した。つまり、彼は法治と徳治を結び付けるよう求めたわけであるが、これは当時あるいは現在に至るまで、極めて大きな意義を有している。

　法に基づく国家統治が全面的に推進される新時代において、斉の桓公が法の海で浮き沈みした一生を我々が総括することは、有益な「自国の法治的文化財」である。そのうち三点の経験と教訓は総括に値する。第一に、改革と法治は不可分である。改革とはまさに、法律の制定・改定・廃止・解釈であり、法的根拠がなければならないものである。とりわけ、社会主義制度を自己完成させる現在の改革は、必ず憲法と法律の範囲内で行わなければならない。第二に、法治は徳治と結びつかなければならない。法治の牽引・規範的役割を発揮しつつ、道徳の教化・促進的役割も発揮していく必要がある。第三に、形式的法治と実質的法治を結びつけることである。我々は、罪を憎んで人を憎まずという形式的法治の規則的役割を強調しつつ、実質的法治が良法に基づく統治であり、権力を制限するための統治であり、人権を守るための統治であるという文明的役割を重視しておかなければならない。

㈡「法三章」を出した漢の高祖

漢の高祖である劉邦は農民の出身で、しばしば「乃公は馬上に居りて之を得たり。安んぞ詩書を事とせん」と述べてきた。(3) 劉邦は文化を重視せず、法制も重視していなかったが、後の遠征の途上で変化が生じる。彼は紀元前二〇九年、陳勝と呉広が率いる「大沢郷の乱」に呼応し、自ら沛公と名乗る。初めは項梁に属すが、後に項羽が率いる決起軍と共に反秦の主力となる。紀元前二〇六年、兵を率いて咸陽を攻め落とすと、同年一〇月、劉邦が覇上に到達した時、「秦王子嬰、素車白馬にして、頸に係くるに組を以てし、皇帝の璽符節を封じ、軹道の旁に降る。諸将に、『秦王を誅せよ』と言うもの或り。沛公曰く『始め懐王の我を遣わししは、固より、能く寛容なりと以えばなり。且つ人已に服降せるに、又之を殺すは不祥なり』と。乃ち、秦王を以て吏に属す。遂に西のかた咸陽に入る。(4)」つまり、沛公軍はまず初めに覇上に到達するが、秦王である子嬰が白装束で白馬を御しながら投降してきた。その首にはひもがかけられ、そこには皇帝の証である玉璽と札がかけられていた。将校たちの中には秦王を殺すべきだとする声もあったが、劉邦はこれをその場で抑え、かつ「人はすでに投降した。殺すのはよくない」と述べたのである。この二つの簡単な言葉からは深い道理が導き出される。すなわち、敵軍を瓦解し、抵抗力を削ぐことが、支持を取り付けるための重要な政策なのである。これもまた、後に劉邦が項羽に打ち勝った奥義と威力の源でもある。もちろんより重要なのは、咸陽入りした後の「法三章」である。

劉邦が大軍を率いて当時秦国の首都であった咸陽に入城した後、兵士の多くが農民出身だったことにより、「諸侯、皆、金帛財物の府に走りて之を分かつ」が、「沛公、秦の宮室帷帳、狗馬、重宝、婦女千を以て数えるを見、意、之に留まりて居らんと欲す」状況が現れた。すると、「樊噲諫めて曰く、『沛公、天下を有たんと欲するか、将に富翁たらんか。凡そ此の奢麗の物は、皆、秦の滅びし所以なり。沛公、何ぞ焉を用いん。願わくは急に覇上に還れ。宮中に留まること無かれ』と。沛公聴かず。(5)」樊噲は屠畜士の出で、言っていることも正しい。張良は劉邦が聞かないのを見ると、慌てて次のように諫言する。

秦、無道を為せり、故に沛公、ここに至るを得たり。夫れ天下の為に残賊を除くは、宜しく縞素を資と為すべし。今、始めて秦に入り、其の楽に安んずるは、此れ謂わゆる桀を助けて虐を為すなり。且つ忠言は耳に逆らえども行に利あり、毒薬は口に苦けれども病に利あり。願わくは沛公、樊噲の言を聴け。[6]

この言葉はうまく言い表しており、さすが参謀であり軍師でもある張良である。こうして張良は劉邦を説き伏せ、とうとう覇上へと軍を戻させたのであった。数日間考えた挙句、劉邦は長所と短所を分析し、張良や蕭何の協力の下、咸陽に進駐した際、正式に「法三章」を宣言したのであった。すなわち、「人を殺す者は死し、人を傷け及び盗めば罪に抵る」である。

「法三章」は、言葉は簡潔であるが影響は極めて大きかった。秦の民は大喜びして、すぐに牛や羊、酒などを軍に届けようとしたが、沛公はまったくそれを受け取ろうとはせず、大いに民心を得たのである。同時に、こうしたやり方は法の精神を広め、代々受け継がれていった。考証によると、唐の高祖である李淵は太原にて挙兵した際、「法十二条」を公布し、政権奪取の法的基礎を打ち立てたのであった。劉邦の「法三章」は、中国人民解放軍百万の勇壮な兵士が長江を渡る際にもいくらか啓発している。当時の中国人民軍事委員会もまた「法八条」を公布し、同様に民心を落ち着かせる大きな役割を果たした。ここから分かるように、法律とは多ければいいのではなく、洗練されたものでなければならず、そして民を基本とすべきなのである。同時に、法の威力は大きく、良法は人民から手厚く守られることとなる。

実のところ、「法三章」は劉邦の作ではなく、中国の法治文明における貴重な文化財なのである。中国古代法理学には早くから、「法は、天下の程式なり。万事の儀表なり」「法は、国の権衡なり」といった論述が見られる。法は悪を挫いて善を助け、権利の帰属を定めるだけでなく、より重要なことは、社会主義国家の法が人民の意志を表し、人民の利益を保障する点にある。まさに、毛沢東が指摘したように「法令とは幸福を謀る道具である」ということである。[7] もちろん、彼が言っているのは良法のことで、良法は以下の四大特徴を備えていなければならない。(1)人民性。すなわち、人民を中心とし、人民の意志を表し、人民の利益を守ること。(2)法則性。良法は客観的法則を必ず反映していなければならない。法律は二重性、つまり主観的意志性と客観的法則性とを備えている。良法は国情に適していなければならない。(3)時代性。良法は時代の流れに調和している必要がある。(4)操作性。良法は操作が簡便で、実践的であり、人民が理解でき、筋が通っていなければならない。そうすれば、執行する際に有利となる。

㈢漢文帝の大義による肉親殺し

この話はすでに『漢書・文帝紀』に記録がある。漢文帝の劉恒(りゅうこう)は、漢の高祖である劉邦の妃であった薄姫(はくき)から生まれた。漢文帝が位を継いだ後、薄姫は皇太后となった。彼女には薄昭(はくしょう)という弟がいる。つまり漢文帝のおじである。薄昭は元々将軍であり、後に文帝から軹侯に封じられた。彼は皇帝の親戚という身分に頼り、好き勝手に振る舞い、法など眼中になかった。文帝十年(紀元前一七〇年)、朝廷は薄昭に使者を派遣したが、その際、使者が薄昭の前でうっかり礼を失したため、彼は激怒し、その場で使者を殺してしまう。

これにより朝廷は騒然となる。これを知った漢文帝は、大臣の意見を求める。大臣たちの意見の多くは、法に則って処置すべきというものであった。しかし、中には「皇帝陛下、薄昭は皇太后さまの実の弟です。もし皇帝がおじさまを殺したとなれば、これは最大の不孝ですよ!」という者もいた。それを聞いた漢文帝は同意せず、「まさに多くの家臣たちが申しているように、それでは物事の一面しか見ていないことになってしまう。おじを殺して母を悲しませるのは親不孝である。しかし、こうした国法をないがしろにする高官がやりたい放題やっていては、劉家の天下は転覆する危険がある。国の法令に目もくれない薄昭を殺し、劉家の地盤を守る。皇太后は皇太后のままだ。これこそが最大の孝行の道だ!」と言った。文帝の勅令が下った後、伝令が戻ってきて薄昭は死ぬ気などないと言う。そこで文帝は一つの方法を思いつく。大臣たちに、喪服に着替えて共に薄昭の屋敷まで行き、泣き叫んでみせるよう命じたのである。このやり方は予想通りの効果をもたらす。薄昭は大勢はもはや挽回できないと分かって、仕方なく自殺してしまう。

この事例が示した法の執行における平等思想は、かつて広範な議論を巻き起こした。東漢の有名な学者である王充(おうじゅう)はある評において次のように語っている。

法は乃ち天下の名器なり。法宥すべきものは、天子私を以て宥すを得ず。法誅すべきものは、天子私を以て誅すを得ず。故に人を殺したる者は死す。文帝の法は乃ち高祖に受くるものなり。昭、漢の使を殺し、正に此の科に坐す。椒房に悪を醸し、神器を盗窃したるは、悉く之に基づくなり。斯の時、将に之を全うして以て母の生を保たんと欲すれば、則ち上高祖の成憲に違う。固より不孝なり。将に之を殺して宗社を保たんと欲すれば、則ち母或は食べずにして死す。亦不孝なり。但昭を誅して以て母を傷しむるは、その不孝の罪は小なり。法を廃して以て昭を存つは、その不孝の罪は大なり。世固より未だ変を乗輿に及ぼして而して母能く独り存ずることなし。則ち昭を誅し正に母を存つ所以なり。(8)

宋の大物の儒学者である司馬光もまた次のように評している。

法は、天下の公器なり。惟善く法を持する者は、親疎一の如く、行わざる所なし。則ち人、敢えて恃む所有りて之を犯すものなきなり。(9)

この言葉は非常に意味が深い。なぜなら法は支配階級の共通の利益の現れであることから、支配階級の全体の利益を守るため、個別の人間が法に違反し風紀を乱すことは許さない。それがたとえ、支配階級内部の極僅かのメンバーであっても同じなのである。この理論から見れば、我々の反汚職・反腐敗も同じ理屈となる。汚職をする者も、元々は人民の一員であり、しかも重要な国家幹部もしくは指導者でもある。彼らが一旦法律に違反すれば、同様に法に則って処罰を受けるのである。

(四)張釈之の公正なる法の執行

『史記・張釈之馮唐列伝』には、次のように記載されている。西漢元年（紀元前二〇二年）、張釈之は漢文帝の時に廷尉という職につく。ある日、漢文帝が狩りから戻ってくる途中、中渭橋を通ろうとした際、突然蓑をかぶった者が橋の下から走り出てきた。その赤黒い姿は、文帝の乗った車を驚かせた。この時、文帝は激怒し、この者を捕まえるよう命を下し、張釈之にこれを裁かせた。張釈之が「なぜ避けようとしなかった？　お車を驚かせ、皇帝はもう少しで地面に投げ出されるところだったんだぞ」と詰問すると、その者は「皇帝がこの道をお通りになると聞いたので、私は橋の下に隠れていました。しばらくして、もう行かれただろうと思い、ああして出てきたのです。まさか出てきてすぐに皇帝の隊列に出くわし、皇帝を驚かせることになるなんて思いもしませんでした」と答えた。張釈之はこれを聞いた後、関連する法律に則り、この者に一定の罰金を支払うよう判決を下した。文帝はそれを聞くとすぐに顔色を変え、張釈之を呼んで「そなたは例の皇帝の隊列を乱した者をどう処理したのだ？

朕の馬が穏やかな気質だったからよかったものの、もし他の馬であったら、朕は投げ出され確実にケガをしておった！　にもかかわらず、廷尉よ、お前は寛大すぎやせぬか？　このまま罰金だけで終わらせるつもりか？」と尋ねた。張釈之はあわてて左記の通りに説明した。

法は天子の天下と公共する所なり。今、法は此れの如し。更に之を重くせば、是れ法、民に信ならざるなり。且つ其の時に方りて、上、使をして立に之を誅せしめば則ち已む。今既に廷尉に下せり。廷尉は天下の平なり。一たび傾かば、天下の法を用いるもの、皆、之が軽重を為さん。民、安んぞ其の手足を措く所あらん。惟だ陛下、之を察せよ。(10)

これは、「陛下、法理は天下の法であり、天下の人々が陛下と共に決めたものです。本朝の法律では、車列に誤って突っ込んだ者の規定を罰金を科すとしております。もしもこれを勝手に変更したら、法理は人々の前でその信義を失ってしまいます。先程陛下が勅命を下してこの者を殺してしまっても、別に大したことではありませんでしたが、法律の威厳は失われます。しかも、陛下はすでに私にその処置をお任せになった。私は廷尉として法に基づいて処理し、天下の公平を司らなければなりません。さもなくば、庶民はどうして安心して暮らせましょうや？　法の執行と刑の使用はやりたいようにやってはならず、必ず法理に基づいて行われるものです。どうか陛下、ご再考を！」という意味である。これを聞いた文帝は、張釈之の言うことももっともだと考え、その場で「廷尉よ、お前は正しい！」と言った。それ以来、張釈之の厳格なる法の執行は美談として伝えられていく。

㈤唐の太宗が諫を納むること流るるが如く国策を決定

「貞観の治」の重要な特徴は、まさに太宗（たいそう）による諫言を次々と取り入れた慎重な政策決定である。封建社会は特権社会であり、とりわけ君主はとてつもない権力を有していた。その中には暴君もいたが、名君もいた。唐の太宗は、まさに魏徴（ぎちょう）が褒め称える名君だったのである。かつて人が魏徴のことを忠臣と称えた際、魏徴は「私などよくて良臣レベルだろう」と答えている。彼は頭の悪い君主の元に仕えるのが忠臣だと考えており、太宗は名君だから彼はむしろ良臣だというのである。魏徴がこう言うには、深い訳がある。彼が提出する諫言は最も多く、そのほとんどが太宗に採用されてきた。しかし、激しい討論となったこともある。貞観六年（六三二年）、太宗は天下太平であることから、泰山へ行って封禅の儀（訳注：古代皇帝最高の儀式）を行いたいと考えた。表向きは天の神に状況を報告するためとしたが、実際には貞観時代の業績を誇示するためであった。ところが当時、魏徴らに反対された。双方は激しい議論を重ね、太宗は怒りに震え出した。太宗が「公、朕が封禅するを欲せざるは、功未だ高からざるを以てか。」と尋ねると、魏徴とのやり取りはこう続く。「高し。」「徳未だ厚からざるか。」「厚し。」「中国未だ安からざるか。」「安し。」「四夷未だ服せざるか。」「服せり。」「年穀未だ豊ならざるか。」「豊なり。」「符瑞未だ至らざるか。」「至れり。」ここまで来て、太宗は再び「然らば則ち何為れぞ封禅す可からざる。」と尋ねた。魏徴は最後に次のように答えた。

> 陛下、此六つの者有りと雖も、然るも隋末の大乱の後を承け、戸口未だ復せず、倉廩尚虚し。而るに車駕東巡せば、千乗万騎、其供頓の労費、未だ任え易からざるなり。且つ陛下封禅せば、則ち万国咸集まり、遠夷の君長、皆当に扈従すべし。今、伊洛から以東、海岱に至るまで、煙火尚希に、灌莽目を極む。此れ乃ち戎狄を引きて腹中に入れ、之に示すに虚弱を以てするなり。況んや賞賚（しょうらい）貲（はか）られざるも、未だ遠人の望に厭かず、復を給すること連年なるも、百姓の労を償わざるをや、虚名を崇びて実害を受くるは、陛下将に之を用いんとする。(11)

結局、太宗は真面目に考えた結果、魏徴ら大臣の意見を受け入れたばかりでなく、彼らに褒美を与えたのである。これと似たような状況は何度も起こったが、太宗は基本的に諫言をした役人の提案と意見を聞き入れている。もちろん、こうした諫言を民主と名付けることはできないが、君主が衆知を集めて有益な意見を広く吸収するには大変有益なものであった。

唐の太宗が諫言を次々と受け入れたという史実は、長期的視野に立つ歴代の君主や大臣に影響を与え、制度の上からも認められていく。歴代の官職においては、御史以外に専門の諫官を設置し、その諫言に対する責任追及は行わないと法律で規定した。もちろん諫言を次々と聞き入れることができる皇帝は極めて少なかった。したがって孫文は、古代中国の制度を総括した際、歴代の御史制度に評価を与えると同時に、「五権憲法」を打ち出している。「三権分立」の基礎の下、考試権（訳注：人事試験）と監察権（訳注：行政監査）を加え、考試院および監察院という二つの機関を新設したのである。中国共産党中央委員会は国家制度を設計した際、行政機関内部にまず二つの監察部門、すなわち監察と審計（訳注：会計検査）を設けた。二〇一八年には『国家監察法』が成立し、国家機関の完成度を高め、全国人民代表大会の中に国家監察委員会を設置したのである。つまり、全国人民代表大会は、一府（人民政府）、二委（国家軍事委員会、国家監察委員会）、両院（最高人民法院、最高人民検察院［訳注：それぞれ日本の最高裁判所と最高検察庁にあたる］）を管轄することとなり、全国人民代表大会というこの根本的な政治制度をより一層強固かつ完全なものとし、法に基づく国家統治を全面的に推進する道のりにおいて着実な一歩を再び踏み出したのである。

㈥李離が処刑ミスで自らに死を願い、「死を失すれば則ち死す」と法に基づき実施

『史記・循吏列伝』の記載によると、春秋時代に晋の文公が政治を行っていた時代に、李離（りり）という裁判官がいた。彼は法律にひたすら忠実で、慎重な量刑を強調し、法に則って公正な処断を行っていた。しかし、ある時彼は法律を誤って適用し、誤認判決による処刑ミスを犯してしまう。判決後、李離は自らの判決に極めて大きなミスがあり、処刑すべきでない人を誤って殺したことに気づく。彼は大変後悔し、晋国の法律である「刑を失すれば則ち刑せられ、死を失すれば則ち死す」の規定に照らし、自らの責任を追及するよう進んで願い出る。こうした司法制度は、晋国の法の執行が厳格かつ明瞭であり、法律の影響を深く受けていることを物語っている。このような司法責任制度は多数の王朝で踏襲された。例えば、秦律では「出入人罪（訳注：有罪者を無罪、無実者を有罪とみなす裁判所の判決ミス）」を犯した裁判官の責任を追及する制度を規定している。唐代の永徽律にもまた、「諸の官司、人を罪に入れたる者は、若し全罪を入れたるときは全罪を以て論ず。（中略）其の罪より出したる者、各之の如し」とあり、さらに次のように規定されている。

即ち罪を断じ入（訳注：無罪の者への有罪判決）に失したる者は各三等を減すを聴し、出（訳注：罪人への無罪言い渡し）に失したる者は各五等を減す。若し未だ放を決せずんば、放に及べども還獲（また）る。若し囚自死すれば、各一等を減すを聴す。[12]

要するに、裁判官の判決に対し、法律は極めて厳格に規定しているのである。

この事実は、古代中国が厳格な法執行という法理学の思想の影響を深く受けていたことを説明している。もちろん、この時代は「お役所の門は誰でも入って行けるよ

うに八の字に開けてあるが、金がないなら理があっても入ってくるな」と言われ、良い役人や法の執行人は少数であった。しかし、中華五千年の文明史の中で、法意識をしっかりと心に留め置く法官もいた。李離が法官として進んで冤罪事件の法的責任を取ろうとしたような事例は稀であるが、それでも時折見られる。したがって、厳格な法執行というこの重要な自国の法治的文化財は、今日でも合理的に参考とする価値がある。もちろん、冤罪事件の主観・客観的事情に基づき、判決ミスの責任追及を確定させる必要はある。

㈦明の太祖は皆の意見に耳を傾け、公正に法を執行

ある日、明の太祖である朱元璋（しゅげんしょう）が宮中で馬皇后と国事について話していたちょうどその時、二人の宮中役人が互いに罵り合い、殴り合う事件が勃発した。皇帝の前でかくも勝手な振る舞いをするのは、あまりにも礼を失した行為である。朱元璋はそれを見て激怒し、今にもかんしゃくを起こしそうになる。馬皇后はそれを見て、取り返しのつかないことにならぬよう、わざと怒りを装いながらその二人の無礼者を捕らえさせ、宮中の司法官へ引き渡し判決を下すよう命令する。しばらくして、朱元璋の怒りも収まる。彼は皇后に「あの喧嘩していた二人の家来、おまえはなぜ直接処置せず、宮中の司法官に引き渡したのだ？」と尋ねる。皇后は「陛下、私は、賞罰というものは必ず公正でなければならず、公正に行ってこそ説得力があると聞いております。つまり、嬉しいから褒美を取らし、頭に来たから刑を重くすることで、他人にその是非を議論させる余地を与えてはいけないのです。私があの二人を宮中司法官に引き渡したのは、彼らは法に則り、情状に応じて判断することができるからです。それに、陛下は天下をお治めになる方です。自ら賞罰を行うなど言語道断です。罰や量刑は司法官のみが行えるものなのです」と答えた。朱元璋は皇后のこの言葉を聞いて大いに喜び、すぐに史官を呼んで皇后のこの言葉を記録させ、後の世への警告とさせた。朱元璋は常に公正な裁判を重んじ、何件かの不公正かつ私腹を肥やそうとした冤罪などの判決を処理している。例えば、私利をむさぼるために法を曲げた刑部尚書の楊靖を処刑し、老臣袁春が起こした冤罪事件を処理すると共に、その官職を解き、永久追放とした。明の太祖による公正な法の執行は、庶民たちにも好評であった。

以上七つの事例は、法に基づいて公正に判断する典型例を挙げたに過ぎないが、封建社会全体から見れば、中

国封建等級制度は開かれたものであった。開かれていたが不平等だったのが封建社会の特徴である。たとえ公正な裁判がいくつかあったとしても、その目的は封建統治者の政権を守るためであった。しかし、中華法治文明における法理思想の影響を受けた一部の封建官吏たちが公正に裁判を行った美談が長年語り継がれてきたという事実も、我々は見落とすべきではない。例えば、包公（包拯）の裁きや海瑞の冤罪取消などである。ここではただ、中国法理学における一連の理念と判断、例えば「法を以て国を治める」、「人を以て本と為す」、「公正な裁き」などの影響が確かに大きく、人々の心に深く刻まれていることが説明されているのである。まさに毛沢東が指摘したように、孔子から孫文までの貴重な文化財は継承・発揚し、その真髄を吸収して不要な部分を取り去るべきなのである。

二、中国法理学の研究対象

法理学は法学の知識体系における基礎学科かつ法学の主幹であり、法学における法則性、普遍性、基本性の問題を専門に研究し、その研究対象は法と法律現象およびその発展の法則に及ぶ。法理学のことを法理の学問と称し、法理学の研究対象を「法理」に概括した学者がいる。朱熹は哲学のレベルから「事々物々、皆至理あり」と考えた[13]。漢の宣帝は法学の深みから捉え、国家統治における「政事、文学、法理の士」の特別な役目を強調し、ひいては中国法理学の特徴を備えた「覇王の道を以て之に雑う」[14]、すなわち儒教と法理による共同統治の理念を打ち出した。これで「法理」が極めて重要であることが分かる。法理には二つの切っても切れない部分、すなわち「法の原理」と「法の公理」を含んでいることを歴史は証明している。

実際のところ、マルクスは『資本論』の中で、資本家が工場を管理する職能について語った際、法に基づいて国家を管理する政府の二つの職能、すなわち政治統治と公共管理について早くから触れている。エンゲルスは「政治統治は至る所で、ある種の社会職能の執行を基本としている。しかも政治統治は、そうした社会職能を執行した時にのみ、続けていけるのだ」と、より踏み込んだ論証を行った[15]。我々は「法理」を、法の原理と法の公理という二つの部分に分ける。これは名作の中からもその理論的根拠が見つけ出せる。法の原理は階級対立の社会において、実質的には一種のイデオロギーであり、階級性を備えている。そして法の公理は、法律関係の実践の中で人類が形成してきた共通認識である。それは専ら人類の法治文明に属し、人類共通の願いを反映し、明らかな社会性を備えている。

1、法の原理

法の原理は、法の本体、法の範疇、法の発展、法の運営、法の秩序、法の関係、法の遵守などを含む。そして、これらの原理は以下の特徴を備えている。⑴法則性。これはマルクス主義法学の根本的特徴で、すなわち法は発明されたものでなく発見されたものだと考える。唯物史観では以下のように示す。法は二重性を備えており、一つは主観的意志性である。法とは、国家の意志まで格上げされた支配階級の共通の意志を表したものである。二つ目は客観的物質性である。すなわち法の内容は、階級対立の社会における支配階級の物質生活によって決定され、つまるところ、客観的法則の反映なのである。⑵基本性。法理学は法学体系全体の中の基礎学科である。それが論述するものは、概念、理念、範疇の羅列ではなく、有機的に結びついた厳密な構造である。それは乱雑で空虚な言葉ではなく、秩序立った科学的システムであり、法学体系全体のための強固な土台を築いているのである。⑶マクロ性。法理学が語るのは法学の理であり、マクロ的指導性を備えている。それは各部門の法体系に対する牽引、啓発、促進、保障的役割を持っているということであり、まさにそうした原因から、法学専攻では初めに法理学を研究・学習する。かつては「法学イロハのイ」と称されたが、イロハのイなどでは全く不十分であり、通常は大学四年生や院生段階において「法理学」の特別講義が開設される。それどころか、法学の部門ごとに「部門法理学（訳注：英語でBranch jurisprudenceと言う）」、例えば「刑法法理学（あるいは法哲学）」、「民法法理学」、「国際法法理学」などを特別開設する場合もある。これほど重要なものであることから、これまでの法理学の教材では、法理学を、第一に法学の基礎理論、第二に法の一般理論、第三に法のイデオロギーと概括している。第一と第二の問題に関しては、関連する法理学の教材ですでに細かく、はっきりと解説がなされているため、ここでは繰り返さない。

ここでは、法のイデオロギーについて説明しておく。唯物史観原理に基づけば、イデオロギーとは、一定の経済的土台（下部構造）の上に築かれた政治・法律・文化などの制度およびそうした制度にふさわしい政治・法学などの観点のことである。法理学はイデオロギーの重要な現れであり、強い階級性を備えている。したがって、人々は政治と法律を関連づけ、政法思想あるいは政法部門と称している。習近平はここ数年、関連する講話の中で法学の政治性について繰り返し強調した。中央政法委員会も、法学におけるイデオロギー問題について繰り返し指摘している。習近平は次のように明確に指摘している。

　法治の中には政治があり、政治から逸脱した法治はありえない。西側の法学者もまた、公法は一種の複雑な政治的言語形式であり、公法分野内の争いは政治論争の延長に過ぎないと考えている。すべての法治形態の背後には政治理論が隠されており、すべての法治モデルの中には政治的ロジックがあり、すべて法治の道の下には政治的立場が埋まっている。我々が貫こうとしている中国の特色ある社会主義法治の道とは、本質的には、法治領域におけるその具体的現れなのだ[16]。

2、法の公理

法の公理には二つの側面が含まれる。一つは自然の公理であり、例えば、法の適用における二+二＝四の使用である。もう一つは法学の公理であり、これは全人類が公認する公理、例えば法治文明、公平正義、手続的正義、人間本位などである。

法の原理は、法の基礎、核心部分であり、法理の主幹でもある。法の公理は、人々が法の原理を運用する実践の中の、法の共通認識に対する概括であり、法理の真髄である。法の原理ではその理論的基盤が異なることから、異なる制度下では異なる体系と観点、例えばマルクス主義法学原理と資本主義法学原理には本質的な違いが生じる。しかし法の公理は、法理学の実践におけるすでに合意に達した既成の共通認識、例えば法治文明などで、これらは人類の共通認識である。法治が一種の素晴らしい国家統治の理念であるということは、人類共通の考えである。紀元前六〇〇年に中国法学の先駆けであった管仲にしろ、その後出てきた古代ギリシャのアリストテレスにしろ、みな法治は国を治めるよい方略であると考えた。もちろん、中国と西側とでは、法治を実施する際、理論的基盤や階級的本質が異なることから、実践の中に大きな違いが生じる。そこで、我々は全面的に法に基づいて国を治める過程の中で、マルクス主義法学の指導を貫き、習近平による新時代における中国の特色ある社会主義法治思想を一貫して堅持している。これは、法治自身が人類の共通認識であり、人類が共に求めている国家統治の道であることを意味している。しかし、異なる国で法治が運用される実践においては、主体が異なることからその性質にも多少の違いが出てくる。ただし、「法治」自身は、人類が共同で追い求める一種の理念であり、明確な「共通性」を備え、人類が国家を治める真髄である。したがって、そうした基礎の下、我々は人類の法治文明の真髄を受け継いで発揚し、中国古代法理学における合理的要素を合理的に、自国の法治的文化財を十分に生かしていく必要がある。同時に、外来の法治的文化財も合理的に受け入れ、「昔のものを今に役立てる」、「西洋のものを中国に役立てる」というやり方を着実に成し遂げていかなければならない。それにより、中国法理学は民族的特徴を有しつつ、中国と西洋を貫く法治文明の集大成かつ理論の深い学科となるのである。

中国法理学発展史は、中国法理学という二級学科の中の三級学科であり、その研究対象が中国法理学の誕生・発展の歴史的過程、主要人物、基本理論、それに対する評価であることは言うまでもない。中国法理学の発展過程はおよそ三段階に分けられる。一つ目は中国古代法理学、二つ目は中国近代法理学で、ここには法理学の転向、基本的には西洋法理学の受容が含まれる。三つ目は現代法理学、すなわち一九四九年一〇月に中華人民共和国が成立した時に始まった法理学革命で、またの名をマルクス主義法理学、あるいは中国の特色ある社会主義法理学と呼ぶ。中国法理学発展史は唯物史観を理論的基盤とし、中国史上の法学理論に対して評価を行ったもので、実際には法学と史学の有機的結合である。したがって、必ず史学を結合し、論を主とする原則、すなわちマルクス主義法学理論を用いなければならず、それにより中国法理学発展の史実を観察・分析し、そこから人民や社会、法理学の発展に有利な積極的要素を真剣に総括していくものである。当然、中国法理学には何千年という悠久の発展の歴史があり、二〇余りに及ぶ歴代王朝の経験や教訓の集大成であることから、荷の重い任務となる。現在に至るまでこのような先例がないのは疑う余地のないところである。本書は、中国法理学発展史を研究した中国初の著作であるため、明らかに多くの課題が存在している。しかし筆者が浅い見識を披露することで議論のきっかけとなり、この重要な学科を共同研究していけるよう、同業者諸君にはそう望みたい。

言うまでもなく、中国法理学の任務は荷が重いものであるが、光栄なことでもあり、これが中国の法学界、とりわけ法理学界における歴史的責任であることは疑問の余地もない。我々はまず、法理学における以下の幾つかの役割を果たしていかねばならない。

第一に、中国の特色ある社会主義法治理論構築のために理論的サポートを提供することである。中国の特色ある社会主義法治理論は、中国の特色ある社会主義理論体系の重要な構成部分である。同時に、中国の法治国家実践における科学的総括と昇華であり、中国共産党による執政の法則および全面的な法治国家の構築における法則を深く意識した大きな成果でもある。実践が証明するように、中国共産党による指導は、中国の特色ある社会主義法治における最も本質的な特徴となる。党の指導から離れてしまえば、我々の法治構築は方向性を失い、悪の道へと進む可能性もある。我々は「党が上なのか、法が上なのか」という偽の命題の欠点を暴いて批判し、「権力が上なのか、法が上なのか」という真の命題に対し、科学的な解説を加えていかなければならない。

一つ目の問題に関して言えば、「党が上なのか、法が上なのか」という偽の命題を掲げようとするのは政治的目的によるものである。この問題は元々明確であるが、わざとこれを持ち出す人間もおり、その下心は容易に見てとれる。この世に政治のない法治はなく、とりわけ現代社会においては、政治から離れた法治など全くあり得ない。この点に関しては、西側の法学者たちですら認めざるを得ず、法律分野における論争とは、政治論争の延長に過ぎないのである。国際闘争という歴史が証明するように、すべての法制形態の背後には必ず政治的ロジックがあり、すべての政治的ロジックの中には政治的立場が含まれている。我々が貫く中国の特色ある社会主義法治の道とは、本質的には法治分野における中国の特色ある社会主義政治の道の具体的な現れである。また、我々が発展させる中国の特色ある社会主義法治理論とは、本質的には法治上における中国の特色ある社会主義理論体系の理論的成果である。そして、我々が構築している社会主義法治体系とは、本質的には中国の特色ある社会主義制度の法理的表現形式である。そこで、中国共産党と法との関係は一種の相互関係、高度に統一した関係となる。社会主義の法律は党の主張と人民の意志とが統一されたものとなり、党が人民を率いて法律を制定することは、同時に人民が普遍的に守る法律を党も遵守し、党自身もまた憲法と法律の範囲内で行動しなければいけないことを示している。したがって、党の指導と社会主義の法律とは一致しており、どちらが上なのかという問題は存在しない。そういうわけで、この問題は実質的に偽の命題であり、提起者が政治的下心で言い出したのでなければ、デタラメな考えであると言わざるを得ない。法理学の任務はこの重要な問題をはっきりと説明することである。一方、「権力が上なのか、法が上なのか」は、確かにはっきりとさせておかなければならない問題である。

一般的に言えば、公共権力は憲法と法律によって定められ、権力行使の原則を規定するだけでなく、権力行使の方法と秩序についても規定する。したがって、この意義から言えば、法は権力よりも上である。法治とは権力を制限するための統治であり、権力を制度という檻の中に閉じ込めることなのである。もちろん、我々が語る権力とは公権力を指す。すなわち法は授権なくして行ってはならない上、法定職能も果たしていく必要がある。気をつけなければならないのは、国家主権はこの範囲内にない点である。それは法律が、国家主権の強制力に基づいてその実施を保証しなければならないためである。

第二に、法理学は国家機関が人民政権のために権力を行使するよう導き、規範化し、サポートすると同時に、公民の合法的権利を導き、保障するものである。特に人権を尊重・保障し、憲法のこの原則を着実に実施させていく。つまり、法律は権力を制限し、国家機関およびその職員による権力の濫用を制限すると同時に、彼らが法に基づき、職権を正しく行使して公民の合法的権利を守れるよう保障するものである。それにより国家生活はより生き生きと活発かつ十分に民主的なものとなり、無政府状態に陥るようなこともなく、そこから社会主義的民主に強大な生命力を備わらせるのである。

第三に、法理学は積極的に大局のために尽くし、「素晴らしい生活に対する人民のあこがれが、我々の奮闘目標である」とした根本的大局と主旨のために尽くすことである。人民を中心とするこの根本的原則を維持し、人民は法律の主体、人民こそ法律の動力かつ源泉であるということを発揚し続けていく。大局のために法の使命を維持し、法の目的を貫くことは、まさに中国法理学とその他の法理学とが異なる点でもある。当然、この大局とは、流れに調和し、人民の根本的利益にかなった大局のことである。「初心を忘れずにいてこそ、良い結果が得られ」、中華民族の偉大な復興が実現できる。これは中国共産党の奮闘目標であり、全国人民の奮闘目標でもある。

このため、我々は習近平の新時代における中国の特色ある社会主義思想を指導的思想とし、中国法理学における五つの志向を維持していく。第一は、学理志向である。中国の特色ある社会主義法治理論が率いる法の原理と向き合い、人類の法治文明である法の公理と向き合い、人と向き合うことが法律の基本である。第二は、自国志向である。中華の法治文明に向き合い、改革開放四〇周年来の中国の法学の繁栄ぶりへと向き合うのである。第三は、大衆志向である。人民が主体であることに向き合い、「素晴らしい生活に対する人民のあこがれが、我々の奮闘目標である」ことを貫くのである。第四は、実践志向である。すなわち、実践経験の総括と昇華に向き合うのである。第五は、世界志向である。[17]すなわち、世界の流れに向き合い、人類運命共同体の構築に向き合うのである。

三、中国法理学発展史を研究する意義

中華五千年の文明は輝かしく煌めき、かつて文人墨客たちに称賛を惜しませず、多くの史書が残されてきた。名の残る作者でかつ現在まで残されている佳作だけでも、孔丘の『春秋』をはじめ、司馬遷の『史記』、班固の『漢書』などに代表される二十四史などがある。しかし、思想文化を陳述・論評した単科の史書となると、その数は多くない。二〇世紀初めになり、ようやく中国人によって書かれた初の中国文学史が世に登場するが、具体的な出版時期は不明である。その後、何冊もの単科の史書が連続して出版された。例えば一九一九年の『中国哲学史大綱』（胡適著）である。もちろん、これより前に、すでに蔡元培が監修した『中国倫理学史』が一九一〇年に出版されている。法学と法制史の面については、どちらかといえば後れを取っており、一九二九年になってようやく王振先が書いた『中国古代法理学』が出版された。ただ、早くは一九〇四年に、梁啓超が『中国法理学発達史論』という文を雑誌に掲載している。法学に関する史書は確かに少なく、精度も低いことが分かる。こうした原因により、「法学は幼稚だ」という不当な言論がごく僅かではあるが、一部の学者から出されたのであろう。

実のところ、中国古代には早くから法理学があり、しかも法理学の研究対象を極めて重視していた。例えば、法学者である孔稚珪は西暦四〇〇年過ぎ、すなわち一五〇〇年以上前に「万物を匠す者、縄墨を以て正と為す。大国を馭す者、法理を以て本と為す」と明確に指摘している。そして、これより前、東漢の時代における漢の宣帝はその国家統治の理念と方略を宣言した際、「覇王の道を以て之に雑う」を公に宣言している。彼は儒家の仁政徳礼治の説を外側に飾り、法家の刑名法術の学を内側に配した「共治」理念を推進し、中でも法理の役割を発揮するよう特に提起した。古代中国では、儒法共治の国家統治理念を重視していただけでなく、法理における牽引・保障機能についても強調していたことが分かる。したがって、中国の古代法理学の内容は極めて豊富で、大きく取り上げるに値するのである。

中国法理学発展史を研究する重要な意義は、まず我々の愛国主義に対する深い思いを強化することにある。中華五千年の文明史は、実のところ、中国人が愛国主義を

発揚してきた叙事詩であり、多くの仁者や義士たちが国の富強のために叫びながら奔走し、自らを向上させようとした。詩人の屈原から元帥の岳飛まで、歴史家の司馬遷から宰相の文天祥まで、次々と出現する英雄たちは人々から敬愛されている。孔子から孫文に至るまで、永遠に朽ちることのない民族の気概がどれほど多く残されてきたことか。同時に、輝かしい歴史の記載には、革命のために闘争し、法制の発展のために弛まずに努力をし、ひいては壮絶に散っていった商鞅、晁錯、譚嗣同など烈士による長年の賛歌でもある。中国法理学発展史を研究することで、彼らの愛国主義精神および史実をはっきりと再現することができ、我々の愛国主義への思いが増すことは間違いない。

中国法理学発展史の研究は、我々が「昔のものを今に役立てる」という原則を実践するのを助け、合理的に古代中国の優れた法治的文化財を参考とするものである。古代中国の法理学は、中華民族を五千年も守ってきた、長く衰えることのない精神的支柱かつ「大一統（一統を大とする）」理念の重要な遺伝子であり、全面的な法に基づく国家統治にとって大きな参考の価値がある。ましてや、中国法理学発展史には中華人民共和国成立以来七〇年、特に改革開放以来四〇年の国政運営の歴史的経験が含まれている。これは貴重な文化財であり、我々が真に総括して昇華する価値がある。そうすることで、マルクス主義法学の中国化、時代化、大衆化により堅実な思想および実践の基盤を作り上げるのである。

当然、中国法理学発展史を研究することは、新中国法理学という新興学科の発展にとってもより有利となる。新中国法理学が、とりわけ改革開放四〇年以来、長期的発展を遂げ、多くの歴史的成果をあげてきたのは疑いの余地のないところである。しかし、人民の要請や情勢の発展との間には未だに比較的大きな開きがある。我々は中国法理学発展史の研究を通じ、古代中国の法理学における国政運営の経験を参考にし、さらにそれを継承・昇華できるだけでなく、中華人民共和国成立七〇年、特に改革開放四〇年来の経験をレベルアップさせ、中国共産党中央が打ち出した中国の特色ある社会主義法治の道によりよく沿いながら、前進し続けることができる。また、中国法理学研究の対象としての「法理」の科学的内包を深く研究し、中国法理学に更なる「中国の特色、中国の風格、中国の気概」を備えさせ、中華民族の偉大な復興のためによりよいサービスを提供し、「人民のよりよい生活」を実現させるため奮闘し続けていく。

要するに、中国法理学発展史の研究は、習近平総書記の要望に沿って、「我が国の古代の法制には非常に豊かな知恵と資源が含まれており、中華法体系は世界の幾つかの大きな法体系の中でも独特の風格を持っている[18]」ことを深く認識し、「我が国の今日の国家統治体系は、我が国の歴史の伝承、文化伝統、経済社会の発展という土台の上に長期的発展、漸進的改良、内生的進化を遂げた結果である[19]」という深い道理を明確にし、中国法理学を着実に新たな段階へと引き上げるよう大きく力を入れていかなければならないのである。

四、新中国法理学の偉大な革命

中華人民共和国の成立は、中国の歴史の新たな紀元を切り開き、政治の上で、半植民地・半封建社会から人民が主人公となる人民民主政権へと転向する偉大な革命を実現させた。同時に法理の上でも、搾取階級の法学からマルクス主義の法学へと転向する偉大な革命を実現させている。

マルクス主義法学は人類の歴史上、最も先進的かつ科学的な法学理論であり、それは唯物史観を理論的基盤とし、革命実践を客観的根拠として、法律の起源、本質、役割、発展の法則を科学的に示し、法学を真の意味での人文・社会科学とならしめたのである。そして法理学こそ法学の基礎理論かつ法の一般理論であり、すべての過程において牽引の役割を果たすため、それにより各部門の法学を結びつけ、法学全体を国政運営の基礎学問とさせている。法理学の理論に基づいて形成された法治国家理論および実践は、人民による国政運営の基本方式となったのである。

マルクス主義の命と活力は実践にある。毛沢東は、マルクス主義は中国化しなければならないと早くから指摘していた。九〇年にわたる中国の革命・建設・改革の実践の中で、中国人民は党の指導の下、マルクス主義の中国化、科学化、大衆化を実現させ、すでに五つの輝かしい成果を上げている。

(一)マルクス主義法学の中国化における第一の輝かしい成果（一九三五～一九七六年）

この時期の旗振り役は毛沢東である。その主なシンボルは、中華人民共和国の成立、成立初期の人民民主専政政権の構築、人民民主法制の構築である。革命文献と法学理論には『中華人民共和国憲法』、「人民民主専政を論ず」、「法に則って事を運ぶことは人民民主法制の中心的一環である」などが含まれる。主な参与者は周恩来、朱徳、董必武、鄧小平、彭真である。

毛沢東は中国人民の偉大なリーダーであり、その功績は多い。その法思想をまとめて紹介すると以下のようになる。

1、毛沢東の初期の法思想

毛沢東は小さい頃から志を立てて法律を学び、少なからぬ名言を書き残している。(1)立法の前にまず信用を打ち立てる必要がある。毛沢東は一九一二年に早くも家を離れるが、その際、「埋骨何須桑梓地、人生無処不青山（骨を埋むるに何ぞ桑梓の地を須いんや、人間青山たらざる処無し）」という気迫のこもった言葉を書き記し、かつ一九歳に満たぬ時に「商鞅の移木の信を論ず」という一文を書いたが、その中には豊かな法理思想が含まれており、そのうちの一つが「立法立信思想」であった。つまり、立法者はまず威信を打ち立てて公信力を重んじ、有言実行を守り、立法の権威を樹立しなければならない。このため、商鞅は「移木の信」の芝居をわざと演出し、事実を以て立法の威信を証明した。実際、商鞅は秦の国で改革を主導し、法に基づいて厳格な政治を行い、改革を成功させたのである。(2)良法を信奉する。毛沢東は「商鞅の移木の信を論ず」の始めに「法令とは幸福を謀る道具である」と明確に定義している。[20]これは人類の歴史上、初めて法律と幸福とを結びつけ、かつ「商鞅の法は良法なり」と認めたものである。[21]なぜそれが良法だと言うのか？　それは「そうした法は、悪を懲らしめ、人民の権利を守る」からである。[22](3)良法は人民に幸福をもたらすため、良法は必ず守り、悪法は必ず拒む。「法令が善であれば、我が民を必ず幸福にしてくれる。我が民はそうした法令が出されないことを恐れ、もしくは出されてもそれが効力を発揮しないことを恐れている。したがって全力でこれを保障し、維持し、その目的を達するまで改善し続けなければならない」、「法令が善でなければ、幸福など語る余地もなく、逆に危害が大きくなるため、我が民はそうした法令を全力で阻止しなければならない。[23]」つまり、この初期に出された「商鞅の移木の信を論ず」は、毛沢東の法理的基盤を十分に映し出しているのである。もちろん、こうした初期に法理を語った論文は他にもあり、比較的豊富だと言える。(4)人民に立憲思想を宣伝するため、彼は前後して湖南人民を率い、人民による立憲活動、例えば自治運動や省憲運動（訳注：一九二〇年の湖南省を中心とする省憲法運動）を積極的に展開し、『湖南人民憲法会議選挙法要点』や『湖南人民憲法会議組織法（草案）』などを起草した。(5)人権の提唱。生存権、職業自由権、労働権、教育権などの人権に対する要求を公に提唱したが、これは中国の歴史だけにとどまらず、世界の歴史から見ても最も早いものであった。毛沢東が初期に雑誌で発表した文章は少なくなく、その大多数の内容は婚姻自由の提唱、包辦婚姻（訳注：親の取り決めた結婚）への反対、労働者の権利や政治的権利の主張などであったが、これは社会の進歩を推し進める上で、大きな啓発・鼓舞の役割を果たした。

2、毛沢東思想における法学理論

(1)法理学思想。毛沢東は法理学を極めて重視し、この方面に関する観点も比較的多い。ここではその主な法理学思想に絞って下記にまとめる。①「新たな観点から法律を研究することは、実に必要だ。新民主主義の法律は、社会主義の法律と違いがある一方で、欧米や日本というすべての資本主義の法律とも異なっている。[24]」②「法律とは上部構造だ。我々の法律は、労働者が自ら制定するものだ。それは、革命の秩序を維持し、労働者の利益を守り、社会主義の経済基盤を守り、生産力を守るものだ。我々はすべての人が革命的法制を遵守するよう求める。あなた方民主的な人々のみが法を守るわけではない。[25]」③「我々の国家機関は、無産階級専政による国家機関だ。法廷を例にとって言えば、それは反革命に対処するものだが、反革命のみに対応するというわけでもなく、人民の内部で紛糾する多くの問題も処理しなければならない。見たところ、法廷というのは一万年は必要だ。なぜなら階級が消滅した後も、先進と落伍という矛盾が残り、人々の間には引き続き闘争やケンカ、あるいは各種混乱があるためで、もし法廷を設置しなかったら、これは大変なことになってしまう！　ただし闘争は性質を変え、階級闘争とは異なるものとなる。法廷もまた性質を変えるのだ[26]」。④法理学に対する毛沢東の大きな貢献は、中国の国体と政体を科学的に示したことである。彼は、国体とは国家の性質、すなわちどの階級が統治的地位を占めているのかを指す。政体とは国家政権の組織形式を指す。中華人民共和国成立以降、我々の国体は人民民主専政だと述べている。彼は「人民民主専政を論ず」という文章の中で、「我々の経験を総括して一点に集中させれば、それは（共産党を通じた）労働者階級が指導する労農連盟を基盤とした人民民主専政なのである」と明確に指摘している。[27]

(2)憲法の基礎理論。毛沢東は憲法を重視し、研究もしている。早くは青年時代、彼は省憲運動において、省治憲法草案を起草している。中華人民共和国成立以降は、一層憲法を重んじ、一九五四年憲法では自らその制定を指揮した。彼は憲法に対して多くの論述を行っており、ここではいくつかの論断を列挙するにとどめる。憲法の概念に関して、彼は次のように述べた。

一つの団体には一つの章程が必要だ。そして一つの国家にもまた一つの章程が必要だ。憲法こそ、その総章程であり、根本的大法なのだ。憲法というこの根本的大法の形式は、人民民主と社会主義原則とを固定させ、全国の人民にはっきりとした道筋を示すものだ。全国の人民には、明確ではっきりとした正確な道を歩けることが実感され、全国人民の積極性を向上させられる。[28]

また、憲政問題について、彼は「憲政とは何か？つまり民主の政治だ。（中略）それは新民主主義の政治であり、新民主主義の憲政だ。それは古いものや過去のもの、欧米式、資産階級専政のいわゆる民主政治のことではない」と指摘した。[29]

(3)刑法の基礎理論と実践。毛沢東は刑法を一貫して重視し、いくつかの刑罰を自ら制定までしている。一九五〇年代、毛沢東は刑法草案の起草を自ら指揮し、一九七九年刑法公布のための土台を築いた。毛沢東の刑法上の貢献は以下の通りとなる。第一に、『汚職懲罰条例』（一九五二年）を制定したこと。第二に、「死刑猶予」を提唱したこと。これは、温情のある刑罰であり、「死刑判決後、執行を二年猶予し、強制労働の様子を見て判断する」ものである。第三に「管制」という比較的弱めの刑罰を提唱したこと。これは監獄の外で執行される刑罰である。第四に、「着実に、正確に、容赦なく痛めつける」という刑罰思想を提案したこと。第五に、労働によって犯罪者を改造するという刑罰執行方法を提起したこと。第六に、一九五〇〜六〇年代に「懲罰を寛大さと結びつけ、労働改造と思想教育とを結びつける」とした労働改造政策を打ち出した。労働改造作業機関に対し、無産階級の広い心で、人の教育と人の改造を目的とし、労働改造の判決を受けた犯罪者に教育改造を実施することを求めた。

それ以外に、毛沢東は民法、経済法の面でも比較的多くの論述がある。本書は主に法理学に関する問題について述べるため、その他の法律思想についてここでは紹介しない。

(二)マルクス主義法学の中国化における第二の輝かしい成果（一九七九〜一九九七年）

この時期の旗振り役は鄧小平であり、主な参与者は彭真などである。主なシンボルは一九八二年憲法および「一一回三中全会（中国共産党第一一期中央委員会第三回全体会議）

この鋭い論述は、後に中央指導者たちが法に基づく国家統治をグループで定義するための土台を固めたのである。その後、鄧小平は人治と法治の問題について何度も語り、「一つの国がその希望を一人二人の人間に託す。それは異常なことだ。問題がなければいいが、一旦何か問題が出てくればすぐに一大事となる」と繰り返し強調した。彼は一貫して「法治をやった方が安心できる」と強調している。つまり、法に基づく国家統治は、鄧小平理論の主な内容なのである。

2、社会主義法治の基本原則

早くは一九五六年、董必武は「八大（中国共産党第八回全国代表大会）」における発言で、法に則って事を運ぶには、依拠すべき法をつくることと、法があるからには必ずこれに依拠することという二つの面が含まれると指摘し、「法に則って事を運ぶことは人民民主法制の中心的一環である」と集中的に論述した。この論断は、中国共産党第一一期中央委員会第三回全体会議コミュニケと鄧小平の関連講話の中で発展していき、社会主義法治の基本原則、すなわち依拠すべき法をつくり、法があるからには必ずこれに依拠し、法を執行するからには必ず厳正を旨とし、法に違反したからには必ず追及すること、法律と制度の前で人々は平等であること、人権の保障などの原則へとコミュニケ、鄧小平の報告『思想を解放し、事実に基づいて真理を求め、一致団結して前を見よう』および法律に関する鄧小平の一九八〇年代の関連報告、講話、インタビューである。

鄧小平は中国の特色ある社会主義法治理論の開拓者であり、その法治思想は鄧小平理論の重要な構成部分である。主な内容は以下の通りとなる。

1、法治理論

早くは一九八六年九月、鄧小平は「法治問題」について明確に触れている。彼は「改革を通し、法治と人治との関係をうまく処理し、党と政府との関係もうまく処理しなければならない」と述べた[30]。実際、一九九八年一二月一三日、鄧小平は法に基づく国家統治の定義に対し、深く生き生きとした解釈を与えている。彼は次のように述べた。

> 人民民主を保障するためには、法制を強化しなければならない。民主を制度化・法律化させる必要があり、こうした制度と法律が指導者の変化によって変化することのないよう、指導者の見識と注意力によって変化することのないようにしなければならない[31]。

発展させた。「一八大（中国共産党第一八回全国代表大会）ではこれをさらに、科学的な立法、厳格な法執行、公正な司法、全人民による法の遵守の他に、法の前の平等を貫き、法があるからには必ずこれに依拠し、法を執行するからには必ず厳正を旨とし、法に違反したからには必ず追及することを保証するように発展させた。鄧小平は「公民だが、法律と制度の前で人々は平等である。（中略）人々は法に基づいて規定された平等の権利と義務を有しており、誰もそれを侵害することはできない」と述べた[32]。人権問題について鄧小平は、一方で、人権を保障しなければならず、これは社会主義国家の要求でもあり、党の一貫した方針でもあると強調すると同時に、人権と主権との関係を説明し、「人々は人権を支持する。しかし忘れてはいけないのがもう一つ、それは国権だ。人格があるのと同様、国にも国格があるのを忘れてはいけない。特に我々のような第三世界における発展途上国には、民族の自尊心がなく、自分たち民族の独立を大事にしなければ、国家が立ち上がらない」と明確に指摘している[33]。そして、「国権は人権よりよほど重要である」とする著名な論断を提起したのである[34]。

3、法学教育理念

鄧小平は一貫して法学教育を重視し、全国人民代表大会常務委員会に、法制教育の強化に関する決定および全国で五年間法制教育を展開・普及させる計画を採択するよう求めただけでなく、それを第六次五ヵ年計画まで続けたのである。人々に法制教育を強化するよう求めたが、特に幹部や青少年の法制教育を重視した。彼は「法制強化で重要なことは教育を行うことであり、根本的問題は人の教育なのだ」と明確に指摘している[35]。法学教育は、学校が開設する法学学科という専門の教育以外に、公民、とりわけ幹部と青少年に対する法制の宣伝教育を強化する必要がある。その内容には主に、法治理念、憲法理念、遵法理念、権利・義務理念、法律平等理念、法に則って事を運ぶ理念などが含まれる。法学教育を普及させ、法制理念への認識を向上させるため、鄧小平はわざわざ法制理念に含まれる一般的定義を解説している。彼は、法制理念は法律意識の範疇に属し、法律意識は社会意識の形式の一つであると指摘した。これは法律に関する人々の観点ならびに法的感情の総称でもあり、その内容には、法律と法律現象を検証した各種学説、法律の本質・役割・発展の法則に対する認識と評価、人々の法律に対する要求と願いおよび法律把握の度合い、行為の合法性に対する評価、権利と義務に対する理解、法律現象に対する理解・感情・態度などが含まれている。したがって、人々に対して法学教育を実施し続けねばならず、法学専攻の教育以外に、社会全体への普及を目的とした法制教育を実施する必要がある。鄧小平はとりわけ青少年に対する法制教育を重視し、法制教育は幼児の頃からやらせておかなければならないと主張した。一九八六年、鄧小平は中央政治局常務委員会にて『人民全体に法制理念を樹立』と題した重要講話を特に発表し、「法制教育は幼児の頃から始め、小学校や中学校でもこの教育を行い、社会に出てからもこの教育を受ける必要がある」と指摘した。[36]

4、民主と法治の関係

鄧小平はこの問題を極めて重視し、これについて最も多く語っている。鄧小平はとりわけ社会主義民主を重視しており、「民主がなければ社会主義もなく、社会主義の近代化もない」と述べている。[37]さらに、「引き続き民主の発揚に努めていくことは、我々全党の今後長期間にわたる変わることのない目標である」と繰り返し指摘している。[38]鄧小平は、民主とは一種の国家制度であるというマルクス主義の観点を堅持している。それは、民主と法治には密接な関係があると考え、民主は法治の前提かつ基礎であると主張するものである。法治は民主に対する確認と保障であり、民主を離れて法治を語ればそれは専制へと行き着き、法治を離れて民主を語れば、そこには無政府主義が出現する。したがって、民主と法治の構築強化は同時に行わなければならないのである。

5、改革・発展・安定の関係に対する正しい認識と対処

鄧小平は中国改革開放の総デザイナーかつ開拓者であり、改革開放は彼が全国人民に残した歴史的功績である。彼は、「中国は改革開放を必ず維持していかなければならず、これは中国の問題を解決する希望でもある。しかし改革を行うには、必ず安定した政治環境が必要となる」と指摘した。[39]また、彼は次のように述べている。

中国は今まさに注意力を特に集中し、経済を発展させていかねばならない過程にある。もしも形式的な民主を追求すれば、結果的に民主は実現できず、経済も発展しなくなり、国家が混乱し、人心が離れていく局面が訪れる。この点に関して、我々はしみじみ感じている。[40]

鄧小平は同時に、次のことを強く訴えている。

我々は四つの近代化をやり、改革開放もやったが、カギとなるのは安定だ。（中略）中国の問題ですべてを圧倒するのは、安定が必要だということだ。安定を妨

げるすべてのものに対処し、譲歩や先送りをしてはならない(41)。

㈢マルクス主義法学の中国化における第三の輝かしい成果（一九九二～二〇〇二年）

この時期の旗振り役は江沢民（こうたくみん）である。主なシンボルは第二と第三の憲法修正案で、「法に基づく国家統治を実施し、社会主義法治国家を建設する」ことを憲法および「一五大（中国共産党第一五回全国代表大会）」の政治報告に盛り込んだのである。

1、法理学思想

江沢民は法制の構築を重視し、法律の権威を重んじた。彼は次のように指摘した。

> （我々は）社会主義法制構築の強化に大きく力を入れ、国家法制権威の樹立と保護を強固なものとしなければならない。（中略）国家の長期にわたる安定を保証し、社会主義市場経済の秩序を維持し、社会主義民主および社会主義精神文明を発展させていくためには、法制構築の任務は重大だ。引き続き、立法、司法、法の執行、法の普及など各段階において一層の努力を行い、真の意味で、依拠すべき法をつくり、法があるからには必ずこれに依拠し、法を執行するからには必ず厳正を旨とし、法に違反したからには必ず追及することを実施し、法律の尊厳と権威を着実に守っていく(42)。

また、江沢民は権力に対する制約を重視し、次のように明確に指摘している。

> 構造が合理的、配置が科学的、システムが厳密、制約が有効な権力運用メカニズムを構築し、政策決定や執行などの段階から権力に対する監督を強化し、人民から付与された権力が真に人民の利益を模索するために使われることを保証する(43)。

江沢民の大きな功績は、法に基づく国家統治を国政運営の基本方略として憲法に盛り込んだことである。彼は、「一五大（中国共産党第一五回全国代表大会）」では法に基づく国家統治と社会主義法治国家の構築を、中国共産党が人民を率いて国家を治める基本方略として確定させるのだと指摘した。第九回全国人民代表大会第二期会議で憲法修正案が通過し、この基本方略が国家の根本的大法に盛り込まれた。社会主義法治国家の構築は、広大な農村に住んでいる人々の積極的な参与なしには語れず、さもなくば法に基づく国家統治が全面的に浸透することは不可能なのである。

2、権力制約の強化

江沢民は次のように語っている。

我々の権力は人民が付与したものであり、すべての幹部は人民の公僕であり、人民と法律の監督を受けなければならない。改革を深め、法制の監督を改善し、法に基づいて健全に権力を行使する制約メカニズムを構築する必要がある。そして、公平・公正・公開の原則を維持し、人民大衆の切実な利益に直接関わる部門では、オープンな行政制度を実施していかなければならず、党内の監督、法律による監督、人民大衆による監督を結集し、世論による監督の役割を発揮させる必要がある。憲法と法律の実施に対する監督を強化し、国家法制の統一を維持し、（中略）権力の濫用を防ぎ、法の執行者が法を犯したり、賄賂を受け取って法を曲げたりする行為は厳罰に処す[44]。

3、幹部は率先して法を学び、法を用いる

すべての幹部、とりわけ各級指導幹部は率先して法律の知識を学ばなければならない。これは我々の幹部が仕事をうまくこなし、リーダーシップと管理レベルを向上させる必要性にとどまらず、広大な人民大衆を率いて法を学び、法を用い、自発的に法律を遵守する必要性から来るものであり、法律知識の学習は制度化する必要がある[45]。

江沢民は上記のように訴えており、法律を利用することで、改革を深め、発展を推進し、矛盾を解決し、安定を維持するのに役立てようというのである。

4、憲法の尊厳維持と憲法実施の保障

江沢民は次のように強調している。

党の全同志諸君は、憲法の尊厳を守り、憲法実施を保障し、国家の政令と法制の統一を守ることが大きな政治原則問題であることを明確にすべきだ。国家の法律は、党の主張と人民の意志とが統一された現れであり、一旦それが制定され実施されたならば、各地域や各部門は一律に遵守し、執行しなければならない。当該地域や当該部門の法規やルールを制定する際は、必ず憲法と法律に符合させ、それに抵触したり違反したりしてはならない。いかなる地域もいかなる部門も、憲法と法律を超越した特権は持ち合わせていないのだ。[46]

(四)マルクス主義法学の中国化における第四の輝かしい成果（二〇〇二～二〇一二年）

この時期の旗振り役は胡錦濤（こきんとう）である。主なシンボルは二〇〇四年憲法修正案で、主な文献は「一八大（中国共産党第一八回全国代表大会）」における報告および関連講話である。

1、人民民主は社会主義の命

胡錦濤は次のように語っている。

人民民主は我が党が常に高く掲げる輝かしい旗印である。（中略）党の指導、人民が主人公となる政治、法に基づく国家統治の有機的統一を貫かなければならない。人民が主人公となることの保証を根本とし、党と国家の活力増強、人民の積極性向上を目標とし、社会主義民主を拡大させ、社会主義法治国家の構築を加速させ、社会主義政治文明を発展させる。[47]

2、法に基づく国家統治の全面的実施

胡錦濤は次のように述べている。

法治は国政運営の基本方式である。科学的な立法、厳格な法執行、公正な司法、全人民による法の遵守を推進し、法の前の平等を貫き、法があるからには必ずこれに依拠し、法を執行するからには必ず厳正を旨とし、法に違反したからには必ず追及することを保証する。そして、中国の特色ある社会主義法律体系を完成させ、重点分野の立法を強化し、人民が立法の過程に秩序よく参与できるよう展開する。また、法に基づく行政を推進し、公正かつ文明的な法の執行における厳格な規範化を着実に行っていく。[48]

3、社会主義法治精神の発揚

胡錦濤は「一八大（中国共産党第一八回全国代表大会）」における報告の中で、「法制の宣伝教育を深く展開して社会主義法治精神を発揚し、社会主義法治理念を樹立し、法を学び、法を尊び、法を守り、法を用いるという社会全体の意識を高めていく」と指摘している。[49]

4、社会の公平と正義を守る

胡錦濤は次のように語っている。

科学的な立法、民主的な立法を堅持し、中国の特色ある社会主義法律体系を完成させなければならない。（中略）政法チームの構築を強化し、厳格・公正・文明的な法執行を成し遂げる。（中略）法治精神を発揚し、自主的に法を学び、法を守り、法を用いようという社会の雰囲気を形成していく。人権を尊重・保障し、社会全体の構成員が平等に参与し、平等に発展していく権利を法に基づき保証する。各級の党組織ならびに全党員は、自覚して憲法と法律の範囲内で活動し、憲法と法律の権威を率先して守っていかなければならない(50)。

(五)マルクス主義法学の中国化における第五の輝かしい成果（二〇一二年～現在）

この時期の旗振り役は習近平である。主なシンボルは二〇一八年『憲法修正案』、『中国共産党第一九回全国代表大会における報告』、『習近平国政運営を語る』で、主な参与者は李克強である。

「一八大（中国共産党第一八回全国代表大会）」以来、習近平は高みに登って遠くを見渡し、時の流れや勢いを見定め、全面的な法に基づく国家統治に対して一連の新思想、新理念、新戦略を打ち出した。それを概括したものが、全面的な法に基づく国家統治中央委員会における二度の全体会議で彼が繰り返し強調した十ヵ条、すなわち「十の堅持」となる。

第一に、法に基づく国家統治に対する党の指導力の強化を堅持すること。これは全面的な法に基づく国家統治における根本的な保障である。法に基づく国家統治の全面的推進は、国政運営における中国共産党の自己改善、自己向上でもある。これは党の指導力を強化・改善するのに有利であり、党の執政地位を固め、党の執政使命を完成させるのにも有利である。決して、法に基づく国家統治の全過程および各方面にまで党の指導を必ず行き渡らせ、法に基づく国家統治の基本方略と法に基づく執政の基本方式とを統一させる。そして、党は大局を見据え、各方面と人民代表大会、政府、政治協商委員会、監察機関、裁判機関、検察機関における法やルールに基づく職能の履行および業務展開とを統一させるよう調整を行い、党が人民を率いて憲法や法律を制定・実施することと、党が憲法や法律の範囲内での活動を堅持することとを統一させなければならない。

第二に、人民の主体的地位を堅持すること。これは全面的な法に基づく国家統治における中心的思想であり、社会主義法治の基本的属性である。人民は法に基づく国家統治の主体かつ力の源でもある。習近平は、党による指導の堅持、人民による意志決定、法に基づく国家統治を有機的に統一することは、中国社会主義法治の構築における基本的な経験である。そこで、人民の利益を現し、人民の願望を反映し、人民の権益を守り、人民の福祉を強化することを法に基づく国家統治の全過程に浸透させ、法律およびその実施に人民の意志が十分表されるようにしていく必要がある。また、民主、法治、公平、正義、安全などの面に及ぶ人民のより素晴らしい生活への需要を満たし、人民大衆の不満が比較的多い乱れた法の執行、不作為、司法の不公正など突出した問題に対して集中的に力を入れ、公平や正義が身近にあることを人民大衆に実感してもらう必要があると指摘した。

　第三に、中国の特色ある社会主義法治の道を堅持すること。道の問題は方向性の問題であり、中国の特色ある社会主義の道とは、本質的には法治分野における中国の特色ある社会主義の道の具体的現れである。これは総轄であり、中国の社会主義法治の構築における正確な方向性を根本から保証するもので、社会主義法治国家の構築における唯一の正しい道なのである。中国の特色ある社会主義法治の道を堅持する最も根本的なことは、党の指導を堅持し、中国の特色ある社会主義制度を堅持し、中国の特色ある社会主義法治理論を堅持することにある。中国の国情および実情という視点から、自らにふさわしい法治の道を歩むのである。それには、中国の優秀な伝統的法治文化の中から豊かな養分を吸収し、同時に世界の優れた法治文明の成果を学び、参考にすべきである。わが成果を主とし、われわれのために生かすことを堅持していかなければならない。入念に識別し、合理的に吸収しなければならない。引き写し、丸写しであってはならず、西側のいわゆる「憲政」、「三権分立」、「司法の独立」という道を歩んだりしては決してならない。

　第四に、中国の特色ある社会主義法治体系の構築を堅持すること。昔の格言はうまく表現しており、「天下に善法を立てれば、則ち天下治まる。一国に善法を立てれば、則ち一国治まる」とある[51]。中国の特色ある社会主義法治体系の構築を急ぐためには、完備された法律規範体系、高効率の法治実施体系、厳密な法治監督体系、力強い法治保障体系を急いで築き、完全な党内法規体系を築かなければならない。しっかり立法の質および立法の効率の向上をめぐって、引き続き立法作業を強化・改善していくとともに、科学的な立法、民主的な立法、法に基づく立法を維持し、法律の制定・改定・廃止・解釈の同時進行を堅持し、法律法規の適時性、系統性、対象性、有効性を高めていく。また、重点分野の立法を強化し、新たな時代の党や国家事業における発展の要求をただちに反映し、人民大衆の注目や期待に応えていく。そして、憲法に基づく国家統治、憲法に基づく執政を貫き、憲法の実施を強化し、憲法に違反するすべての行為を必ず矯正していく。法があるからには必ずこれに依拠し、法を執行するからには必ず厳正を旨とし、法に違反したからには必ず追及するとした要求に基づき、法の執行、司法、法の遵守などの面における体制・仕組みの完成を加速させ、厳格な法執行、公正な司法、全人民による法の遵守を堅持する。公権力の規範化と制約を重点とし、党による統一された指揮の下、全面的にカバーした、権威ある高効率の監督体系を構築し、党内の監督と国家機関による監督、民主監督、司法に基づく監督、人民大衆による監督、世論による監督とを一本につなげ、総合監督力を強めるとともに、監督の責任を強化し、監督の効果を高める。そして、法に基づく国家統治と制度による党運営、規律による党運営の統合的推進、一体化構築を堅持し、党内法規の制定の体制・仕組みを整備する。党の規約を根本とし、民主集中制を核心とし、準則や条例など中央党内法規を主幹として、各領域や各レベルの党内法規制度から構成される党内法規制度体系を構築し、党内法規の執行力と水準を着実に高めなければならない。

第五に、法に基づく国家統治、法に基づく執政、法に基づく行政の共同推進、また法治国家、法治政府、法治社会の一体化の構築を堅持すること。習近平は、法に基づく国家統治の全面的推進は巨大なシステマチックな事業であるため、必ず統一的に計画し、重点を把握し、全般的な計画を立て、改革の系統性、全体性、協調性をより重視しなければならない。法に基づく国家統治は、中国の憲法が定める国家統治の基本方略であり、それを成し遂げられるかのカギは、党が法に基づく執政を堅持し、各級政府が法に基づく行政を行えるかにかかっている。法治国家は法治構築の最終目標であり、法治政府は法治国家の主体であり、法治社会は法治国家の土台である。三者はそれぞれの重点があり、相互に補完し合っている。「三つの共同推進」の上に力を注ぎ、「三つの一体化構築」に力を入れ、党の指導による立法と立法機関による科学的立法、党による法執行への保証と行政機関による厳格な法執行、党による司法へのサポートと司法機関による公正な司法、党が率先して法を守ることと全人民が法を守ることとを緊密に結びつけ、統一的に推進していくという新たな局面を形成できるよう努める。

第六に、憲法に基づく国家統治と憲法に基づく執政を堅持すること。これは法に基づく国家統治の全面的推進における最初の重要任務である。憲法は九鼎重器（訳注：国家を象徴する神器）であり、国を治め国家を安定させる総規定でもある。習近平は憲法の権威を極めて重視し、「法に基づく国家統治ではまず憲法に基づく国家統治を堅持し、法に基づく執政ではまず憲法に基づく執政を堅持する必要がある」と強調し続けてきた。法治とはまず、憲法に基づく治である。法に基づく国家統治の「法」とは、憲法を核心とする各種の法律法規から構成される完成された法律体系を指す。その中で、憲法は国家の根本的大法として、中国の特色ある社会主義の道、中国の特色ある社会主義理論体系、中国の特色ある社会主義制度、中国の特色ある社会主義文化の発展成果を確立し、中国における各民族の共通の意志および根本的利益を反映し、国家法制における党と国家の中心業務、基本原則、重大方針、重要政策の最高の現れとなっているのである。憲法の実施と監督を強め、合憲性の審査業務を推進し、国家憲法の日と憲法宣誓制度を行き渡らせ、憲法が新たな水準に引き上げられるよう全面的な実施を貫徹していかなければならない。

第七に、科学的立法、厳格な法執行、公正な司法、全人民による法の遵守の全面的な推進を堅持すること。全面的な法に基づく国家統治のためのこの一六文字（訳注：科学立法、厳格執法、公正司法、全民守法）の基本方針には、立法、法の執行、司法、法の遵守という法治構築における四つの基本サイクルが含まれているだけでなく、すべてのサイクルにおける重点的要求も明確化され、新時代における全面的な法に基づく国家統治の基本的枠組みを形成している。全面的な法に基づく国家統治のカギとなるサイクルをしっかりと掌握し、立法体制を改善して立法の質を高めていかなければならない。そして、厳格な法執行を推進し、行政による法執行の手続を完成させ、行政による法執行の責任制を全面的に行き渡らせる必要がある。公正は法治の命である。イギリスの哲学者ベーコンはかつて水流と水源の関係を用い、「一回の不公正な裁判の悪しき結果は、一〇回分の犯罪以上だと言ってよい。なぜなら、犯罪は法律を無視したものであるが――それは例えば水流を汚染したようなものである。しかしながら、不公正な裁判は法律を打ち壊す――それは例えば水源を汚染したようなものである」と生き生きとした例で説明した。[52] これには、司法機関が法に基づき独立して職権を行使できるようサポートし、司法権力の分業責任制、相互協力、相互制約といった制度配備を健全化しなければならないとした。法律がその役割を発揮するには、社会全体が法律を信奉していなければならず、これは法律が真に役割を発揮するための根本的保証でもある。また、全人民への法律普及レベルを高め、事を行うには法に従い、事に当たるには法を求め、問題を解決するには法を用い、矛盾を解消するには法に拠るといった社会全体における法治環境を育んでいかなければならない。

第八に、全面的な法に基づく国家統治の弁証関係における正しい処理を堅持すること。政治と法治との関係は正しく処理しなければならない。党と法の関係は、政治と法治の関係における集中的な反映である。法は党の主張と人民の願いとの統一的現れであり、党は人民を率いて憲法と法律を制定・実施していく。党自らも必ず憲法と法律の範囲内で活動する。党と法、党の指導と法に基づく国家統治とは高度に統一されたものである。また、改革と法治との関係を正しく処理しなければならない。習近平は「改革と法治はまるで鳥の両翼、車の両輪と同じようなものだ」と指摘している。改革と法治とは相互に補完し合い、互いに寄り添っていくものである。そして、法治下における改革推進を堅持し、改革の中で法治を完成させていかなければならない。法に基づく国家統治と徳による国家統治との関係も正しく処理していく必要がある。法は天下を安定させ、徳は人心を潤す。法律は成文化された道徳であり、道徳は内心の法律である。必ず、片方の手で法治を握り、もう一方の手で徳治もつかんでおかねばならない。それは法律の規範的役割の発揮を重視すると共に、道徳の教化的役割の発揮を重視していることでもあり、より踏み込んで、社会主義の核心的価値観を法治構築の中に組み込むことである。それから、法に基づく国家統治と規律に基づく党運営との関係を正しく処理しなければならない。法律は公民全体に対する要求であるが、党内法規制度は党員全体に対する要求であり、多くの面で法律の要求以上に厳格なものとなっている。ここでは、法に基づく国家統治と規律に基づく党運営との相互補完作用を発揮させ、規律は法より厳しく、規律は法より前にあることを堅持し、党の憲法・法律に基づく国政運営と、党内法規に基づく党の管理、党の運営、厳しい党内統治を保証しなければならない。

第九に、徳と才能を兼ね備えた素養の高い法治業務チームの構築を堅持すること。習近平総書記は、法に基づく国家統治の全面的推進には、徳と才能を兼ね備えた素養の高い法治チームの構築が極めて重要だと指摘している。「其の法を得れど、其の人を得ずんば、則ち法は済うこと能わず。」歴史を見ると、庶民は包公や海瑞のような清廉な役人のことを「青天」と呼び崇拝している。法治業務チームは徳と才能を兼ね備え続けていなければならない。政治思想の構築を第一に置き、「四つの意識（訳注：政治意識、大局意識、核心意識、一致意識）」を確固として樹立し、「四つの自信（訳注：中国の特色ある社会主義の道への自信、理論への自信、制度への自信、文化への自信）」を貫き、「二つの擁護（訳注：習近平総書記の党中央と全党の核心としての地位、党中央の権威と集中統一指導を断固として擁護せよ）」をやり抜き、理想信念教育を強化する。そして、社会主義核心的価値観および社会主義法治理念教育を深く展開し、党に忠実、国家に忠実、人民に忠実、法律に忠実な社会主義法治業務チームの構築に力を注ぐ。また、法治専門チームの正規化、専門化、職業化を推進し、職業素養と専門レベルを高めていく必要がある。マルクス主義法思想および中国の特色ある社会主義法治理論を指導的思想とすることを貫き、徳のある人材を育て、徳と法を兼修した素養の高い法治人材を大量に育成していかなければならない。

　第十に、指導幹部という「肝心な少数」の掌握を堅持すること。我々の党は執政党であり、党の各級幹部、とりわけ党の執政権および国家の立法権、行政権、監察権、司法権を具体的に行使する指導幹部は、法に基づく国家統治を全面的に推進する上で「肝心な少数」である。習近平は、法治の下では、いかなる人間も裁きを逃れようとしたり寛大な処置を望んだりすることはできず、免罪の「丹書鉄券（訳注：免罪符）」もなければ、「鉄帽子王（訳注：階級の落ちない世襲公爵）」もいないのだと強調している。法律尊重の模範となり、率先して法治を尊び、法律に畏敬の念をもたなければならない。法律学習の模範となり、率先して法律を理解し、法律を身につけなければならない。法律遵守の模範となり、率先して規律と法律を遵守し、法治を擁護しなければならない。法律運用の模範となり、率先して法治を励行し、法に基づいて事を運ばなければならない。党員幹部は法治を尊ぶ気持ち、法律への畏敬の念を思考方式と行動方式に転化させて、法に基づく執政能力と水準を不断に高め、法治思考と法治方式によって改革の深化、発展の促進、矛盾の解消、安定の維持に取り組む能力を不断に高めなければならない。

　習近平が総括した全面的な法に基づく国家統治における「十の堅持」もしくは「十の名言」は、全面的な法に基づく国家統治における根本的保証、力の源泉、発展の道、全体目標、業務配置、主要任務、基本方針、科学的方法、重要な保障、肝心な少数など一連の方向性、根本性、全体性を有した重要な問題についてはっきりと回答している。これは全面的な法に基づく国家統治において遵守すべき根本的なことであり、必ず長期にわたって堅持し、不断に発展させていかなければならないのである。

[注]

（1）『国語・斉語』。
（2）『史記・管晏列伝』。
（3）『史記・酈生陸賈列伝』。
（4）司馬光『資治通鑑』（第一冊）、岳麓書社、一九九〇年、九七頁。
（5）司馬光『資治通鑑』（第一冊）、岳麓書社、一九九〇年、九三頁。
（6）司馬光『資治通鑑』（第三冊）、岳麓書社、一九九〇年、二六八頁。
（7）『毛沢東早期文稿』（一九一二・六―一九二〇・一一）、湖南出版社、一九九〇年、一頁。
（8）楊鴻烈『中国法律思想史』、中国政法大学出版社、二〇〇四年、一七三頁より孫引き。
（9）司馬光『資治通鑑』（第一冊）、岳麓書社、一九九〇年、一五八頁。
（10）『史記・張釈之馮唐列伝』。
（11）司馬光『資治通鑑』（第一冊）、岳麓書社、一九九〇年、五三二頁。
（12）『唐律・断獄』。
（13）『朱子語類』。
（14）『漢書・元帝紀』。
（15）『馬克斯恩格斯選集（マルクス・エンゲルス選集）』（第三巻）、人民出版社、一九九五年、五二三頁。
（16）中共中央文献研究室編『習近平関於全面依法治国論述摘編（全面的な法に基づく国家統治に関する習近平の論述抄録）』、中央文献出版社、二〇一五年、三四～三五頁。
（17）徐顕明「中国法理学進歩的階梯（中国法理学の発展の歩み）」、『中国社会科学』二〇一八年第一一期に掲載。
（18）『習近平談治国理政（習近平国政運営を語る）』（第二巻）、外文出版社、二〇一七年、一一八頁。
（19）『習近平関於全面深化改革論述摘編（改革の全面的深化に関する習近平の論述抄録）』、中央文献出版社、二〇一四年、二一頁。
（20）『毛沢東早期文稿』（一九一二・六―一九二〇・一一）、湖南出版社、一九九〇年、一頁。
（21）『毛沢東早期文稿』（一九一二・六―一九二〇・一一）、湖南出版社、一九九〇年、一頁。
（22）『毛沢東早期文稿』（一九一二・六―一九二〇・一一）、湖南出版社、一九九〇年、一頁。
（23）『毛沢東早期文稿』（一九一二・六―一九二〇・一一）、湖南出版社、一九九〇年、一頁。
（24）『毛沢東文集』（第四巻）、人民出版社、一九九六年、二一七頁。
（25）『毛沢東文集』（第七巻）、人民出版社、一九九九年、一九七～一九八頁。
（26）『馬列著作毛沢東著作選読（マルクス・レーニン著作と毛沢東著作選読）』（哲学部分）、人民出版社、一九七八年、四三六頁。
（27）『毛沢東選集』（第四巻）、人民出版社、一九九一年、一四八〇頁。
（28）『毛沢東文集』（第六巻）、人民出版社、一九九九年、三二八頁。

(29)『毛沢東選集』(第二巻)、人民出版社、一九九一年、七三二頁。

(30)『鄧小平文選』(第三巻)、人民出版社、一九九三年、一七七頁。

(31)『鄧小平文選』(第二巻)、人民出版社、一九九四年、一四六頁。

(32)『鄧小平文選』(第二巻)、人民出版社、一九九四年、三三二頁。

(33)『鄧小平文選』(第三巻)、人民出版社、一九九三年、三三一頁。

(34)『鄧小平文選』(第三巻)、人民出版社、一九九三年、三四五頁。

(35)『鄧小平文選』(第三巻)、人民出版社、一九九三年、一六三頁。

(36)『鄧小平文選』(第三巻)、人民出版社、一九九三年、一六三頁。

(37)『鄧小平文選』(第二巻)、人民出版社、一九九四年、一六八頁。

(38)『鄧小平文選』(第二巻)、人民出版社、一九九四年、一七六頁。

(39)『鄧小平文選』(第三巻)、人民出版社、一九九三年、二八四頁。

(40)『鄧小平文選』(第三巻)、人民出版社、一九九三年、二八四頁。

(41)『鄧小平文選』(第三巻)、人民出版社、一九九三年、二八六頁。

(42) 江金権編著『江総書記抓党建重要活動記略(江総書記が党の建設を推し進めるための重要な活動の略記)』、人民出版社、一九九八年、五四六頁。

(43)『江沢民文選』(第三巻)、人民出版社、二〇〇六年、五五七頁。

(44)『江沢民文選』(第二巻)、人民出版社、二〇〇六年、三一〜三二頁。

(45) 江沢民「各級領導幹部要努力学習法律知識(各級の指導幹部は努力して法律知識を学ばなければならない)」、『人民日報』一九九六年一〇月一〇日、第一版に掲載。

(46)『江沢民文選』(第一巻)、人民出版社、二〇〇六年、六四四頁。

(47) 胡錦濤『堅定不移沿着中国特色社会主義道路前進　為全面建設小康社会爾奮闘—在中国共産党第一八次全国代表大会上的報告(確固として中国の特色ある社会主義の道に沿って前進し、小康社会の全面的な実現に向けてたたかおう—中国共産党第一八回全国代表大会における報告)』、人民出版社、二〇一二年、二五頁。

(48) 胡錦濤『堅定不移沿着中国特色社会主義道路前進　為全面建設小康社会爾奮闘—在中国共産党第一八次全国代表大会上的報告(確固として中国の特色ある社会主義の道に沿って前進し、小康社会の全面的な実現に向けてたたかおう—中国共産党第一八回全国代表大会における報告)』、人民出版社、二〇一二年、二七頁。

(49) 胡錦濤『堅定不移沿着中国特色社会主義道路前進　為全面建設小康社会爾奮闘—在中国共産党第一八次全国代表大会上的報告(確固として中国の特色ある社会主義の道に沿って前進し、小康社会の全面的な実現に向けてたたかおう—中国共産党第一八回全国代表大会における報告)』人民出版社、二〇一二年、二八頁。

(50) 胡錦濤『高挙中国特色社会主義偉大旗幟　為奪取全面建設小康社会新勝利爾奮闘―在中国共産党第一八次全国代表大会上的報告（中国の特色ある社会主義の旗印を高く掲げ、小康社会の全面的な実現の新勝利を勝ち取るためにたたかおう―中国共産党第一七回全国代表大会における報告）』人民出版社、二〇〇七年、三一頁。

(51) 『王安石文集・周公』。

(52) 『中共中央関於全面推進依法治国若干重大問題的決定（法に基づく国家統治の全面的推進における若干の重大問題に関する中共中央の決定）』人民出版社、二〇一四年、五五頁より孫引き。

第一編

中国古代法理学

第一章　「法理」に対する中国古代法理学の論述

第一節　法の原理について

　ある人は「古代中国に法理学はなかった」と言う。またある人は「理論上の法理学はなかったが、事実上の法理学はあった」と語る。前者は明らかに事実とは異なるが、後者も完全に正しいとは言えない。前者の観点については中国の歴史をそもそも理解しておらず、反論の必要もないため、とりあえず置いておく。後者の観点については、信じる人がいるかもしれない。まずは歴史を見ていこう。古代中国には、公に「法理」を語る人がいたどころか、それを相当の高みにまで引き上げている。例えば南北朝時代、斉の御史中丞であった孔稚珪（四四七―五〇一年）は、「万物を匠す者、縄墨を以て正と為す。大国を馭す者、法理を本と為す。是を以て古の聖王たるもの、（中略）法理を資とし以て化を成し、刑賞を明らかにし以て功を樹てざるものなし」と書き残している。[1]彼は、法理を明確にし、忠誠心のある人物を取り立てて重用すべきだと朝廷に上奏したのである。それ以外に、法の原理や法の公理を論述する中国の法学者に至っては、枚挙に暇がない。春秋戦国時代の法家を抜きにしても、歴代王朝には法理を明確にし、法学を理解した大学者たちがいた。彼らは法の原理を論述しただけでなく、法の公理を説明したのである。以下、順を追って見ていく。

一、法の起源

　まずは歴史から学んでいこう。すべての物事にはその発生、発展、消滅（あるいは転換）の過程があり、法も例外ではない。法の起源はどこにあるのかという基本的問題に対し、国内外の法理学者たちは何とか答えを出そうとしてきたが、その観点はまちまちで、様々な意見が交錯し、一つの結論を導き出すのは難しい。中国古代法理学がこの問題を語る際も、様々な見方が存在している。

㈠「暴力論」

　これは国内外の法理学者たちの一致する見方であるが、

これを論証しようとすると再び議論が分かれる。中国古代法理学では、法律の発生を実際的な角度から検証する。すなわち、法の起源は中華民族の各部落間で起こった争いにあるとし、軍事と刑罰を関連させて考える。したがって、班固は『漢書・刑法志』の中で、「大刑は甲兵を用い、その次は斧鉞を用いる。中刑は刀鋸を用い、その次は鑽鑿を用いる。薄刑には鞭扑を用いる」と語っている。(2) つまり、征服者が定めた規範を通じて被征服者を拘束するのである。こうした規範は、最初は慣習であったが、後に法律となり、政治や社会といったその他の領域へと広がっていく。こうした暴力の範囲がヨーロッパでの民族同士の争いと規模が異なるのは明らかであるが、その性質はまったく同じもので、どちらも戦争、すなわち暴力という手段を講じている。

(二)「秩序論」

これは中国古代法理学が法の起源を論証する際の特殊かつ独特なところでもあり、多くの法家学派、例えば管仲、商鞅、韓非子などがこの観点を支持している。また、尹文子といった名士ですら似たような考えを持っている。ここでは代表として商鞅の観点を見る。

古、未だ君臣上下有らざる時、民乱れて治まらず。是を以て聖人は貴賤を列し、爵位を制し、名号を立て、以て君臣上下の義を別つ。地広く民衆く、万物多し。故に五官を分ちて之を守らしむ。民衆くして奸邪生ず。故に法制を立てて、度量を為りて以て之を禁ず。(3)

これは法家の通説である。法律とは闘争の産物であり、その目的は社会秩序の維持にあると考えるのである。

(三)「生存論」

これは荀況(荀子)の観点であり、儒と法の間に位置するものであるが、彼自身は性悪説論者である。彼は次のように述べた。

人生まれて欲有り、欲して得ざれば求むる無き能わず。求めて度量分界無ければ則ち争わざる能わず。争えば則ち乱れ、乱れれば則ち窮す。先王其の乱を悪む。故に礼義を制し以て之を分ち、以て人の欲を養い、人の求めを給し、欲をして必ず物に窮せず、物をして欲に屈せざらしむ。両者相持して長ず。是れ礼の起る所なり。故に礼は養なり。(4)

荀子がここで述べた礼とは、まさに法のことを指す。それは古代における礼には、道徳規範だけでなく、法律規範も含まれているからである。すなわち、統治者が社会の安定と起源に言及している。彼はこれまで何度も法の人類の生存を維持するために講じる方略が法だとする観点である。これは西洋の観点、例えばホッブズ（Thomas Hobbes）の観点とほぼ同じものであるが、荀子の理論はそれより千年以上も前のものである。

㈣「契約論」

これは法理学において国内外で一致する観点である。生産力が発展するにつれ、人々の社会生活には余剰が生まれ、これを交換するようになる。初めは個別の交換だったものが、次第に集団交換へと発展していく。交換においては三つの問題を解決しなければならない。一つ目は交換前に所有権を確認すること、二つ目は交換の過程にルールがあること、三つ目は交換後に発生する問題に対して解決方法があることである。そして、この三つの問題の解決にあたっては双方が事前に契約を結ばなければならず、それが徐々に法律となったとする考えである。古代中国の契約を法家は合同と呼ぶ。すなわち一枚の大きな紙の真ん中に「中」という字を書いて二つに分ける。それぞれが半分ずつを持ち、これを合わせれば同じとなるためである。上述した交換における三つの問題の解決は、法的効力を備えている。したがってマルクスは早くから、契約とは法の最初の形式であると主張したのである。

㈤「天命論」

これは実質的に見れば、一種の特殊な「神意論」であり、「天」を「神」と同様に崇めているに過ぎない。儒家には「死生命あり、富貴天に在り（生きるも死ぬも運命、富も地位も天命）」という格言がある。この観点から見れば、法の誕生もまた天が定めたものとなる。『左伝』には「民は天地の中を受けて以て生ず、所謂命なり。是を以て動作礼義威儀の則有りて以て命を定む」とある。[5]『易経』には「天尊く地卑くして乾坤定まる」とあり、「天に在りては象を成し、地に在りては形を成して変化見（あら）わる」とも述べている。[6]『礼記』ではさらにはっきりと「天高く地下く、万物散殊して礼制行わる。流れて息まず。合同して化し、楽興る」と述べている。[7]要するに、儒家の経典では、法律も含めた天地万物の源はすべて天なのである。こうした「天命論」は古代中国において影響力を持ち、近代に至るまで広く伝えられてきた。荀子はこうした観点を批判し、法律を含めた天地には自らの運行規則があると考えた。彼は「天行、常あり。堯の為に存せず、桀の為に亡びず」と述べていると述べている。[8] つまり、天には自らの軌道があり、法もまた同じなのである。よって、法家は「天命説」を否定し、法の起源を認識するには歴史の中から考察しなければならないと考える。

(六)「祭祀論」

これは、天地鬼神およびすでに亡くなった先人への崇拝を指す。こうした崇拝は一定の儀式を通じて現され、こうした儀式は祭祀と呼ばれる。人々は通常、礼儀正しくしていれば神様に祝福され、ご先祖様から褒められると考える。逆の場合は、災難に遭うとされる。そこで、聖人が天意を察して礼を定め、一般人は天意を敬って礼を守る。したがって昔の人は、「夫れ礼は先王以て天の道を承け以て人の情を治む」と言ったり、「故に夫れ礼は、必ず天に本づき、地に殽り、鬼神に列す」と言ったりする。[9] こうした礼儀は、口承から始まって後に規範となり、時間が経つにつれて慣習規範が法律規範へと変わり、最終的に法律を形成する。もちろん、これは古代中国の「天命論」に基づいて形成された法律起源説の一つに過ぎない。

(七)「正義論」

墨家では、正義こそ法学の根本であり、法の源泉であると考える。墨子は『墨子・尚同上』の中で、「天子唯だ能く天下の義を壱同す、是を以て天下治まるなり」と述べている。[10] 彼らは、君主のみが人々の意見をまとめられると考え、そこから法が生まれたのだとした。また、こうした法は天意に適合し、天意と衆人の意、特に衆人の義に順応しなければならないと指摘し、「義治」と呼ばれる国家統治理念を主張した。しかし、法律起源に関するこうした理論は根拠に欠けている。法と正義の関係を突出させることは間違っていないものの、こうした正義が天から認められる必要があるとする点は非科学的であり、これを以て法律起源とするわけにはいかない。

もちろん、法の起源を捉えるのであれば、唯物史観を理論的土台とし、マルクス主義法学理論を指導思想としなければ、科学的結論は導き出せない。マルクスは「契約とは最も初期の法律形式である」と述べ、エンゲルスは更に細かく「社会が発展しようとするある初期の段階において、こうした需要が生じる。それは毎日繰り返される製品の生産、分配、交換において共通の規則を作って制約し、個人を生産と交換という共同条件に服従させることだ。この規則はまず慣習となって現れ、その後すぐに法律となる」と述べている。[11]

二、法の本質

法の本質は法理学における核心的理念であり、中国古代法理学もこの問題を避けようとはしなかった。歴史的限界あるいは階級的限界のせいで、非科学的な部分が存在することは否めないものの、それでも異なる角度、異なる側面から法の本質を解き明かし、法理学の形成と発展を促進してきた。

(一)「法」という字の由来から見た法の本質

古代中国における「法」という字の由来と変遷には長い道のりがあり、その意味も変化し続けてきた。

1、古代中国の「法」という字は「灋」と記した『説文解字』によれば、「灋は刑なり。之れを平かにすること水の如し。水に従う。廌は不直なる者に触れて之れを去らしむる所以なり。去に従う」とある。さらに「灋は解廌獣なり。牛に似て一角。古、訟を決むるとき、不直なる者に触れしむ」とも述べている。[12] 上述の説明は、少なくとも以下の三点を示している。第一に、古代法理学を研究した王振先は、「法は刑なり。模範の意を含む」と述べている。[13] 古書曰く、「苗民（古代三苗部族の民）霊を用いず、制は刑を以てし、惟五虐の刑を作り、法と曰う」と。[14] ここでは「法を刑と解釈しているのは、秩序あり、かつ模範となり得る意を示している」。[15] 第二に、法は平らな水のごときものという点で、法に公平の意が含まれていることを表す。第三に、これは法に正義があることを示す。もちろん、「法」という字に対するこうした解釈は、法の本質を形式的に説明したに過ぎない。実のところ、階級社会において、法は統治階級にとっての公平でしかないのである。

2、商鞅は法を律に変え、秦の律である『説文解字』には、「律は均布なり」とある。[16]「均布」とは、楽器の調律の一種である。いわゆる「規範は天下すべての異なる行為を統一させる」のである。古書の記載によれば、律とは「円を規め方を矩め、重を権り平を衡り、縄を準し量を嘉し、賾を探り隠を索め、深きを鉤し遠きを致すに用いざるはなし」のである。[17] 律は実のところ、「基準」の意味を持つ。

3、古代には「法」を「典」と称した古い書物『広韻』には、「典は主なり。常なり。法なり。経なり」と書かれている。典は往々にして「法」と同義で用いられ、「法典」、「典章」と呼ばれた。『説文解字』では、「典は五帝の書なり。冊の机上に在るに従う。之れを尊閣するなり」と述べられている。「典」の本義は尊い書物であり、昔の人は法と同等に見做したのである。したがって、典には尊敬、権威の意が含まれている。

4、古代には「法」を「則」とも称した

『周礼』には「八則を以て都鄙を治める」との言い方がある。後の人は、「則」すなわち法なりとこれを解釈した。つまり、則は規則であり、統治者の行為という意を含んでいる。

5、「式」に対する『説文』の解釈

「式は法なり。工に従い弋声とする」「工は巧飾なり。人の規矩有るに象るなり」とある(18)。つまり、式には規律にこだわるの意が含まれている。

6、古書もまた「法」を「範」と称す

「範」の字に対する『説文解字』の解釈では、「範は法なり。竹簡書なり」と捉えている。『尚書・洪範』には「洪は大なり。範は法なり。天地を言う大法なり」と記されている。そこには規範の意味が含まれている。

要するに、中国の法理学と関連学問では、「法」やその同義語に対する解釈を行ってきたのである。これらはいずれも一定の道理があるものの、形式や外側からのみ法を解釈しており、法の本質を内側から指摘したものはなく、且つあるはずがないのである。マルクス主義法学では、法の本質は統治階級の意志の表れであり、その外部形式は規則、規範、規律となって現れると考える。ただし、これもまた、中国古代法理学が「法」という字からその解釈を行ったことを示している。

㈡法の内容から見た法の本質

古代中国の法理学者は、法の内容から法の本質を明らかにした。法家の先駆けである管仲は「法は天下の程式なり。万事の儀表なり」と述べた。東漢の王充は「法は乃ち天下の名器なり」と述べた。宋代の儒学の大家である司馬光は「法は天下の公器なり」と語っている。このように法には様々な解釈があり、統一されたものはない。中国古代法学者は、法の内容から法の本質を示そうと努力した。しかし、歴史的条件の限界や階級対立の社会にあって、法はすべての人々の意志を表すものではあり得なかったのである。やはり、法家の集大成と言われる韓非子が述べた「法は之を図籍に編著し、之を官府に設けて、之を百姓に布くものなり」という言い方が正しい(19)。実のところ、封建専政下にあった古代中国の法律は、「法は君より出づ」という特徴を持つ。もちろん、社会主義という条件下では、法は人民の意志が集中して現れるものである。正確に言えば、法は中国共産党の主張と人民の意志の結合なのである。

㈢法の役割から見た法の本質

法の役割は極めて広い。中国古代法理学は、様々な角度から法の本質を明らかにしようとした。一つ目は、人の行為規則としての認識である。管仲はそれを「尺寸なり、縄墨なり、規矩なり、衡石なり、斗斛なり、角量なり、之を法と謂う」と述べている。[20]商鞅はより概括的に、「法は国の権衡なり」と主張した。[21]こうした観点は、現代から見ても正しい。なぜなら法はまさに、人々の行為規則を測る総称だからである。しかし問題は、人々の行為規則を測る基準と根拠は何かという点にある。階級対立社会においては、統治階級の意志のみがあることは歴史が証明している。この意志の内容は統治階級の物質的生活条件によって決まる。なぜなら、法は主観的意志性を持つと同時に、客観的法則性も有しているからである。二つ目は、「分を定め争を止むる」基準から見た場合である。商鞅と韓非子はどちらも同様の例を挙げているが、実のところ、この事例は法家の慎到の言葉から来ている。彼は「一兎走り、百人之を追う。兎を市に積み、過ぎれども顧みず。兎を欲せざるに非ず。分定まり、争うべからざるなり」と述べた。[22]三つ目は、「功を興し暴を惧（おど）す」機能から見た場合である。法は確かに秩序の維持、人々の生命・財産を保障する役割を果たしている。したがって管仲は、「法は以て功を興し暴を惧す所なり。律は以て分を定め争を止むる所なり。令は以て人をして事を知らしむる所なり」と述べたのである。[23]

法の本質を明らかにしようとする上述の観点は、その多くが法家によって提起されたものである。その思想・理論は、いずれも「利を好んで害を悪む」という人性論および「古に法らず、今に循わず」の歴史観によるものである。それに対し、儒家は「性善説」の人性を根本とし、「礼治」思想を大いに宣揚し、「政を為すに徳を以てす」よう提唱した。ここでは道徳による教化が重視され、「和を以て貴しと為す」の主張の他に、「中庸」が提唱され、「政を為すは人に在り」を発揚すると同時に、「論語半分で天下は治まる」考えを提起し、法の本質と役割をできるだけ覆い隠そうとした。しかし、東漢以降の古代中国は事実上、「儒法合流」や「内法外儒」であり、ここから中華で統一された多民族の活力を維持してきたのである。つまり、中国古代法理学における法の本質に関する論述および「儒法共治」の実践が、中華文明の重要な部分を構成していることは、歴史がすでに証明しているのである。

三、法の原則

法の原則は法の本質を反映し、法の価値を表している。これは中国古代法における中枢神経であり、すべての法律活動が必ず守るべき準則である。

(一)「徳法共治」

これは中国古代法理学が貫いてきた基本原則である。実のところ、いかなる国家統治方略一つをとっても、古代中国において良好な効果をもたらさなかったことは歴史がすでに証明している。中国では古代の経験の総括から出発し、徳法共同統治の基本原則を打ち出した。漢の宣帝は「覇王の道を以て之に雑う」国家統治方略を提起した。彼は儒家の仁政徳礼の説を外側に飾り立て、法家の刑名法術の学を内側に隠し、内法外儒を実施したのである。これは徳と法の両者を併用し、それぞれのいいところを用いた高度な政治的智慧を映し出している。[24]『唐律疏議』もまた、「徳礼を政教の本と為し、刑罰を政教の用と為す（訳注：道徳礼儀は政治教化の本とし、刑罰は政治教化の用立てとする）」と述べている。実のところ、徳・法の相互補完と共同統治は、中国古代法理学が提唱した国家統治の基本原則なのである。これは古代中国の国情とも合致し、中国古代法理学における偉大な創造であると同時に、「文景の治」、「貞観の治」、「康乾の治」といった実践の中で証明されてきたものでもある。早くは春秋時代、法家の先駆けであった管仲がすでに道徳と法律の重要な役割を極めて重視していたと言うべきかもしれない。彼はかつて「礼義廉恥」を「国の四維」にたとえ、道徳の教化的役割を強調した。こうした「徳法共治」の思想と原則は、古代中国の社会を終始貫いてきたものであり、新時代の全面的な法に基づく国家統治における我々の自国の貴重な法治的文化財なのである。

(二)「法を以て本と為し、法・術・勢を結合」

これは古代法家学派が、「法を以て国を治める」を徹底して実施するために打ち出した基本原則であり、「法・術・勢」の三思想を結合させたものである。その基本思想は管仲が提唱し、韓非子がそれを法家思想として大成させた、法を根本とし、法・術・勢が結びついた厳正な原則体系を形成したのである。「法を以て本と為す」は主に、国家統治における法の重要性を強調している。まさに昔の人が言うところの、「国は法なければ治まらず、民は法なければ立たず」である。韓非子は「法は国を為むる所以なり。之を軽んずれば、則ち功立たず名成らず」と述べたが[25]、それは「法を明らかにする者は強く、法を慢にする者は弱し」だからである[26]。同時に、「法を明らかにする」ことについて、彼は、次のように説明を加えている。

人主は人臣をして、智能ありと雖も、法に背きて制を専にすることを得ず、賢行ありと雖も、功を逾えて労に先つことを得ず、忠信ありと雖も、法を釈つれば禁せられざることを得ざらしむ[27]。

法を根本とし、法律の権威を強調し、法こそ国家統治の基本であると指摘したのである。「法を以て本と為す」を土台とし、術と勢の重要性を強調した。法は必ず「勢」と結合させなければならない。彼は、「法を抱き勢に処れば則ち治まり、法に背き勢を去れば則ち乱れる」[28]、「勢は衆に勝つの資なり」と指摘している[29]。権勢があるところには、必ず術が必要となる。「術とは任に因りて官を授け、名に循って実を責め、殺生の柄を操って群臣の能を課する者なり」とある[30]。平たく言えば、術とはつまり、統治の策略を指す。法・術・勢の三者が結びついて初めて法の役割を発揮することができ、国を治めることが可能となる。韓非子と法家におけるこの重要な観点には一定の正確性がある。なぜなら、法は国家統治の基本であり、権威性を備えていなければならず、同時に実施する際の策略と方法も必要だからである。ただし、法は人民を中心とした指導思想の下で、初めて人民の意志を表した法の権威を樹立し、そのあるべき役割を発揮できるのだという点は、はっきりさせておかなければならない。したがって、法家の「法を以て本と為し、法・術・勢を結合」させる原則には、参考とする価値が少なからずあり、これもまた全面的な法に基づく国家統治における自国の貴重な法治的文化財なのである。

(三)「法は貴きに阿らず」「過を刑するに大臣を避けず、善を賞するに匹夫を遺てず」

韓非子の「法は貴きに阿らず」と「過を刑するに大臣を避けず、善を賞するに匹夫を遺てず」は、上古の名言を引用したものである[31]。これは当時の法治における原則というだけでなく、「法の前の平等」の萌芽的思想を含んでいる極めて貴重な、今日でも参考にする価値のある中華法治文明の結晶なのである。韓非子は「明主の道は、賞は必ず公利に出で、名は必ず上の為にするに在り。賞と誉と軌道を同じくし、非と誅と倶に行わる。（中略）則ち国治まる」と述べている(32)。もちろん、韓非子のこの言葉は、「刑を以て刑を去す」に関する商鞅の思想を支持するためのものであり、多少趣旨に偏りがある点は指摘しておかなければならない。

四、法の発展

中国古代法理学における最も重要な特徴かつ長所は、法の発展を強調し、いくつかの重要な観点を提起したことである。

㈠「世を治むる一道ならず、国に便なれば必ずしも古に法らず」

法家の先駆者たちは、法の発展を常に強調してきた。商鞅の変法から王安石の変法、さらには戊戌の変法（訳注：一八九八年を頂点に行われた清朝の政治改革運動）に至るまで法の発展を強調し続け、保守派との論争を何度となく展開してきた。『史記・商君列伝』には、商鞅が秦国の改革を行った際、甘龍や杜摯らと論争を展開したとの記載がある。その論点の一つが、法は発展するか否かという問題であった。後者が「古に法れば過無く、礼に循えば邪無し」と主張すると、商鞅は「世を治むる一道ならず、国に便なれば必ずしも古に法らず」と答え、さらに「古に法らず、今に循わず」の標語を主張した。彼は「古に法れば則ち時に後れ、今を修むれば則ち勢に塞がる」と考えたのである(33)。すなわち、昔のやり方をただ真似するだけでは時代遅れであり、現状を維持するのみでは情勢の変化に対応できないという意味である。歴史上、中国では何度か改革が起こったが、そこには常に「先王に法る」か「後王に法る」かという争いがあった。つまり、法の発展に関する問題であり、変法者はそれを強調したのである。

㈡「法、時と転ずれば則ち治まる」

韓非子は商鞅の観点を継承し、「法、時と転ず」という歴史観を打ち出した。彼は歴史を「上古」、「中古」、「近古」、「現代」の四段階に分け、歴史は進化すると考えた。すなわち今が昔に及ばぬのではなく、今は昔より優れているのである。そこで彼は、復古や保守に反対し、現代への賛美を惜しまなかった。その考え方からすれば、時代が発展すると、歴史的条件も異なり、国の法律や国家統治の方法も相応の変化をし、時代の求めに適応しようとする。現在の世において「先王の政を以て当世の民を治めんと欲する」のは、「株を守りて兎を待つ」なのである。したがって韓非子は、「法、時と転ずれば則ち治まる。治、世と宜しければ則ち功あり」と述べている。[34]韓非子のこの観点は、今でも参考となる考え方である。時代は前進し、歴史は発展する。法も情勢の変化に応じて発展していかなければならないのである。孫文には「歴史の潮流は、滔々たるもので、これに従えば栄え、これに逆らえば亡びる」という名言がある。法律も国家統治理念も同様で、時代と共に発展していかなければならないのである。

㈢法の適時性と法の安定性

法の発展は絶対的であるが、法の安定性は相対的である。しかし一定の歴史段階において、法律は安定していなければならない。仮に朝令暮改を繰り返せば、法律はその権威を失ってしまう。法の安定性はまず、法が時代に適応しているかどうかを前提とする。そこで改革は歴史の必然となる。改革は歴史上、「変法」と称される。この呼称がまさに両者の弁証関係を表している。改革には二種類ある。一つは制度変更で、「立・改・廃」をそれぞれ法に施す、すなわち変法である。もう一つは体制改革であり、これは現有制度に基づいて自らをより完全化する作業である。中国が現在進めている改革は、まさに社会主義制度における自己改革である。したがって、現在の改革は法に基づいたものでなければならない。この点に矛盾が生じれば、法律を改正し、新たな状況に対応させる必要がある。この点も中国古代法理学の中から、例えば張居正（ちょうきょせい）の改革といった参考となる事例が挙げられる。

五、国家統治の理念

中国古代法理学の国家統治理念に関する理論と実践は、中華法治文明の結晶であり、中華民族を結ぶ精神的文柱でもあり、同時に中華数千年の歴史が衰えずに続いてきた内生的遺伝子でもある。古書『太平経』はかつてこれを約一〇種類の形式にまとめた。

㈠礼治

礼治とは、中国が最も早い時期に取り入れた国家統治理念と方略である。これは古代中国社会全体、すなわち西周から清末までを貫く考え方である。調べたところによれば、礼治は殷の時代に始まり、周の時代に全盛を迎えた。「周公礼を制す」が伝えられているが、周公とは周公旦（しゅうこうたん）、すなわち周の文王の子で武王の弟を指す。武王亡き後は周の成王を補佐し、摂政を何十年と務めた。彼は中国太古の時期の宗法等級制度における礼節・伝統・習慣および道徳規範に対し、整理、修正、補充を行い、実践の中で比較的完全な宗法等級制度の礼節・儀式および道徳規範を徐々に形成していき、そこに一定の拘束力を付与した。礼治の基本原則は、「親を親しむなり。尊を尊ぶなり。長を長とするなり。男女別有り」である。[35]礼治の適用範囲は相当広く、次のような論述がある。

道徳仁義は礼に非ざれば成らず。教訓して俗を正すは礼に非ざれば備わらず。争を分ち訟を辯じるは礼に非ざれば決せず。君臣上下、父子兄弟は礼に非ざれば定まらず。宧して学するに師に事ふるは礼に非ざれば親しからず。朝を班で軍を治め官に莅みて法を行うは礼に非ざれば行われず。禱祠祭祀して鬼神に供給するは礼に非ざれば誠ならず荘ならず。[36]

ここでは、道徳規範、祭祀や儀式、法律条文が直接人々の行為を規定しているため、礼が当時重要な意義を備えていたことは明白である。まさに子産が述べたように、「夫れ礼は、天の経なり。地の義なり。民の行なり。天地の経にして、而して民実に之に則る」のである。[37]したがって、礼治は重要な国家統治理念となる。もちろん、礼治の結晶は、「大一統」の基本思想を含んでいる点であり、これは中華民族が長きにわたって衰えずにいる重要な遺伝子である。「大一統」の原始的意義には、すなわち「天に二日無し、土に二王無し、国に二君無し、家に二尊無し、一を以て治むるなり」が含まれている。[38]それがその後、多民族国家の統一を維持するためへと発展し、統一国家を共同で建設し、守ってきたのである。この意味から言えば、礼治はまさに中華文明の歴史に永遠に刻まれるものである。ちなみに「礼治」の「礼」と「楽」が弁証の統一であることは指摘しておかなければならない。「礼」の目標は等差を守ることにあり、「楽」の目標は善悪を調整することにある。礼と楽が相互にその良さを発揮できれば、民族の団結と国家の統一に有利となり、社会の安定と長期安泰にも有利となる。要するに、宗法等級制度の上に築かれたこうした国家統治理念は、国家を経し、社稷を定め、人民を序し、後嗣を定める役割を果たすのである。当時の歴史的条件の下、その階級的本質についで言えば、宗法等級制度を守るという統治秩序ではあったものの、客観的に見れば、社会の安定と民族の団結にとって有利であった。司馬光の説によれば、法治には「患いを未然に防ぐ」役割、すなわち国家統一にとって不利となる突発的事件の発生を防止する役割がある。

礼治には一定の歴史的限界があるものの、そこから精華を吸収して無駄なものを取り除けば、参考とすべき自国の法治的文化財となり得るのである。具体的な現実的価値は、以下の通りとなる。第一に、中国の単一制、すなわち多民族で統一された国家という国家構造形式を完備し、強固にする上で、礼治は現実的意義を備えている。礼治は国家統一と民族団結の科学的遺伝子であり、中華民族の偉大な復興を実現させる上で、直接的な参考の価値および促進的役割を備えている。第二に、礼治には礼儀の国の思想的由来としての歴史的価値があり、中国の平和的外交政策を実現させる上で現実的価値を持つ。第三に、「社会主義の核心的価値観（訳注：国家の建設目標としての「富強、民主、文明、和諧〈調和〉」、社会の構築理念としての「自由、平等、公正、法治」、国民の道徳規範としての「愛国、敬業、誠信、友善」）」を正しく適用する上で、参考の価値を持つ。特に、敬老と愛幼は直接的な促進的役割をもたらす。第四に、「中国の物語をうまく語る（訳注：中国のことを海外に伝える）」、とりわけ「礼儀の国」の思想的源泉を語る際に、豊富な参考資料となる。これは中国に奥深い理論的源泉があることを意味する。そのうち、「和を以て貴しと為す」と「君子和して同ぜず」は、中華文明の内在的要求でもある。第五に、礼治は道徳の教化的役割を強調するため、我々が全面的な法に基づく国家統治を徹底し、法治と徳治を結びつける上で重要な参考の価値を持つ。

㈡徳治

徳治とは儒家が提起した国家統治理念であり、礼治が新たな歴史的条件の下で改善・発展したものである。孔丘（孔子）は仁と礼を核とした道徳規範体系を作り出しただけでなく、道徳の高みを政治領域まで広げ、「政を為すに徳を以てす」という徳治理念を打ち出した[39]。つまり、国家統治の方略として直接道徳を持ち出して「之を導くに徳を以てし、之を斉うるに礼を以てす」という総合プランを打ち立てたのである[40]。

徳治は聖君賢人、道徳教化を訴える。それはまず、天子（皇帝）が必ず聖君であり、修身に長けるよう求める。つまり、「身を修むる所以を知れば、則ち人を治むる所以を知る。人を治むる所以を知れば、則ち天下国家を治むる所以を知る」と考えるのである[41]。当然、徳治の主旨は、愛民、恵民、教民、すなわち「民を以て本と為す」を貫く点にある。徳治の機能は教化にある。つまり、個人の良くない習慣、良くない風習を徳化するのであり、より重要なのは徳を以て民を教化する、いわゆる仁者愛人（仁者は人を愛す）である。徳に対する理解には様々な言い方があり、例えば鄭玄は、「徳は善教を謂う」とした。[42]『尚書』では「民に徳を施す」と述べた。[43]法家の先駆者である管仲もまた、「徳」について「民を愛して私無きを徳と曰う」と説明している。[44]徳治では役人に清廉で、公正、正義、公平を貫き、「官の任を成すなら、四方を幸福にせよ」を貫くよう求める。そして外に対しては、「和を以て貴しと為す」と「和して同ぜず」を求める。要するに、徳治は「政を為すに徳を以てす」、「徳を以て人を服す」を主張するのである。

徳治は悪くない国家統治理念ではあるが、単独でこれを実施した古代中国の王朝はなく、すべて他の国家統治理念を使って国を治めたのであった。『唐律疏議』には、「徳礼を政教の本と為し、刑罰を政教の用と為す」と規定されている。つまり、古代中国では内法外儒（儒法合流）の国家統治方略を実施していたのである。これが中国にとって最良の国家統治方略であることは、すでに実践で証明されている。徳治に関して総括するならば、少なくとも以下のいくつかの点が今日の法に基づく国家統治の参考となり得る。

第一に、法治と徳治が相互協力する国家統治方略を発揮させ、法治の指導、規範、保障的役割を重んじるだけでなく、道徳の教化的役割と促進的役割も求めながら、全面的な法に基づく国家統治を推し進めていくのである。

第二に、徳治の中の「和を以て貴しと為す」と「和して同ぜず」思想を運用し、中国の平和外交政策をより輝かせる。

第三に、「徳治」理念を徹底することで、世界の人々と共に歩み、共に「人類運命共同体を構築」し、人間が全面的に発展する世界の素晴らしい境地を実現するために努力することである。

第四に、「中庸」の求めに従って調和のとれた社会を構築し、中華民族の偉大な復興という中国の夢を実現させ、人々のよりよい生活を実現させるために奮闘し続けることである。

(三)無為の治

「無為の治」は道家の国家統治理念である。老子が作り、荘周（荘子）と劉安が発展させた思想体系である。代表作に『道徳経』と『淮南子』がある。老子の論証である「無為を為せば、則ち治まらざること無し」に基づき、「我無為にして民自ら化し、我静を好んで民自ら正し、我無事にして民自ら富み、我無欲にして民自ら朴なり」と弁証的解釈を行った。[45]したがって、彼は統治集団が「無為の事に処りて、不言の教を行う」、すべては自然法則の支配に従うよう希望した。彼は統治者に「甚を去り、奢を去り、泰を去る（訳注：極端な事を避け、贅沢を避け、傲慢な心を避ける）」よう戒め、「賢能を尚わざれば、民をして争わざらしむ。得難きの貨を貴わざれば、民をして盗を為さざらしむ。欲すべきを見わさざれば、心をして乱れざらしむ」。「是を以て聖人の治は、其の心を虚しくして、其の腹を実たし、其の志を弱めて、其の骨を強くす。常に民をして無知無欲ならしめ、夫の知るものをして敢えて為さざらしむ」と主張したのである。[46] 劉安は『淮南子』の中で、これを「無為の治」という国家統治理念へと発展・改善し、「無為（為す無し）」と「為さざる無し」は実際には理想的行為方式に備わる内在的統一性における切っても切れない二つの側面である、とより踏み込んだ解釈を行った。彼は、「君道は、以て為すある所に非ざるなり。以て為す無き所なり」[47]、「何をか為す無しと謂う。智者は位を以て事を為さず、勇者は位を以て暴を為さず、仁者は位を以て患を為さず、為す無しと謂う可し。夫れ為す無しは、則ち一を得ればなり。一は万物の本なり、敵無きの道なり」と公言している。[48] 要するに道家では、人間社会には自然の規則と同様、客観的な運行法則が存在すると考える。したがって国家統治理念では、社会発展の客観的規則に従うものとし、自分勝手にやってはならないとした。これこそ「無為にして治まる」の真骨頂である。

「無為の治」の基本原則は、「人は地に法り、地は天に法り、天は道に法り、道は自然に法る」ことである。[49] ここで言う「自然」とは、社会発展の自然規則を指す。この「自然」のことを、西洋自然法学に出てくる「自然法」と同様に見做す人がいるが、それは誤解である。なぜなら、古典自然法学派の解釈によれば、「自然法」とは人間の理性の現れであり、これは客観的唯心主義を理論的土台としているからである。道家の「自然」は、純粋な唯物主義を理論的土台としており、これを混同してはならない。無為の治は、西漢初期の国家統治理念であり、当時はよい効果をもたらし、歴史に名高い「文景の治」を生み出した。西漢初期、長年の戦禍を経てきた人々には、まさに休息が必要であった。当時は戦争が絶えず、人口が大幅に減少し、土地は荒れ、経済は立ち行かず、「天子より鈞駟を具えること能わず、而して将相或は牛車に乗る」始末だった。[50] 民・百姓に至っては貧しさに病まで加わり、生活は困難を極めた。こうした条件の下、皇帝や皇太后から学者、百姓に至るまで、ほぼすべての人が黄老思想を信奉した。国が「無為にして治まる」を実施したことで、「流浪既に帰り、戸口も亦息む。列侯大なる者三四万戸に至り、小国自ら倍す。富厚之の如し」という素晴らしい局面が訪れた。[51]これは当時、賈誼が「徳治」を発揚し、晁錯が「法治」を提唱したことと直接関係している。まさに「無為の治」、「徳治」、「法治」が緊密に連携したことで、「文景の治」という良好な環境を作り出したのである。

「無為の治」という国家統治理念もまた、今日推進する全面的な法に基づく国家統治が参考にすべき自国の文化財であることは言うまでもない。第一に、これは我々に社会発展のルールを遵守し、自然を重んじ、自然に従い、自然を利用し、主観主義を防ぎ、人民に迷惑をかけないよう求めている。第二に、人民を中心に据え、人民主体の思想を貫くことで、人々に主体性と創造性を発揮させ、法に基づく国家統治において、人民に寄り添った人民の為の統治を徹底する。第三に、指導者や幹部は人民に寄り添い、責任の所在を明確にし、国家統治チームを組織して、「二つの一〇〇年（訳注：二〇二一年に迎えた中国共産党創設一〇〇周年、二〇四九年の建国一〇〇周年）」奮闘目標実現のために共に努力していくのである。

㈣義治

「義治」とは、春秋戦国時代に墨家が提起し、提唱した国家統治理念である。その創始者である墨翟（墨子）は、「天子唯だ能く天下の義を壱同す、是を以て天下治まるなり」と述べている。[52]「兼愛」と「非攻」は義治の政治綱領である。「兼愛」とは、社会の「交々相利す」ためであり、「非攻」は国の間の「交々相利す」ためである。墨家は、「兼は是、別は非であり」、兼愛すれば「交々相利す」ことができるので、兼愛こそ「義」であり、正義は社会の安定と調和の土台なのだと考えた。[53]また「非攻」とは、正義なき戦争に反対することであり、戦争は国土や生産を破壊し、富と資源を消耗し、社会にとっての災難だと考えた。しかし、彼らは侵略に対抗する正義の戦争を支持した。彼らの結論は、「若し天下をして兼ねて相愛せしめば、国と国と相攻めず、家と家と相乱さず、盗賊あることなく、君臣父子皆能く孝慈ならん。かくの若くならば則ち天下治まる」とのことであった。[54]

この思想は「尚賢」、「尚同」を主張するが、彼らはこれを統治者の中心的役割だと捉えていた。「尚賢」とはつまり、公義に基づき、賢能を推挙することである。「尚同」は、「天下の義を同じくする」という意味を指す。そこには、秩序、体制、公平、正義などが含まれる。そして統治者の政策が民意や天意に適っているよう求めた。後者が「天命論」の影響を受けているのは明らかである。

墨家の「義治」では「法度」を重視した。そこではどのような仕事にも「法が有る」べきだと考えた。特に職人たちの「方を為すに矩を以てし、円を為すに規を以てす」である。もちろん、ここで言うところの「法」は広義のもので、法律も含めば道徳も含み、その他の社会規範をも含む。墨家における法の実施原則は、「賞すれば賢に当り、罰すれば暴に当る。無辜を殺さず、有罪を失わず」である。[55]墨家では、法が必ず経済に尽くすよう強調し、政府に「三患」の防止を求めた。「三患」とは、「飢者食を得ず」、「寒者衣を得ず」、「労者息を得ず」の状態である。また、「三務」、すなわち「国家の富」、「人民の衆」、「刑政の治」に努めるよう求め、経済・立法の強化と国の富に力を入れるよう強調した。

墨家のメンバーはほとんどが労働者出身で、一定の技能を身に着けていた。彼らの「義治」という観点は、進歩的意義を備えており、古代中国の法治文明の結晶であり、全面的な法に基づく国家統治の参考となり得る重要な自国の文化財である。第一に、「天下の義を以て天下を治める」の結晶を取り込み、世界各国の人々と共に人類運命共同体を構築し、人間の全面的発展を徐々に実現させていく。第二に、「兼愛」と「非攻」思想を借りて「一帯一路」の提唱を実践し、「共に話し合い、共に建設し、共に勝ち、共に分かち合う」を実現させることで、国の大小、強弱、貧富に関わらず、その主権が一律に平等となるグローバル・ガバナンスを目指していく。第三に、「尚賢」と「尚同」の理念を参考に、全世界で公平と正義を推進しながら権利の平等、機会の平等、就業の平等を促進し、「人々の素晴らしき日々」を実現させるためにたゆまぬ努力を行う。第四に、「重法（法を重んじる）」思想を参考に、憲法と法律の尊厳と権威を守り、法律が付与する権利を享受し、法律が定める義務を実行するようにする。とりわけ、「鍵となる少数」の指導者層においては、なおさら法を学び、法を尊重し、法を守り、法に基づく事務処理を徹底する必要がある。

㈤法治

国家統治理念として法治を提唱したことは、中華民族の偉大な快挙であり、人類に対する中華文明の卓越した貢献である。早くは紀元前六八五年、法家の先駆けであり、中国古代法理学の創始者である管仲が斉の桓公を補佐して改革を行った際、「法を以て国を治める」思想を提唱した。中国の「法を以て国を治める」は、西側のアリストテレスが提唱した法治より二〇〇年以上も早かったのである。法家の提起した「法治」は、法理学の指導思想であるだけでなく、春秋戦国時代において多くの国で実践され、秦代の商鞅の変法から始皇帝の中国統一に至るまで一〇〇年以上にわたる歴史的実証を経てきたものなのである。その後、「重刑主義」や「厳刑峻法」、あるいは別の要因により、秦は二代で滅亡するが、「法を以て国を治める」は古代法治文明の重要な部分として、永遠にその名を残すものであり、現在の全面的な法に基づく国家統治が参考とすべき自国の法治的文化財でもある。

(1)「法を以て国を治める」は、法家の先駆けである管仲が提起し、斉国の改革実践に用いられた。その効果は抜群で、斉の桓公を春秋一の覇者へと押し上げる偉業を達成した。秦国は商鞅が改革を主導して日毎に強くなっていき、十数代にわたる人々の共同の努力を経て、秦王が六国を一掃することに成功し、最終的に中央集権の統一多民族国家を作り上げたのである。数千年の時を経ても、中華民族は常に世界の東方に君臨し続けている。中国古代法治は現代の法治とは異なるものの、他に類を見ない成果を備え、古代中国の国家統治理念の一つへと成長した。これもまた全面的な法に基づく国家統治が合理的に参考とすべき重要な自国の文化財なのである。

(2)「法を以て国を治める」とは、「法を以て本と為し、法・術・勢を結合させた科学的体系」である。「法を以て本と為す」はこの体系の根本である。なぜなら、「法は国を為むる所以なり。之を軽んずれば、則ち功立たず名成らず」からであり[56]、したがって「法を明らかにする者は強く、法を慢にする者は弱し」[57]。まさに俗に言うところの「国は法なければ治まらず、民は法なければ立たず」である。具体的に言えば、法は統治階級の意志を現し、統治階級の物質的生活条件を反映する。そして社会秩序を維持し、国の安全を守るのである。「勢」というのは、法の権威を強調したものである。人々は法の権威を敬って服従し、法が確定する権利を享受し、法が規定する義務を履行するのである。「術」は策略と方法を練ることである。大衆を団結させて組織し、法律の導きに基づいて各作業に従事させるのである。

(3)「法を以て国を治める」は、社会の発展を推進しなければならない。当時で言えば、「世襲世禄」制度や土地の国有制廃止を実施することで「富国強兵」を実現し、経済発展と社会の進歩を促進したのである。この思想は秦国の国力を強めるのに一役買い、最終的には六国の殲滅と中国統一の目標を実現したのである。法治を推進し、仮に法治が人を根本としなければ、それは価値目標を失い、盲目の挙と化してしまう。これは法家の経験であり、深刻な教訓でもある。

「法治」というやり方の有効な国家統治理念を分析、総括、参考とすることは、現在の全面的な法に基づく国家統治における自国の文化財として、少なくとも以下の点でその役割を発揮できる。

第一に、法治精神を発揚し、法に基づく国家統治の確かな思想的基盤を築くことである。古代中国の法家の突出した部分は、全ての民に法を学ばせ、法制教育を普及した点にある。「法を以て教と為し、吏を以て師と為す」の方針の下、当時の秦国は民全体で法を学び、法を用いた。とりわけ、官吏は厳格に法を執行し、法を守っていただけでなく、本格的な法学教師でもあった。この点は、我々が学ぶべきところである。幹部、特に中枢幹部においては、法治思想ならびに法治方式の水準を高め、国中を法制精神普及、法律・規則の遵守、公平・正義の維持を行う大学堂としなければならない。そして、法に基づく事務処理を徹底させ、誰もが法を守る思想基盤を樹立する必要がある。

第二に、法治は時代に応じて変化させ、客観的規則をよりよく映し出し、時代の流れに適応させる必要がある。改革を主張する主体はすべて進歩を遂げ、最終的に統一国家の中で共同発展を実現させている。ここに疑いの余地はない。

(4)「法を以て国を治める」は、「法を以て教と為し、吏を以て師と為す」を実施した。これにより法制教育を普及させ、法治精神を広め、公平・正義を主張したのである。まさに『戦国策』が描写したように、「商君、秦を治めて、法令至って行われ、公平にして私なし。罰、強大を諱まず、賞、親近に私せず。法、太子に及び、其の傅を黥劓す」のである。[58] つまり、法律を適用する際の一律平等を強調し、「過を刑するに大臣を避けず、善を賞するに匹夫を遺てず」を主張した上で、[59]「法は貴きに阿らず」のスローガンを唱えたのである。[60]

(5)「法を以て国を治める」を実践する中、「民を治むるに常無く、唯治を法と為す。法、時と転ずれば則ち治まる。治、世と宜しければ則ち功あり」。[61] 社会が発展し、時代が変化するのに鑑み、「先王に法る」ではなく、「後王に法る」を求めた。つまり、法律を時代の流れに対応させることで、歴史の発展を推進したのである。

(6)「人を以て本と為す」を強調。これは管仲が改革の際に提起し、代々踏襲されていったもので、「本固邦寧（本固ければ邦寧し）」という代々伝わる格言を形成してきた。

これは、古代中国の国家統治理念を参考とする必要があるだけでなく、法治という強大な生命力と活力を発揮させる客観的要求といった方が正しい。我々は、商鞅、韓非子など法家の人物が強調した「後王に法る」のやり方を参考とし、客観的需要や時代に応じた要求を、現在の法律により反映させていかなければならない。

第三に、法家は「法治」において指導思想の正確性を訴えた。我々はこのやり方を借り、習近平新時代の法治思想に関する論述を指導思想とするよう徹底し、二〇一八年の中国共産党中央における全面的な法に基づく国家統治委員会第一回全体会議の求めに応じ、「十の堅持」をしっかりと貫いて各方面の作業を行った上で、それを徹底的に推進していかなければならない。

第四に、良いものを取り入れ続けた法家の精神を発揚することである。目下のところ、社会主義法治体系の構築を総目標とし、法に基づく国家統治、法に基づく執政、法に基づく行政の共同推進を徹底していくべきである。法治国家、法治政府、法治社会の一体化構築を貫き、社会主義現代化法治強国建設のために努力を惜しんではならない。

第五に、当然のことながら、法家が強調した「重刑主義」や「刑を以て刑を去す」の深刻な教訓は我々に、社会主義核心価値観を宣揚する過程において、人民同士の矛盾を真面目に処理し、各種矛盾を芽のうちに摘み取るよう教えてくれている。一〇の『刑法』修正案を厳格に実施し、寛厳相済う刑事政策方針を貫き、改革と法治、安定と法治の関係を正しく処理し、国の長期安泰の軌道の上で法治が前進していけるよう確保することである。

㈥共治

古代中国における国家統治理念は多かったものの、基本的に単独で実施されたことはなく、いくつかの理念を共同で用いる国家統治方案を採用していた。これは中華法治文明の結晶であり、中華民族の国家統一を絶え間なく実現させるための精神的支柱でもあった。また、世界に対する中華民族の大きな貢献でもあり、人類文明史上の偉大な創造でもあった。早くは紀元前一一世紀、周公が国を建てた当初、「共治」の基本思想を提起し、礼楽政刑による総合的国家統治という重大な政策を実施した。これは徳・法・義の三者を結びつけ、中国古代の徳・法・義共同統治への道筋をつけ、それが周代、特にその早期における天下太平という社会秩序へと結びついたものである。春秋戦国時代になってからも、法家の先駆けである管仲が「法を以て国を治める」快挙を成し遂げる中、徳・法・義の有機的結合は強調され続けた。彼は、春秋最初の覇者である斉の桓公に「周天子を天下共同の主とする」号令を発するよう勧め、「礼義廉恥は国の四維」とする道義観念を提唱し、それを国家存亡の重要な要素と見做した。秦代になると、「法を以て教と為し、吏を以て師と為す」が実施され、「法に基づく国家統治」が推進され、中国の歴史上初の中央集権統一国家が誕生した。しかし、商鞅の変法に突入すると、人の信用や法の公平無私も重視するようになった。彼は「移木の信」を自ら演出しただけでなく、公平無私な法の適用を実施してみせたのである。商鞅の変法に対し、『戦国策』は「商君、秦を治めて、法令至って行われ、公平にして私なし。罰、強大を諱まず、賞、親近に私せず」との評価を下している。[62] つまり、商鞅のような法治を強調する時代においても、公平・正義といった道徳的要素を忘れなかったのである。もちろん、漢の武帝が董仲舒の「百家を罷黜して独り儒術を尊ぶ（訳注：諸子百家を排斥して儒学のみを尊重する）」を採用して以降、儒家による徳治理念が一時の旺を振るった。しかし、すぐさま儒法合流が実施され、漢の宣帝は自らの国家統治理念を「覇王の道を以て之に雑う」と正式に宣言している。ここから、儒法両家による共同国家統治が始まっただけでなく、道家や墨家の国家統治理念も結びついていったのである。以下、「文景の治」と「貞観の治」を例に、共治について説明していく。

(1)「文景の治」とは、無為の治、法治、徳治の三家による共治の結果であり、中国古代「共治」理念の典型例の一つである。西漢初期、毎年のように続く戦さで土地は荒れ果て、人口は大幅に減少した。漢の文帝は黄老哲学を信奉し、「無為の治」国家統治方略を用いた。さらにそれを、賈誼が貫いた「徳治」、晁錯が提唱した「法治」と緊密に結びつけ、長期安泰の効果を生み出したのである。「文景の治」は老子の思想を基盤とし、黄帝の国家統治を旗印とした。そして儒・法・名・墨の各長所をまとめ、老子の道論と融合させ、これまでにない国家統治理念を作り上げたのである。それは、儒家の「礼義制度」とは異なるものの、そこにある「愛民」、「徳治」、「仁義礼智信」といった倫理的観念を吸収した。よって、法家の極端な専制とは似つかぬものの、皇権を保護する内容を含んでいる。また、老荘のような「無為の治」に偏っているわけではないものの、彼らが提唱する「無為にして為さざる無し」の理論を発揮している。こうした国家統治のやり方は、漢代初期の民生という政治的需要に適っていたのである。もちろん、「文景の治」は実のところ、劉邦が西漢を建国して以降に端を発する国家統治の術であった。農民に土地を与えたり、流民に安住の地を与えたりといった農業生産の回復と社会秩序の安定を第一としたものである。文・景両皇帝は、劉邦の国家統治理念と方略を引き継いで発展させ、人口の増加と農・商業の繁栄を実現させたほか、とりわけ法治の構築という点で、大きな進歩を見たのである。中国古代の法治文明における重要な措置である「肉刑廃止」は、まさに漢の文帝の頃に始まったものである。「七国の乱」平定もまた、この頃に幕を開けている。そして「文景の治」における法に基づく処理の数々の物語もまた、この時期に現れたもので、例えば張釈之の厳格な法の執行や、民の命を奪ったおじを極刑に処した漢文帝などの例がある。

(2)「貞観の治」の最大の見所は「法に基づく国家統治」である。李世民は法家の観点を貫き、国家統治の重要な方式として法律に十分な役割を果たさせた。彼は法治を発揚し、「法は朕一人の法に非ず。天下の法なり」と繰り返し強調した。また、「法は国の権衡なり、時の準縄なり。権衡は軽重を定む所以なり、準縄は曲直を正す所以なり」とも述べている。彼はこのように法を述べただけでなく、自ら先頭に立って厳格な法の執行を行い、自らの過ちを正す勇気を備えていたのである。例えば、彼は冤罪で張蘊古を殺してしまったことから、死刑の「五復奏」を定めた。また、大理寺の家来である戴冑が法に基づく判決を下したことで、唐の太宗から称賛された件などもある。太宗は「国を為むる道は、必ず須く之を撫でるに仁義を以てし、之を示すに威信を以てすべし」を強調した。また「朕が今好む所の者は、惟堯舜の道、周孔の教に在り。鳥の翼有るが如く、魚の水に依るが如く、之を失えば必ず死し、暫くも無かる可からず」とも述べている。[63] 太宗の影響を受け、唐朝の大臣たちは、そのほとんどが道徳・仁義の教化的役割を重視していた。徳治を貫いたことで少数民族を感化し、空前の民族大団結を成し遂げたのである。

(3)「貞観の治」では、「民惟れ邦の本なり、本固ければ邦寧し」。唐の太宗は、「人を以て本と為す」理念に含まれる二つの意義を貫いた。一つは民生に注目した点である。彼は皇太子を教育する際、「舟は以て人君に比する所、水は以て黎庶に比する所なり。水は能く舟を載せ、亦能く舟を覆す。爾方に人主たり。畏懼せざる可けんや」と強調した。彼は子孫に対し、民を守り、民を尊重し、民生に注意し、民を子のように愛し、人々の税を減らすよう厳格に求めた。二つ目は人材を尊重した点であり、「政を為す要は、唯人を得るに在り」、「能く天下を治むる者は、唯賢才を用い得るに在り」と強調した。

(4)「貞観の治」の明らかな特徴は人の命を重視したことで、死刑に関わる案件はすべて過去の「三復奏（訳注：三回調べて上奏すること）」から「五復奏（訳注：五回調べて上奏すること）」へと引き上げられた。貞観五年（八六三年）、相州に李好徳という名の遊び人がおり、幼い頃から李世民の知り合いだったという。しかし彼はしばしば出まかせを言ったことで、朝廷の法度に触れた。太宗の李世民は人々を惑わせることを言った罪名で彼の身柄を拘束する。当時、牢獄における刑の執行責任者だった大理寺の官吏・張蘊古は、この件を担当する。調査の結果、李好徳が癲癇を患っており、気が狂っているため、法律に基づき罪には問えないと考えた。太宗は報告を聞いた後、命を下して李好徳を無罪放免とする。しかし、この勅令が出される前に、張蘊古はこの件を李好徳に伝えた上、将棋の手合わせをしてしまう。その後、御史からの密告を聞いた李世民は、怒りのあまり、張蘊古を打ち首とするよう即刻命令を下す。しかしその後、太宗は熟考の末、張蘊古には確かに罪があったものの、死罪に当たるほどではなかったと考えた。翌日、朝廷にやって来た彼はまず己を反省し、自らが下した斬首の刑は間違いであったと認めた。法官が囚人と将棋を指すのは有罪であるが、死罪は行き過ぎである。殺す必要がない人間を殺してしまったことは、明らかに間違いである。以後、死罪の判決が下った者はすべて、元々の「三復奏」から「五復奏」へと改められることとなった。つまり、判決を下された囚人は、皇帝に五度報告する必要があり、ここには「貞観の治」の時代における人間の生命への重視が示されている。このやり方は代々受け継がれ、死刑の「五復奏」は法律制度となった。これは我々の法に基づく国家統治にとって、重要な参考的意義を備えている。ここ数年のうちに中央が再審を行った死刑案件がいくつかあったが、まさにこうして覆ったのであり、これは司法を公平・正義を受け持つ最後の防衛線へとならしめた。このような遅れてきた正義はいささか遺憾ではあるが、被害者が自由の身となり、安らぎを得られるのは良いことであり、法に基づく国家統治を実施した結果でもある。これは人々の、とりわけ司法機関で働く者の大きな注意を引く案件である。

要するに、こうした「共治」の国家統治理念には長所が多い。まさに『唐律疏議』に出てくる「有名な例」の結論の如く、貞観の国家統治理念は、「徳礼を政教の本と為し、刑罰を政教の用と為す」のである。唐律では、徳・礼と刑罰の相互補完および「義治」と「無為の治」をそこに組み込むことで、独特の「共治」国家統治理念を形成した。また、これを「昏暁陽秋（黄昏と暁、春と秋）」の関係に例え、いわゆる「昏暁陽秋のごとく、相互に依存する」局面を形成した[64]。「貞観の治」にはもう一つ特徴があり、それは儒家の「和を以て貴しと為す」、「和して同ぜず」、中庸の道を用いて平和外交政策を実施し、当時の長安を世界貿易の中心地とならしめたことである。周囲の隣国外国人の数は最も多い時で数万人に達した。当時の唐朝をアジアの政治的中心へは次々と都を訪れ、当時の唐朝をアジアの政治的中心へと押し上げたのである。

古代中国における国家統治理念と方略を研究する場合、「共治」から学ぶ意義は大きく、少なくとも以下の四点が挙げられる。一つ目は、儒法併用の経験に学ぶことである。「社会主義の核心的価値観」の実施に実践的意義を加え、愛国や組織愛、勤勉さ、敬老や愛幼を有機的に結びつけていけば、二〇一八年五月に中国共産党中央が発布した『社会主義核心価値観を法治建設に組み込むための立法・法改正計画』を着実に実施するのに有利である。二つ目は、国家統治理念における多くの「共治」経験を参考にすることである。今日の実情と結びつけ、法治を国家統治の基本方式とした総合ガバナンスを実施していく。党委員会の指導、政府の責任、公衆の参与、社会の協力、法治保障の徹底を原則とし、全面的な法に基づく国家統治を実践の中で深く推し進めていく。三つ目は、国際上、平和外交政策を貫き、世界の人々と共に「人類運命共同体構築」への貢献のために中国の知恵を出していくことである。四つ目は最も重要な点であるが、「共治」が諸家の長を取り入れ、互いに協力しながら役割を発揮できることである。法治の指導ならびに規範的役割を果たさせると同時に、徳治の道徳教化的役割も発揮させる。より重要なのは、人民の主体的役割を発揮させ、全面的な法に基づく国家統治を新たな段階――良法善治段階へと押し上げるのである。

第二節　法の公理について

ここ数年、中国法学会の役員が講演の中で、「法理の学」としての法理学における学術的本質が未だ十分に表されていない点を指摘しているが、これは我々法理学界が注目・思考すべき重要な課題である。我々は、法理学の研究対象は「法理」であり、法理には二つの相互関係が含まれると考える。一つは法の原理で、もう一つは法の公理である。中国古代法理学はこの二つの面に関し、我々に大きな示唆を与えてくれている。つまり、我々の先輩は法の原理を明らかにしただけでなく、法の公理も示したのである。原理についてはすでに第一節で述べたため、ここでは法の公理に関する古代中国の法学者の論述のみを紹介する。

一、人を以て本と為す

「人を以て本と為す」、これは古代中国の法家の理論である以上に、中華法治文明の結晶でもある。この考え方は、中華民族が五千年の長きにわたって衰えずにいる精神的支柱かつ内生的動力なのである。考証によれば、「以人為本（人を以て本と為す）」の輝かしい四文字は、法家の先駆者として斉の桓公による改革実施を補佐し、春秋時代一の覇者を生み出すという偉業を成し遂げた著名な法学者の管仲が唱えたものである。

斉の国が紀元前六〇〇年より前に改革を推し進めた際、管仲は「人を以て本と為す」理念を訴えた。その実施過程において、管仲は斉の桓公に「君若し覇王たらんと欲し、大事を挙げんとするか、則ち必ず其の本事に従え」と述べている。桓公は躬を変じ、席を遷し、手を拱いて、「敢えて問う、何をか其の本と謂うと」と問い返す。管子は、「斉国の百姓は公の本なり」と答えた。[65] また、その後の著述の中でも引き続き、「夫れ覇王の始める所は、人を以て本と為す」と述べている。もちろん、「人を以て本と為す」には奥深い起源があり、中国最古の歴史文献『尚書』に出て来る「皇祖訓有り、民は近づく可く、下す可からず。民惟れ邦の本なり、本固ければ邦寧し」の中にその源を辿ることができるとされる。[66] 管仲の時代から、「人を以て本と為す」は代々踏襲され、多くの者が更にこれを「法を以て国を治める」と結びつけた。孔子は管仲が提起した「人を以て本と為す」に高い評価を与え、「管仲桓公を相けて諸侯に覇たらしめ、天下を一匡す。民今に到るまで其の賜を受く。管仲微りせば、吾れ其れ被髪左衽せん」と述べている。[67] 管仲の人を根本とする思想は、後世の法家に受け継がれた。韓非子など法家の人物は、人の生命的価値を極めて尊重し、「楽生」を大事にした。韓非子は、「世を治めて、人をして生を是を為すに楽んで、身を非を為すに愛ましめば、小人少くして君子多し。故に社稷長く立ちて、国家久安ならん」と述べている。[68] 法家は「人を以て本と為す」を貫くため、社会改革を主張し、自ら変法に参与し、社会経済を発展させて人々の生活を改善し、富国強兵を図ったのである。

儒家と法家は観点の対立する二つの学派であるが、「人を以て本と為す」という重要な問題の上では、同工異曲の妙を得ている。実のところ、彼らの間には極めて密接な関わりがある。法家の中には儒家陣営から飛び出した者もおり、人によっては師弟関係の者もいる。また荀子などのように元々この二者の観点を備えている者もいる。したがって、儒家は「人を以て本と為す」に対しては賛同を示すに止まらず、例えば孔子の「仁者愛人」や孟子の「民貴君軽（民を貴しとなし、君を軽しとなす）」のように更に深化させている例もある。より重要なのは、漢の宣帝以降、中国の歴代王朝における国家統治理念はすべて儒法共治（儒法合流）であったことで、そこから「民惟れ邦の本なり、本固ければ邦寧し」が国家統治における共通理念となったのである。もちろん、歴史的限界や階級の偏見により、彼らがこれを完全に実施することは不可能であったが、中国法治文明の結晶かつ法の公理の真理として、永遠に輝きを放つものである。「人を以て本と為す」が作り出した「貞観の治」は今でも色褪せることがない。

もちろん、本書の重点は「人を以て本と為す」という至高の名言と国家統治理念を絶賛するに止まらず、それが法の公理であることを説明し、法理の上からその科学性と現実性を示すことにある。「本」は根本であり、主体である。器用的意義から言えば、「本」は欠かせない基礎、根源、あるいは依拠なのである。本体的意義から言えば、「本」は事物の内核・主体を指す。管仲が桓公に訴えた「人を以て本と為す」の「人」は、「法を以て国を治める」の主体を指し、法理における「民」の特殊な意義を指す。すなわち、法治の国において「民」は永遠の主体であり、取って代わることも、譲渡することも、分割することもできない主体なのである。管仲のこの先見の明は、二四〇〇年後のマルクスによって科学的に説明され、二六〇〇年後の中国の特色ある社会主義法治国家において実証を得たのである。マルクスの名言である「人は主体であり、目的でもある」は、決して覆ることのない真理である。

人と法、人民と法治は切っても切れない内在的関係にある。人は国家の根本であるだけでなく、法律の根本でもある。人本法学は法理における必然的結論である。人は法理の根本であり、特に法治の根本である。これは、中国共産党中央の全面的な法に基づく国家統治委員会の発足大会において確認されたものであり、「十の堅持」の中で「人民の主体的地位の堅持」を明確にしている。これは「人を以て本と為す」という科学的理念の昇華である。人は法律（統治）の根本である。これは人間の意志によって変わることのない客観的法則の必然的要求である。なぜなら法律は人間の行為規則の総称であり、法治は人々が法律に基づいて国家統治を行う行為準則体系だからである。したがって、法律が人を離れ、あるいは法治が人々を離れれば、その存在の必要はなくなり、存在の可能性もなくなるのである。人が法律の根本であることは、人が法律の主体であることを示すに止まらず、人が法律の良し悪し、すなわち良法と悪法の基準を見極めると同時に、法律の最高価値は人、すなわち「人権の尊重と保障」についても示している。したがって、「人を以て本と為す」の公理からは、「人間本位の法律観」という法学科学体系が導き出せるのである。

法学の中心である「人を以て本と為す」は、法律の主体として、実際には人類共通の認識となっており、西側の人文主義法学派と言わず、哲学の領域でもまた公認の真理なのである。古代ギリシャの著名な哲学者が打ち出した「人は万物の尺度である」は、その後の著名な思想家によって更に進化し、「自己認識」の提唱へと向かった。ここから、彼らは主観主義の「個人」を客観主義の「人類」へと引き上げたのである。もちろん、最も顕著な人本主義思潮の出現は一四～一六世紀のイタリアで、特に人文主義学派においては、人性を以て神性を否定、人道を以て神道に反対、人権を用いて神権を批判、個性と自由を用いて封建専制に取って代わり、人を新たな高みへと引き上げたのである。その後のフォイエルバッハに至っては、人本主義者を更に独自な領域へと押し上げた。要するに、彼らは人性の解放から出発し、人本主義を強調したのである。彼らが語る人本主義は古代中国の「人を以て本と為す」とは一定の違いがあるものの、人間の価値と法律における人間の地位を発揚する点から言えば、基本的には一致した立場である。したがって、「人を以て本と為す」を法の公理とすることは、結論から見れば公認であったと言うべきである。まさにこうした理由により、マルクスとエンゲルスは西側の「ルネッサンス」に対し、比較的高い評価を与えている。すなわち、これは巨人を生み出した時代であり、「人類がかつて経験したことのない最も偉大で進歩的な変革である」と考えた[69]。したがって、「人を以て本と為す」は中国古代法理学が展開した公理に止まらず、中華民族ならびに全世界公認の公理であると言える。

二、天人合一

銭穆（せんぼく）（一八九五～一九九〇）はその命が尽きようとする中、『人類の未来に対する中国文化の貢献』という一文を口述し、中国古代の「天人合一」理念に対し、「天人合一論は、人類に対する中国文化最大の貢献である」とする全く新たな解釈と高みを含んだ総括を行ったのである。さらに、「最近こうした観念を悟るに至ったが、これは中国伝統文化思想全体の拠り所である」とも述べた。この科学的判断に学界も大きく反応した。季羨林から李慎之、蔡尚思、周汝昌などに至る著名な学者たちは、これは伝統文化に対する新たな認識であり、一つの新時代、すなわち中華文化復興の時代がすでに到来したことを意味していると考えた。

確かに、「天人合一」に対する認識については、古代中国における長い歴史的過程が存在する。儒家、法家、道家はそれぞれ論じ述べており、これは中国伝統文化の宝であり、中国古代法理学が認めた法の公理である。学者の考証によれば、「天人合一」思想の源は『周易』に遡る。そこでは、「古、包犠氏の天下に王たるや、仰ぎては則ち象を天に観、俯きては則ち法を地に観、鳥獣の文と地の宜を観、近くはこれを身に取り、遠くはこれを物に取る。是れに於いて始めて八卦を作りて以て神明の徳に通じ、以て万物の情に類す」と指摘している[70]。この部分の意味は、人類の文明は自然界の法則と規律に由来しており、人々は大自然の観察・模倣を通じて社会秩序と規則を形成するというものである。『辯』はすべてこうした形式を通じた記述となっており、天・地・人の三者に絶え間なく交流・融合させ、人と天地万物の生息と運命を同じくし、最終的に「天人合一」の境地へと到達させるのである。清代の学者である胡煦は、「『周易』は占いの書に非ず。之を浅くせば則ち格物窮理の資、之を深くせば則ち博文約礼の具、之を精くせば則ち天人合一の旨なり」と指摘した[71]。

春秋戦国時代、荘周（荘子）は「天地我と並び生じ、万物我と一たり」と訴えた[72]。漢の時代になると、「天人合一」の理念に新たな発展が見られる。司馬遷の「天人の際を究める」だけでなく、董仲舒の「天人感応」、「天と人は一たり」などの言い方も登場する。もちろん、『礼記・中庸』は「天人合一」理念に対し、より踏み込んだ解釈を行った。要するに、「天人合一」理念は中国古代文明の結晶であり、中国古代法理学が認める公理なのである。当然、歴史的条件の限界と人々の認知能力の限界により、「天人合一」という科学的命題が当時提起されたとは言え、それに対する人々の認識は不足していた。近代になって科学が発達し、唯物論の記述、とりわけ法学と生態学の間には自然と同盟関係が形成されるという記述が登場して初めて、儒学もその方向を転換させたのである。歴史上の「天人合一」は三つの段階に分けられると筆者は考える。第一段階は、諸子百家による「天人合一」思想の形成である。第二段階は、「天人合一」を人生に内在化する実践段階である。第三段階は、「天人合一」と生態発展における科学的状態と社会秩序法治化の段階である。「天人合一」は、人と自然界の調和・統一と相互補完、人の発展における自然への順応と自然への促進、人類運命共同体の形成・構築、人類が共に暮らす「地球村」の共同建設、緑豊かな人類の住処構築を強調するものである。我々は以下に挙げるいくつかの点に関して、「天人合一」に適応すべきである。第一に、自然を大切にするという精神の発揚である。自然に順応する中で、素晴らしい生活に対する人々の願望を満たせるのである。第二に、理論と実情を結びつけることである。青い水と緑の山こそ金山・銀山であるとする生態精神を貫き、中華民族の偉大な復興のために奮闘するのである。第三に、「天人合一」理念を実践することで、世界中の人々と共同で人類運命共同体を築いていくのである。第四に、「一帯一路」提唱を実現させることである。共に話し合い、共に建設し、共に勝ち、共に分かち合う中で、人々の全面的発展を促進するのである。

三、天下為公

「天下為公（天下を公と為す）」という言葉の語源は『礼記・礼運』に遡る。この本では孔子の言葉を引用して「大同」思想を論じる際、「大道の行わるるや、天下を公と為す」と明確に述べている。(73) 実のところ、秦の諸子百家にもこうした論述がほぼ見られるが、その中で最も多く、かつ深くこれを語っているのはやはり法家である。中国古代政治史や法制史において、「公」は元々君主の名称、あるいは大地方の首長の呼び名もしくは自称であった。したがって、春秋時代になると五覇の称が登場するが、その第一覇こそ法家の先駆者・管仲が補佐をした斉の桓公である。法家は君主集権を主張するが、君主が国家利益を私的に独占しないよう、また公私の矛盾を解決するため、法制を打ち立て、法令を守るよう主張する。君主は法を奉って私欲を捨て、公義を以て天下を操るのである。そこで公利至上が提唱され、「公天下」もしくは「天下為公」という言い方が形成されていく。まさに法家の慎到が語るように、「古、天子を立て之を貴ぶ者は、以て一人に利するに非ず。曰く、天下一貴無ければ、則ち理通る由無し。理を通すは以て天下の為なり。故に天子を立てるは以て天下の為なり、天下を立てるは以て天子の為に非ず」なのである。(74) 商鞅はそれを更に具体的に「故に堯舜の天下に位するは、天下の利を私するに非ず、天下の為に天下に位するなり」と述べた。また、「故に三王は義を以て親しみ、五覇は法を以て諸侯を正すのは、皆天下の利を私するに非ず、天下の為に天下を治めるなり」とも述べている。[75] 道家と墨家も似たような観点を持っており、国のことを一貫して「天下」と呼び、「天下為公」を称賛してきた。したがって、「天下為公」は実際のところ、すでに諸子百家の共通認識、中華文明の結晶となっていたのである。もちろん、法家の観点が最も鋭い上に影響力も大きく、実際にその後の統一された多民族国家構築へとつながった。「天下為公」はすでに名言として奉られている。まさにそういった理由から、孫文は自ら「天下為公」としたためた扁額を臨時大総統府内に掲げたのである。

「天下為公」は法家が代々、法学領域に運用してきた。例えば、西漢の張釈之は「法は天子の天下と公共する所なり」と述べた。東漢の王充も「法は乃ち天下の名器なり」と述べている。李世民は更にはっきりと「法は朕一人の法に非ず。天下の法なり」と述べた。明清時代の著名な法学者である黄宗羲は、「天下の法」を以て「一家の法」に取って代わるよう堂々と主張した。清の時代の法律改革家であった沈家本は、更に明確に「法は天下の程式なり。万事の儀表なり」と述べた。要するに、法家は「天下為公」と「法律」、「法治」を生き生きと直接的に結びつけ、この理念に法の領域における実際的運用を備えさせ、「天下為公」の具体化と法律化に努めたのである。

「天下為公」という理念の科学的内実について、漢代の鄭玄は「公は猶共のごときなり。位を禅るに聖に授け、之を家にせず」と解釈した。唐代の孔穎達は「天下為公は、天子の位を謂うなり。為公は、揖譲して聖徳を授かり、私に子孫に伝えず、即ち朱、均を廃して舜、禹を用いるを謂うなり」と注釈を加えた。宋の太祖は、「天下為公」とは「一人の天下に非ず。唯百姓能に与る」を指すと公に宣言した。[76] 当時の時代的背景において、「天下為公」はまず君を立てることを公とし、法令を以て「公義」を立て、法治で公道を行うよう主張した。「公天下」の旗印を掲げたのは法家が先であったが、「天下為公」は諸氏の共通認識であった。次に、賢を選んで任に当たらせてこそ「天下為公」が実現できるとした。なぜなら、天下は一つの家や一つの朝廷や一つの時代固有のものではなく、君権は一つの家や一つの姓が独占するものでもないからである。最高の位を持つ者は、賢選制度を実施して選ぶべきとした。最後に、「天下為公」の核心的意義は、人を本と為し、根本固まれば邦安らぎ、保民、安民、護民を実現させることである。

もちろん、歴史の唯物主義に基づく理論と実践において、「天下為公」の最も本質的なものは、人々の意志を表し、人々の利益を保護し、「素晴らしい生活に対する人々の夢を実現させることこそ、我々の奮闘目標」なのである。つまり、人々が常に求める、人民のための、人民に寄り添った、人民を守る、すべて人民の利益を最高準則とした、社会の公平・正義を価値目標としたものなのである。法治領域においては、人々が満足かどうかを判断基準とすることで、最終的な人々の全面的な発展を実現させていくのである。

四、社会の調和

「社会の調和」は中華伝統文化における重要な構成要素であり、中国古代法理学が崇拝してきた重要な理念である。考証によると、「調和」精神の起源は、古書『周易』に遡る。この「十三経」の一つとも言われる古書の内容は極めて豊富である。ここに描かれた宇宙は次から次へと生まれてくる物質世界のことであり、「調和」は本体論の客観的実在であるだけでなく、一種の価値追求でもある。秦の諸子百家の先哲では、まず儒家が「調和」精神に対して十分な説明を行っている。例えば、孔子の「和して同ぜず」、「中庸の道」などは著名な観点であり、中国伝統文化に最も大きな影響を与えた。法家の学者は法理の上から社会の調和に対して極めて奥深い論述を施し、法学を科学の殿堂、特に社会科学の土台における理論的基盤とならしめた。

まず、法家、すなわち当時の律家からすれば、法律自身こそ「調和」の印かつ現れであった。あるいは法律が一種の調和であったとも言える。我々は商鞅の変法の頃から、「法」を「律」と呼んだ。「秦律」や「漢律」などである。なぜ「律」と呼ぶのか。『説文解字』では、「灋は刑なり。之れを平かにすること水の如し。水に従う。廌は不直なる者に触れて之れを去らしむる所以なり、去に従う」と解釈されている[77]。律に至っては、『爾雅・釈法』の記載によれば、秦漢時代、「律」と「法」の二字はすでに同義であり、どちらも通常規則、均布、画一の意味を持っていた。実のところ、「均布」とは一種の鐘のことであり、調律機能を持ち合わせ、一つに規範化、すなわち協調作用があった。これはつまり、法律自身に公平・正義の意味が含まれると同時に、一つに規範化する機能があることを表す。法律そのものが社会の調和の現れであり象徴なのである。したがって、古代中国の法家は「法は天下の程式なり。万事の儀表なり」（管仲）、「法は国の権衡なり」（商鞅）と述べたのである。

次に、法律は社会の調和を築くための礎石である。法律は社会の調和に対して重要な牽引的役割を発揮し、社会の調和を築くための礎石となる。なぜなら法律は社会の調整装置だからである。人々の行為を規範化・調整化することを通じ、してもよい行為、しなければならない行為、してはいけない行為を人々に明確に教え、人間の行為への指導や線引きを行うことで、人々の相互関係を調和の中に置くのである。例えば古代中国の契約では、真ん中に「中」の字を書いたが、これは中和を意味し、合わせれば同じになるため、明確な調和の意を備えている。

より重要なのは、法律が社会の公平・正義を確定し、社会の安定と秩序を維持し、社会を安寧へと向かわせることである。したがって、人々は憲法を「国家統治安泰」の法、あるいは「国家統治安泰」の総規約と総称する。これはすべての公民の権利と義務が明記された公民一人一人の行為準則である。特にそのうちの民主法治の基本原則と手続きは、人々に安心して紀律を守らせ、平和的関係を保たせる。仮にある人が罪を犯せば、法律が懲罰を行う。つまり、法律は勧善懲悪と正義を守ることができるのである。

実のところ、法律自身こそ人々が互いに交わす一種の契約であり、権利と公平・正義を守る契約なのである。それは権利を確定すると同時に、相互に許し合い、妥協し合うものでもあり、人々が互いに調和的に接し合うよう強調する。故にマルクスは、法律の最初の形式は契約の形式を以て現れたと述べたのである。したがって、古代中国の法家の法と調和に関する論述は、マルクス主義の基本原理に合致している。これは偶然の産物ではなく、法の公理に対する共通認識である。故に、我々の古代法理学は、全面的な法に基づく国家統治が吸収すべき「自国の法治的文化財」なのである。もちろん、その鍵は現代の中国事情と結びつけることにある。

五、信義誠実

「信義誠実」は中華民族の美徳であり、中華文明の優秀な伝統である。これは同時に、法の公理でもある。法学領域において誠実に信用を守ることは、法学者の共通認識であり、法律事項の合法的前提である。つまり、法学者は虚偽の理論を認めず、法律実践は嘘の行為の合法性を否認するのである。まず、立法の段階を見ると、立法の信用と公信力は最も重視されるもので、古代中国には「法を立てる前に信用を立てるべし」との格言もある。商鞅は立法の公信力に忠実であるために、わざわざ「移木の信」の芝居まで行っている。史書の記載にはこうある。商鞅はその変法が可能であることを庶民に信じてもらうため、首都である咸陽の南門に丸太を一本立て、その傍に一枚の張り紙を貼っておいた。そこには、「この丸太を南門から北門まで（約二キロ）運んだ者には一〇両の褒美をとらす」と書かれていた。当然これを信じる者はおらず、やろうとする者は出てこなかった。一時が過ぎた後、商鞅は布告をもう一枚追加し、一〇両を五〇両へと増やした。すると、賞金増えれば勇者現るの言葉通り、ある者が丸太を南門から北門へと担いでいった。この時、商鞅は北門に待機し、その場でこの男に賞金を手渡したのである。この件は咸陽に止まらず、瞬く間に秦国全土へと広まった。商鞅は約束を守るとして権威を打ち立て、法律の公信力を勝ち取り、改革・変法を順調に行うための障害を取り除いたのである。毛沢東が青年時代、韶山を離れて外地の試験を受けた際、この件を取り上げて「商鞅の移木の信を論ず」と題した文を書いたが、採点教員は満点をつけている。彼の文才を褒めると同時に、その文の奥深さを称えたのである。実のところ、毛沢東のこの文は、法学者としての商鞅の魂と責任感を称えただけでなく、「法を立てる前に信用を立てるべし」の道理を説明したものである。最後に、商鞅の変法の進歩性を評価し、「商鞅の法は良法なり」と賛辞を送っている。(78)

司法実践領域において、「信義誠実」は殊更重要になってくる。民法は虚偽の行為の合法性を否認し、刑法はこれを詐欺行為の犯罪として処理する。裁判官の誠実さや信用度に関しては、更に厳しく要求している。裁判官による「公の名を語り私腹を肥やす」行為、汚職行為、故意の冤罪行為はすべて厳しい制裁を受ける。例えば秦律の規定では、冤罪を犯した裁判官は被告人と同罪とし、五年分の冤罪であれば、五年分牢に入り、有罪者を無罪とした場合は、放免者に四年分、裁判官はその半分の二年分の刑を科すとした。

実際、歴代の法学者たちは信義誠実の重要性と科学性を強調してきた。例えば、子産の「鋳刑書（刑書を鋳る）」、鄧析の作った「竹刑」で、これらは改革に必要であり、統治者が宣揚する「刑知る可からずんば則ち威測る可からず」といった極端な恐怖政治の雰囲気を打ち破るためでもある。時代が移り変わっても、法律は天下に公布され、民百姓は法を知って法を守り、統治者による欺瞞や恐喝を受けることなく、改革と変法を有利に推し進めたのである。

法家以外の儒家、道家、墨家はいずれも「信義誠実」

を重視し、これを中華文明の重要な内容かつ代々伝わる家宝として崇めていたと言うべきである。「信義誠実」という法の公理は、中華法治文明の中ですでに普遍的な影響力を持ち、全面的な法に基づく国家統治が合理的に参考とすべき重要な自国の文化財である。更には、「社会主義の核心的価値観」法治化の思想的基盤であり、「信義誠実」の精神を広めるための様々な法治実践において直接的な現実的意義を備えている。要するに、古代中国には仁愛を崇め、平和を維持し、民本を重んじ、大同を求めるなどの思想があり、弁証を語り、信義誠実を守り、そこには多くの価値ある内容が含まれているのである。

第三節　中国古代法理学の六大論争

春秋戦国時代は、古代中国における大動乱、大変革、大調整の時代であり、中国が奴隷制から封建制へと移行する歴史段階であった。この時期には「百花斉放、百家争鳴」の思想解放現象が見られ、各種思想や理論が誕生し、諸子百家が互いに論争を展開し合った。中でも影響が最も大きかったのは法理学領域における六大論争である。もちろん、これらの論争は封建社会が終わるまで続いた。

一、法律を公開すべきかどうかに関する論争

「礼治」を国家統治理念としていた奴隷制社会において、法律は神秘的なもので、公開することは許されなかった。いわゆる「刑知る可からずんば則ち威測る可からず」で、これは当時世の中に対する警告的格言でもあった。紀元前五三六年になると、晋と楚の両国が覇権を争った。そこに鄭という弱小国があり、両国の板挟みとなっていた。当時、すでに鄭国で二〇年余りの政を行ってきた大夫の子産は、国のために奮闘して改革を行い、法家の要求に従い、彼が制定した新たな刑律を鼎の上に彫らせて民衆に公開し、人々から歓迎された。この大改革は、伝統的な「礼治」に対する極めて大きなブレークスルーであり、各国、とりわけ鄭国奴隷主である貴族たちの反対や罵声を浴びた。その典型的な代表が鄭国のもう一人の大夫であった叔向（しゅくしょう）である。彼は子産に宛てた公開書簡の中で、「先王、事を議して以て制し、刑辟を為らざりき。民の争心あらんことを懼れてなり。民辟有ることを知れば則ち上を忌まず」と述べた。また、「民争端を知れば、礼を棄てて書を征す。錐刀（すいとう）の末、争い尽きず、乱獄豊になり、賄賂並行し、子の終わりし世、鄭敗れるかな」とも述べている。子産は当時、叔向からの非難と分析に正面から答

えず、「僑（子産の名）不才なり。子孫に及ぼす能わず。吾れは以て世を救わんとなり」と述べた。すなわち、刑法を刻んで公示することは鄭国の発展にとって必要であり、まさに国を存亡の危機から救うためだという意味である。この論争はすぐさま中国各地の諸侯国へと広まった。儒家の大家である孔子もまた、これに対する考えをわざわざ発表している。『左伝・昭公二十九年』の記載には「冬、晋の趙鞅・荀寅、師を帥いて汝濱に城づく。遂に晋国に賦して鉄を一鼓せしめて、以て刑鼎を鋳、范宣子為りし所の刑書を著わす。仲尼（孔子）曰く『晋は其れ亡びんか。其度を失えり。』」とある。孔子が、刑を鼎に彫るという行為を国の存亡に関わる行為にまで引き上げたのは明らかである。実際、法律を公開するか否かは、どのような方式で国家統治を行うかという大事に関わる問題であり、国の存亡に直接関わってくるのである。なぜなら、法律が公開されると、時の統治階級は愚民政策という手札を一つ失うことになるからである。そして、これはまさに奴隷社会が鼓吹する「天命」の要害に当たる部分でもある。問題は、法律が一旦公開されれば、法の「威測る可からず」という統治手段が効力を失う点である。これもまた文明社会の重要な特徴である。法律が民衆に公布され、すべての国民がこれを知ることは、法律の執行と適用に便利であり、厳密に言えば、これは社会の進歩に有利なだけでなく、統治階級が社会秩序を維持することにも有利となり、百利あって一害なしなのである。法律を公開すべきか否かというこの論争もまた、法律の啓蒙教育の一面を秘めており、法理学と文明の進歩にとって有利である。したがって、その後秦国において「法を以て教と為し、吏を以て師と為す」といった局面が現れ、当時の社会を奴隷制から封建制へと移行するよう推し進めたのである。

法律を公開すべきか否かは、人類法治文明における重要な前提かつ基盤である。中国は紀元前六〇〇年以上前に法律公開を肯定しており、これは人類に対する中国古代法理学の傑出した貢献でもある。この貴重な自国の法治的文化財は、法律公開と法律の公正・公平を結びつけ、当代中国が現在推進中の「全面的な法に基づく国家統治」を直接的に導く輝かしい実践でもある。

二、法律の発展方向に関する論争

春秋戦国時代ないし中国古代社会全体の法理学界では、法律の発展方向をめぐって数十年の長きにわたる論争が展開された。論争の焦点は法律の発展方向であり、後ろを見るか前を見るかという問題であった。具体的には「先王に法る」のか「後王に法る」のかの争いとして現れた。ここで言う「法」の字は、動詞として理解されるもので、「倣う」の意味である。すなわち、先王（尭舜）に倣うのか、後世（時代の求めに応じて）に倣うのかを意味する。「先王に法る」には幅広い意味が含まれており、法律を指すのみならず、制度、品性、国家統治方式も含む。この言葉を最も早く提起したのは儒家の創始者・孔子であり、孟子がさらにそれを発展させた。尭舜の国家統治方式と禅譲方式を真似ることを重点としたため、孟子は「言えば必ず尭舜を称す(79)」、つまり「尭舜に法る」、さらには禹公、湯公、文公、武公、周公に倣うとした。そこで孟子は、「先王の法に遵って過つものは未だ之れあらざるな」を強調する。(80)彼は「先王の道」は王道政治であり、「先王の法」は天下統一の良法かつ善と美を尽くした法であると考えた。そこで彼は、「尭舜の道に非ずんば敢えて以て王の前に陳せず」と述べたのである。(81)孟子が語る先王の治とは全面的なもので、国の各方面の制度、特に「禅譲」制度を指しているのは明白である。彼はこの制度を「天」が同意したものと考え、尭の舜への禅譲、舜の禹への禅譲、湯の桀への征伐、武王の紂への討伐は、すべて天が同意したものであると具体的に指摘した。

　戦国時代になると、「先王に法る」と「後王に法る」はより踏み込んだ狭義の解釈を行う。実践の中で、いわゆる「先王に法る」とは、先王の法律制度、俗に言う「王道」を真似ることであるとされた。また、「後王に法る」とは、情勢の発展・変化に伴い、法律も変化させること、俗に言う「覇道」を指した。商鞅の変法の初期、法律発展方向の論争はピークに達する。商鞅と秦国の保守勢力の間で、「先王に法る」か「後王に法る」かの争いが激しさを増したのである。これは、互いの立場を表面化・激烈化させただけでなく、両者の争いの意味を法律の発展方向の争い、すなわち法律が社会の需要に適応しているか否かにのみ凝縮させたのである。商鞅と杜摯の間に妥協の可能性はまったくなかった。『商君書』という古書には以下のような記載がある。秦の孝公が大臣たちと国を治める道を協議していた時のこと。商鞅が次のように語る。「法は民を愛する所以なり。礼は事に便なる所以なり。是の以に聖人苟も以て国を強むべければ、其の故に法らず。苟も以て民を利すべければ、其の礼に循わず(82)」これは、法令は百姓を守るためにあり、礼制は人々に適度で正しい事を行わせるためにあるため、聖人が国を強くしたければ旧法を真似る必要はなく、百姓に利する法律を作りたければ古礼を踏襲する必要はないという意味である。保守勢力の代表である甘龍は即座に、「然らず。臣聞く、聖人は民を易えて教えず、知者は人を変じて治めず。民に因りて教える者は、労せずして功成り、法に拠りて治むる者は、吏習って民之を安んずと。今君、法を変じて秦国の故に循わず、礼を更めて以て民を教える。臣恐らくは、天下の君を議せんことを。願わくは、君、孰ら之を察せん」と反論する。[83] 彼が話し終わると、秦の孝公は商鞅の観点に賛同する旨を即座に伝え、甘龍の意見に反対する。商鞅もまた、「子の言う所の者は、世俗の言なり。夫れ常人は故習に安んじ、学者は聞く所に溺る。此の両者は、官に居て法を守る所以なり。与に法の外を論ずる所に非ざるなり。三代は道を同じくせずして王たり。五覇は法を同じくせずして覇たり。故に知者は法を作り、愚者は制せらる。賢者は礼を更え、不肖者は拘せらる。礼に拘せらるる人は与に事を言うに足らず。法に制せらるる人は与に治を論ずるに足らず。君、疑うことなかれ」と甘龍の観点に対して力強く反論している。[84] これはつまり、あなたが言うことは俗に言われていることに過ぎず、旧習を固く守り、旧習に固執する者は、その理屈に拘り過ぎるという意味である。この大掛かりな論争を経て、秦の孝公は、商鞅による「後王に法る」の意見を採用し、即改革へと移行した。以降、秦国の何世代にもわたる努力の結果、改革はようやく成功し、始皇帝の時代になってついに中国を統一したのである。「先王に法る」と「後王に法る」は歴代改革の模倣となった。例えば王安石の改革、張居正の改革、戊戌の変法は、いずれもこの論争を経験している。

三、法律の価値に関する論争

春秋戦国時代が幕を開けると、中国法理学では法律の価値について激しい論争が展開された。論争の結果、漢の宣帝は「覇王の道を以て之に雑う」という国家統治戦略を採用し、均しく認められた。これは、法律はまず「正義」に適っている必要があり、同時に人々の「利益」を保障し、法の価値を社会正義の発揚とし、それ以上に人々の利益を守ることで、両者を有機的に統一させると考えるものである。

実のところ、「義」と「利」の争いは、中国古代法理学における大きな争点である。春秋時代に始まり、儒家の代表・孔子、特に戦国時代の孟子は、梁の惠王に謁見した際に以下の有名な対話を残している。王曰く「叟千里を遠しとせずして来る。亦将に以て吾が国を利するところ有らんとするか。」孟子答えて曰く「王何ぞ必ずしも利と曰わん。亦仁義有るのみ。王は何を以て吾が国を利せんと曰い、大夫は何を以て吾が家を利せんと曰い、士庶民は何を以て吾が身を利せん曰い、上下交利を征れば国危し。[85]」この言葉は、当時の儒家における法律価値観を表している。つまり儒家は「義」を強調したのである。ここで言う義とは「正義」のことであり、具体的には当時の道徳を指す。儒家とは異なり、法家の代表である商鞅や韓非子などは、「利に趨って害を避ける」人性論から出発し、「利」を重んじて「義」を軽んじた。したがって、法家は儒家の「徳主刑輔（訳注：徳を中心に刑を補助的なものにする）」と異なり、「徳を務めずして法を務む」を主張したのである。[86]

墨家は「義」も「利」も重要であると考え、どちらも法律の価値であるとした。したがって、「義は利なり」や「兼く相愛し、交々相利す」を主張し、義・利の重視を強調した上で、法の価値は義と利の結合であると主張した。荀子の論証はより分かりやすく、「義と利は、人が有する二つなり」と考えた。さらに「義が利に勝れば治世となり、利が義を抑えれば乱世となる。義を重んじて利を制し、利を重んじて義を制す」と指摘している。[87]やはり墨家の考えは正しく、特に荀子の表現はより全面的である。したがって、法律と道徳は結びついていなければならず、どちらか一方に偏ってはならない。法律と道徳が結合することで、法律の規範的役割が発揮され、道徳の教化的役割が重視され、そうして初めて社会にとってのよりよい作用が生まれるのである。

中国古代法理学が法律の価値に対して真剣に討論をした結果、中国古代の法律と道徳は有機的結合を実現させ、例えば『唐律疏議』のようなものが生まれ、世界の封建社会における法律の手本となり、それが唐代の西安を世界の貿易の中心、ひいては世界の政治の中心たらしめたのである。

中国法理学における法律の価値に関する論争は、実際には国家統治における法律と道徳の相互作用に関するものであり、「全面的な法に基づく国家統治」の方略を推進する上で重要な現実的意義を持つ、我々が合理的に参考とすべき自国の法治的文化財である。昨今の実状と結びつけ、法律と道徳の相互結合という重要な役割を果たす必要がある。

実のところ、法律と道徳は法理学における永遠の課題であり、常に語られつつも、常に新しいテーマとして存在する。現状に関して言えば、最も重要なのは、社会主義核心価値観を、全面的な法に基づく国家統治の中にいかに溶け込ませ、それを法制化するかである。まず、立法においてこの原則を貫くために、具体的に表した条項もしくは原則が必要となる。次に、司法においてもこれを徹底する。検察官は控訴の中で被告人が犯罪の道へと走ってしまった道徳的根源を明らかにする必要がある。道徳問題の悪性発展は必ず犯罪の道へと突き進ませる。一般的には、いかなる犯罪行為でも、初めに道徳違反行為があり、往々にしてここから始まるものである。監獄の中では、被告人に政治および道徳教育を施し、その世界観、人生観、価値観を真剣に矯正させる必要がある。

四、法律における犯罪の赦免に関する論争

法律が適宜変化する原則に基づき、犯罪者には赦免が実施されるが、これは中国古代法理学の重要な特徴の一つである。もちろん、これは長期の論争を経て形成された共通認識である。犯罪者に対する赦免の実施は、古代中国においておよそ以下の二つに分類される。大赦、すなわち全ての犯罪者もしくは一定期間内の犯罪者に対して赦免を実施すること。特赦、すなわち特定の犯罪者もしくは特定期間内の犯罪者に対して赦免を実施すること。大赦と特赦には以下のような違いがある。(1)大赦は罪と刑の赦免を指し、特赦は特定の人の刑を赦免することのみを指す。(2)大赦は刑罰の執行ならびに刑罰の追訴を免除することができる。特赦は刑罰の執行のみが免除され、刑罰の追訴は免除されない。すなわち、判決確定後の実施のみが行われ、確定前のものは行われない。

古代中国の法律における犯罪者の赦免で、最も早く見られるのは『尚書・舜典』で、主に過失あるいは災害により不幸にも犯罪者となってしまった者への赦免を指す。『尚書・呂刑』にも「五刑の疑わしきは赦す有り」とある。『周礼・秋官・司赦』にも、「三宥三赦」という言い方が出てくる。しかし、これらはただ、疑いのある場合のみ赦免が実施されるというもので、厳密に言えば法律上の赦免には属さない。真の赦免で最も早かったのは、『春秋左氏伝・荘公・荘公二十二年』で、これは儒家の「徳治」と仁政の表れである。秦国も最初は赦免に反対したものの、二代目になった際、陳勝や呉広率いる決起軍の兵が城の外にまで迫る状況に直面し、「天下大赦」を宣言せざるを得なかった。

大赦の先例ができると、歴代の統治者たちは次々とこれを推進した。皇帝継承ならびに即位、新元号公布、皇后冊封、立太子・聖皇孫の際に赦免を行うのみならず、反乱鎮圧、皇帝の病、天地への祈り、冠婚葬祭など大行事の際も大赦を行い、時には珍獣を捕獲したような時ですら赦免を行った。要するに様々な名目が存在し、大赦や特赦だけでなく、「恩赦」、「郊赦」、「曲赦」などがあった。そのうち、西漢は赦免の回数が最も多く、劉邦は在

位一二年で九回も大赦を行っている。文帝は在位二三年で四回、景帝は在位一六年で五回、武帝は在位五五年で一八回となっている。哀帝に至るまでの間、ほぼすべての皇帝が大赦もしくは特赦を実施した。東漢になると大々的に赦免を展開し、ある将軍に至っては、死の直前、赦免を行うよう請求するような事態まで起こった。東漢末の学者である王符はその著書『潜夫論』の中で、「今日良民を賊う（そこな）の甚だしき者は、数（しばしば）赦すより大なるはなし。赦贖数なれば、則ち悪人昌にして善人傷わる（そこな）」と述べている。(88)

赦免に関しては、昔から議論が絶えない。欧陽修（おうようしゅう）が編纂した『縦囚論』では、封建帝王が気ままに赦免を行う様を論評し、「若し屢々之を為せば、則ち人を殺す者皆死せじ。是れ天下の常法と為す可けんや。常と為す可からざる者は、其れ聖人の法ならんや」と述べ、犯罪者を放免することは、人々の願いにそぐわない行いだと考えたのである。(89) 三国時代、孟光（もうこう）は「赦は偏枯の物、明世宜しく有るべき所にあらざるなり」と述べた。(90) 彼は犯罪行為を、「上は天時を犯し、下は人理に違する」とし、制裁を受けるべきだとした。大赦や特赦を頻繁に行えば、人々の願いにそぐわないこととなる。

もちろん、大赦ならびに特赦は文明社会の一種の表れであり、あってもよいが、やり過ぎは禁物である。中華人民共和国成立以降、犯罪者に対しては寛厳相済う刑事政策が実施され、法に基づく犯罪摘発が行われてきた。同時に、情勢の変化に鑑み、二度の特赦を実施して人民からも支持された。例えば、中華人民共和国建国一〇周年の特赦では、中国最後の皇帝である溥儀（ふぎ）を、自ら生計を立てるべき公民として釈放した。また一部の戦争犯罪者も釈放され、法を守る公民となった。

五、肉刑と死刑の廃止に関する論争

奴隷社会と封建社会の明確な特徴の一つは、残忍非道な刑罰である。中国では夏の時代から始まり、特に商、周、秦の刑罰は残酷を極めたと言っていい。死刑のやり方だけでも、一〇種類以上あった。法律に明文化規定のある墨（入墨）・劓（鼻削ぎ）・刖（足切り）・宮（男は去勢、女は幽閉）、大辟（死刑）も十分に残酷で非人道的である。したがって、肉刑を廃止するか否かは中国古代法理学界が注目する問題であった。

肉刑とは、中国に古くから伝わるもので、古書『尚書』によれば、堯舜の時代にはすでにあり、刑罰となったのは夏の時代からであった。班固は『漢書・刑法志』の中で、夏の始祖である禹が、「徳衰えて肉刑を制す」としてこれを「五刑」と呼び、商と周が二代にわたって用いた。こうした極度に残酷な刑罰は、奴隷制と封建制における一種の本質的反応である。なぜなら当時の統治階級は、労働人口を人としてまったく見ておらず、統治秩序を守るために残虐な手段を講じたからである。

漢の文帝・劉恒の時から、肉刑廃止の観点が登場する。そのきっかけは一人の女子の訴えであった。その顛末が『漢書・刑法志』に書かれている。文帝十三年（紀元前一六七年）、斉の地で太倉令の職にあった男が罪に問われ、長安へ拘留されることとなった。男には息子がおらず、五人の子すべてが娘であった。捕まった際、男は「子を生むも男を生まざれば、緩急益あるに非ず」と娘を罵る。末娘の緹縈は悲泣し、父に従って長安まで赴き、御上に書状にて訴える。「妾の父、吏たりしとき、斉中、皆其の廉平を称せり。今、法に坐し刑に当る。妾、夫れ死者復た生くべ可からず、刑者復た属す可からずして、過を改め自ら新にせんと欲すと雖も、其の道由無しを傷む。妾願わくは身を入れて官婢となり、以て父の刑罪を贖い、自ら新にするを得しめん」と。書簡を受け取った皇帝はその意を傷み、勅命を下して曰く、「制詔御史：蓋し聞く、有虞の時、衣冠に画し章服を異にし以て戮と為す。而して民犯さず。何となれば其れ至って治ればなり。今の法に肉刑三有りてしかも奸止まず。その咎安にか在る。朕の徳薄くして教の明かならざるにあらざるか。吾れ甚だ自ら愧づ」と。こうして劉恒は肉刑の廃止を決定し、他の刑罰を代用した。当時は、鞭打ち三〇〇を以て鼻削ぎの代替とし、右足切断を以て死刑への昇格としたが、その後実施する中で変化も見られた。肉刑の代替である処罰が一致していなかったことにより、再び論争が巻き起こったのである。一回目は東漢の建武十四年（三八年）で、多くの者が肉刑廃止を訴えたため、社会秩序が乱れ、盗賊が増えた。そこで肉刑復活が求められることとなる。班固はその代表人物である。肉刑復活が求められた二回目は、東漢末のことである。当時は天下が大いに乱れており、鄭玄、仲長統、崔亮などの名軍師が「乱世には重典を用いる」の原則に基づき、肉刑の復活を再び主張し、曹操もこれに同意した。しかし孔子の二〇代目である孔融が断固反対したため、法律上変更をしたに過ぎなかった。肉刑復活の三回目は三国時代で、魏の曹丕であった。実際のところ、その理由は刑法における報復主義であり、その後何度も論争を巻き起こしている。しかし立法の上で（魏律と晋律を含め）、肉刑が復活することは最後までなかった。ただし実際にはその適用範囲は広く、特に戦争や仇討ちの際には頻繁に用いられた。

東晋に至るまで、肉刑の存廃論争は絶えず続く。これは、古代中国の法理学者ならびに実務を執り行う者が、肉刑問題を極めて注視していたことを示すだけでなく、中国の法学における不断の発展と進歩を映し出している。隋の文帝が公布した『開皇律』に至って初めて新五刑、すなわち笞（鞭打ち）・杖・徒・流・死が用いられ、これに替わるようになったのである。しかし、階級が対立する中国封建社会の中で、実際には肉刑は廃止されておらず、明や清の時代になっても、鼻削ぎ、眼球くり抜き、あるいは馬による体の引き裂きなどといった残酷な刑罰は存在した。ただ立法の上で肉刑は廃止されたのであり、これは中国法理学者たちが長期にわたって奮闘した結果でもある。

特に取り上げておきたいのは、唐代である。法律上、肉刑を廃止して以降、刑罰の上でも更新が見られ、死刑の減少から死刑廃止へという称賛に値する快挙が見られたのである。貞観四年（六三〇年）には、たった二九名が死刑を宣告されるにとどまっている。同時に、唐の太宗も死刑を流刑九二条へと変更した。したがって、『唐六典』は『貞観律』を、「古の死刑に比し、殆ど其の半を除く」と特に称賛している。とりわけ、唐の玄宗における「開元繚乱」の時代には、開元二五年間で死刑を言い渡されたものは少なく、執行もされなかった。天宝六年（七四七年）に至り、彼は死刑廃止を宣言し、一二年もそれを続けたのである。これは中国古代ないし世界古代刑罰史における偉大な快挙であり、西側諸国が死刑廃止を行うより一〇〇〇年以上も早かったのである。(91)

六、法の下の平等に関する論争

法の下の平等は法理学の重要な理念であり、古今東西常に論争の対象となってきた。特に中国古代法理学では激しい論争が繰り広げられ続け、終始収まることはなかった。早くは春秋戦国時代、儒家は「法律は平等であるべきにあらず」とする立場を貫き、法律条文の中に「八議」条項を組み込み、封建社会全般を通して法律の不平等を公に宣言してきた。これは中国古代社会の基本的な特徴の一つである。

実際、史書の記載によれば、もともと西周の時代に「刑は大夫に上らず、礼は庶人に下らず」との言い方があり、法律の不平等はすでに公開化されていた。いわゆる「小司寇は擯して以て叙進して問い、衆を以て志を輔して謀を弊み、五刑を以て万民の獄訟を聴く。（中略）凡そ命夫命婦は獄訟に躬坐せず。凡そ王の同族は罪有れば市に即かず」である。(92) 律学者の鄭玄は「獄を治むる吏が尊者を褻す処あるが為なり。躬は身なり。身坐せずとは、必ずその属若しくは子弟を坐せしめる」と注釈を加えた。王安石は「命夫命婦は獄訟に躬坐せずとは、貴を貴ぶなり。王の同族は罪有れば市に即かずとは、親を親しむなり。貴を貴び親を親しむことかくの如きのみ。豈、故を以て法を撓むるものならんや」と解説している。(93) 法律の不平等を法律条文の中に正式に書き入れたのは、曹氏治める魏の時代に始まる。そこでは『周礼』の中の「八辟」、すなわち親、故、賢、能、功、貴、勤、賓が法を犯した場合とする「八議」条項を正式に律へと組み込んだ。隋の『開皇律』は『魏律』を継承し、「八議」条項を残した。これにより、貴族や役人の犯罪に対しては赦免という特権が実施され、「官当（訳注：律令制において有位者を保護するための換刑の一種）」制を増設することで、特殊な法的保護を与えたのである。

封建社会において法律の不平等に反対する者は多数いた。春秋戦国時代の法家はその傑出した代表である。例えば韓非子は「法は貴きに阿らず」と「過を刑するに大臣を避けず、善を賞するに匹夫を遺てず」を堂々と宣言している。(94) また、「明主の道は、賞は必ず公利に出で、名は必ず上の為にするに在り。賞と誉と軌道を同じくし、非と誅と倶に行わる。（中略）則ち国治まる」とも述べている。(95) これ以前には、商鞅がすでに法律の平等に対し、「刑は等級無く、卿相将軍より大夫庶人に至るまで、王令に従わず、国禁を犯し、上制を乱す者あれば、罪死して赦さず。前に功ありとも後に敗あれば、為に刑を損せず。前に善ありとも後に過あれば、為に法を虧かず」と述べている。(96) 要するに、法律の平等を主張する学者は、代々現れた。しかし歴史的限界のせいで、古代中国社会では不平等な階級特権社会の公開実施が一貫して行われてきたのである。

数千年におよぶ封建社会には、不平等に反対する農民運動がいずれの時代にも起こった。秦末に陳勝・呉広が率いた「大沢郷の蜂起」から、北宋時代の方臘（ほうろう）・宋江（そうこう）の決起、さらには清代の太平天国に至るまで、そのほとんどが暴政や不平等な制度に反対するために立ち上がったものである。しかし、農民は不平等な封建制度に反対するのみで、民主を発揚する先進的な政治制度を提起しなかったため、結局は失敗に終わる。ある者は、例えば漢の高祖である劉邦や、明の太祖である朱元璋のように分化・変質し、自ら封建王朝を作りにいってしまう。

つまり、不平等に反対する政治闘争ないし思想闘争が止まることは、永遠にありえないのである。ただし法律上の平等を実施することは可能である。社会主義制度の建立、全面的な法に基づく国家統治を実現させれば、法律の平等は現実となる。それに向けた条件を生み出し続ければ、真の平等を実現するための条件を作り出すことにもつながる。最終的には、人の全面的発展を促進して人類運命共同体を構築し、大同の世を実現させるため絶えず努力し続けねばならない。

第四節　土地制度の改革について

土地は封建社会の経済的土台（下部構造）の核心的内容であり、法律はその上部構造の主要部分となるため、自然とその制約や影響を受ける。また、そこに頼ろうとする経済的土台に対して積極的な反作用を起こし、それが一層社会の発展や世界の流れに適応できるように、土地制度の変更や発展を力強く促す。

太古時代の中国では、土地国有制が実施され、国王はその代表であった。したがって、当時は「普天の下、王土でなきものあらず。率土の浜、王臣でなきものあらず（訳注：天が下はあまねく王の領土でない場所はなく、辺鄙な海岸に住む者でも王の臣下でない者はない）」と言われた。[97] 故に、当時の土地は売買を禁じられ、国王が等級に応じて封じたり与えたりした。管理しやすいように、井田の形での土地王有制を実施したのである。分封制は西周に始まった。これには二つの特徴がある。一つは土地所有権と政治統治権が直接結びついている点で、周の天子が全国の土地の最高所有権を握り、等級に応じて各貴族に分封した。二つ目は、西周では一部の勲功による異姓貴族以外は、基本的に宗法等級に応じて分封がなされた点である。

もちろん、土地制度の変更は社会の発展、特に政治制度・法制の改革と直接的な関わりを持つ。例えば魯の宣公が提起した「初税畝」、さらには法家の李悝による「地力を尽くす教え」、特に商鞅の変法の際に発布した「阡陌封疆を開く令」および世襲世禄廃止令や先秦時代の関連法規は、基本的に井田制を排除し、土地私有を実施した。漢の初め、土地の兼併が抑制され、当時の統治者は「限田」や「抑兼併」の法令を何度も公布している。特に述べておきたいのは、北朝と隋唐時代の『均田法』である。唐律の規定によれば、社会各階層は法に基づいて土地所有権を取得できる。開元二十五年（七三七年）に、均田令は改正され、一八歳以上の丁男には永業田二〇畝、口分田八〇畝を給付した。そのうち永業田は子孫が受け継いでもよい世襲とした。[98]『均田法』は中国古代における偉大な創造であり、中国法理学者と直接関係し、「法治」を唱える帝王とも直接関係していると言える。例えば、漢の文帝は質素倹約を履行し、民生に注目し、「農は天下の根本なり」と述べている。[99] 唐朝は均田制という基盤の上で「租庸調」の税法を実施した。王安石の変法における「青苗法」や「方田均税法」、張居正の「一条鞭法」などは、いずれも土地制度に対する部分的改革である。古代中国の法理学の土地制度に関する改革と実践は、ある程度において社会の発展を推進し、いずれの改革も社会政治制度の変化や、時には重大な変更まで引き起こす場合もあったことが見て取れる。例えば井田制廃止は、奴隷制から封建制への移行を促進した。

古代中国の法理学における農村土地制度改革を分析・総括・参考とすることは、我々が新時代において農村土地制度改革を推し進めていく上で大きな意義を持つ。農村の土地における集団所有制は、少なくともこの数十年のうちに変えてはならない。ここに疑問の余地はない。ただし、農村の土地における「三権分置」制を更に改善することはできる。特に農民の土地に対する占有方式は多様化が可能で、農業近代化の需要や時代の変化に応じ、日々改善していく必要がある。都市部の家屋の土地使用権も、その年限を延長したり、使用方式を多様化したりすることが可能である。

［注］

（1）『南斉書・孔稚珪伝』。
（2）『漢書・刑法志』。
（3）『商君書・君臣』。
（4）『荀子・礼論』。
（5）『左伝』。
（6）『易経・系辞』。
（7）『礼記・楽記』。
（8）『荀子・天論』。
（9）『礼記・礼運』。
（10）『墨子・尚同上』。
（11）『馬克思恩格斯選集（マルクス・エンゲルス選集）』（第三巻）人民出版社、二〇一二年、二六〇頁。
（12）許慎『説文解字』（影印本）中華書局、一九六三年、二〇二頁。
（13）王振先『中国古代法理学』商務印書館、一九三四年、六頁。
（14）『尚書・呂刑』。
（15）王振先『中国古代法理学』商務印書館、一九三四年、六頁。
（16）許慎『説文解字』（影印本）中華書局、一九六三年、一七九頁。
（17）『漢書・律歴志上』。
（18）許慎『説文解字』（影印本）中華書局、一九六三年、二七八頁。
（19）『韓非子・難三』。
（20）『管子・七法』。
（21）『商君書・修権』。
（22）張国華『中国法律思想史新編』北京大学出版社、一九九一年、一一七頁より孫引き。

(23)『管子・七臣七主』。
(24)『中国法学』二〇一八年第二期、一〇二頁掲載の張晋藩『古代中国の徳法共治を語る』を参照。
(25)『韓非子・安危』。
(26)『韓非子・飾邪』。
(27)『韓非子・南面』。
(28)『韓非子・難勢』。
(29)『韓非子・八経』。
(30)『韓非子・定法』。
(31)『韓非子・有度』。
(32)『韓非子・八経』。
(33)『商君書・開塞』。
(34)『韓非子・心度』。
(35)『礼記・大伝』
(36)『礼記・曲礼上』。
(37)『左伝・昭公二十五年』。
(38)『礼記・喪服四制』。
(39)『論語・為政』。
(40)『論語・為政』。
(41)『礼記・中庸』。
(42)『礼記・月令』。
(43)『尚書・盤庚』。
(44)『管子・正』。
(45)『老子』。
(46)『老子』。
(47)張豈之主編『中国思想史』高等教育出版社、二〇一五年、一一四頁より孫引き。
(48)『淮南子・詮言訓』。
(49)『老子』。
(50)『漢書・食貨志上』。
(51)『漢書・高恵高後文功臣表』。
(52)『墨子・尚同上』。
(53)『墨子・兼愛下』参照。
(54)『墨子・兼愛上』。
(55)『墨子・尚同中』。
(56)『韓非子・安危』。
(57)『韓非子・飾邪』。
(58)『戦国策・秦策一』。
(59)『韓非子・有度』。
(60)『韓非子・有度』。
(61)『韓非子・心度』。
(62)『戦国策・秦策一』。
(63)『貞観政要・慎所好』。
(64)張晋藩「論中国古代的徳法共治（古代中国の徳法共治を語る）」、『中国法学』二〇一八年、第二期、一〇四頁掲載。
(65)『管子・覇形』。
(66)『尚書・五子之歌』。なお『尚書』はおそらく後世の人の作品だと考える者も少なくない。
(67)『論語・憲問』。
(68)『韓非子・安危』。
(69)『馬克思恩格斯文集（マルクス・エンゲルス文集）』（第九巻）人民出版社、二〇〇九年、四〇九頁。
(70)『黄侃手批白文十三経』上海古籍出版社、一九八三年、四五頁。
(71)胡煦『周易函書約存・序（第二冊）』中華書局、二〇〇八年、四六三頁。

(72)『荘子・斉物論』。
(73)『礼記・礼運』。
(74)『慎子・威徳』。
(75)『商君書・修権』。
(76) 張分田「〝天下為公〟是中国古代的統治思想（「天下為公」は古代中国の統治思想）」、『陰山学刊』二〇〇三年第三期、五九頁より転載。
(77) 許慎『説文解字』（影印本）中華書局、一九六三年、二〇二頁。
(78)『毛沢東早期文稿』（一九一二・六―一九二〇・一一）、湖南出版社、一九九〇年、一頁。
(79)『孟子・滕文公上』。
(80)『孟子・公孫醜下』。
(81)『孟子・離娄上』。
(82)『商君書・更法』。
(83)『商君書・更法』。
(84)『商君書・更法』。
(85)『孟子・梁惠王上』。
(86)『韓非・顕学』。
(87)『墨子・間詁』。
(88)『潜夫論・述赦』。
(89)『縦囚論』
(90)『三国志・蜀書・孟光伝』。
(91) 陳俊強「惟刑是恤」『中国社会科学報』二〇一八年第一二期、五六頁参照。
(92)『周礼・秋官・司寇』。
(93)『大学衍義補』参照。
(94)『韓非子・有度』。
(95)『韓非子・八経』。
(96)『商君書・賞刑』。
(97)『詩経・小雅』。
(98) 仁井田陞著、栗勁ほか訳『唐令拾遺』長春出版社、一九八九年、五四二～五五〇頁。
(99)『漢書・文帝紀』。

第二章　先秦時代における中国法理学の勃興

第一節　歴史文献における法理学思想

一、『尚書』

『尚書』は中国で最も古い歴史文献で、儒家の経典『十三経』の第一篇でもある。作品が完成したのは殷・商・西周時代で、太古の歴史的記載に触れられていることから、殷・周時代の政治思想と国家統治理念を直接表すと同時に、古代中国法理学の形成を反映している。『尚書』で現存するものは五八篇あり、そのうち二八篇は今文で書かれたもの（訳注：秦の焚書のとき、博士の伏生が壁の中に隠して残した二八編を、漢代の隷書で書きなおしたもの）である。史学者の考証を経た結果、今文本の歴史的信憑性は高いとされる。内容は多岐にわたっており、以下の点で法理学思想に関する直接的描写と記載が見られる。

1、王権至上

これは古代中国社会における政治・法律の根本的特徴であり、古代法理学が注目する重要な点でもある。「尚」はすなわち「上」であり、『尚書』とは「上古以来の書」という意味になる。『尚書』には商・周、とりわけ西周初期の重要な史料が保存されており、法学資料に至っては最も豊富である。記載にはこうある。「武王殷に勝ち、受殺し、武庚立て、箕子以て帰し、洪範作る（周の武王は殷に勝って紂王を殺す。その子の武庚を跡継ぎとさせ、その従兄弟である箕子を連れて帰り、『洪範』を作る）[1]」。そして「王権至上」の精神を発揚し、「天子民の父母と作り、以て天下の王と為る」と公に宣言した。王は「一に曰く正直、二に曰く剛克、三に曰く柔克」の「三徳」を備えるものとし、臣民や軍の服従を求めた。臣民が服従した場合、「一に曰く寿、二に曰く富、三に曰く康寧、四に曰く好む所徳なり、五に曰く老いて命を終える」の「五福」を褒美として授けるとした。もしも庶民が服従しなかったり、王の統治に反抗したりすれば、神は「一に曰く凶・短・折（不慮の死）、二に曰く疾、三に曰く憂、四に曰く貧、五に曰く悪（身の危険）、六に曰く弱（身体的欠陥）」の「六極」と呼ばれる懲罰を課すとした。[2]「洪範」は権威性を備え、敬われていた。したがって、これを根本的大法と見做す学者もいる。こうした評価は高すぎる感が否めないものの、法理学という角度から見れば、ここに法律的性質が宿っている点に疑いはなく、一種の国家統治理念の表れでもある。

2、部門法理学の先例を切り開く

法理学には基礎的な一般法理学と共に、各部門の法理学も含まれている。『尚書』に出てくる一部の章節は部門法理学の役割を果たしている。例えば、『尚書』の『呂刑』篇はこうした役割を担っている。これは中国における旧五刑の由来を説明しただけでなく、五刑の具体的な条項数まで列挙したのである。そして、「蚩尤惟始めて乱を作し、延いて平民に及ぶ」[3]、「穆王夏の贖刑を訓え、呂刑を作る」と指摘している。そこには三千条が記されており、「墨罰の属は千、劓罰の属は千、剕罰（足切り）の属は五百、宮罰の属は三千、大辟（死刑）の属は二百」が含まれる。[4]同時に、『舜典』篇でもまた、五刑以外の刑罰、例えば流、鞭、撲、金などの規定に補足を加えた。実のところ、これは隋・唐における新五刑の源でもある。より重要なのは、『尚書』が刑罰の基本原則ならびに刑法適用における司法原則の規定を定めたことである。これもまた古代中国刑法における原則の源であり、それを比較的完全な刑法法理学体系たらしめたのである。

3、「明徳慎罰（徳を明かにし罰を慎む）」の基本思想の提起

これは『尚書』の法理学に対する重要な貢献であり、中国が「明徳慎罰」思想を貫いた最古の起源でもある。この本の『多方』篇に出てくる「克く徳を用いるに堪えたり」、「惟神天を典る」にしろ、『呂刑』篇の「惟徳を勤めざることなし」にしろ、西周時代を貫く「徳を以て教と為す」や「刑罰は慎重に用いる」における思想的基盤と法理の源を築いたのである。

4、「礼」と「刑（法）」の弁証関係を示し、礼・楽・政・刑共治の国家統治理念を確立

この思想は、古代中国に深い影響を与えた。西周では、楽が礼に付随するものとされ、政・刑がしばしば並び称されたことから、礼・楽・政・刑関係は礼・刑関係として直接表されていた。実のところ、西周の礼・刑関係は、一致している部分もあれば、異なる部分もあった。礼と刑は互いに補完し合いながら、表裏をなしていたのである。⑴両者の役割は異なる。まさに西漢の賈誼が語ったように、「礼は将然の前に禁じ、法は已然の後に禁ず」なのである。[5]現代の言葉で言い換えるならば、礼は患い

を未然に防ぎ、刑は実際に起こった後に禁ずるのである。(2)この二つは適用対象が異なる。『礼記・曲礼』の言い方によれば、いわゆる「礼は庶人に下らず、刑は大夫に上らず」である。[6]ここでの「刑」が肉刑を指しているのは明らかである。大夫が罪を犯した場合、爵位を取り消すことが可能で、減免の特権も持つ。つまり、死刑宣告をされたとしても、多くの場合、執行は非公開となる。たとえ執行されたとしても、非肉刑の苦しまないやり方、例えば自刃や毒入り酒を飲ませる方法が用いられた。その後、これが「八議」制度となる。ただし、十悪は除く。

5、厳格な法の執行を要求

周公の死後、西周はその遺訓を受け継ぎ、公正な法の執行を行い、法律の執行と適用において「勢に依りて威を作ること無かれ。法に倚りて以て削ること無かれ。寛にして制あり、従容として以て和す」ように求めた。[7]つまり、行政であろうと法の執行であろうと、あるいは司法判決であろうと、役人が法に基づいて行い、法律に背いたり好き勝手に赦免をしたりしてはならず、刑罰は慎重にと厳格に求めたのである。

『尚書』の法学における最大の功績は、「民本」思想を初めて打ち出した点にある。これは代々踏襲され、中華文明の結晶かつ古代中国法理学の真髄となっていく。『尚書』は中華法治文明における要点を明らかにしただけでなく、中華大一統思想をつなぐ色褪せない精神的支柱でもあるのである。『尚書』は最も早くに「人を以て本と為す」基本思想を提起した歴史文献であり、「知民(民を知る)」、「化民(民を化す)」、「安民(民を安んじさせる)」を繰り返し強調している。『尚書』の『堯典』篇では、「克く俊徳を明らかにして以て九族に親しむ。九族既に睦じくして百姓を平章にす。百姓昭明にして万邦を協和す」と明確に述べている。[8]『尚書』にはその全体を通して「民本」思想が貫かれていると言え、この「民本」思想こそ古代中国法理学の魂であり、法の出発点かつ終着点なのである。

二、「三礼」:『周礼』、『礼記』、『儀礼』

「三礼」とは、『周礼』、『礼記』、『儀礼』のことである。これは西周の法理学思想を記載した古書であり、「三礼」とはその総称である。「三礼」の共通点は、礼や礼治を中心とした内容で、西周を歴史的背景とした歴史文献という点である。しかし三者が重視するものには多少の異なりが見られる。『周礼』の場合、西周政治・法律制度およびそこに含まれる国家統治理念ならびに法理学思想に研究の重点が置かれている。『礼記』は主に、法理学の高みから法の基本原理を明らかにし、これを語ろうとしている。『儀礼』の場合は、具体的な礼儀の形式やその具体的やり方の記載に重点が置かれている。しかしこの三者にはいずれも法理学思想が、直接的、間接的、あるいは内包的に含まれている。以下それぞれ述べていく。

㈠『周礼』

『周礼』は西周時代の政治・法律制度、特に刑罰制度とそこに内包された法理学思想を記載した歴史文献であり、故に『周官』とも呼ばれる。『周礼』が誰によって書かれたのかは今でも謎である。諸説あるものの、いずれも決め手に欠ける。ただ一つだけ確実なのは、これが周公に関係している点である。周公は姓を姫、名を旦と言い、またの名を叔旦と言う。周の文王の息子で、武王の弟である。かつて姜子牙と共に武王を助けて商を滅ぼし、西周を建国している。間もなく武王が亡くなり、その息子の成王が幼少にして王位に就くと、周公がこれを補佐した。史書には次の記載がある。

武王崩じて成王幼弱なり。周公、天子の位を踐み以て天下を治む。六年、諸侯を明堂に朝し、礼を制し楽を作り、度量を頒ちて、天下大に服せり。七年、政を成王に致せり。成王、周公を以て天下に勲労ありと為せり。是を以て周公を曲阜に封ず。地方七百里、革車千乗、魯公に命じて、世世周公を祀るに、天子の礼楽を以てせしむる。[9]

孔子は「周公礼を制す」と述べたが、異論もある。ただ確実なのは、礼の由来は長く、夏に始まり、殷で発展し、西周で全盛を迎えたことである。周公の功績は、分散してばらばらであった礼治を規範へと習慣化し、整理・補充・修正を加えて系統化・規範化し、実践の中で改善し続け、国家統治の基本理念ならびに古代中国宗法制度における行為規範たらしめた点である。ある程度において、「礼」は中国社会の精神文化ならびにすべての規約制度の源であり、古代中国社会のあらゆる分野へと浸透し、様々な役割を果たしてきた。そのほとんどは国や民族の需要と合致し、国家統一と民族団結に有利であったが、一部の礼は階級の偏見により人々に害をもたらした。ただ全体的な評価は肯定的なものであり、まさに孟子が言うように、「其の礼を見て其の政を知り、其の楽を聞きて其の徳を知る。百世の後由り、百世の王を等するに、之に能く違うこと莫し」である。[10] 子産の礼治に対する評価は「夫れ礼は、天の経なり。地の義なり。民の行なり。

天地の経にして、而して民実に之に則る」と更に高い。[11]『周礼』の内容は膨大かつ煩雑で多岐にわたっているが、そのうち主な法理学思想は以下の通りとなる。

1、国家統治方略と理念の確立

『周礼』は、「建邦の六典を掌り、王を佐けて邦国を治む」、「刑典、以て邦国を詰め、以て百官を刑し、以て万民を糾す」と述べている。[12]また「建邦の三典を掌り、王を佐けて邦国を刑し、四方を詰める」とも述べている。[13]ここで述べられているのは官職についてであるが、国家統治における法律の役割が突出している。

2、法律公開の主張

奴隷制度の下、刑が測れないものであることは当時の主要な観点であった。しかし『周礼』は、法律の公布を公に打ち出したのである。これは法家の子産による鄭国の「刑鼎を鋳る」ことに対する実質的な支持であり、大衆が法を学び、法を理解し、法を守るのに有利であり、社会の進歩の表れでもあった。

3、法律適用の際は時代の流れに適応させるよう原則を提起した『周礼』

『周礼』は、大司寇の職について「建邦の三典を掌り、王を佐けて邦国を刑し、四方を詰める。一に曰く新国を刑するには軽典を用い、二に曰く平国を刑するには中典を用い、三に曰く乱国を刑するには重典を用いる」と指摘した。[14]この原則は、後世になって「盛世には軽典を用い、中世には中典を用い、乱世には重典を用いる」へと変わっていく。

4、刑罰量刑における原則の一部を『周礼』が確定

例えば、『周礼・秋官・司寇』には「三赦」と「三宥」の法が出てくる。三赦とはすなわち、幼弱の赦免、老齢の赦免、愚の赦免（これは痴呆や精神病患者を指す）である。より重要なのは、犯罪の主観的部分において過失と故意を区別した点で、これがいわゆる「三宥の法」、すなわち「不識」、「過失」、「遺忘」である。「過失」と「遺忘」は現代の刑法にある過失の二種類の形式、すなわち「疎かにして気にせず」と「自信過剰」にあたり、こうした罪は寛大に処理することができる。「不識」は刑法における「誤り」を指す。同時に『周礼』は犯罪者への加重処置の規定も行った。

5、「五声聴獄」の裁判技術を提唱

『周礼』は「五声を以て獄訟を聴きて民情を求む」といった裁判技術を提唱した。『周礼』には、「一に曰く辞聴、二に曰く色聴、三に曰く気聴、四に曰く耳聴、五に曰く目聴」というものがある。五声聴獄には深い法理学思想が内包されている。賈公彦（かこうげん）は「五を以て民情に至り」、「案

下五事、惟辞聴のみが声なり。五声を以て本と為す故なり」と四事は声に非らずと雖も、声を以て之を目するは、解釈する。[15]実のところ、『周礼』が述べた小司寇の責任は重大である。彼は単純に五声聴獄をしてはならず、「外朝の政を掌り万民がこれを尋ねる。一に曰く国危を尋ね、二に曰く国遷を尋ね、三に曰く立君を尋ねる」が重要となる。[16]

ここで強調しておかなければならないのは、『周礼』は主に礼治における国家政治制度ならびに法律制度を語ったものであるが、その背後には奥深い法理が隠されており、明確な法理学思想を含んでいるという点である。

(二)『礼記』

『礼記』の重要な使命は、礼と礼治の法理を比較的系統的に語った点にある。そのうち重要なものは以下の通りである。

1、「礼」と「礼治」における基本原則の叙述と確定

『周礼』が確立した礼に関するすべての規範、国家統治理念、政治制度、礼儀には、以下の基本原則が終始貫かれている。「親を親しむなり。尊を尊ぶなり。長を長とするなり。男女別有り。此は其の民と与に変革することを得ざる者なり」[17]。これは国のあらゆる領域に表れ、終始一貫している。『礼記』ではこのように明確に規定しただけでなく、比較的詳細な解説も加えている。「親を親しむ」とは、自らの親族、特に父権を中心とした親族(年長者)、すなわち人々がよく言うところの先輩を愛さなければならないという意味である。子弟は必ず父兄に孝行し、小宗は大宗に服従し、分封(訳注：領地を分けること)や官吏の任命にあたっては、能力ではなく自らに親しい者を選ばなければならない。「尊を尊ぶ」とは、下級は上級に服従しなければならないことを指す。特に天下大宗である皇帝と宗主国君主には従うものとした。等級や秩序は極めて厳格で、これを越えてはならず、乱すなどもってのほかとされ、さもなくば厳しい処罰が課された。「長を長とする」とは、下の世代は上の世代に服従して尊敬しなければならないことを指す。「男女別あり」とは、男尊女卑と男女が直接触れ合うことを禁ずるという意味である。ここでは、「親を親しむ」と「尊を尊ぶ」が根本原則であり、宗法等級制度の魂を守っている。これは明らかに等級制度の偏見と封建的宗法制度の旧習であり、階級性を有していることに疑いの余地はない。しかし、我々が目を背けてはならないのは、そこにも中華大一統の遺伝子が育まれていることで、それが後に中華民族五千年の文明ならびに衰えることのない国

家統一の精神的支柱へと発展していったのである。もちろん、これは主に人々の努力と民族の団結によるものであり、我々はその精華を吸収し、不要な部分は取り去る必要がある。

2、「礼」の適用範囲に対する『礼記』の詳細かつ具体的な規定

『礼記』には次のような記述がある。

道徳仁義は礼に非ざれば成らず。教訓して俗を正すは礼に非ざれば備わらず。争を分ち訟を辯じるは礼に非ざれば決せず。君臣上下、父子兄弟は礼に非ざれば定まらず。宦して学するに師に事ふるは礼に非ざれば親しからず。朝を班で軍を治め官に莅みて法を行うは礼に非ざれば行われず。禱祠祭祀して鬼神に供給するは礼に非ざれば誠ならず荘ならず。[18]

国の立法や行政から、貴族や大夫および各階層の官吏の権利・義務に至るまで、礼の対象が網羅していないものはほとんどなく、国の根本法に近い性質を備えているとさえ言える。

3、「国を為むるに礼を以てす」における「礼治」の重要な役割を確定

「礼治」は「親疎を定め、嫌疑を決し、同異を別ち、是非を明らかにする」ための根拠であり、[19]「国家を経し、社稷を定め、民人を序し、後嗣を利する」[20]という特殊機能を発揮させるものであると『礼記』は定めた。西周においては法と密接な関係を有しており、相互に作用しながら互いを補い合った。これは古代中国における「徳法共治」国家統治理念を実施した始まりであり、その後何千年と続いていくのである。

4、西周「礼治」の基本的特徴を明らかにすなわち「刑は大夫に上らず、礼は庶人に下らず」である。ここで表されているのは宗法等級制度であり、暗黙の不平等でもある。「礼治」の方針の下、貴族は特権、特に世襲特権を享受し、平民や奴隷、農奴はこれを享受できず、礼が規定する各種義務を担うことしかできなかった。「刑は大夫に上らず」とは、大夫には肉刑を施さないという意味である。仮に大夫や貴族が罪を犯した場合（特に政治犯）は、やはり刑事処分を受けることになるものの、肉刑は用いず、時には減免されることもある。「礼は庶人に下らず」とは平民、特に奴隷を指す。彼らはまったく権利を享受できない上、主人から好き勝手に殴られ罵られ、時には売り飛ばされることすらある。これは搾取社会特有の社会現象である。

5、西周の「礼治」は中国で代々踏襲

西漢時代、董仲舒が打ち出した「三綱五常（訳注：礼教が唱える人と人の道徳基準。「三綱」は父子、君臣、夫婦間の倫理。「五常」は仁、義、礼、智、信）」は、まさに「礼治」の悪しき発展形式である。隋・唐時代の法律は「十悪」、「八議」を認め、清末には「礼法の争い」が起こるが、これらはみな、「礼治」の認めた等級制度が中国に深く影響を与えていることを説明するに足るものである。もちろん、「礼治」は、「大一統」や官吏社会の「ルール意識」など価値ある思想も残しており、これらをまじめに分析・総括することは法に基づく国家統治における自国の法治的文化財となり、昔の経験を今に生かす参考的役割を果たすことができるのである。

㈢『儀礼』

『周礼』と『礼記』は理論と制度の範疇に属し、そこに記載された大部分の内容は原則と理論である。「儀礼」はいくつかの具体的な礼儀を記述・解説しているが、具体的な礼儀の中に法理学思想が反映されている。

「士冠礼（士の冠礼）」は宗法等級制度の下、士大夫階級に進める栄誉を表明しているが、それ以上に「忠君」と「仁愛」思想を示すものである。礼節は極めて複雑であるが、当事者は喜んでそれを行う。「士昏礼（士の婚姻儀礼）」の意義は大きく、士大夫が国と家との関係を明確にし、夫婦仲睦まじく、国を思う気持ちを持つよう求めている。各種礼儀の形式と要求もまた、「礼儀の家」に深く影響されたことを体現している。

すべての礼儀は複雑性と宗法等級の特徴を備えているが、これもまた「礼治」という国家統治理念が求めるものなのである。『儀礼』には数千に上る言葉が出てくるが、どれも「礼治」精神を発揚するもので、未然に防ぐ役割を担って社会秩序を安定させている。「礼」や「法」の行為規範通りに各種活動に従事すれば、社会の長期安定や天下太平といった目的が達せられる。実のところ、「礼」もまた「法治」が求める一種の秩序である。「礼」を語るとは、調和・協調を追求する以上に、法理が求める一種の境地である。したがって、『儀礼』という書物は礼儀を語るものの、実質的には「礼」と「法」の相互依存と相互作用を求めているのである。

三、「三伝」：『左伝』、『公羊伝』、『穀梁伝』

㈠『左伝』

『左伝』の正式名称は『春秋左氏伝』あるいは『春秋左伝』で、またの名を『左氏春秋』と言う。『春秋』と『左伝』は二冊の書物である。言い伝えによれば、『左伝』は左丘明が編纂したものとされていたが、後に学者の考証を経た結果、戦国時代初期に集団で作られたものと考えられるようになった。この書物に記載された歴史的事実が魯国を中心とした編年史であることから、『春秋』に属し、故に『春秋左伝』と呼ばれる。その当時、『春秋』は章分けが厳格で、関係性も明確に述べられていたため、後世の年表や編年体の参考となり、『春秋左伝』と総称されるようになった。『春秋左伝』は多くの叙事手段や文学的描写という技法を用いて春秋史を展開し、古代中国伝記文学の先駆けとなった。そこには中国古代法理学思想の形成過程が記載されており、法理学発展史の形成における重要なシンボルでもある。

1、「礼」と「礼治」を肯定

昭公十五年（紀元前五二七年）、「三年の喪は、貴と雖も服を遂ぐるは、礼なり。王遂げずと雖も、宴楽すること以だ早し、亦礼に非ざるなり。礼は王の大経なり[21]」。ここで作者は、「礼」に対して十分な肯定を行い、これを王の大法だと考えている。実のところ、早くは隠公十一年（紀元前七三三年）、当時はまだ西周時代であったが、作者は「礼」に対して高い評価を与え、「礼」の役割は極めて大きいと考え、「礼は、国家を経し、社稷を定め、民人を序し、後嗣を利する者なり」と指摘した[22]。その後、為政者たちが「礼」の権威・地位を繰り返し肯定し、「礼は国の幹なり。敬は礼の輿なり」とまで言われた[23]。要するに、『左伝』は「礼」や「礼治」を十分に肯定し、「礼」に不敬である者はみな、一律に処罰を受けるべきだと考えたのである。

2、「礼」と「法」の安定性を強調

為政者は「礼」と「法」が朝令暮改であっては絶対にならないと考え、庶民が何を信じていいか分からなくならないよう、「善を為す者は其の度を改めず。故に能く済うこと有り」を求めた。さらに「詩に曰く、『礼義愆たずんば何ぞ人言を恤へん』と。吾れ遷らず」とも述べた[24]。もちろん、ここでも法が時代の流れに応じて変化し、時代の求めに対応していくよう求めた。

3、国家統治における「礼」の役割ならびに個人の素養を高める特殊機能を肯定

『左伝』は、「礼」は人の道の基本準則であると考え、「孝は礼の始めなり」と明確に述べた[25]。もちろん、これは人が家庭内にいる場合の「礼」に対する要求である。したがって「礼」は「大を先にして小を後にするは順なり。聖賢を躋すは明なり。明順は礼なり」となる[26]。そして最終的な結論は「礼は人の幹なり。礼なくして以て立つこ

となし」とし、「礼を学び以て其の位を定めよ」と人々を戒めたのである。[27]

4、寛厳相済、徳刑結合を主張

『左伝』は、国を治めるには寛厳（寛大さと厳格さ）を使い分け、徳刑を結合すべきと考え、「政は以て民を治め、刑は以て邪を正すものなり。既に徳政無く、又た威刑無し。是を以て邪に及べり。邪なれば之を詛うとも、将た何の益かあらん」と明確に打ち出した。[28]それと同時に、『左伝』は罪刑の適応原則、すなわち公正な刑の使用を強調した。法律の平等な適用を強調し、「政を為す者は私労を賞せず私怨を罰せず」[29]、「不辜を殺さんより寧ろ不経に失せよ」と公に打ち出したのである。[30]

『左伝』には他にも、例えば衛国と晋国の争いや、周王室の大臣間における訴訟など重要な法律事件が記されている。いずれも合理的な処置がなされており、主体の平等と互恵、君臣上下間の礼といった礼法の原則がほぼ用いられた。

要するに、『左伝』に出てくる法学思想は極めて豊富であるが、基本的には「礼」に基づいて処理されている。当時の刑もまた法的要素を備えていたが、「礼」と「法」にはやはり区別がある。「礼」が宗法等級秩序の道徳的側面に重点を置いているのに対し、「法」の重点は国家強制力にある。もちろん、実質的な面から言えば、礼は法の範囲に属する。ただし、当時は奴隷社会であり、習慣や規範が多かったことも忘れてはならない。よって、法理学の角度から見れば、未だ萌芽状態であったというよりほかない。とは言え、中国法理学が誕生した歴史は、西側より数百年も早かった。古代中国法治文明は始まるのが早く、広範囲に及んでおり、現在の全面的な法に基づく国家統治にとって有用な自国の文化財であり、総括し参考とする価値のあるものである。

㈡『公羊伝』

『公羊伝』と『穀梁伝』は、いずれも子夏が伝えたものである。子夏が公羊高に伝え、『公羊伝』が作られた。『公羊伝』は、またの名を『春秋公羊伝』と言い、『春秋』の「微言大義」を解釈したものである。この書は『春秋』の義理解釈に主眼を置き、その文理の検討や関連史実の紹介まで行っている。ここでは、『公羊伝』が『春秋』を解釈した際に貫いた、隠れた法理学思想を紹介する。

1、『公羊伝』最大の功績は、中国社会発展全過程を貫く「大一統」思想を肯定・発信したこと

まさにこの「大一統」思想が、中華文明が衰えないようつなぎとめ、まさにこの精神的支柱が各民族を統一し

た大家族の中で団結するよう導いているのである。例えば『春秋公羊伝』には次のような記述がある。

元年とは何ぞ、君の始年なり。春とは何ぞ、歳の始なり。王者孰れぞ、文王を謂うなり。曷為ぞ先ず王と言いて後に正月と言う、王の正月なればなり。何ぞ王の正月と言う、一統を大とするたり。[31]

この段落は『公羊伝』が『春秋』の中で隠公元年（紀元前七二二年）に行った解釈である。意味はこうなる。元年とは何か？　それは国君が位に就いた一年目を指す。春とは何か？　それは一年の始まりである。ここで言う王は周の文王を指す。なぜ先に王と言って正月は後になるのか？　周文王の正月とはどういう意味か？　それはつまり、周天子の下に天下統一されることを尊重せよとの意である。「大一統」という理念の提起は、当時の周王が各部落を統一するのに積極的な意義を持っていただけでなく、中華民族の国家統一にとっても歴史的価値を備えている。まさにこの著名な理念と中華民族が共に努力したことで、五千年の文明が衰えず、歴史としてつながれてきたのである。そして、まさにこの理念が商鞅の変法の過程で行動へと転換し、秦王朝の何代もの人々の努力を経て、統一された多民族国家が築かれ、今日まで続いてきたのである。

2、『公羊伝』は「礼治」の基本原則である「親を親しみ、尊を尊び、長を長とし、男女別有り」に具体的解釈を施す

「親を親しむ」とは、宗法等級制度を維持して強固にしていくための重要な観念であり、「礼治」が最初に提唱したものである。『春秋』には簒弑を企てた公子牙が公子友に処刑された際の記録があるが、「殺」という言葉を避け、「公子牙卒す」と書かれている。『公羊伝』ではこう述べている。その理由は「季子（公子友）の心に縁りてその諱を為した」からである。公子友が母兄を殺したのは「君臣の義」によるもので、よって直接に公子牙を殺すかわりに毒を飲ませたのは「親を親しむ道」となるわけである。「尊を尊ぶ」に至っては、『公羊伝』の中に頻繁に登場する。例えば、『春秋・僖公二十八年』には城濮の戦が記載されている。晋軍、斉軍、宋軍、秦軍に対峙したのが、楚令と君子玉であった。しかし『春秋』の中では、直接楚令、君子王と書かず、「楚人」と称した。『公羊伝』は楚人と称するのを貶すと見て、「大夫は君に敵せず」、故に貶すのである。つまり、『公羊伝』は王を極めて尊敬していた。これは当時は王権が極めて重んじ

られており、王権至上を守ることが当時の礼法における根本的要求だったからである。もちろん、東周の周王が東へ遷都してから王の威信は失墜していく。よって孔子は「礼崩楽壊（訳注：社会秩序や道徳が乱れる）」と考え、「克己復礼（己に克ちて礼に復える）」を求めたのである。『公羊伝』全体では、義理の面で『春秋』を説明・解釈し、宗法等級制度を守ろうとした以外に、いくつかの史実を補足し、修正している。これは当時の「礼」と「礼治」を広めようとする国家統治理念にとって大きな役割を果たしたと言うべきである。しかし、こうした努力も歴史の流れ、すなわち古代中国社会が奴隷制度から封建制度への移り変わりを実現させるという流れには逆らえなかった。ただし、「礼治」、特にその中の「大一統」観念は、国家統治理念の一つとして中華民族発展の全過程を貫くものなのである。

㈢『穀梁伝』

『穀梁伝』はまたの名を『春秋穀梁伝』と言い、子夏の弟子であった穀梁子（こくりょうし）が著したものである。「春秋三伝」は、いずれも『春秋』という書物に対する解釈・説明・補足である。そのうち、『左伝』は史実に対する補足と説明に重点が置かれている。『公羊伝』は義理に重点が置かれ、史実の補足も兼ねた。『穀梁伝』は、義理に重点が置かれている。三者はいずれも「礼治」理念を宣揚するものに変わりなく、東周時代（すなわち春秋時代）の「礼崩楽壊」という史実を批判し、「克己復礼」を提唱するものである。しかし、歴史の流れはすさまじく、封建社会が奴隷社会に取って代わるという歴史的過程を阻むことはできなかった。ただし、「礼」と「礼治」という国家統治理念、未然に防ぐという客観的ニーズは貴重な文化財であり、分析・総括して合理的に参考とする価値のあるものである。

1、漢の宣帝が「春秋三伝」の『穀梁伝』を極めて重視し、官学とした

その理由については、清の鐘文烝（しょうぶんじょう）が三つの解釈を行っている。一つは、この本が『春秋』の真髄を極めたものだったからである。柳宗元（りゅうそうげん）によれば、『穀梁伝』は主に儒学を集中的に宣伝し、「礼治」を広めるものであった。『穀梁伝』の完成が漢初であったことを考えれば、漢の武帝に重んじられていたことが分かる。宣帝は特に儒法共治を主張しており、『穀梁伝』を好んでいたのは明白である。二つ目は、この本に「三伝」における大部分の道理がつまっているからである。三つ目は、漢代以前の国家統治理念を研究する上で、この本が大きな助けとなるからである。なぜなら、この本は理論と実践を結びつ

を貴しと為す」観念から出発し、魯の宣公一五年（紀元前五九四年）に起こった宋国と楚国の講和に対して次のように積極的な評価を下した。

平は成なり、善く其の力を量りて義に反えるなり。人とは、衆の辞なり。平は衆を称し、上下之を欲する。外平は道わず。吾人の存を以て之を道うなり。[32]

この段落の意味はこうなる。「平」とは平和を成し遂げることである。これは宋と楚の両国が自らの実力を正しく推しはかり、平和共存の道義に回帰したことに賛同するものである。平和を成し遂げるのは、両国の君臣の共通の願いであることを示す。魯国以外の国が相互に講和する意義は大きい。慣例に基づけば、これは記載される内容ではないが、この件においては魯国の大夫が調停の役割を果たしており、故に記載されたのである。これはいい事であり、確かに記載されるべきものである。

要するに、『春秋』の解釈・説明である『穀梁伝』が依拠した義理と根拠が儒家の学説であったことに疑いの余地はない。そして「和を貴しと為す」や「和して同ぜず」は、儒家の対外的な基本的観点であり、その外交政策における指導思想なのである。この点は、現在におけるやり方で、各種国家統治理念の長所と短所を説明しているためである。

2、春秋時代の重要な歴史的人物に対する肯定と批判

この本は中国が法理学の発展史を研究する上で促進的役割を果たしている。『穀梁伝』には次のような記述がある。

桓公葬り、後に諡挙げる。諡は以て徳を成す所なり。卒事に於いて之を加える。知者は慮り、義者は行い、仁者は守る。此の三者備え有れば、然る後に以て会う可し。

つまり、桓公が葬られて初めて彼の贈り名を確定することが可能となる。諡とは君主の生前の功徳や行いを称えるもので、よってその人が亡くなった後でないと贈れない。智慧のある人はすべてに気が回り、道義を重んじる人は果断に行動し、仁愛を行う人は守ることができる。一つの国にこの三種類の人がいて初めて、国の君主は外に出て他国と会盟することができる。

3、「春秋に義戦無し」に賛同

春秋は動乱の時代であり、古代中国が奴隷社会から封建社会へと移り変わる時代でもある。作者は儒家の「和

ても「昔のものを今に役立てる」上で参考にする価値がある。

四、『呂氏春秋』

『呂氏春秋』は、またの名を『呂覧』と言い、紀元前二三九年前後に、秦相の呂不韋（りょふい）が配下の門客を組織して編纂した著作である。『史記・呂不韋列伝』がこれに関する詳細な記載を行っており、それは呂不韋が生きているうちに本となった。この本は全部で二六巻、内は一二紀、八覧、六論に分かれており、計一六〇篇からなる。全体的には、雑家の作であるが、法家思想を主としている。同時に、幅広く多くの長所を取り入れ、天子を天地中心の地位に据え、天下為公という聖人的寛容で、後王に法ることを基本的論拠として論述が展開されている。法家の学説を主としてはいるものの、重刑主義については語っておらず、「奨賞を重くして刑罰は慎重に」の原則を採用している。したがって、ある意味で言えば、『呂氏春秋』は春秋百家の集大成とも言える。これは様々な雑家の説を兼ね備えたもので、故に「雑家帝王学」とも呼ばれている。[33]

1、国家統一を貫き、天下為公を強調

この本は「昔聖王の天下を治むるや、必ず公を先と為す。公なれば則ち天下平なり」、さらに「天下は一人の天下にあらず、天下の天下なり」と指摘している。[34] 呂不韋たちが天下為公、私に尽くしてはならないと主張したのは明白である。つまり、この本では最初から最後まで国家統一と天下為公が強調されているが、その目的は秦が六国を統一するための思想的準備であった。その後、秦王・嬴政（えいせい）は武力を通して統一された封建帝国を建国する願望を実現させたが、呂不韋が『呂氏春秋』の中で求めたような天下為公を実践することはしなかった。逆に天下を私物化して始皇から二世、三世ないし万世までを欲した。もちろん、統一された中央集権国家の建国は、中華民族の発展にとってはよいことである。残念かつ心が痛むのは、始皇帝が突然死した上に、重刑主義が民心の離反という最悪の結果をもたらし、秦王朝を滅亡へと追いやったことである。

2、衆家の長を広く取り入れ、儒法共治を主張

この本では明確な国家統治理念が提起されているわけではないが、徳治を重視し、道徳による教化が主張されている。この本では『功名篇』、『用民篇』、『知分篇』で道徳教化の役割が繰り返し挙げられ、「天子たらんと欲せば、民の走く所、察せざるべからず」、さらには「天子たらんと欲せば、民に示す所以、異ならざるべからざ

るなり。行の乱に異ならずんば、信なりと雖も、今民猶走く無し。民走く無くんば、則ち王者廃る」と明確な指摘がある。[35] ここで作者は重要な原理を述べている。すなわち、天子（皇帝）になりたい者は、人民の為に奔走する姿勢を崩してはならないのである。人心がついてくることは極めて重要で、仮に人々が見向きもしなくなれば、王となる者は現れず、暴君が登場して人々は絶望する。作者はこの書の中で、徳治の実施と、聖君・賢臣の必要性を繰り返し訴えているのである。この本自体は法治に向かうものではあるが、国家の統一を求めると同時に徳治の発揚をも求め、徳・法および道家の理論を有機的に結びつけて国を共同統治させせようとするものである。

3、戦国時代の諸侯同士の戦を分類

『呂氏春秋』は当時の戦には正義のものと不正義のものがあると考え、正義の戦は社会の発展に有利であると主張し、戦において人が果たす重要な役割を強調し、「夫れ兵に本幹あり。必ず義に、必ず智に、必ず勇なるなり」と明確に述べた。[36] 戦の勝敗の鍵を握るのは、正義に適っているかどうかであり、同時に人の知恵と勇気にも注目するよう考えたのである。彼らから見れば、正義の戦は国の統一に有利であった。これは明らかに呂不韋が国家統一の世論形成のために行った下準備である。

4、「君虚、臣実」の著名な観点を提起

この観点は、「虚君共和」の立憲君主問題と並べて語ることはできないが、成立したばかりの封建政権にとっては、極めて貴重なもので、当時の中国法理学における快挙であったと言うべきである。呂不韋たちから見れば、人類は天と地の関係に基づいて君臣関係を築き、君臣それぞれの道を全うし、互いに干渉しないことで国は繁栄を迎えるのであった。よって彼らは、「主は円を執り、臣は方に処り、方円易らざれば、その国乃ち昌える」と記している。[37] こうした虚君思想の源は道家の「無為の治」であるが、呂氏の「無為」は「君道」に限られており、君主は「無為」を通してのみ、臣下にその才能を発揮させることができると考えたのである。

5、君主は自らその身を治め、これを己に反すよう求め、心身の修養と自然への順応を強調

この本は「何をかこれを己に反すと言う。耳目を適し、嗜欲を節し、知謀を釈て、巧故を去りて、意を無窮の次に遊ばせ、心を自然の塗に事むるなり」と述べている。[38] 君主が天下為公を行わなければ、天下はうまく治まらないとした。彼らはここで、「昔聖王の天下を治むるや、必ず公を先と為す。公なれば則ち天下平なり。平は公より得る」という例を挙げている。[39]

要するに、『呂氏春秋』は先秦時代の重要な典籍の一つであり、その豊富な内容は法理学必読の書でもある。この本は豊富な内容に止まらず、それぞれの長所を取り入れ、観点も明確で、革新的な部分も少なからず持ち合わせている。これは中華民族の貴重な文化財である。そのうちの多くの哲理や法理は、我々が受け継いで広めていく価値を持っている。もちろん、歴史条件や認識の限界により、多くの封建的糟粕もある。我々は合理的にこれを参考とし、自国の貴重な法治的文化財としていかなければならない。

五、『史記』

『史記』は中国で最も早くに書かれた紀伝体通史であり、中国初の伝記文学大作でもある。同時にこれは古代法理学思想を豊富に含んだ典籍でもある。『史記』は著名な史学者・文学者・思想家である司馬遷が著したものである。彼は太史令であった司馬談（しばたん）の息子で、一〇歳の時に古文を学び、孔安国（こうあんこく）に『尚書』を学んだ後、董仲舒に『公羊春秋』を学んでいる。『漢書・司馬遷伝』には彼の一生が詳細に記述されている。班固は彼を「渉獵せる所広博にして経伝を貫穿し古今に馳騁して數千載の間に上下」すると称賛した。『史記』は司馬遷が一生を注いだ作で、紀元前一〇四年にその創作が始まった。それは史学・文学大作であるだけでなく、ここには古代および彼本人の法理学思想が記述されている。以下簡単に紹介していく。

㈠中華「大一統」思想の徹底と保護

「大一統」思想は「礼治」における「親を親しみ、尊を尊び、長を長とする」基本原則を起源とし、『公羊伝』で成立した。この本が正式に「大一統」理念を打ち出し、董仲舒がこれを一種の理論へと系統化した。そして、王者は天命を受け、それぞれ一正を統し、「天統の義を明らかにする所以なり」と考えたのである。[40]司馬遷はこれを根拠に、漢代が天下を得たとは「天統を得たり」ことだと証明し、「漢興り、弊を承けて易変し、民をして倦まざらしめ、天統を得たり」と述べた。[41]当時、彼の言う天統は、董仲舒の考えと同じでどちらも「尊王」であり、封建王朝の「大一統」を守ったのである。

「大一統」理念は歴代帝王へと受け継がれて一層の宣揚がなされ、中華民族を結び、多民族国家の統一を維持して強固にするための衰えを知らない精神的支柱となった。もちろん、これは主に各民族がその勤労意識で美しい祖国を共に建設し、愛国主義の旗の下、外来の侵略者を共に撃退してきた功績による。これにより、中国を世界古代四大文明国の中で唯一分裂・滅亡しなかった国たらしめ、より旺盛な姿で世界の東側に屹立させているのである。しかし、いまだに「台湾独立」や「香港独立」などの独立派が「大一統」理念を破壊しようと企んで分裂活動を行い、堪忍も限界に来ている。これは全国各民族が絶対に受け入れられないことであり、中華子女たちは「大一統」理念を守り抜くために引き続き奮闘しなければならない。

(二)刑罰を正確に捉え、徳法共治を主張

　司馬遷は西漢初年の学者である。彼も大多数の学者と同様、秦代の失敗の教訓をまとめ、「重刑主義」への批判、始皇帝への批判、とりわけ秦の時代の残酷な刑罰に対して批判を加えた。しかし彼は刑罰自身、特に法律の役割に対して否定はしなかった。彼は、「法令は、治の具なり」と述べ、法の執行を厳格に行う者を絶賛した。[42]『史記』の中では漢の文帝の廷尉・張釈之に対し、「法を守りて大理を失わず、法を守りて意に阿らず」と評価している。より重要なのは、彼が「禁奸止邪」法令の役割を肯定し、「徳法共治」を主張したことである。彼は、「礼は将然の前に禁じ、法は已然の後に禁ず。法の用を為す所の者は見易くして、而して礼の禁ずるを為す所の者は知り難し」と述べている。[43]したがって、彼は両者の有機結合と相互協力を主張する。つまり、後の人々が適用することになる「徳法共治」である。

「徳法共治」の理念の中で、司馬遷は徳を以て主と為すを強調し、特に「政を為すに徳を以てす」を重視・発揚した。この儒家の観点は、「徳治」こそ一つの王朝が盛衰する決定的要素であるとしたのである。彼は『史記・五帝本紀』において、軒轅（けんえん）は「徳を修めた」から天下を得たのだとし、夏・商・周の三代では修徳の程度によって盛衰や治乱が起こったと考えた。

(三)「利に趨って害を避ける」を主張

　司馬遷は「徳治」に賛同して宣揚まで行っているが、思想的基盤においては、儒法両家の間に身を置いて数多くの法家の弟子を育成した荀子にも賛同している。つまり彼は、「政を為すに徳を以てす」を強調し、法が「治国の具（国家統治の道具）」であることに賛同したのである。また、法家の理論的基盤である「利に趨（はし）って害を避ける」に賛同したが、これは実質的に彼の「儒法共治」思想の具体的表れであった。彼から見れば、「利に趨って害を避ける」のは人間共通の特性であった。彼は「天下熙熙として皆利の為に来り、天下攘攘として皆利の為に往く」

と書いている。彼はさらに「ああ！　利は誠に乱の始めなり」とまで述べている。こうした言葉は、商鞅の「人生まれて好悪あり、故に民治む可し」という言い方に似たものがある。[44]荀子もまた、「利を好み害を悪むは、是れ人の生まれて有る所なり」と述べている。[45]この問題における司馬遷の観点も、ほぼ彼らと変わらないことが分かる。

しかし、司馬遷は『史記』の中で法家の観点は何の役にも立たずと批判し、特に始皇帝に対しては「残虐なことこの上なし」とまで述べている。もちろん、法家が「重刑主義」を実施し、その刑罰が残酷を極めたことは否定できない。しかし始皇帝は、長城の建設を主導し、軌を同じくし、文を同じくし、度量衡を統一している。とりわけ、統一された中央集権封建制国家を建国したことは、当時としては進歩的であり、後世にも大きな影響を与えた。そして彼が実施した「法を以て本と為し、法術勢を結合させる」と「法を以て教と為し、吏を以て師と為す」は現在でも参考にする価値のあるものである。

(四)史書の典範を樹立した中華伝統文化貢献者の一人

司馬遷は歴史的に功績のある人物である。彼は「李陵事件」に対して臆することなく意見を述べたことで侮辱されて罰せられたが、年老いた不自由な体を酷使して天下の大作『史記』を書き上げた。これは賞賛に値するものである。『史記』の文学的・史学的価値は大いに賞賛されるもので、特に彼の述べた「人固より一死あり、或は泰山より重く或は鴻毛より軽し」という名言は、忘れてはならないものである。

中華伝統文化は、五千年に及ぶ文明の真髄を集めたものであり、発揚に値するものである。文化への自信を立てることは、中華子女が備えておくべき素養であり、民族復興の力の源でもある。我らの代の哲学や社会科学に従事する者は、司馬遷のような大家がいたことを誇りに思わなければならない。同時に、法家に対する誤った評価を修正する必要もある。

六、『資治通鑑』

『資治通鑑（しじつがん）』は通称『通鑑』と呼ばれ、中国史において編年史書の記述が最も長く、極めて大きな国家統治的・政治的価値を備えた大作である。ここには全部で一三六二年分の史実（周の威烈王二十三年から五代後周の世宗顕徳六年まで、すなわち紀元前四〇三年～西暦九五九年）が記載されている。この書の最大の長所は、史実の撰述の起源が明確で、史跡にも根拠があって美しい文字が用いられている点である。当時最大の価値は、まさに司馬光が自ら述べるように、「前世の興衰を鑑みて、当今の得失を考える」であった。もちろん、そこには豊富な「法理思想」が含まれる。

『通鑑』は「往事に鑑みれば、治道に資する」ことで、古い名を『資治通鑑』という。その重要性から、歴代著名人たちも注目した。毛沢東はかつてこの本を一七回も通読したという。その御用看護師であった孟錦雲の回顧によれば、この本は毛沢東の一生にほぼ付き添い、彼の枕元には常に『資治通鑑』が置かれていた。すでにぼろぼろになるまで読み込まれ、破れたページのところどころにテープが見られたという。

この大作は歴代名家たちの称賛を浴びてきた。名高い愛国主義者である王夫之（おうふうし）はこれを深く分析している。彼はまず、「資」、「治」、「通」、「鑑」に対して科学的な説明を行っているが、特に「通」への解釈に関しては学ぶところが大きい。彼は、「其曰う『通』とは何ぞや？　君道ここにあり、国是ここにあり、民情ここにあり（後略）」と述べている。(46) もちろん、我々が今日この大作を読む場合、鍵となるのは古代の法治的文化財、特にその中の法理学思想を参考とすることで、これは全面的な法に基づく国家統治における重要な自国文化財である。以下、『資治通鑑』における法理学思想を述べていく。

1、「法は天下の器なり」を徹底し、公平・正義と法律の平等に力

漢の文帝が大義によって肉親を殺し、その叔父の薄昭を裁いた件を論述した際、司馬光は、「法は、天下の公器なり。惟善く法を持する者は、親疎一の如く、行わざる所なし。則ち人、敢えて恃む所有りて之を犯すものなきなり」との論評を発表している。(47) 司馬光は、漢の文帝が薄昭を誅殺したことを高く評価した後、法の公平を語り、法の平等が正しい法理念であることを強調した。法とは、マルクス主義法学理論によれば、統治階級の意志の表れであり、その意志は統治共通利益全体の表れでもある。それは被統治階級の絶対的服従を求めるだけでなく、統治階級内部における共同遵守をも求める。仮に一部の内部成員が法律を遵守しなければ、同様に法律の制裁を受けるのである。漢の文帝の大義による肉親殺しは、当時としては確かに称賛に値するもので、これもまたその後「文景の治」を成功へと導いた重要な要素であった。すなわち厳格な法の執行こそ、「文景の治」の重要な特徴なのである。

2、改革に賛同、商鞅の「移木の信」を絶賛、法の公信力を徹底

司馬光もまた同時代の王安石の変法に反対であったが、その思想の奥深いところでは、実のところ王安石の変法と同じ目的を抱いていたのである。よって二人の私的な交流はうまくいっており、だからこそ彼は商鞅が演じた「木を移して信を立てる」に賛同し、法の公信力をとりわけ徹底したのである。彼は次のように述べている。

夫れ信は人君の大宝なり。国は民に保ち、民は信に保つ。信にあらざれば民を使うことなく、民にあらざれば国を守ることなし。故に古の王者は四海を欺かず、覇者は四隣を欺かず。善く国を為むる者はその民を欺かず、善く家を為むる者はその親を欺かず。(48)

3、法家の人物を崇拝し、法治を広め、富国強兵を実現

司馬光は次のように述べた。

昔、鮑叔の管仲に於ける、子皮の子産に於ける、皆、位その上に居り、能くその賢を知りて之に下り、授くるに国政を以てし、孔子、之を美とす。曹参自ら謂えらく、蕭何に及ばずと。一にその法に遵い、変更する所なく、漢業以て成る。(49)

これは鮑叔牙の高貴な態度を肯定したに止まらず、それ以上に管仲、子産、曹参など国家統治の才覚者たちを肯定するもので、法に基づく国家統治の優越性を示しているのは明らかである。同時に、礼治や徳治に対しても十分な肯定を与えているが、それは「道徳教化」や「未然に防ぐ」といった点が大きな役割を果したからである。

4、司馬光が『資治通鑑』を編纂した目的は、「往事に鑑みれば、治道に資する」ことであった

したがって、『資治通鑑』は歴代統治者たちからの好評を博し、国家統治の重要な参考文献となった。宋の神宗はこれに命名した上で序文を残している。そこには「その載する所、明君、良臣、治道を切摩し、議論の精語、徳刑の善制、天人相与するの際、休咎庶証の原、威福盛衰の本（後略）」とあり、高い評価が見られる。(50)司馬光は歴代の国家統治を総括した後、最終的に「儒法共治」が古代中国国家統治の根本的経験であるとの結論を出した。彼は次のように、極めて具体的かつ深く述べている。

孔子の仁を言うや重し。子路・冉求・公西赤・門人の高第、令尹子文・陳文子・諸侯の賢大夫より、皆、

以て之に当たるに足らず。而るに独り管仲の仁を称するは、豈に其の斉桓を補佐し、大に生民を済えるを以てに非ずや。[51]

ここで、司馬光が管仲の思想を極めて崇拝しているのは、実際には管仲が斉の桓公を補佐した変法が、「法を以て国を治める」を執行し、「人を以て本と為す」を実践し、桓公を春秋初の覇者とさせたためである。司馬光は管仲というこの法家の先駆者を認め、同時に孔子の「仁」も重んじ、儒法による共同国家統治を力強く主張したのである。彼は管仲の勲功を語った後、道徳教化、すなわち「徳治」の特殊機能についても次のように語っている。

教化は国家の急務なり、而して俗吏之を慢る。風俗は天下の大事なり、而して庸君之を忽にす。惟明智の君子深く識り長く慮りて、然る後其の益を為すの大いにして功を収むるの遠きを知るなり。[52]

要するに、司馬光が編纂した『資治通鑑』は国家統治の良い教材であり、今日の全面的な法に基づく国家統治が合理的に参考とすべき自国の法治的文化財なのである。もちろん、歴史的条件や限界、現在の社会背景の限界も相まって、時勢に合わない観点も多く見られるが、我々は実状から出発し、真剣にこれを分析して合理的に参考とし、古代法治文明の真髄を発揚していくべきである。

第二節　春秋戦国時代における法理学の勃興

一、春秋戦国時代における中国社会の性質と特徴

春秋戦国時代における中国法理学の勃興には濃厚な社会的背景がある。周知の通り、古代中国社会は血縁に基づく家族本位の社会構造であった。この社会構造の中で、家は国と社会の基盤であり、国は家の拡大であり集合であった。したがって、中国人なら誰でも国への思いと民族的精神を備えており、「人を以て本と為す」や「天下を公と為す」といった理想の共有が容易に形成できるのである。より重要なのは、春秋戦国時代が大動乱、大変化、大調整の時代だったという点であり、各種異なる思想と理念が社会の前に次々と現れたのである。特に、例えば儒家の「徳治」、道家の「無為の治」、墨家の「義治」、法家の「法治」など、各種国家統治理念が次々と登場し、「百花斉放、百家争鳴」の状態を呈していた。それと同

時に、この時期は奴隷社会形態が封建社会形態へと移行する過渡期の段階でもあった。古い制度が次々と瓦解し、諸国が次々と改革を始め、国同士の争いは激しさを増していき、いずれも先進的な国家統治理念を探し求めた。法家の管仲が提起した「法を以て国を治める」思想が斉国の改革において成功を収めたため、各国は次々とこれを模倣した。特に商鞅の変法は弱かった秦国を強くし、法家思想を当時の主流へと押し上げ、各国の奴隷制から封建制への移行を加速させた。法理学は変法の中で起こり、各派の中で「法の公理」という共通認識を形成した。各学派はそれぞれの国の事情に応じた法の原理を打ち出していく。例えば法家は法律の公開を提唱し、「後王に法る」を主張する。しかし儒家は法律の公開に反対した上で、「先王に法る」などを主張した。要するに、春秋戦国時代は、中国の思想大解放と社会の大変革期であり、それ以上に奴隷制が封建制へと向かう大移行期でもあった。これはまさに中国法理学の勃興期である。

二、法家の法理思想と国家統治理念

㈠管仲の法学基礎理論と国家統治理念

管仲（?〜前六四五）は、名を夷吾、字を仲と言い、斉国出身である。紀元前六八五年、斉の桓公が王位を継承すると、鮑叔牙の推薦を経て相に任じられ、変法を主導した。彼は法家の思想に基づいて改革を実施し、「法を以て国を治める」や富国強兵を推進して斉王を補佐し、「諸侯を九合して天下を一匡し」、斉を春秋一の覇者へと押し上げた。[53] 管仲には以下に挙げる深い法学基本思想があった。

1、法の概念について

『管子』という本には、「法は天下の程式なり。万事の儀表なり」と記されている。[54] さらに法は「尺寸なり、縄墨なり、規矩なり、衡石なり、斗斛なり、角量なり、之を法と謂う」とも述べている。[55] 管子が法をモデル、メーター、物差し、墨縄、コンパス、置き石、枡、分度器に例えたのは明らかである。これらはいずれも基準やルールの意を含んでおり、我々が現代で言うところの行為規範と一致する。つまり、管子はすでに、法は人間の行為規範であると明確に述べていたのである。こうした法の概念に対する定義と比喩は、西側の法に関する概念と理論よりも数百年早かった。

2、法の役割について

管仲は「法は以て功を興し暴を惧す所なり。律は以て分を定め争を止むる所なり。令は以て人をして事を知らしむる所なり」と指摘した。[56] つまり、法の役割は広く、暴を除いて良を安定させることもできれば、争いを止めることもできるとした。また、法に基づいて管理し、法を遵守するように人々を導くこともできるとした。管子は、法は君主が定め、いわゆる「法は君より出づる」であるが、君主も同様に法を守るべき、いわゆる「法を生ずる者は君なり」[57]、「聖君亦其の法を明らかにして固く之を守る」と考えた。

3、法の遵守について

管仲は厳格な法の執行と法の遵守について、次のように強調した。

是の故に、先王の国を治むるや、法の外に意を淫ばしめず、恵を法の内に為さず。動くこと、法に非るものなし。過を禁じ私を外にする所以なり。（中略）是の故に、先王の国を治むるや、法をして人を択ばしめ、自ら挙げざるなり。法をして功を量らしめ、自ら度らざるなり。[58]

彼はまた、「法に当る者は之を賞し、法に違う者は之を誅す」、「法に合すれば則ち行い、法に合せざれば則ち止む」とも述べている。[59]

4、法の安定性と適時性について

管子は、法は安定性を備えていなければならず、朝令暮改であってはならないと考えた。法に安定性がなければ、権威を失墜するためである。ただし法は適時修正する必要があるとも考えた。管仲はこの二つの問題を極めて重視し、「国、法を更立して、以て民を典れば則ち祥なり（更は改なり。典は主なり。能く宜しきを観て法を改め以て人に於いて主となれば則ち国理まり、故に祥なることを言う）」と述べ、さらに「故に曰く、法は恒にすべからざるなり（法敝（やぶ）れば則ち当に変ずべし、故に恒ならず）」とも述べた。[60]

管仲の法理学思想は極めて豊富である。本書では二つの重要な国家統治理念に重点を置いて紹介する。

一つ目は「人を以て本と為す」である。これは中国法治文明の重要な内容であり、中華文明五千年における基本的シンボルかつ真髄でもある。ある時、斉の桓公が「敢えて問う。其の本とは何か？」と尋ねた。管仲は「斉国の百姓、公の本なり」と答えた。その後、管仲はより踏み込んで、「夫れ覇王の始まり、人を以て本と為す」と述べている。『尚書』はその役割を強め、代々踏襲される「民惟れ邦の本なり、本固ければ邦寧し」となり、それがさらに「民本主義」へと昇華し、中華文明の真髄となったのである。孟子はこれを基盤とし、社稷之に次ぎ、君を軽しと為す」を主張した。両漢の賈誼はさらに「夫れ民なる者は万世の本なり。欺く可からず」と発展させた。唐の太宗は明君の心象で「夫れ天地の大、黎元を本と為す」と宣言した。(61) 清末の思想家である王韜は「天下の治、民を以て先と為す。所謂民惟れ邦の本なり、本固ければ邦寧し」とまとめた。(62) そして習近平総書記は中華文明と真剣に向き合って、これを参考としつつ昇華し、「人民を中心とした発展思想」という奥深い自国の文化財と為さしめたのである。まさに「人民を中心とした発展思想」こそ、「全面的な法に基づく国家統治」の深化を推進していくのである。

二つ目は、「法を以て国を治める」である。管仲は春秋時代の斉国の改革を主導したが、その国家統治理念こそ「法を以て国を治める」であった。これについて、管仲は下記のように少し長めの談話を発している。

是の故に、先王の国を治むるや、法の外に意を淫ばしめず、恵を法の内に為さず。動くこと、法に非るものなし。過を禁じ私を外にする所以なり。威は両に錯かず、政は二門より出てず。法を以て国を治むるとき、則ち挙げて之を措くのみ。是の故に、法度の制あるものは、巧に詐偽を以てすべからず。(中略) 是の故に、先王の国を治むるや、法をして人を択ばしめ、自ら挙げざるなり。法をして功を量らしめ、自ら度らざるなり。(63)

この素晴らしい論述は、中華法治文明の真髄であるだけでなく、人類法治文明の始まりでもある。これは古代ギリシャで語られた法治より二〇〇年以上早く、イギリスが提唱した法治、すなわち法の統治 (rule by law) よりも二〇〇〇年以上早かったのである。もちろん、管仲が提唱して実施した法治と、我々が現在語るところの法治とでは本質的な違いがある。「法を以て国を治める」における「以」の字は「用いるなり」、すなわち法を用いて国を治めるとされ、これは典型的な法律道具論である。我々が「法に基づく国家統治」を語るのは、法律を国家統治の根拠、すなわち法律には至高性、すなわち法的権威が備わっているという意味で用いる。「法を以て国を治める」には限界性があり、厳密に言えば、やはり人治の性質を備えており、それが守ろうとするのは君主の統治である。しかし、管仲が唱えた「法を以て国を治める」という理念は当時大きな役割を果たしている。斉国を弱国から強国へと変え、桓公に春秋一の覇者という偉業を達成させた。また、法家の国家統治時代という一つの時代を切り開いたのである。残念なのは、管仲が不幸にも早逝したことである。「法を以て国を治める」方略を放棄した途端、斉は衰退し、桓公も最後は宮中にて餓死する。幸いだったのは、「法を以て国を治める」が法家によって受け継がれ、秦において光を放ったことである。こうした歴史が示すのは、国家統治方略は極めて重要だという点である。まさに、『礼記』において語られたような「国は法なければ治まらず、民は法なければ立たず」である。より貴いのは、管仲が提起した「法を以て国を治める」は、我々が現在実施している「法に基づく国家統治」において合理的に参考となる自国の文化財だという点である。もちろん、中国の特色ある社会主義法治理論は、マルクス主義法学理論であり、マルクス主義法学における中国化・時代化・大衆化の偉大な成果である。ここでこの点を特に強調する目的は、中国の特色ある社会主義法治が光り輝く奥深い理論的源を有しているだけでなく、厚みのある自国の法治的文化財を備えていることを説明するためである。古代中国の法治文明と国家統治理念に対しては、これを真剣に総括・分析・参考とし、当代における古代文明の価値を深く掘り下げる必要がある。

　管仲の法学基礎理論は広範に及ぶが、そこには四つの重要な問題がある。

　第一に、「国家統治の道」と経済が緊密な関係にある点である。したがって、彼は改革において経済発展を重要な地位に据え、次のように語っている。

> 凡そ国を治むるの道は、必ず先ず民を富ましむ。民富めば則ち治め易きなり。民貧しければ則ち治め難きなり。奚を以て其の然るを知る。民富めば則ち郷に安んじ郷を重んず。郷に安んじ郷を重んずれば、則ち上を敬して罪を畏る。上を敬して罪を畏るれば、則ち治め易きなり。民貧しければ則ち郷を危くし家を軽んず。郷を危くし家を軽んずれば、則ち敢えて上を凌ぎ禁を犯す。上を凌ぎ禁を犯せば治め難きなり(64)。

まさにこうした理由で、管仲は改革を主導する中で、経済を十分に重視して民生に関心を寄せ、富国強兵を改革の要としたのである。

　第二に、国家統治における道徳の役割を重視した点である。彼は、法を以て国を治めると同時に、道徳による教育と威嚇も重視すべきと考えた。そして、「礼義廉恥」を「国の四維」とするよう提案する。彼は、「民を正すに徳を以てす」は十分に必要だと考えたが、それは、人間が禽獣と異なるためである。暴力を用いてはならず、力を使わずに徳を使うべきとし、「礼義廉恥」はすべて法によるものでなくてはならないと主張する。「法立ちて令行わる」という前提において初めて、法律と道徳の有機的な結合が可能となるのである。

第三に、「重令」と「尊君」の関係を重視し、法律の権威重視と君権尊重が不可分であることを強調した点である。彼は次のように述べた。

> 凡そ国に君たるの重器は、令より重きはなし。令重ければ君尊し、君尊ければ国安し。令軽ければ君卑し、君卑しければ国危し。故に国を安ずるは君を尊ぶに在り、君を尊ぶは令を行うに在り、令を行うは罰を厳にするに在り。

結論は、「明君は民を治むるの本を察す。本は令より要なるはなし」となる。[65]

第四に、法制統一を強調した点である。管仲は国家法制の統一を重視した。法律は安定性と共に適時性を備え、「時に随って変じ、俗に因って動く」ものだとした。つまり、法律の権威を守り、法制の統一を維持すると同時に、より厳密に法を執行し、刑罰には統一された基準を設け、賞罰は厳格かつ明確であるべきとした。

要するに、管仲という法家の先駆けは、当時、中国法理学の新時代を切り開いたのである。この時から、中国法理学は世界法治文明の森に早くも屹立することとなった。ただそれは総括されることなく、世界的に広まることもなかったに過ぎない。それは一本の木のような姿で東方に屹立していたのである。我々の使命は、古代中国のこうした法治文明の自国の文化財を発掘することにある。

㈡子産の法理思想

子産（?~前五二二）はまたの名を公孫僑と言う。春秋時代の法家の先駆者にして鄭国人であり、公孫成子とも呼ばれた。彼が鄭国の国政を担っていた時期は長く、紀元前五四三年~紀元前五二二年までである。その国家統治理念は明確ではなく、最初は礼治に傾倒していたが、後に法治を重んじるようになった。『周礼』の関連制度に対して重要な改革を行い、法の役割を重視した。故に、後の人は彼を法家の先駆者の一人と称している。実のところ、春秋早期の諸子百家には矛盾した一面もあれば、相互に相通じる一面もあった。ここでは彼の法学思想、主に法理学思想について述べていく。

1、鋳刑書

「鋳刑書（ちゅうけいしょ）」は成文法公布の先例を切り開いたものである。

子産は中国の歴史上、初めて自らの法学論文三篇を諸侯の権位を象徴する金属の鼎に刻ませた人物である。子産は鄭国の改革を主導する執政者として、自らが書き及んだ法律内容の関連論文を世に公布したが、これは当時としては極めて大きな動きであった。なぜなら、奴隷社会では関連法律の文書や論著を公開してはならないからである。これは、民百姓に知らせないようにする愚民政策の実施であった。子産が鼎に刑書を堂々と刻ませたのは、彼が書いた貴族の特権を制限する「制参辟」であり、こうした論著を公開することは改革の推進に有利となった。

2、法の役割の重視

子産の「鋳刑書」は奴隷主の貴族から反対を受けた。晋国の叔向は特に手紙を書いて「先王、事を議して以て制し、刑辟を為らざりき」と彼を批判した。さらに「民罪有りを知れば、則ち上を忌みず（敬わず）」、「民争端を知れば、礼を棄て書を征す。錐刀の末、争い尽きず、乱獄豊になり、賄賂並行す」とも述べている。最後に叔向は「子の終わりし世、鄭敗れるかな」と警告している。孔子も似たような観点であった。つまり、子産の「鋳刑書」は多くの非難を浴びたのである。しかしながら、子産は「僑（子産の名）不才なり。子孫に及ぼす能わず。吾れは以て世を救わんとなり」と毅然として答えている。[66]これは法家の勇気と才覚、救国の自信を十分に示すものである。子産は刑法を極めて重視し、「寛」、「猛」二手の主張を展開した。「寛」とは、統治階級が懐柔の一面を持つことを指す。子産は「政を為すに徳を以てす」を強調する。この点は孔子から称賛され、「人に恵む」、「其の民を養うや恵、其の民を使うや義」と考えられた。子産の主張した「寛」、「猛」二手は後の世に影響を与え、法・儒両家はこれをめぐって議論を展開したこともある。「猛」とはすなわち重刑主義のことであり、法家に受け継がれていく。「寛」はすなわち寛恕であり、儒家に踏襲されていく。本質的なところから言えば、子産は法の役割を重視した法家の先駆者と見るべきである。

(三)李悝の法理思想

李悝（りかい）（約前四五五〜前三九五）は、戦国時代の法家を代表する一人であり、魏国人である。魏の文侯の際に相国となって改革を主導し、「国を為す道は、労あるものに食を、功あるものに禄を与え、有能を使うには賞すれば必ず行い、罰すれば必ず当る」と主張した。李悝の功績は、彼が中国史において最初の成文法である『法経』を編纂し、代々踏襲されたことである。その歴史的流れはおよそ以下のようになる。『法経』―『秦律』―『漢律』

—三国『魏律』—南北朝『北魏律』、『南斉律』—『隋律(開皇律)』—『唐律』—『宋刑統』—『明律』—『清律』—消滅。

戦国時代になると、多くの国に成文法が現れた。例えば「竹刑」、「刑書」などである。ただし系統的ではなく、雑然としていた。李悝は各国の立法経験や法律規範を集めて書物の形に編纂し、整理・修正・総括を加えて『法経』六篇を書いたのである。年代が古いため、原文はとっくに失われているが、『晋書・刑法志』に『法経』の指導思想と編目が記載されている。明代の董説(とうせつ)が著した『七国考』の巻一二に西漢末年の桓譚(かんたん)『新論』があり、かつて『法経』の条文を引用して解釈を加えており、『晋書・刑法志』に比べより詳細なものとなっている。ただしこの書は南宋の時代に失われており、これが信に値するかは考証が待たれる。

法家の傑出した代表として、李悝と『法経』の主な法理学思想には以下のものが含まれる。(1)『法経』は「親疎を別たず、貴賤を異にせず、一に法に断ず」の法治原則を貫いており、奴隷制時代において超えてはならなかった礼と刑の境界線を打ち破った。王子も法を犯せば庶民と同じ罪に問われることを強調し、規定に基づいて太子にも笞刑を実施し、丞相や将軍が金を受けた場合は、その左右を誅に伏させたり、もしくは本人を死刑に処したりしたのである。(2)封建地主の利益保護を核心とした。『法経』六篇は、盗と賊を前二篇とし、盗法を第一に据えているが、その目的は農民の反抗を抑え、封建地主の利益を守るためであった。盗とはいわゆる「強盗」であり、統治者に反抗する農民を指す。賊とは窃盗罪を指す。網法、捕法、雑法、具法に至っては、すべて前の二篇を解説するものである。(3)『法経』は中華法系成文法の手本であるのみならず、儒家が宣揚する「刑知る可からずんば則ち威測る可からず」の迷信を力強く打ち破った。もちろん、法家の成文法の代表として、『法経』もまた重刑主義を十分に現している。例えば、国の法律に異論を唱える者は死刑に処し、本人および妻の実家の財産も没収するとある。また一人で城越えをすれば死刑に処し、一〇人以上でやれば一族郎党皆殺しと規定した。『法経』は法律規範を用いて、「刑は大夫に上らず、礼は庶人に下らず」の破綻を宣告したのである。要するに、『法経』の出現は、法理学史上極めて大きな出来事であった。それは「徳治」を否定して「徳を務めずして法を務む」を強調し、功有れば則ち賞を、罪有れば必ず罰をの原則を実施したのである。また耕織を奨励し、民が非を為すことを禁じ、世親世禄を廃止すると同時に、封建の等級制度および相応の権利・義務関係を正式に認めたのである。

㈣商鞅の法理思想と国家統治理念

商鞅（約前三九〇～前三三八）は、姓を公孫、名を鞅と言い、元の名は公孫鞅であった。元は魏の相公である公孫痤の下で門客となり、衛鞅とも称した。その後、秦国の変法に功があったことにより、商の地を与えられ、故に商鞅となった。またの名を商君と言う。商鞅の変法は成功したものの、残念なことに秦の孝公の子に殺され、いわゆる「法成りて人亡びる」となった。

商鞅の変法は全部で二度行われた。一度目は紀元前三五九年（紀元前三五六年説もあり）で、二度目は紀元前三五〇年に始まったものである。二度にわたる変法は、その広さや深さの点で過去の多くの変法、例えば李悝や呉起らの変法を越えた。変法の内容は一四〇年近くを経て弱かった秦を強くさせ、始皇帝が中国を統一する礎を築いたのである。

商鞅の変法は法理学の牽引・指導的役割を十分に果たしている。具体的な表れは以下の通りである。

1、法理学を用いて変法の道を切り開く

これは歴史的に有名な、「先王に法る」か「後王に法る」かの争いであり、変法と反変法との争いでもある。秦の孝公が商鞅を重用し始めた当初は、保守派の代表で儒家の信奉者であった甘龍や杜摯からの強い反対を受けた。彼らは「古に法れば過無く、礼に循えば邪無し」と述べ、「先王に法」って（即ち、三王五帝に倣って）国を治めるべきだと明確に打ち出した。商鞅は毅然として次のように答えた。

前世は教を同じくせず、何の古にかこれ法らん。帝王は相復びせず、何の礼にかこれ循わん。伏羲神農は教えて誅せず、黄帝堯舜は誅して怒らず。文武に至るに及び、各時に当たりて法を立て、事に因りて礼を制す。礼法は時を以て定め、制令は各その宜に順い、兵甲器備は各その用を便じる。臣、故に云く、「世を治むる一道ならず、国に便なれば必ずしも古に法らず」と。[67]

ここから、中国の歴史では、「先王に法る」と「後王に法る」が保守派と革新派になり、儒家と法家が争う重要な問題となったのである。例えば宋の王安石の変法の際、司馬光と王安石の論争の焦点もまた、「先王に法る」と「後王に法る」であった。すなわち祖宗の法は変ず可しか変ず可からずかの争いである。戊戌の変法における革新派と保守派の争いもまた、祖宗の法は変ず可しか否かの問題であった。実のところ、これは法理学の基本理論の一つ、すなわち法の安定性と適時性の問題なのである。法は安定させなければならない。仮に朝令暮改を繰り返せば、法は権威を失ってしまう。しかし同時に、歴史は常に発展し、情勢は刻々と変化するものである。法は適時これを更新する必要があり、そうでなければ生命力を失うこととなる。両者の間には矛盾が存在するが、その主な点は法が適時変化することである。これもまた商鞅の変法がしばしば語る問題である。彼の態度は「古に法れば則ち時に後れ、今を修むれば則ち勢に塞がる」であり、「古に法らず、今を修めず」のスローガンを打ち出した。[68]つまり、法律と制度は時代の変化に応じて変わるものであり、古に法って（復古）はならず、保守的であってもいけないのである。革新と発展が必要であり、まさに習近平総書記が語るところの、発展は人類社会永遠のテーマなのである。

2、法理学を用いて変法の過程を牽引・指導

改革において、人々は「法に基づく国家統治」と法の重要性について常に深く認識し、相互に比較する過程を備えている。特に「法に基づく国家統治」と法の重要性に対しては、学びの中でこれを深く認識し、はっきりと道理を説く必要がある。商鞅は次のように訴えている。

法令は民の命なり。治を為すの本なり。民に備うる所以なり。治を為して、法令を去れば、なお飢なからんと欲して食を去るがごときなり。寒なからんと欲して衣を去るがごときなり。東に欲して西に行くがごときなり。その幾からざること、また明らかなり。

彼はまた、「一兎走り、百人これを逐う。兎を以てあらざるなり。夫れ兎を売る者、市に満ち、しかも盗敢えて取らざるは、名分已に定まるに由るなり」とも述べている。結局彼が出した結論は、「故に夫れ名分定まるは、勢治まる道なり。名分定まらざるは、勢乱れる道なり」である。[69]

3、法理学思想を用いて「移木の信」の芝居を演じる「木を移して信を立てる」の芝居を通じ、人々、特に統治者における「法を立てるに先ず信を立てる」の理念を樹立させるよう導き、立法の権威を貫いた。これは変法におけるいい話として後世に伝わり、古書を熟読していた毛沢東も特にこれを取り上げて「商鞅の移木の信を論ず」を書き、「商鞅の法は良法なり」と賞賛した。[70]

4、法理学における「厳格な法の執行」に関する法治

段階を徹底

当時の法治（もちろん「法を以て国を治める」の法治）も厳格な法の執行（行政的法の執行と司法を含む）を同様に求め、厳格な責任制を実施していた。これは官吏の厳格な法の執行を強調するに止まらず、民衆にも誠実に法を守るよう求めたものである。商鞅は次のように語っている。

古の明君は法を錯れば民に邪無く、事を挙げれば材自ら練り、賞行えば兵強し。此の三者は治の本なり。夫れ法を錯れば民に邪無きは、法明らかなり、民之に利あり。事を挙げれば材自ら練るは功分明なり。功分明なれば、則ち民力を尽す。民力を尽せば、則ち材自ら練る。[71]

5、商鞅は変法において「刑の等級なし」の原則と賞罰厳明の政策を徹底

彼は厚賞重刑を主張した。功あれば、疎遠と雖も必ず賞す。罪あれば、親近と雖も必ず罰する。つまり「法の前の平等」の萌芽思想を帯びていたのである。彼は「賞厚くして利あり、刑重くして威あり。必ず疎遠を失わず、親近を私せず」と述べている。[72] より重要なのは、法の執行過程において貴賤を区別するのは相応しからず、過去に功があったか否かを査問するのも相応しくないとしたのである。商鞅はこれを「壱」と呼んだ。彼は次のように説明している。

いわゆる壱刑は、刑の等級無く、卿相将軍より大夫庶人に至り、王令に従わず、国禁を犯し、上制を乱す者あれば、罪死して赦さず。前に功ありとも後に敗あれば、為に刑を損せず。前に善ありとも後に過あれば、為に法を虧かず。[73]

6、商鞅は「法に基づく国家統治」を徹底、その変法実施の原則は「富国強兵」

当時の関連法律規定によれば、秦の民が田宅奴隷を欲する場合、まず爵を受ける必要があった。爵を欲する場合は、軍功が必要であった。そして軍功を欲するならば、対外戦争が必須であった。そこで、「民戦を聞きて相賀すなり」となった。富国は農を以て、強国は兵を以て、これを合わせて「農戦」と称した。そこで、富国強兵は当時の秦国が目指す目標となった。その後一〇世代近くの努力を経て、秦はようやく弱小国から強国へと変わり、最終的に中国を統一して、中央集権統一封建帝国を建国したのである。これは時代の流れに沿ったものである。

つまり、商鞅の変法の成功は、古代中国社会における奴隷制から封建制への移行実現を促進しただけでなく、「法に基づく国家統治」の成功例でもあるのである。また、法理学が古代中国において成功裏に実施された一例であり、古代中国に法理学が存在していたことの最良の証拠でもある。

㈤韓非子の法理思想と国家統治理念

韓非子（約前二八〇～前二三三）は、戦国末期における法家の代表的人物である。韓の国の公子に当たり、刑名法術の学を好み、李斯（りし）と共に荀子の門下で学んだこともあった。かつて韓王に何度も上奏し、変法によって強くなるよう訴えたものの、いずれも採用されなかった。その後、秦王がある夜この本を読んで大変な感銘を受け、挙兵の命を下して韓非子が秦に下るよう仕向けた。その後、李斯と姚賈（ようか）の謀略に引っかかり、獄中で無念の死を遂げた。

韓非子の事跡は、『史記』の中に多少の記載が見られる。韓非子は極めて多くの著述を残している。『漢書・芸文志』の記載によれば、『韓非子』は全部で五五篇あるが、その多くが韓非子以降の学者の手によるものである。胡適は考証を経て『中国哲学史大綱』の中で、『顕学』、『五蠹』、『定法』、『詭使』、『六反』、『問辯』、『難勢』の七篇は韓非子自らの手によるものだと断定している。したがって、法理学に関する論述では、この七篇が韓非子の思想ということになる。まとめると、韓非子の法理学に関する主な精華は以下の通りとなる。

1、法の本質について

法家は法の論述に対し、例えば、「尺寸」、「縄墨」、「権衡」、「規矩」など多くが形式上の概括に止まったが、韓非子の場合は実質的な部分から表述している。彼は、「法とは、憲令官府に著し、刑罰民心に必し、賞は慎法に存し、罰は奸令に加わらしむる者なり」と述べた。[74] つまり、法について、法家特に韓非子の場合は、法と刑を直接結びつけ、法を定罪量刑の根拠としたのである。これは「法」と「礼」を厳格に分けただけでなく、法を直接国家統治の高みにまで引き上げた。同時に、これもまた古代中国における「刑・民を分たず」という特徴を反映している。もちろん、より重要なのは、法家が法は公平かつまっすぐな客観的基準であると考えた点にある。こうした観点もまた、古代の漢字である「灋」の中に表されている。『説文解字』の解釈によれば、「灋」は水に属し、水のように公平であることを示す。そして右側の「廌」は一種の神獣で、公平・正義を主導する。唐堯虞舜時代、裁判官が判決を下す際、疑念が多く判断が難しい案件に遭遇した場合、この「廌」を引っ張ってきたという。「廌」は一つの角しか持っていないため、その角を向けた先にいた者が敗訴とされた。もしもこれが刑事事件であれば、その場で判決が下り、「廌」も連れていかれた。法家による法の本質の掲示は、当時進歩的意義を持っていた。これは、法が客観的基準性を備えていることを説明するだけでなく、当代中国における法と刑を直接結びつけた状況にも合っているものである。

2、法の起源について

第一章において我々はすでに法の起源に関するいくつかの観点をまとめた。例えば、「神意説」、「暴力論」、「契約説」および中国の特色を備えた「天命論」などである。法家の特徴は経済の角度、つまり人々が分業を始めたことで引き起こされた交換活動から出発し、そこに一定の規則を与えた点にある。特に、交換の際に一旦矛盾が発生した場合、「分を定め」「争いを止める」役割としての法律が生まれた点である。商鞅と韓非子はいずれも生き生きとした例を挙げている。兎が一匹逃げ、一〇〇人がこれを追う。兎は市場に逃げ込み、人々はそれ以上追わなくなる。なぜか？　理由は、市場の兎にはすでに所有権が発生しているためである。道を走り回っている兎は野兎であり、所有権は誰にもないのである。これは法律が所有権を確定する「名分」を表しており、人々は争わなくなる。こうして、交換の需要として法律が誕生した。つまり法律は「分を定め」、「争いを止める」ために生まれたのである。韓非子はこうした観点を持っており、管仲の「法は以て功を興し暴を惧す所なり。律は以て分を定め争を止むる所なり。令は以て人をして事を知らしむる所なり。法律制令は吏民の規矩縄墨なり」という言い方に賛同している。[75]

3、国家統治の理念と原則

韓非子は法家の国家統治理念を継承・総括し、その原則を「法を以て本と為し、法術勢を相結合させる」と概括した。彼は、「法を以て国を治める」を解釈した際、「法とは、憲令官府に著し、刑罰民心に必し、賞は慎法に存し、罰は奸令に加わらしむる者なり」と述べた。彼は、賞罰を君主が法令を貫徹して統治を維持するための「二柄（二本柱）」と称し、さらに「明君の其の臣を制する所の者は二柄のみ。二柄とは刑徳なり。何をか刑徳と謂う。曰く殺戮之を刑と謂い、慶賞之を徳と謂う」とも述べている。[76]もちろん、韓非子の言う徳と、儒家の言う徳は本質的に異なり、これは例えば軍功を論じたり大臣に任じたりなど、利益を恩賞の根拠とすることを専門に指すものである。韓非子の国家統治原則は、「法を以て本と為し、法術勢を相結合させる」である。「術」の起源は法家の申不害、「勢」の起源は法家の慎到であり、法・術・勢の三者を結合させて初めて「法治」がより大きな役割を果たせるとするものである。韓非子はさらに踏み込んで、「術は之を胸中に蔵し、以て衆端を偶し而して群臣を潜御するものなり。故に法は顕に如くは莫し、術は見るを欲せず」と述べ[77]、さらに「勢は衆に勝つの資なり」とも述べている。[78]「術」には陽謀と陰謀が含まれ、「勢」とは権勢のことである。すなわち、法律には必ず権威が備わっていなければならず、違法者は必ず制裁を受けるのである。法の賞罰は公正でなければならない。彼は次のように述べている。

法の道たるや、前に苦みて長く利す。仁の道たるや、偸に楽みて後に窮す。聖人は其の軽重を権り、其の大利に出づ。故に法の相忍ぶことを用いて、仁の相憐むことを棄つるなり。[79]

4、「法を以て国を治める」における法の適用では一律に平等徹底を主張

すなわち、司法に携わる者には「大公無私」が求められ、「法に貴賎なし」や「過を刑するに大臣を避けず、善を賞するに匹夫を遺てず」を樹立すべきだとした。そして、次のように指摘している。

上古の伝言、『春秋』の記する所、法を犯し逆を為し以て大奸を成す者、未だ嘗て尊貴の臣に従わずんばあらざるなり。然り而して法令の備わる所以、刑罰の誅する所以は常に卑賎に於てす。是を以て其の民望を絶ち告訴する所なく、大臣比周して、上を蔽うて一となり、陰に相善くして陽に相悪み、以て私無きことを示し、耳目を相為し以て主の隙を候う。[80]

5、法は適時変えるように提言

「法、時と転ずれば則ち治まる。治、世と宜しければ則ち功あり」。彼は、「是を以て聖人は修古を期せず、常可に法らず、世の事を論じ、因りて之が備を為す」と詳細に記している。また、「上古は道徳に競い、中世は智謀を逐い、当今は気力を争う」とも述べている。[81]彼は、国というものは人々の安全を守り、人々の生活を改善するために生まれたものだと考えた。したがって、当時、「先王に法る」と「後王に法る」に関する係争において、彼は法家の観点を曲げず、「後王に法る」に賛同し、「孔子・

墨子、倶に堯舜を道う。而して取捨同じからず。皆自ら真の堯舜と謂う。堯舜復生きず、将に誰にか儒墨の誠を定めしめんとする?」と書いている。[82] したがって韓非子は次のように述べた。

法、時と転ずれば則ち治まる。治、世と宜しければ則ち功あり。故に民朴にして之を禁ずるに名を以てすれば則ち治まり、世知にして之を維するに刑を以てすれば則ち従う。時移りて治の易わらざる者は乱る。能く衆を治めて禁変せざる者は削らる。故に聖人の民を治むるや、法、時と移り、禁、能と変ず。[83]

6、「法を以て教と為し、吏を以て師と為す」と法律普及教育の提唱

秦は古代中国において法学教育を維持しようとする比較的よい国風を持っており、これもまた秦が変法に成功した要因である。これはすでに湖北省雲夢から出土した文物が証明している。それらの文物のうち、『法律問答』と『吏を為す道』がその良い証拠となる。実際の状況を見ると、韓非子は法学教育を声高に主張していたのであった。彼は次のように語っている。

明主の国には、書簡の文なく、法を以て教と為す。先王の語なく、吏を以て師と為す。私剣の捍なく、首を斬るを以て勇と為す。是を以て境内の民、その言談する者は必ず法に軌し、動作する者は之を功に帰し、勇を為す者は之を軍に尽くす。[84]

これは秦が変法に成功した思想基盤である。民百姓が法を学んで法を用い、統治者が法を用いて法を教え、誰もが法を学び、法を理解し、法を用いる局面が訪れ、秦の強国化と中国統一に向けてしっかりとした準備を行ったのである。

7、韓非子の法治思想における人性基盤

韓非子は、当時の法家の人間たちとは一線を画しており、その人性基盤は「性悪説」であった。商鞅は「飢えれば食を求め、労すれば快を求め、苦しめば則ち楽を求め、辱しければ則ち栄を求む」を「民の性」、「民の情」と称した。[85] 荀子は「人の性は悪なり」、「生まれて利を好む」、「生まれて疾悪あり」などと考えた。[86] これは法家に共通する悪癖であり、すべての法学者に共通する仮象である。そしてこの「仮象」のせいで、勧善懲悪の必要が生まれ、法律を制定する必要が出てくるのである。もちろん、マルクス主義者は「性悪説論者」でもなければ、「性

善説論者」でもない。人間の一切の行動はその世界観と人生観によって決まり、そうした世界観や人生観はその物質的生活条件によって直接決定されるのだと考える。したがって我々は、人は生まれながらに「性悪」であると決めつけることもしないし、生まれながらに「性善」であるとも考えず、自らが置かれた物質的生活条件が決めるのだとする。法律を制定し、法治を実施する目的は、まさに勧善懲悪にあり、社会主義国には社会の公平と正義を維持する機能がある。西側諸国の場合、表面上あるいは一部の法学者の心の中では社会の公平と正義を維持すべきとの願いがあるが、資本主義制度の下では、客観的に見てそうした考えが次第に失われていき、その法律や法治は公平や正義といった軌道から外れやすくなる。

仮に法学者や法律従事者に正しい法治観が根付いていなければ、その理論は無意識のうちに正しい軌道から外れ、客観的に社会へ危害を加える役割を果たすこととなる。古代中国の法家が行った行為は、大方世界の潮流に合ったもので、歴史の前進を後押ししたのである。ただし、その重刑主義および、いわゆる「刑を以て刑を去す」の理論は誤りである。これもまた秦王朝が滅亡した理由の一つである。したがって我々は、法家ならびにその理論が果たした歴史的役割を重視し、採用できる参考となる一面を見ると同時に、その悪い面にも目を向け、教訓を汲み取る必要がある。つまり、その長所を広めて欠点を克服し、誤りは放棄し、本気でその精華を吸収して糟粕を取り去り、「昔のものを今に役立てる」ようにしなければならないのである。

法家の国家統治理念が正しく、確かに歴史の発展を促進したことは客観的に見ても疑いの余地がない。しかし、その誤りや欠点は真剣に分析し、毅然とした態度を取る必要がある。誤りは必ず放棄して批判し、欠点は改め、時代の発展の求めに応じて新たな内容を加え、徹底的に改正させ、新たな条件の下で役割を果たさなければならない。

三、儒家の法理思想と国家統治理念

㈠孔丘（孔子）の法律思想と彼が提唱した「徳治」国家統治理念

孔丘（前五五一～前四七九）は、字を仲尼と言う。魯国人（現在の山東省曲阜人）で、早くに父母を亡くし、貧しい家庭で育った。孔子は自らを「吾少きや賤し」と称した。二〇歳の時、魯国の権臣季氏の家臣となった。小さい頃から礼楽に明るく、礼儀に通暁して名を馳せた。三〇歳になると私塾を開き、弟子を募集した。五〇歳になってからは魯国の司寇や司空などの職を務めたが、期間は短かった。その後長期にわたって私塾での講義に努め、その弟子は三〇〇〇とも言われる。そのうち有名な者は七二名に上る。

魯国は周公旦の子の伯禽(はくきん)の封国にあたり、周室並みの待遇を受け、「周礼尽く魯に在り」と言われる。孔子の父叔である梁紇はかつて「相礼」を業としていた。孔子の父の志を継ぐ。彼は周礼に対して系統的な研究を行った。子は彼は「礼を制し楽を作」った周公を崇拝し、西周初期の「成康盛世」を再び復活させたいと考えた。東周時代の「礼楽崩壊」という現実に直面し、孔子は「仁者愛人」を提唱して「克己復礼」を主張し、貴族等級制度維持の復活を目的とした「礼治」を試みたのである。

孔子は春秋時代の最大学派・儒家の代表である。儒家の当時の主要な法律思想と国家統治理念は以下の通りである。

1、礼治

礼治は元々、周公旦が作ったもので、「周公礼を制す」として伝わっている。この問題はすでに前節で触れた。孔子を代表とする儒家は「礼治」の役割をより一層発揮させ、「国を為すに礼を以てす」の主張を明確に掲げた。(87)

(1)「君を君とし、臣を臣とし、父を父とし、子を子とす」の宗法等級名分を厳格に遵守。孔子は初めて「正名」を創り、その乱れに反対を唱えた。孟子は「内は則ち父子、外は則ち君臣、人の大倫なり」と称した。荀子は「貴賤等有り、長幼差有り」の礼を、「天地と理を同じくし」、「万世と久を同じくす」の「大本」であると述べ、これを確立した。しかし歴史とは無情なもので、儒家の教えはただの空想に過ぎなかった。(2)「親を親しむを大と為す」の宗法原則を徹底。周礼の原本は「任用は縁故のみに由る」である。儒家はこれを「親を親しむを大と為す」に拡大した。孔孟共に「賢才を挙げ」、「賢を尊び能を使う」を提唱したものの、その親疎には区別があった。こうした「礼治」が社会の進歩に伴って必然的に消滅していくのは明らかで、「克己復礼」の悲劇的結末は必然であった。もちろん、歴史の過程において、儒家は礼治の新たな内容を常に加え続けたが、元の意義における礼治は基本的に消失した。その後の「三綱五常」にしろ、隋唐時代の「十悪」や「八議」、ならびに清末の「礼法の争い」における「礼」にしろ、いずれも元の意義に内包されたものを失っていたのである。まさにこうした宗法制度が中国社会の発展を妨げたのであった。

2、徳治

徳治は儒家が大いに提唱した国家統治理念であるが、実のところは「礼治」を基盤として変化・向上し、形成されたものである。孔子は経験を総括し、「政を為すに徳を以てす」と明確に訴え、聖君賢人が当時の「礼楽崩壊」という矛盾を、道徳を以て感化・緩和するよう強調した。彼は「之を導くに政を以てし、之を斉ふるに刑を以てすれば、民免れて恥無し。之を導くに徳を以てし、之を斉うるに礼を以てすれば、民恥有り且つ格る」を求めた。つまり、統治者は政令と刑罰を用いて人々を統治するのである。これは、人に罪を犯すのを恐れさせる効果はあるものの、彼らが犯罪を恥だと認識するところまではいかなかった。仮に道徳を用いて感化し、礼教によってこれを強化すれば、庶民に犯罪は恥ずべきことであり、統治者の言う事を聞くべきだと感じさせることが可能なのである。したがって彼は、「寛なれば則ち衆を得」、「恵なれば則ち以て人を使うに足る」[88]、「寛猛相済（訳注：政治には寛容と厳格との調和が必要である）」、「徳主刑輔」、「教え有りて類無し」を主張し、「教えずして誅す」に反対する。もちろん、孔子が「徳治」を提唱した核心的問題は、彼が「政を為すは人に在り」、「其の人存ずれば其の政挙り、其の人亡すれば其の政息む」と考えたためであった[89]。これは実質的には「徳治」の理論的根拠かつ具体的表れである。徳治は、聖君がまず身を修め、その後に人を治めることを強調する。彼は季康子に「子帥いるに正を以てすれば、孰か敢えて正しからざらん」と述べた[90]。故に、「身を修むる所以を知れば、則ち人を治むる所以を知る。人を治むる所以を知れば、則ち天下国家を治むる所以を知る」となる[91]。また、「唯天下の至聖は、（中略）見して民敬せずということなし、言うて民信せずということなし、行うて民説ばずということなし」とも述べている[92]。

孔子による「徳治」の主張には、「仁者愛人」が基盤にある。ただし、彼の観点は墨家のそれと大きな違いがある。墨家の「兼愛」がすべての人に向けられているのに対し、孔子の「仁愛」には親疎の区別や、等級の違いすらあるのである。とは言え、統治階級内部の矛盾を緩和させるのには積極的な役割を果たした。特に孔子が述べた「孝悌の道」、「忠恕の道」、「礼は往来を尚ぶ」および「温、良、恭、倹、譲」などの観点は、少なからず影響を与えた。とりわけ、そのうちの「礼の用は和を以て貴しと為す」は、ある程度において古代中国文明の魅力を表したものであった。

孔子が「仁政」を提起した基本思想は、「政を為すに徳を以てす」の場合、必ず「民の利する所に因りて之を利す」と考えた点にあった[93]。つまり、民の気持ちに寄り添うべきで、民心が望むのは富足りることに過ぎないのである。そこで彼はまた徳を以て政を為し、先に民を富ませるべしと述べ、「民の生ける所以の者は衣食なり。（中略）民其の生に匱し、飢寒身に切にして非を為さざる者は寡し」と指摘した[94]。これは孔子が陳・蔡時代にかつてひもじい思いをした忘れ難い体験から来ている。故に、仁政は民の富を以て先と為すのである。孔子は大貧に反対すると同時に大富にも反対した。特に不均衡に反対し、「寡きを患えずして、均しからざるを患う」を強調した。孔子の「仁政」に関する思想は、孟子のところで更なる進化を遂げ、孟子の国家統治理念に関する核心となったのである。

孔子は世界的に有名な文化人である。彼は四書五経を編纂したが、これは中国伝統文化の傑作である。何千年もの間、中国に影響を与えただけでなく、現在では世界的にも比較的大きな影響を及ぼしている。そこで語られたいくつかの「名言警句」は今日でも広く伝わっている。彼の語った「和を以て貴しと為す」、「和して同ぜず」、「己の欲せざる所は人に施すなかれ」は、すでに現代世界の問題を解決する重要な言葉となっている。彼が打ち出した「中庸の道」は、国際紛争を解決するための重要な指導思想である。中国が世界的な礼儀正しい国となり得たのは、孔子が広めた各種思想と直接関係がある。したがって、現代の世界において、我々は古代中国の国家統治理念に対して再認識をする必要がある。そして、習近平新時代における中国の特色ある社会主義思想を用いてこれを真剣に総括し、精華を吸収して糟粕を取り除き、古代中国文明の重要部分——国家統治理念を使って現代化や大衆化を実現し、新たな歴史条件の下、これを光り輝かせるべきである。

孔子は世界的に有名な文化人であり、人類文化の繁栄に突出した貢献をしたことに疑いの余地はない。特に前述した法の公理掲示における大きな努力以外に、以下のいくつかの面で人類全体に貴重な精神的遺産ならびに法理理念を残してくれたのである。

(1)「中庸」思想。「中庸」思想は、孔子が人類に残してくれた最も貴重な哲理であり、普遍的な法理を備えている。中国思想史や哲学史において、孔子は「中庸」という哲学的範疇を打ち出した。法学史においても、孔子が初めて「中庸」という法理理念を論述している。まさに彼が自ら言うように、「中庸の徳たるや、其れ至れるかな。民能くすること鮮きや久し」である[95]。つまり、孔子は道徳を推し進める最良の方法と道徳的実践の最高の境地は、まさに「中庸の道」だと考えたのである。彼から見れば、中庸は一種の至徳であった。「中」とは中に正しく倚らずであり、「庸」は使えるの意である。したがって、「中庸」もまた「中を用いる」と言える。「中」こそ、礼における過無く及ばざること無しに合致するのである。つまり、対立面との統一において行為把握を行う合宜的適度を求めるのである。孔子は、もしも中庸の道に反すれば、対立面との相互制約の限度を超え、美徳が悪徳になってしまうと考えた。したがって彼は、「恭にして礼無ければ、則ち労す。慎にして礼無ければ、則ち葸す（恐れおののく）。勇にして礼無ければ、則ち乱す。直にして礼無ければ、則ち絞す（融通がきかない）」と述べている。[96]つまり、度が過ぎても足りなくても、道徳的要求には合わないのである。人々は通常、「中庸」を、偏らず倚らず、過ぎず及ばずと解釈する。鄭玄は『礼記・正義』において「中和を致す」、「中を用いて常道と為す」と注釈を加えた。

「中庸」は哲理であり、政治領域や社会領域に用いられる。孔子は当時の社会背景に基づき、「君子は和して同せず、小人は同して和せず」という比喩もしくは説法を行った。この方法を用いて当時の人間関係や諸侯国同士の関係を処理するのがふさわしく、以て当時の混乱状態に反対を唱えたのである。現在の世界でもまた、「中庸の道」を適用することが可能である。これは国同士が平和共存し、自然災害や経済的苦境に陥った際、共に話し合い、共に建設し、共に勝ち、共に分かち合うような協力関係が可能となり、人類運命共同体を築くのに有利である。

「中庸」は法理でもあり、法律は本質的には双方の協議だと認識できる。マルクスはかつて、法律の最初の形式は契約であったと述べている。階級対立社会において、法は統治階級の意志の現れであり、その政治統治は通常、被統治者から賛同を得たり被統治者が生存・発展できたりすれば、即ち合法性を取得したものである。平和な時代、憲法は往々にして人民と政府との間で結ばれた契約であり、一定の妥協性を備えている。国際関係において、国際法は往々にして関連する主権国家同士が共に協議した結果であり、互いの妥協の産物ですらある。ここにおいて、「中庸の道」と「和して同せず」が重要な役割を発揮する。つまり現在の世界は、大発展・大転換・大調整時代にあり、「中庸の道」と「和して同せず」は各国の関係を主導する重要な絆となるのである。すなわち、国内法であれ国際法であれ、「中庸の道」は必然的に極めて重要な法律原則となる。

(2)「大一統」思想。「大一統」思想は、中華五千年において衰えることのない重要な柱であり、中華法治文明の精華である。これは全民族の共同の知恵であり、輝かしい実践の総括と現われであるが、孔子を代表とする儒家の学説が鍵となる役割を果たした。もちろん、その起源となれば、周公が徹底して系統化した「礼治」理念が始まりである。そのうち、「親を親しみ、尊を尊び、長を長とする」と「上を犯す可からず」の原則の確定が、「大一統」における思想的基盤を築いた。

儒家王道政治の重要な原則は、天下統一を維持・貫徹し、封建割拠に反対することである。しかし、彼らは往々にして尊君と「大一統」を結びつけて考える。孔子が徹底した「正名」は、すなわち君は君、臣は臣、父は父、子は子であるが、彼のところで「礼楽征伐は天子より出づ」が強調された。孟子の「一に定まらん」と「仁政を行って王となる」、荀子の「一を隆くして治める」や「天下を一にする」、「君を隆くする」など、清末の「礼法の争い」に至るまで、常に「大一統」の重要性と必然性が強調されてきた。「大一統」における君主と法律の関係では、法律は君主の上にあるのではなく、下にあるのだとされた。いわゆる「法は君より出づる」である。

もちろん、正式に「大一統」という科学的概念を打ち出したのは、『春秋公羊伝』である。『春秋公羊伝・隠公元年』には次の記載が残っている。

> 元年とは何ぞ、君の始年なり。春とは何ぞ、歳の始なり。王者孰れぞ、文王を謂うなり。曷為ぞ先ず王と言いて後に正月と言う、王の正月なればなり。何ぞ王の正月と言う、一統を大とするたり。(97)

これより前、孔子は「天に二日無し、民に二王無し」と述べている。これより後には、孟子も「一に定まらん」と述べている。つまり、儒家はすでに「大一統」を天地における永遠のルールと見做していたのである。その集大成が西漢の董仲舒であった。彼は『春秋』の一統を大とする者は天地の常経、古今の通誼なり」と明確に宣言している。(98)董仲舒の論述における「大一統」の主な内容は二点ある。一つ目は政治において専制君主を実施することである。彼は、「天子在する有れば諸侯地を専にするを得ず、封を専にするを得ず、天子の大夫を専に執るを得ず、天子の楽を舞うを得ず、天子の賦を致すを得ず、天子の貴に適するを得ず」と述べ、中央集権を強調した。(99)いわゆる「君とは、令を掌る者なり。令を行い禁を止めるなり」であった。(100)二つ目はイデオロギーの統一である。この問題について、王吉(おうきつ)は『春秋』の一統を大とする所以の者は、六合同風、九州共貫なり」と説明を行っている。[101] 董仲舒は「百家を罷黜し独り儒術を尊ぶ」という具体的な方案を打ち出した。それと同時に、「三綱五常」や「春秋決獄」も提起し、倫理の統一と法制の統一などを実現させた。

「大一統」思想が、封建社会の統一を維持するために儒家によって提起された理念であることは疑いの余地がない。その階級的本質は、封建地主階級の利益を守ることであるが、客観的に見れば、間違いなく中華民族間の団結と統一を維持し、その大きな役割を常に果たしてきたのである。もちろん、重要なのは中華各民族が勤労の両手で美しい民族大家庭を築き上げ、共に外敵の侵略を防ぐことである。「大一統」思想は、全民族からの支持を集め、中華優秀文化における宝となり、現在でもその特殊な役割を発揮している。もちろん、性質の上では時代に応じた変化が必要であるが、現代でもその特殊な価値を持ち続けている。我々は合理的に「大一統」という優秀な自国の文化財を参考とし、すべての民族が団結し、中華民族の偉大な復興実現のために奮闘・努力していかなければならない。

(3)「忠恕の道」思想。これは孔子の思想における重要な内容で、多岐に及んでいる。そのうち極めて重要な原則は、「己の欲せざる所は人に施すなかれ」である。これは民本主義を体現しているだけでなく、官を為す道も示している。「人を以て本と為す」は法家の先駆者・管仲に源を発するが、最も早くこれに解釈を加えたのは孔子であった。『荀子』という書に、孔子が魯哀公の問いに答える記載がある。すなわち、「且つ丘之を聞く。君は舟なり、庶人は水なり、水は則ち舟を載せ、水は則ち舟を覆す」である。[102] 孔子は官職に就いて政治に従事することに、「五美を尊び」、「四悪を屏く(のぞく)」と述べたことがある。孔子の法律思想では、人を重んじ、人道を語ることが強調されている。人を尊重し、人を信じ、人を教育することが主張されているのである。そして、生まれながらの犯罪者はおらず、教育・威化・犯罪の未然防止が重要とされた。また、刑罰による威嚇主義に反対し、人間の価値を重視した。立法の上では寛・簡を主張し、法の執行の上では中罰を求め、重刑主義は用いず、「忠恕」の仁道による哀矜折獄（訳注：相手を思いやる情け、悲しみ、哀れみの心を持って裁くこと）を要求し、訴訟のない理想的境地を追い求めた。人と人の関係に対しては、「己の欲せざる所は人に施すなかれ」を主張した。

もちろん、孔子は文化的著名人として、中華伝統文化に対するその貢献は大きく、朽ちることなき功績を打ち立てたとさえ言われる。しかし、古代法学への貢献もまた少なからずあり、司寇を担当し、社会秩序維持において極めて大きな役割を果たした。ただし、偉大な孔子であっても欠点の存在は否めない。例えば、法律公開の反対や婦女の軽視などである。これまで、法律の宣伝や法治精神の発揚という点で、孔子の法律思想が語られることは稀であった。とりわけ法学界ではある時期、古代法治文明に対する孔子の努力を軽視する動きさえあった。今後は、孔子の法律思想に対する学習と発掘を強化しなければならない。特に彼の法の公理に関する掲示、例えば「人を以て本と為す」、「天人合一」、「天下を公と為す」、「和を以て貴しと為す」、「大一統」思想の認識は参考とすべきであり、著名な世界文化人の輝かしいイメージを広め、孔子学堂を一層発展させていく必要がある。

(二)孟軻（孟子）の法律思想とその国家統治理念

孟軻（もうか）（前三七二～前二八九）は、戦国時代の著名な思想家・教育家であり、現在の山東省鄒県人である。子思の門客となり、斉・宋・滕・魏などを渡り歩き、一度は斉の宣王の客卿となったものの、観点の違いから辞めている。弟子の万章（ばんしょう）などと共に著書を記した儒家第二の人物であり、かつて「亜聖」と称された。その主な国家統治理念は以下の通りである。

1、「仁政」を主張

孟子の一生は孔子の継承者という点に他ならない。彼は孔子を崇拝しており、「生民有りてより以来、未だ孔子有らず」と考えた。[103] 孟子は一生をかけて「仁政」を主張したが、これは孔子の「仁者愛人」思想の継承と発展である。よって、(1)孟子は孔子以上に人心の意向を重視し、これは「天下を得る」か「天下を失う」かの鍵となる要素だと考えた。そこで彼は、「徳を以て人を服す」を主張し、「力を以て人を服す」に反対し、統治者が「民に恩を推し」、「其の愛する所を以て其の愛せざる所に及ぼし」、民に「仁政」を施すよう求めたのである。(2)孔子の「仁者愛人」を、統治の内部矛盾調節から、統治階級と労働者間の矛盾調節へと発展させた。(3)「性本善（性は本より善なり）」の理念を公式に打ち出し、いわゆる「孟子性善を道い、言は必ず堯舜を称す」である。[104]「性本善」の理論に基づき、彼は「仁政」を、「人に忍びざるの心を以て、人に忍びざるの政を行う」と述べた。(4)「人を殺すに政を以てす」に反対し、「教えるに人倫を以てす」を強調した。

2、「人を以て本と為す」を基本とした上で、「民貴君軽」論を提唱

これは古代中国国家統治理念における最高峰であり、

中華文明の優秀な文化財である。当時の歴史的条件下において、孟子は「民を貴しと為し、社稷之に次ぎ、君を軽しと為す」という著名な思想を打ち出した。[105]孟子の当時の意味は、民心の意向が最も重要であり、天子は必ず庶民の信任を得る必要があり、好き勝手にしてはならず、国君に反対する無辜を手当たり次第に殺してはならぬと強調した。さらには、「君に大過有れば則ち諫め、之を反覆して聴かざれば、則ち位を易う」とまで主張し、[106]「独夫は誅すべし」とする「暴君放伐（訳注：人民は暴君に服従する義務はなく、その殺害も許されるとする主張）」論まで提起している。彼は斉の宣王から「湯が桀を放ち、武王が紂を伐てる」は「君にして君を弑す」であるか尋ねられた際、「仁を賊う者は之を賊と謂い、義を賊う者は之を残と謂い、残賊の人は之を一夫と謂う。一夫の紂を誅せりとは聞けども、未だ君を弑せりとは聞かず」という大胆かつ正しい観点を述べている。[107]孟子のこの物言いは庶民から称賛を浴びるものの、後の帝王の一部からは反対され、罵られたことすらあった。明太祖である朱元璋は、孔子廟に孟子を奉ってはならぬとの命を下したという。

3、「性本善」を徹底

孟子は儒家の中で唯一、「性本善」を公に宣揚した人物である。あるいは「性本善」は孟子学説の根本的出発点であるとも言える。彼は次のように述べた。

人皆、人に忍びざるの心あり。先王、人に忍びざるの心ありて、斯ち人に忍びざるの政あり。人に忍びざるの心を以て、人に忍びざるの政を行わば、天下を治むること、之を掌上に運らすべし。[108]

4、民生に関心を寄せ、「民に恒産あり」を主張

民心を得るため、孟子は民に経済上の「恩推し」を提唱し、人々を豊かにさせ、「税の軽減」を求め、参考となる一連の政策を君主に提出した。より重要なのは、「民に恒産あり」を使って「民を富ませる」を主張し、「民を罔する」に反対したことである。

5、孟子の国家統治理念は「徳治」で、具体的形式は「仁政」

その国家統治の原則は、「善を以て人を養う」と「徳を以て人を服す」である。この場合、国家統治者は自らの素養を常に高め続け、道徳の力で社会の成員を感化・教育することが求められる。まず、国家統治者は仁民愛物の「良心」を持つべきで、「子の如く民を愛し」、己の如く人を視ることが求められる。彼は「君仁なれば仁ならざること莫く、君義なれば義ならざること莫し」と述

べている。[109] 彼は、国家統治者が自らの権勢と国の力を用いて庶民を脅迫する「力を以て人を服す」に反対し、同時に道徳教化を手段として自らの統治を固めようとする「善を以て人を服す」にも反対した。彼は、「善を以て人を養う」を主張し、道徳の薫陶と人性の修養を強調したのである。したがって彼は、「善を以て人を服する者は、未だ能く人を服する者有らざるなり。善を以て人を養いて、然る後能く天下を服す。天下心服せずして王たる者は、未だ之有らざるなり」と述べた。[110]

6、孟子の「仁政」とその国家統治理念

「仁政」もまた孟子の思想体系であり、「性善説」と「正名修養論」の基盤の上に成り立つ。その基本思想は「己を推して人に及ぼす」、すなわち「斯の心を挙げて諸を彼に加える」ことである。[111] つまり、統治者は良心を以て国を治め、「己を推して人に及ぼす」の思考を細分化する必要がある。簡単に言えば、「王道」を実行し、「覇道」に反対することである。すなわち孟子は終始「人治」を徹底し、「法治」に反対したのである。統治者の権力がどこから来るのかに関して、孟子は当時「天受」と「民受」の二つの側面があるとの大胆な考えを提起した。「天受」とは、出身家庭、時代の条件、機会などに基づき、ある人間が君主（すなわち天子）となることを神様が受け入れることを指す。「民受」とは、修養が高く、人々から支持される人間が君主となることを指す。「天受」はある人が君主となるための必要条件である。例えば周公や孔子には徳と能力があったが、「天受」がなかったために君主にはなれなかった。「民愛」とは、ある人が長期的に君主となり、政権を固め続けるための必要条件を指す。例えば、夏の桀や商の紂王の場合、「天受」はあったものの、彼らには修養がほとんどなく、道徳心も欠如していた。そのため、結果的に民心を得られず、「民愛」の条件を満たすことができないまま、最後は失敗に終わっている。

孟子は儒家学派における特別な人物であり、その国家統治理念と原則は正しい。しかし二点だけ指摘しておく必要がある。一つは、「性本善」が客観的状況にかなっていないことである。一人の人間が性善か性悪かは、生まれながらにあるものではなく、その人が置かれた物質的生活条件や、自らの道徳的修養と品性によって決定されるものである。「性本善」と「性本悪」はいずれも実状にはそぐわない。二つ目は、「天受論」であり、これも正しくはない。なぜなら一人の人間の前途や運命は、その人自身の行為が決定するものであり、その人が置かれた物質的生活条件やその思想とそれが支配する行為によって決まるからである。全体的に言えば、孟子の思想、特に彼の国家統治理念と主な法学思想は正しく、全面的な法に基づく国家統治において合理的に参考とする価値のあるものである。これらは中華文明五千年の真髄であるため、そのうちのいくつかの思想は継承し、広めていくに値するものである。ただし、そこには不正確な観点もいくつかあり、そこは当然否定すべきである。

㈢荀況（荀子）の法理思想とその法律起源に対する論述

荀況（約前三一三～前二三八）は、名を況、字を卿と言う。戦国末期の趙国人である。早くに斉で遊学し、秦の昭王の求めに応じて出仕したため、秦への印象は深い。紀元前二五五年、楚相の春申君により蘭陵令に任ぜられる。ほどなく官を辞して蘭陵に居を構え、弟子をとって書を著し、一生を終えた。今本『荀子』は全部で三二篇に及ぶ。その弟子は多く、韓非子や李斯、漢初の浮丘伯などが含まれる。

荀子は孔子を崇拝しており、儒家の経典を重視した。彼は儒家の立場にありながら、儒法合流の先行者でもある。そして「性悪説」を信奉し、西漢では「経学博士」を務めた。彼は一方で儒家の「礼治」と「徳治」を継承し、もう一方で「法治」精神を大いに宣揚したのである。

1、「儒法共治（別名「儒法合流」の先例）」を開拓

荀子は「礼法を併せ用いる」を主張し、「礼を隆く」しつつ「法を重んじ」、儒家の長所を吸収して、その短所を切り捨てた。彼は法治に注目して成文法典の制定と公布を主張し、孔子が成文法公布に反対した主張に不賛成であった。ただし彼は「法は独り立つこと能わず、類は自ら行わること能わず」を強調した。彼から見れば、法は人間が制定し、人間が執行するものである。よって聖君賢相であれば、よい法律が制定できるが、そうでない場合、よい法律があったとしても、それを正しく執行することはできないとした。したがって、国家統治において決定的役割を果たすのは人であって法ではないというのが彼の最終的な結論である。

2、「性悪説」を主張

荀子は孟子の「性善説」を痛烈に批判し、「人の性は悪なり、其の善なる者は偽なり」と考えた。「偽」とは人為である。彼から見れば、人間の自然な本性は「悪」であり、「目は色を好み、耳は声を好み、口は味を好み、心は利を好み、骨体皮膚は愉快を好む」のであった。そうやって生きていれば、必ず「残賊」と「淫乱」が現れ、そこから社会の秩序が破壊される。これでは人々はどうやって君を尊び、親に孝行し、礼を遵守し、法を守ると

いうのか？　実のところ、法・紀の遵守は後の教育による結果である。したがって彼は、人類におけるあらゆる政治・法律と礼義教化は、人々の「悪性」を改造するためだと考えたのである。

3、「軽刑」を否認しながら「重刑」にも反対

荀子は儒家の「世を治むるには軽い刑を用いる」という伝統観念に反対し、「一族皆殺し」や「連座」といった残酷なやり方にも大きく反対したのである。法の執行の面で、彼は「刑は罪に当る」を維持し、「刑は罪に過ぎず」を求めた。

4、法律の起源の論証

荀子は、古代中国において最も早く、正式に「法律」理論を提起した人物だと言うべきである。彼は、「天地合して万物生じ、陰陽接して変化起る」と考えた[112]。彼から見れば、自然界の変化や発展を主宰できるものなど何一つなく、自然界は人間の意志とは別に動いていた。彼は、「天行、常あり。堯の為に存せず、桀の為に亡びず」と述べている[113]。すなわち人は天を左右できない。よって彼は「天命論」に反対する。荀子は、国と法律の起源は「神意説」や「天命論」などではなく、人類社会自身と人間の本性からその起源を探る必要があると考えた。したがって彼は、『王制篇』の中で、各自に本分を守らせ、分業して協力させるためには、国と法律がなければならないと述べた。特に、一つは「分を明らかに」であること、二つ目は法律を用いて「性悪」に対する改造を加えることだと述べ、こうして法律は生まれたのだとした。

四、道家の法理思想と国家統治理念

㈠老聃（老子）とその国家統治理念

老聃（ろうたん）（約前五七一～前四七七）は、姓を李、名を耳、字を聃と言う。名高い哲学者にして法学者である。その名著『道徳経』は全部で五千字に及び、素朴な弁証法的思想を備えている。彼は客観的唯心主義者であり、その法学思想は比較的豊富である。主なものは次の通りである。

1、国家統治理念は特殊で、著名な「無為にして治まる」を提起

「無為にして治まる」は好き放題な不作為のことではなく、国家統治において、私心や私欲によって民を煩わすのを避け、「我無為にして民自ら化し、我静を好んで民自ら正し、我無事にして民自ら富み、我無欲にして民自ら朴なり」を統治者に求めるものである[114]。

2、法律の客観的規律性を掲示

老子は、道は万物の根源かつ基盤であり、天地万物と

人類社会の総規律・総法則を統括・支配するものであると繰り返し強調した。彼は、「物有り混成し、天地に先だちて生ず。寂たり寥たり、独立して改まらず、周行して殆まらず、以て天下の母と為す可し」と述べ[115]、さらに踏み込んで「人は地に法り、地は天に法り、天は道に法り、道は自然に法る」と指摘した[116]。つまり、法律もまた客観的規則性を有しているのである。

3、「天人合一」の著名な思想を提起

あの時代に「天人合一」や自然崇高を明確に打ち出し、人と自然との調和的統一を強調したことは、確かに先進的であった。今でも、この思想は現実的意義を備えている。我々が全面的な法に基づく国家統治を行う際は、大自然の保護に注意し、環境の重視を強調しなければならず、ここには現実的意義があり、提唱されるべきものである。

4、慈・倹・不争を強調

社会秩序を維持するために、「小国寡民」、「惟道に是れ従う」、「天網恢恢疎にして漏らさず」を提唱し、ここから社会の安寧と友好的な付き合いを保障した。

5、老子の思想は後の継承者によって踏襲・発展

例えば荘周の「鉤を窃む者は誅せられ、国を窃む者は諸侯となる」のように、搾取者社会を明るみに出した。劉安の『淮南子』は道家の「無為にして治まる」思想に対して全面的な解説を加えている。

老子の思想と道家の「無為にして治まる」は、西漢初期に徹底的に実施され、「黄老哲学」は西漢初期における国家統治理念となった。当時、「黄老哲学」と称したのは、黄帝時代における無為の治の思想と、老子の「無為にして治まる」を結びつけたためである。これは実践において人心を落ち着かせ、庶民が休養・生息する積極的効果を果たした。一九七三年、長沙の馬王堆漢墓から出土した帛書『黄帝四経』は、戦国時代の黄老学派の代表作である。これは虚静や民への不干渉、「民力を節し以て使えば則ち財生ず」を提唱し、法家の「法を以て国治める」の正当性を主張し、「道は法を生ず」や「法度は正（政）の至なり」と考えるものである。つまり、道家の理論と実践は、完全に消極的であったわけではなく、まさに陸賈が『新語』の中で述べたように、「秦を以て鑑と為せば、道は無為より大なるもの無し」だったのである。当時の国家統治理念は「黄老哲学」の中の「無為の治」を主導とするよう指摘したが、同時にまた法家と儒家の思想を融合し、実質的には三家の長所を総合して効果を得たのである。

㈡荘周（荘子）の法律虚無主義

荘周（約前三六九～前二八六）は、姓を荘、名を周と言い、戦国時代の宋国人（現在の河南省商丘北東）である。一生を貧しく過ごし、出仕せずに隠居した。学識が深く、その思想である「其の要本は老子の言に帰す」[117]は、老子の思想と一脈通じるところから、世に「老荘」と呼ばれる。現存する『荘子』は三三篇で、そのうち七つの内篇は荘子の自作、一五の外篇と一一の雑篇は後の世の作となる。その中心を貫く思想は法律虚無主義である。

1、絶対的「無為」を提唱し、法律・道徳ならびに一切の文化を否定

荘子は老子の道を核心とする世界観を継承し、「一有り而して未だ形われず」と考え、[118]「道」を万物の本源と見做し、すべては「無為にして治まる」でなければならないとした。彼は儒家と法家の観点に反対して墨家の見方も否定し、あらゆる規範・制度・文化を取り去るよう主張した。荘子はあらゆる精神文明と物質文明を否定したと言え、よって「法律虚無主義」を唱えだした張本人でもある。

2、「世に順じて命に安んじる」処世術を主張

荘子は老子の自然に順応する思想を継承・発展させ、それを一種の「世に順じて命に安んじる」と「遇に随って安んじる」の処世術かつ人生の態度へと発展させた。彼は、「時に安んじ順に処すれば、哀楽入ること能わず。古は是れを帝の県解（訳注：苦しみから解放されること）と謂う」と述べている。[119]つまり、彼から見れば、いかなる哀楽の情も気持ちに入ってはならないのである。これは明らかに一種の消極的態度である。実際、そうすることは不可能で、かつ理もない。人間は社会の一員であり、とりわけ現代社会で世の中から隔絶することは不可能である。

3、法律制度の暴露と批判

荘子は当時の統治者と社会を極端に恨んでおり、その法律制度を暴露して批判し、「鉤を窃む者は誅せられ、国を窃む者は諸侯となる。諸侯の門に仁義存す」と明確に指摘した。[120]それどころか、法律や道徳の類は、こうした国を掠め取る者に対して制裁の役割を果たすことはできず、逆に彼らが利用できる道具になるとまで考えた。こうした観点には一定の正確性があるものの、法律が社会の進歩や民族の振興に果たすあらゆる役割を否定してしまうのは、実状にそぐわない。なぜなら、人類社会は全体的に言えば進歩しているのであり、中華民族は自国や世界の発展に貢献しているからである。

4、絶対的自由の提唱

荘子は人の世における生死存亡、貧困と成功、富貴は、人間には制御できないため、「時に安んじ順に処す」しかないとし、宿命論に陥った。そこで彼は絶対的自由と、いかなる制限も受けないことを主張した。実のところ、これは不可能である。人間は潮流に順応し、「真善美」を守っていくことでしか何かを成し遂げられないからである。ましてや絶対的自由などさらに不可能である。それは個人の自由は法律の遵守であり、法律を離れてしまえば真の自由などあり得ないからである。もちろん、哲学の角度から見れば、人類社会は必然の王国から自由の王国へと必然的に発展していくものであるが、こうした自由もまた客観的規則を遵守することが前提となる。

荘子の法律思想と老子の「無為にして治まる」は、厳密に言えば異なるものである。老子の「無為」は庶民に「有為」をさせるもので、庶民の生活に干渉せず、彼らに自由な発展空間を与えるよう統治者に求める。実のところ、西漢初期に実施された黄老哲学（訳注：黄帝と老子を祖とした無為を尊ぶ西漢初期の政治思想）の「無為の治」は、庶民に休息を取って休養させ、社会の発展を促進させるものであった。荘子の場合は典型的な法律虚無主義で、国と社会の発展にとっては不利である。

五、墨家（墨子）の法理思想と国家統治理念

墨翟（ぼくてき）（約前四六八〜前三七六）は、又の名を墨子と言う。戦国時代の宋国人で、手工業者の家に生まれ、「賤人」を自称した墨家学派の創始者である。その家庭環境は貧しかったが、木工の出で職人技に秀でており、著名な職人である魯班（ろはん）（公輸班（こうしゆはん））にも匹敵する。彼は高官を務めたことはないが、学識があり、その弟子は「天下に溢れる」ほどで、墨家を当時儒家と対立するほどの最大学派へと押し上げた。同時に墨家もまた厳密な紀律で組織された団体であり、そのメンバーは「墨者」と称された。その墨子は領袖に奉られ、死後は「巨子」と呼ばれた。その学説は弟子が整理した『墨子』という書に保存されている。『漢書・芸文志』の記載によれば、この書は全部で七一篇からなり、今本は五三篇のみ伝わっている。言い伝えによれば、墨子の姓は墨ではなく、かつて囚人として生活したことがあるため顔に烙印が押されており、故に墨姓になったとされる。墨家は一つの学派として、豊富な学術思想を持つ。特にその独特な法理学思想と著名な国家統治理念を以下に概括する。

1、墨家学説は正義がその核心

故にその国家統治理念は「義治」と称される。いわゆ

る「天子唯だ能く天下の義を壹同す、是を以て天下治まるなり」であり[121]、義を国の生活、社会生活、道徳生活における最高原則だと考えるものである。彼は「義は正なり。何を以てか義の正なることを知るや。天下義あれば則ち治まり、義なければ則ち乱れる。我此れを以て義の正なることを知るなり」と述べた[122]。墨子の義は、儒家の義とは異なる。孔子が語った義は礼と関係するもので、いわゆる「礼は以て義を行う」であり、等級制度と秩序が規定した言行こそ義と称せるものであることを強調した。それに対し、墨家の義には二つの意味が含まれる。一つは本当の「兼愛」、すなわち「兼は即ち仁なり、義なり」である[123]。こうした義は、物質的にも精神的にも困難に陥った人を人々が助けるよう求め、患難相助を提唱する。もう一つの意味は、他人の利益を侵犯しないことを指す。すなわち、「大は小を攻めず、強は弱を侮らず、衆は寡を賊わず、詐は愚を欺かず、貴は賤に傲らず、富は貧に驕らず、壮は老を奪わず」である[124]。同時に墨子は不義の行為を三つ指摘した。(1)農作業の時期を逸して生産を破壊し、庶民の衣食の源を断ち切ること。(2)財産を強奪し、働かずして得ること。殺人と密輸、人の国を攻めること。(3)無辜を傷つけ、民から奪って奴とすること。これはつまり、墨子の義には「善政」、「重農」、「労作」が含まれることを示す。後期の墨家学説では、義を利他主義と捉えただけでなく、個人の利益を損ね、人のために己を捨てる一種の自己犠牲の崇高な精神の現れであるとまで解釈している。したがって彼らは、「万事は義より貴きはなし」と述べた[125]。結論は「天下義あれば則ち生じ、義なければ則ち死す。義あれば則ち富み、義なければ則ち貧し。義あれば則ち治まり、義なければ則ち乱る」ことである[126]。そこで、墨家は義を「国家統治理念」にまで高め、国富民強に有利となった。墨家の義に提唱する価値があり、「義治」が参考に値するのは明らかである。

2、「兼ねて相愛す」の提唱

ここで墨家が「兼愛」を突出させたことには二つの意義が含まれる。一つは「普通」の意味であり、これは儒家の「人を愛する」と区別させるものである。孔子の「仁者愛人」は主に貴族内部、すなわち等級制度内での「愛」を指した。墨家が強調したのは、「天下の人は皆相愛す」である[127]。二つ目は「平等」の意味であり、「人を愛すること其の身を愛するが若し」を求めた。遠近を分けず、親疎を分けずに皆平等に捉える。いわゆる「愛に差等なし」であり、儒家の「愛に差等あり」に反対した。「兼ねて相愛す」には進歩的意義と素朴で原始的な「法の前の平等」の意味が備わっており、参考・総括・昇華する価値があるのは明らかである。

3、墨家の「兼ねて相愛す」と「交々相利す」は相互に連携

厳密に言えば、「兼ねて相愛す」は「交々相利す」を土台としている。彼らは天下の人々が相愛できないのは、その根源に「人を虧きて自ら利する」があるからだと考えた。わずかな私有物しかなかった墨家の子弟から見れば、いわゆる「交々相利す」とは相手の所有権を尊重し、等価交換を求めることであった。彼らは次のように述べている。

吾れ識らず孝子の親の為に度るもの、亦人の其の親を愛利せんことを欲するか、意（それとも）人の其の親を悪賊せんことを欲するかを。説を以て之を観れば、即ち人の其の親を愛利せんを欲するなり。然らば即ち吾れ悪くんか先ず事に従って即ち此れを得ん、若し我先ず事に人の親を愛利するに従って、然る後に人、我に報いて吾が親を愛利することを以てするか、意我先ず事に人の親を悪賊するに従って、然る後に人、我に報いるに吾が親を愛利することを以てするか、即ち必ず吾れ先ず事に人の親を愛利するに従って、然る後に人、我に報いるに吾が親を愛利することを以てせん。(128)

（訳注：孝なる子が親のために物事を行うのは、それはまた他人のその親を愛しみ、利することを願うためなのか。それとも他人のその親を憎み、憎悪することを願うためなのか。私は分かりませんが、論説からこれを観ると、他人のその親を愛しみ、利することを願うためである。そうすると、私は最初に人の親に愛利を行って、そして、これを得るのか。若し私が最初に人の親を愛しみ、利することを行えば、その後に人が私の恩に報いるために私の親を愛しみ、利するのだろうか。それとも、私が最初に人の親を憎むことを行い、その後に人は私の悪行に報いるために私の親を愛しみ、利するのだろうか。きっと、必ず私がまず人の親を愛しみ、利することを行い、その後に人は私の恩に報いるために私の親を愛しみ、利するのだろう。）

墨家が主張する統治者と被統治者の間の互愛互利は、実践の面で実現不可能であった。ただし、現在の歴史的条件下であれば、人々は深刻な危機に直面した際、利益融合と安危が共存する背景の下、それらを度外視するわけにはいかず、団結して人類運命共同体を構築することが可能もしくは必然となる。

4、「義利を併せ重んじる」の思想を提唱

墨子は義が道徳の最高原則であり、国家統治理念の核心であると主張した。よって、「義は天下の良宝なり」[129]、「万事は義より貴きはなし」と述べている[130]。同時に墨家は、義と利の統一も強調している。彼らが語る利には三つの内容が含まれる。義は利を内容・目的・基準とするのである。一つ目は「他利」、すなわち他人の利益である。二つ目は公利、すなわち国、社会、万民の利であり、「人を利する」と「天下を利する」はその行為が義か不義かを判断する価値基準であり、人生の価値目標でもある。三つ目は私利、すなわち個人の利益である。墨家が個人の私利を否定したことは一度もなく、特に後期になると、その功利主義思想を発展させた。彼らは「義は利なり」と述べ[131]、義利合一ならびに動機と効果の結合を強調した。墨家のこうした観点は社会発展に有利で、実状にも即しており、我々が総括し参考とするに値する。

5、「尚賢」を提唱し、「賞すれば賢に当り、罰すれば暴に当る」方針を実施

墨家は「賢を尚ぶの政の本たる」を大いに提唱した。彼らは、国家統治を行うには、「父兄に党せず、富貴に偏らず、顔色に嬖せず、賢者は挙げて之れを上ぼせ、之を富まして貴くし、以て官長と為し、不肖者は抑えて廃し、之を貧しくして賤しくし、以て徒役と為す」べきであると考えた[132]。その賢の道とは、「力ある者は疾く以て人を助け、財ある者は勉めて以て人に分ち、道ある者は勧めて以て人を教える」を指す[133]。墨家は「尚賢」であることから、法律の上で、彼らは「賞すれば賢に当り、罰すれば暴に当る」を提唱する[134]。

6、法律上の「人を殺す者は死す、人を傷くる者は刑す」原則実施を貫くも、無辜は絶対に殺さず

「人を殺す者は死す」には厳格な制限があり、殺人と強盗殺人では区別があった。さらに犯罪の原因も具体的に分析し、軽々しく罪を定めてはならなかった。証拠を求めたのである。

要するに、墨子とその弟子は、多くが労働者出身であり、職人技に秀でていた。したがって、社会の平和的共存を主張し、他人からの搾取や、侵略が目的の戦争に反対し、「非攻」を提唱した。彼らは侵略された弱小国を助けるべきとまで主張している。彼らが社会で尊敬を受け、社会の発展に促進的役割を果したことに疑いの余地はない。

六、名家の法理思想と法学教育実践

(一)鄧析の法理思想と私塾法学教育

鄧析（前五四五～前五〇一）は、春秋末期の鄭国人で、

法家の先駆者にして名家の創始者である。その事跡は『左伝』、『列子』、『呂氏春秋』などの史籍に散見される。鄧析の遺作『鄧析』は早くに消失しており、今本『鄧析子』は後の人の作だと言える。

鄧析は中国の歴史上、初めて私塾を開いて法学教育を行った人物である。また中国で初めて他人に代わって訴訟を起こした人物でもあり、国から認可されなかった訟師（訳注：訴訟裁判の請負人）であったとも言える。もちろん彼は歴史上初めて『竹刑』を私的に刻んだ人物でもある。彼は正義感を持っており、他人のために頻繁に訴訟をしてあげた。そして「礼治」の一連の観念に反対したことから、統治者の不満を引き起こした。特に「事法に断ず」の主張を提起したことから、統治者に深刻な脅威を与え、「鄭国大に乱れ、民口歓嘩す」の局面を生み出した。統治者の彼に対する恨みは相当なもので、鄭国の駟顓は鄧析を殺害する。ただし彼が記した『竹刑』は残した。

鄧析は法家の先駆けである。彼は「法治」を賞賛して「人治」に反対し、法理学の専門論文二篇、すなわち『無厚』と『転辞』を著した。[135] ここでそのうちの一部を披露するが、その法理学的基盤の厚さが見て取れる。

勢は君の輿なり。威は君の策なり。臣は君の馬なり。民は君の輪なり。勢固ければ則ち輿安し。威定まれば則ち策勁し。臣順えば則ち馬良し。民和めば則ち輪利く。国を為すに此れを失えば、必ず車覆り、馬奔り、策折れ、輪敗れる患いあり。安んぞ得て危うからずや。

名に循って実を責め、法を察して威を立て、是れ明王なり。夫れ形の明らかな者は分ち、事に遇せず。動を察する者は用い、失わざれば即ち利す。故に明君一を審すれば、万物自ら定まる。名は外に務めるべからず、智は他に従うべからず。己に求める謂れなり。

世を治むるや、位は越すべからず、職は乱すべからず。百官は各司ること有り、各其の形を務む。上は名に従って以て実を督し、下は教を奉じて違わず。美き所は其の終を観て、悪き所はその窮を計る。喜は賞を以てせず、怒は罰を以てせず、世を治むと謂うべし。[136]

ここで引用した三段落の論述は、法家思想の実質が封建統治者である君主の権威を守ることであることを直接表し、同時に名家の「名に循って実を責める」の観点も表明している。

もちろん、鄧析には他の名家の観点もあるが、管仲や商鞅の観点と大方同じであることから、ここでは繰り返さない。

鄧析が人々に与える最も深い印象は、彼が私的に法学教育を行ったことと、その著名な訴訟の台詞であると言うべきである。そのうち最も有名なのは「両可説」である。これを詭弁だと称する人もいるが、実は詭弁ではなく、雄弁なのである。ここで抜粋する。『呂氏春秋・離謂』の中にこのような故事が記載されている。その年、洧水では大洪水が起き、鄭国の金持ちの家の一人が溺死し、遺体は別の人間によってすでに引き上げられていた。金持ちの遺族が遺体を引き取りたいと言う。しかし引き上げた者が提示した費用は高く、遺族は受け入れられなかった。そこで遺族は鄧析を訪ねて知恵を借りる。鄧析は「安心してお帰りなさい。あの人たちは遺体をあなたに売ることしかできません。他の人は買わないからです」と言う。遺体を引き上げた者は焦り、これまた鄧析を訪ねて知恵を借りる。鄧析は「安心しなさい。金持ちの遺族はあなたから遺体を買い取る以外、他に買い取り先はないのだから」と同じように答える。この例は、鄧析が同じ出来事で対立する双方に同じ答えを返したにも関わらず、一つの事実に対して二つの相反する結論を出したことを表している。表面的に見れば、道理に合わないように見え、詭弁の疑いもあるが、実のところ、これは素朴な弁証法である。対立を統一し、最終的に問題を合理的に解決させるのである。もちろん、こうした例は多い。これは鄧析が学んだことを用いる様子が十分に表れており、法学理論と実践を結びつけた典範なのである。

『鄧析子』が後の世に与えた最大の影響は、「法学」という国家統治の学問に良い名をつけたことであり、それは歴史上かつて使用された「刑名の学」あるいは「刑名法術の学」であり、これにより古代中国の「法学」学科の道が開かれたのである。ここから古代法家は「刑名」と「法術」を結びつけ、「名」を法令や名分とし、名に循って実を責める、賞は慎重に罰は明確にを主張したのである。韓非子はこれを「人主将に奸を禁ぜんと欲すれば、刑名を審合す。言は事に異ならざるなり。人臣たる者陳べて言う。君は其の言を以て之に事を授け、専ら其の事を以て其の功を責む」とまとめた[137]。鄧析は自ら私塾を開いて法令の知識を伝授し、その法学的見解を惜しみなく提起し、当時の変法思潮に順応して「鄭国大に乱れ、民口歓嘩す」の局面まで引き起こした。よって当時の統治者はこれを殺害するが、彼の編纂した『竹刑』は残している。刑名の学は、李悝の『法経』に登場したことから、商鞅は『法経』を携えて秦に入り、「法」を「律」と改称し、これが秦律となった。その後、「刑名の学」は「律学」に取って代わられる。漢の高祖が咸陽に入った際の法三章が人々の心に深く刻まれたことで法学が勃興し、現在に至るのである。ある時期は、「法」と「律」が合体し、「法律学」と呼ばれていた。規範化の作用を満たすため、清末から中華人民共和国成立三〇年に至るまで、学界では「法律学」と総称し、各大学も「法律学科」を設けた。各学科の名称を統一するため、一九八〇年代から、中国教育部は専門の目録を設計する際、「法律学」を一律に「法学」へと改称し、世界各国との歩調を合わせたのである。

㈡尹文子の法学思想

尹文は戦国時代の人物で、尊称を尹文子と言い、『漢書・芸文志』に登場する。著書に『尹文子』一篇があり、名家に列せられる。現存する『尹文子』は上下二篇で、後の人の手による。尹文と鄧析、公孫龍はいずれも名家である。鄧析については上述の文で紹介したため、ここでは触れない。公孫龍は詭弁の類に属するため、ここでは尹文の法学思想のみを紹介する。実のところ、名家と法家の国家統治理念は極めて近い。法学は昔、「刑名の学」とも呼ばれた。故に司馬遷は『史記』の中で彼らを一緒にして語ったのである。

名家の出現は偶然ではない。春秋戦国時代、天下は大きく乱れ、「礼楽崩壊」に止まらず、名実も混乱していた。そこで正名が登場し、後に「名家」と呼ばれるようになる。尹文子は次のように述べている。

名なる者は、形を正す者なり。形正しきこと名に由れば、則ち名、差うべからず。故に仲尼云く、「必ずや名を正さんか！」名正しからざれば、則ち言順ならず(138)。

名家の登場は当時の儒法合流の傾向を反映している。儒法合流は漢の昭帝以降の事である。春秋戦国時代、儒法は対立していた。しかし、名家の論述は両者に合流の余地を与え、名家の観点も法家に傾倒していき、尹文子は法治を重視するようになったのである。彼は次のように述べている。

度を以て長短を審かにし、量を以て少多を受し、衡を以て軽重を平かにし、律を以て清濁を均しくし、名を以て虚実を稽え、法を以て治乱を定め、簡を以て煩惑を治め、易を以て険難を御す。万事皆一に帰し、百度皆法に準う。帰一は簡の至、準法は易の極なり。[139]

尹文子はまた次のように考えている。

法に四呈あり。一を不変の法と曰い、君臣上下が是れなり。二を斉俗の法と曰い、能鄙同異（訳注：品行の善し悪し、風俗習慣の異同）が是れなり。三を治衆の法と曰い、慶賞刑罰が是れなり。[140] 四を平準の法と曰い、律度権量が是れなり。

更に、法に対する自分の分類がすでに人々を納得させられなくなったことに、尹文子が気づいていたのは明らかである。そこで彼は、刑罰の法の慶賞を強調し、次のように繰り返し訴えている。

慶賞刑罰は君の事なり。守職効能は臣の業なり。君は功を料りて黜陟（訳注：官位を上げ下げすること）し、故に慶賞刑罰あり。臣は各所任を慎み、故に守職効能あり。君は臣の業を与るべからず。臣は君の事を侵すべからず。上下相侵与せずんば、之を名正しと謂う。名正しければ則ち言順なり。[141]

法は誰によって制定され、誰によって制定されるのか？　尹文子は、法は人主によって制定され、人主とはすなわち君主である。よってそこには勢があり、それはすなわち権勢である。「勢は、法を制する利器にして、群下は妄りに為すべからず」と述べた。[142] つまり、法は君から出て、法制の統一を保証しなければならないのである。名家は法を守る重要性を強調し、法律は量を少なくして質を良くするべきと考えた。そして法を守ることは極めて重要で、君主が法に基づいて事を行うことの重要性を強調した。したがって、屍子は「明王の民を治むるは、（中略）事少にして功多し。要を守るなり」と述べている。[143]

名家と法家が同じなのは明らかである。「法を以て国を治める」を重視し、法律遵守の重視は「法を以て国を治める」の基礎であるとした。もちろん、彼らのこうした国家統治理念は、現在法に基づく国家統治を深化させる実践において、一定の参考すべき意義を持っており、我々が真剣に総括し、参考・昇華していくべきものである。

[注]

（1）『黄侃手批白文十三経』上海古書出版社、一九八三年版、三三三頁。

（2）『黄侃手批白文十三経』上海古書出版社、一九八三年版、三四～三六頁。
(3)『黄侃手批白文十三経』上海古書出版社、一九八三年版、六七頁。
(4)『黄侃手批白文十三経』上海古書出版社、一九八三年版、一五七頁。
(5)『漢書・賈誼伝』。
(6)『礼記・曲礼上』。
(7)『尚書・君陳』。
(8)『尚書・堯典』。
(9)『礼記・明堂位』。
(10)『孟子・公孫醜上』。
(11)『左伝・昭公二十五年』。
(12)『周礼・天官・大宰』。
(13)『周礼・秋官・司寇』。
(14)『周礼・秋官・司寇』。
(15)『周礼注疎』上海古書出版社、一九九〇年版、五二三頁。
(16)『黄侃手批白文十三経』上海古書出版社、一九八三年版、六三頁参照。
(17)『礼記・大伝』。
(18)『礼記・曲礼上』。
(19)『礼記・曲礼上』。
(20)『左伝・隠公十一年』。
(21)『左伝・昭公十五年』。
(22)『左伝・隠公十一年』。
(23)『左伝・僖公十一年』。
(24)『左伝・昭公四年』。
(25)『左伝・文公二年』。
(26)『左伝・文公二年』
(27)『左伝・昭公七年』。
(28)『左伝・隠公十一年』。
(29)『左伝・昭公五年』。
(30)『左伝・襄公二十六年』。
(31)『十三経・春秋公羊伝』。
(32)『春秋穀梁伝・宣公十五年』。
(33)劉元彦『「呂氏春秋」：兼容併蓄的雑家』生活・読書・新知三聯書店、二〇〇八年版、三九頁。
(34)『呂氏春秋・貴公』。
(35)『呂氏春秋・功名』。
(36)『呂氏春秋・決勝』。
(37)『呂氏春秋・圜道』。
(38)『呂氏春秋・論人』。
(39)『呂氏春秋・貴公』。
(40)『春秋繁露・三代改制質文』。
(41)『史記・高祖本紀』。
(42)『史記・酷吏伝』。
(43)『史記・太史公自序』。
(44)『商君書・錯法』。
(45)『荀子・栄辱』。
(46)瞿林東教授が『資治通鑑』再出版時に寄せた序言より引用。
(47)『無刑録（巻十二）』訳注本、二〇八～二〇九頁より孫引き。
(48)司馬光『資治通鑑（第一冊）』岳麓書社、一九九〇年版、一二頁。
(49)司馬光『資治通鑑（第三冊）』岳麓書社、一九九〇年版、七八一頁。
(50)司馬光『資治通鑑（第三冊）』岳麓書社、一九九〇年版、三頁。

(51) 司馬光『資治通鑑（第一冊）』岳麓書社、一九九〇年版、七七五頁。
(52) 司馬光『資治通鑑（第一冊）』岳麓書社、一九九〇年版、七九八頁。
(53)『史記・管晏列伝』。
(54)『管子・明法解』。
(55)『管子・七法』。
(56)『管子・七臣七主』。
(57)『管子・任法』。
(58)『管子・明法』。
(59)『管子・明法解』。
(60)『管子・任法』。
(61)『唐太宗集・晋宣帝総論』。
(62)『弢園文集・重民中』。
(63)『管子・明法』。
(64)『管子・治国』。
(65)『管子・重令』。
(66)『中国大百科全書（法学巻）』大百科全書出版社、一九八四年版、八二七～八二八頁より孫引き。
(67)『商君書・更法』。
(68)『商君書・開塞』。
(69)『商君書・定分』。
(70)『毛沢東早期文稿（一九一二・六―一九二〇・一一）』湖南出版社、一九九〇年版、一頁。
(71)『商君書・錯法』。
(72)『商君書・修権』。
(73)『商君書・賞刑』。
(74)『韓非子・定法』。
(75)『管子・七臣七主』。
(76)『韓非子・二柄』。
(77)『韓非子・難三』。
(78)『韓非子・八経』。
(79)『韓非子・六反』。
(80)『韓非子・備内』。
(81)『韓非子・五蠹』。
(82)『韓非子・顕学』。
(83)『韓非子・心度』。
(84)『韓非子・五蠹』。
(85)『商君書・算地』。
(86)『荀子・性悪』。
(87)『論語・先進』。
(88)『論語・陽貨』。
(89)『礼記・中庸』。
(90)『礼記・顔淵』。
(91)『礼記・中庸』。
(92)『礼記・中庸』。
(93)『論語・尭曰』。
(94)『孔叢子』第四篇「刑論」。
(95)『論語・雍也』。
(96)『論語・泰伯』。
(97)『春秋公羊伝・隠公元年』。
(98)『漢書・董仲舒伝』。
(99)『春秋繁露・王道』。
(100)『春秋繁露・尭舜不擅移湯武不専殺』。
(101)『漢書・王吉伝』。
(102)『荀子・哀公』。

(103)『孟子・公孫醜上』。
(104)『孟子・滕文公上』。
(105)『孟子・尽心下』。
(106)『孟子・万章下』。
(107)『孟子・梁惠王下』。
(108)『孟子・公孫醜上』。
(109)『孟子・離娄下』。
(110)『孟子・離娄下』。
(111)『孟子・梁惠王上』。
(112)『荀子・礼論』。
(113)『荀子・天論』。
(114)『道徳経』第五十七章。
(115)『道徳経』第二十五章。
(116)『道徳経』第二十五章。
(117)張錫勤主編『中国倫理思想史』高等教育出版社、二〇一五年版、六六頁より孫引き。
(118)『莊子・天地』。
(119)『莊子・養生主』。
(120)『莊子・胠篋』。
(121)『墨子・尚同上』。
(122)『墨子・天志下』。
(123)『墨子・兼愛下』。
(124)『墨子・天志下』。
(125)『墨子・貴義』。
(126)『墨子・天志上』。
(127)『墨子・兼愛中』。
(128)『墨子・兼愛下』。
(129)『墨子・耕柱』。
(130)『墨子・貴義』。
(131)『墨子・経上』。
(132)『墨子・尚賢中』。
(133)『墨子・尚賢下』。
(134)『墨子・尚賢下』。
(135)『先秦諸子系年考辯』巻一、第一七・一八両篇。
(136)『四庫全書総目・子部・法家類提要』。
(137)『韓非子・二柄』。
(138)『尹文子・大道上』。
(139)『尹文子・大道上』。
(140)『尹文子・大道上』。
(141)『尹文子・大道上』。
(142)『尹文子・大道上』。
(143)『屍子・巻上・分』。

第三章　秦漢時代における法理学

第一節　秦の始皇帝と李斯の法家的国家統治理念と方式

一、秦の始皇帝の国家統治理念と方略

秦の始皇帝（前二五九～前二一〇）は、姓を嬴、名を政と言う。戦国末期の政治家にして中国初の封建王朝の皇帝である。秦の荘襄王（そうじょうおう）の子で、紀元前二四六年に秦国君主となり、商鞅の変法以来の国家統治理念を継続して実施する。法家の李斯らの助けを借り、紀元前二二一年に統一された中央集権封建帝国を築き上げ、「法を以て国を治める」を維持する。紀元前二一〇年、泰山巡幸の帰路に、沙丘（現在の河北省広宗西北大平台）にて突然死する。彼は生涯法家の国家統治理念を奉った中華千古一帝の王であり、その功罪は常に人々の口に上るほどである。筆者は、秦の始皇帝には正しい評価が必要だと考える。その主な法律思想は以下の通りである。

1、国家統一を貫いた中央集権封建帝国の創立者

中華民族の統一を貫くことは人民の願いであり、歴史発展の必然的要求である。始皇帝は、諸侯が混乱しているのは、土地の分配および不明確な法度がもたらしたものであると考え、「天下の苦戦休まず、以て侯王あり」と指摘した。[1] 国を統一するため、彼は李斯ら法家の人物の提案を採用して郡県制を推進し、大権は中央に留めた。彼は自ら「始皇帝」を名乗り、後の世はそこから数え、二世、三世から万世まで、絶えず続くよう願った。これは封建制度の「家天下（天下を家とする）」理念を反映している。つまり、中央集権の統一した封建帝国を築くことは、歴史の潮流に符合しており、中華民族の生存と発展、特に全世界の発展に対する極めて大きな歴史的功績であり、この点は肯定されるべきものである。

2、「法を以て国を治める」の理念と方略を徹底

歴史は秦の始皇帝のことを「剛毅にして戻（れい）[2]（訳注：残酷である）深く、事皆法に断ず」と称している。彼は法

の執行を貫いた。その法は厳しく煩瑣なものであったが、国全体の発展と社会の進歩にとっては大きな利点となった。より重要なのは、全国で「法を以て教と為し、吏を以て師と為す」が実施され、誰もが法律を学んで運用したことである。とりわけ、各レベルの責任者がまずは法を学び、法を用い、法学教師を務めたことは、間違いなく良い事であった。

3、人材を重視し、法家の人間を重用

古書の記載によれば、秦の始皇帝（当時は秦王と呼ばれる）は、韓非子の著作である『孤憤』と『五蠹』を読んだ後、「ああ、寡人此の人を見て、之と游ぶことを得ば、死すとも恨まず」と感慨もひとしおだったと言う(3)。その後、彼は十万の兵士を惜しまずに動員して韓の国に戦を仕掛け、韓非子の秦入りを迫った。様々な要因、特に李斯からの迫害により、彼は韓非子の提案をあまり採用せず、結局韓非子を獄中死させるに至るが、この件は秦王が法家の人材を重視していたことを示す。実際、彼は法家の人間を重視しただけでなく、あらゆる有用な人材を重用し、過去に存在した人材登用の壁を打ち破った。まさにこうした人材重視が、国を発展させたのである。

4、農蚕業を重視し、経済を発展

秦は西北部に位置し、土地が貧しく、農業も遅れていた。そこで商鞅の変法を皮切りに、耕戦を重視するようになり、世襲や代々続くものを廃止し、その上で軍功のある農民には奨励を与え、当時の農業を大きく発展させた。六国を統一後、「度量衡」統一の改革を実施し、農業経済を力強く促進して活性化させ、秦を農耕後進国から強国へと押し上げ、国の統一のための物質的基盤を築いたのである。

5、文字を統一し、文化の交流と中華民族の融合を促進し、統一された多民族国家建設のための文化的基盤と思想的基盤を構築

これもまた中国が古代四大文明の中で唯一衰退していない理由である以上に、中華民族が五千年の長きにわたり、衰えずに続いてきた要因でもある。中華民族にも短期的分離期間はあったが、奥深い文化の蓄積が中華民族を一致団結させ、統一を維持しているのである。

6、秦の始皇帝が中国の歴史に残した最大の功績は祖国の統一を守り、民族団結を強化し、中央集権の封建帝国を築き、それを代々踏襲させたこと

現在の中国も統一多民族国家であり、ただその性質が異なるに過ぎない。我々は秦の始皇帝による国家統一という功績を忘れてはならないが、実のところ、万里の長城という世界八大奇跡の一つが世界の東方に屹立し続け

ていることも忘れてはならない。これは外来の侵略を防ぎ、確かに重要な役割を果たしたのである。そして我々は始皇帝が度量衡を統一した政策や文字を統一した「書は文を同じくする」、また道路を通した「車は軌を同じくする」という措置、そして少数民族に対する政策を忘れてはならない。こうして、我々多民族の国が常に一致団結し、その勤労の両手で統一された多民族国家を共に築かせたのである。秦の始皇帝の功績がすでに歴史に根付いているのは明らかである。

もちろん、始皇帝にも間違いはあった。彼の過ちをいかに評価するかは、この二千年来、常に議論の分かれる問題であった。我々は法理学の角度からこれを分析することを厭わない。初めに、始皇帝を貶めたり罵ったりする人のほとんどは儒家学派であり、これもまた理解できることである。なぜなら始皇帝は法家の人間だからである。基礎理論にしても具体的実践にしても、儒法両家は根本的に対立するのである。筆者の考証によれば、始皇帝を評価したのは、漢の高祖が始まりである。楚漢戦争終結後、劉邦は漢代劉家政権の合法性を論証するために、臣下に「朕に替わり、秦朝がなぜ滅亡したのか、漢代がなぜ成立したのかしっかりと研究せよ」と述べた。その下には、例えば陸賈、賈誼、司馬遷など一群の儒家の弟子がおり、もちろん董仲舒のような筋金入りの儒家も含まれていた。これらの人物の中では、賈誼と司馬遷が陣頭指揮を執った。賈誼は『過秦論』という文章を特に著し、その中で次のように述べている。

秦王は貪鄙の心を抱き、自奮の智を行い、功臣を信せず、士民を親まず、王道を廃し私愛を立て、文書を焚き刑法を酷にして、詐力を先にして仁義を後にし、暴虐を以て天下の始めと為す。(4)

筆者は法理学に関係する問題に限り、賈誼の右記の言い回しについて以下の分析を行った。

第一に、「王道を廃し私愛を立て」たことである。王道を廃す、これは事実である。始皇帝が執行したのは法家の国家統治理念であり、強調したのは「法を以て国を治める」と「事法に断ず」であり、この点を説明する必要はない。「私愛を立て」たことについて、賈誼は具体的事実を挙げていない。歴史の記載によれば、始皇帝は勤勉な皇帝で、毎日朝早くから夜遅くまで忙しくし、常に国のことを考えていた。千以上に及ぶ上奏を常に審査し、事の大小に関わらず自ら尋ねていた。つまり、「王道を廃し」たのは本当で、「私愛を立て」たのは嘘である。

第二に、「文書を焚き刑法を酷にし」たことである。この問題は事実と相容れない。漢の武帝による「百家を罷黜して独り儒術を尊ぶ」の後、そうした儒家の理念を以て事を行う儒生が、元々簡単であった歴史的事実を意図的に複雑化・非情化した経緯がある。実のところ、秦の始皇帝は儒生をむやみに虐殺してはいない。彼は確かに人心を惑わす方士（訳注：神仙の術を身に付けた者）らを殺したことがあるが、そうした者たちはかつて何度も始皇帝を欺き、巨額の金を騙し取って逃げたのである。始皇帝は激怒し、彼らを虐殺した。もちろん、殺人は間違いであり、たとえ封建帝王であっても気ままに人を殺してはならない。しかし始皇帝がこれらの方士を殺したのには確かに理由があり、虐殺されたのも無辜の儒生ではなく、大詐欺師の盧生などである。この点については司馬遷が『史記』の中に記載しており、積み上げられたのは方士（の遺体）だったと述べている。焚書坑儒については、『史記』の中に秦の滅亡を以て戒めとする部分は八一ヵ所、直接始皇帝の暴政をなじる部分は六七ヵ所ある。漢代の儒士と司馬遷はなぜ始皇帝のことを容赦なく悪魔化したのか？　恐らく下記の理由が考えられる。一つ目は、民心を得て、新興政権である劉氏政権のための「合法性」を見つけるためである。これらの儒生は皇帝から授かった意の下、始皇帝を悪者扱いし始めたのである。二つ目は、秦朝滅亡を戒めとし、統治者が治世に励むことを促し、始皇帝の二の舞にならないようにするためである。三つ目は、司馬遷を頭とする儒生たちは、始皇帝の名を借りて物を言うことで、漢の武帝にその影を映して見せたという意味である。なぜなら、武帝もまた、不老不死の方法を求め、大規模な陵墓や広大な宮殿などを建てようとしたからである。

「刑法を酷にし」たことについては、確かにそうしたことがあったと言うべきである。なぜなら法家の重要政策は、まさに「重刑主義」、「刑を以て刑を去す」だったからである。通常、すべての封建制国家は重刑主義を採用するが、それは口先では言わないに過ぎない。法家の深刻な欠点の一つが重刑主義であることに疑いの余地はない。なぜなら、彼らの理論的基盤は「性悪説」であり、刑法上では報復主義を取るからである。法家はさておき、儒家もまた似たようなものである。したがって、魯迅は二四史をめくり、これは「人食い」だと述べた。もちろん、これは言い過ぎである。それは、二四史には「人を以て本と為す」や「民貴君軽」の思想があるためである。話を元に戻すと、搾取階級の刑法に共通する特徴は、「刑罰が残酷」なことである。秦の始皇帝が賈誼の言うようであったかどうか、それには事実を見ておく必要がある。出土した『雲夢睡虎地秦簡』（訳注：一九七五年に中国湖北省雲夢県睡虎地から竹簡が千枚以上発見され、秦律の実態の一部が明らかとなった）』にあるいくつかの律文を見ると、賈誼が『過秦論』で述べたような残酷さと非道理は見当たらない。『秦律』には、「夫千銭を盗み、妻三百を匿せば、妻を論ず可しか？　妻夫の盗みを知り而して之を匿せば、三百を以て盗に論ずべし。知らざれば、受けると為す」と規定されている。(5)この規定は、現代の法律にも似たような部分がある。つまり、夫が盗みを働き、妻が三百を隠す。もしも妻が事情を知っていたのであれば、窃盗品隠匿で当然処罰を受ける。もしも知らなければ、処罰は受けない。これは現代の刑罰と基本的に同じである。また例えば、「甲銭を盗み以て生糸を買い、乙に預け、乙受けれど盗を知らず。乙を何に論ずか。論せず」ともある。(6)つまり、甲が金を盗み、絹を買った後、乙のところに預ける。乙はこれを受け取るが、甲が金を盗んだことは知らない。では乙をどう処罰するか？　罪には問わない。こういうわけである。上述の二つの法律規定を見る限り、筋が通っている。どちらも、知っていたかどうかを前提とする一定の合理性を持っている。このような刑法もまた「残酷な刑法」なのであろうか？　もちろんそうは言えない。『秦律』に全く筋が通っていなかったということはなく、厳密に言えば、残酷な刑法には当たらない。もちろん、全体的に言えば、封建制度の刑法は残酷であるが、『秦律』に出て来るこの二つの規定ならびに出土した別の法律条文を見る限り、秦の始皇帝が制定した刑法は宣伝されているほど残酷ではないのである。もちろん、法家は基本的に「重刑主義」を推進しており、この点は否定できない。ここで挙げた秦代の二つの刑法規範は、ただ始皇帝が制定した刑法が最も残酷なものではないことを説明するにとどまる。雲夢から出土した秦簡から見れば、そのうち約一万七〇〇〇字が秦代の政治から経済まで、民事から刑事までの多方面にわたる法律規範を記録したものであり、秦の国家統治作業が割とうまくいっていたことを示している。法律条文を封建社会、特に古代中国社会の点から見れば、その法律制度は最も残酷なものではなく、賈誼の言い方は多少誇張されたものである。

賈誼はさらに始皇帝が功臣を信じず、詭や詐が権勢を誇ったと責めているが、これも事実に合っていない。始皇帝が一三歳で皇位を継いでから五〇歳で死去するまでのこの期間を見れば、彼は抜群の政策決定能力や判断力を持つ帝王と言ってよい。彼は諫言を聞くこと流るるが如く、幅広い賢者を召集した君主で、丞相の李斯や軍事家の尉繚、あるいは科学者の鄭国にしろ、東方六国から集まった多くの賢才にしろ、いずれも秦の国で大活躍を見せ、後の世まで語り継がれるほどであった。始皇帝が人材を重視、重用していたことが見て取れる。彼は建国後も功ある家臣、例えば王翦や蒙恬などを厚遇している。

秦の始皇帝は長年にわたり、暴君だと考えられてきたが、これは数千年の時を経た冤罪かつ誤解である。我々は中国法理学の学説史を研究する際、法学者の気魄を以て、始皇帝が中華民族に功をもたらした真相を示していくべきである。彼にも少なからぬ欠点はあったが、暴君などでは決してなく、国家統一に益をもたらした明君であった。

二、李斯の国家統治理念

李斯（?～前二〇八）は秦代の政治家・法学者で、楚国上蔡人（現在の河南省上蔡西南人）である。青年時代は韓非子と共に荀況の下で学び、法家の代表的人物である商鞅、慎到、申不害の法学観点を受け継いだ。戦国末年に秦に入り、最初は相国であった呂不韋の舎人となり、その後始皇帝から客卿、廷尉に任じられ、相国まで務めた。始皇帝の死後は、趙高と共に奸臣へと落ちて太子を死に追いやるも、最後は趙高に殺される。その主な法律思想と国家統治理念は以下の通りである。

1、法家の国家統一維持、富国強兵、中央集権の方針を徹底

彼は秦に入った際、「夫れ秦の強、大王の賢を以てすれば、由は竈上の騒除のごとく、諸侯を滅ぼし、帝業を成し、天下の一統を為すに足る。是れ万世の一時なり」と明確に述べている。(7) 彼は六国に対して君臣関係を引き離す措置を講じ、分化・瓦解させて撃破する様々な策略を主張した。対内的には賢人のみを用いるよう提案して幅広く人材を募り、富国強兵と中央集権の方針を講じた。李斯のこの提案は、いずれも始皇帝によって採用され、大きな役割を果たした。

2、「焚書坑儒」の提案が始皇帝によって採用

彼は、『秦記』以外の列国史記を焚書するよう提案し、博士官が私蔵する『詩』や『書』などを期限内に差し出させ、これもまた焼却させた。そして『詩』や『書』を論じようとした者を処刑した。私学を禁じ、法令を学ばんと欲する者は、吏を以て師と為すよう強制した。時は紀元前二一三年、すなわち秦の始皇帝三四年である。翌年（前二一二年）、侯生や盧生などの方士が死刑となった。始皇帝を攻撃しようとした者の数は、御史によって証拠

が明らかとなった者だけで四六〇万人以上と言われ、これらの方士や儒生は咸陽にて殺害された。世に言う「焚書坑儒」である。もちろん、学者によっては異なる見方もある。

3、「法を以て教と為し、吏を以て師と為す」

秦は商鞅の変法以来、国全体で「法を以て教と為し、吏を以て師と為す」を徹底し、「法を以て国を治める」方略を実施してきた。このやり方に対し、人々には二通りの見方がある。一つは、これを思想文化専制主義の現れだと見做すものである。これは李斯がかつて、今天下を一つに統べるが、思想文化の上で白黒をはっきりさせ、これを一尊に定めると述べたためである。しかし、ある者は師につかず古を学び、「古を道って今を害す」となり、よってこうした者たちは処罰されることとなり、その提案は始皇帝によって採用されたのである。もう一つの考えは、「法を以て教と為し、吏を以て師と為す」は「法を以て国を治める」の徹底に必要であるとするものである。民全体が法を学ぶよう求めただけでなく、各級官吏が模範かつ教師の役割を果たすよう要求したのである。こうしたやり方は、中国が現在深く推し進めている「全面的な法に基づく国家統治」にとって一定の参考の価値があり、「鍵となる少数」の指導者・幹部が率先して法を学び、国の法律を真剣に貫くことに直接的な啓示意義を持っている。この観点は本来、韓非子が『五蠹』の中で提起し、李斯が国策として始皇帝に提案したのである。

4、独り人主を尊び、法は君より出づる

これは中国中央集権の封建帝国における基本的特徴であり、李斯が提起した重要な理念でもある。彼は、君主は「独り天下を制して、制せらるる所無く」、「犖然として独り恣睢の心を行えども、之に敢えて逆うものなし」であるべきと考えた。そうして初めて、吏民百姓が反抗しづらくなり、統治者が尊位にいられるのだとした。上述の思想に基づき、始皇帝の意向の下、李斯は丞相の王綰（わん）や御史大夫の馮劫（ふうこう）と共に帝号を詮議し、始皇帝を「義兵を興し、残賊を誅し、天下を平定し、海内を郡県と為し、法令一統に由る」と称し[8]、中央集権の帝業を実現させた。これ以降、法は君より出づるという古代中国独特の考えが形成され、命は「制」、令は「詔」、皇帝は自らを「朕」と称し、「制」と「詔」も法律の重要な起源となったのである。李斯は中央集権制度構築のため、かつて重要な役割を果たしたが、自らの身勝手により秦王朝を滅ぼしてしまう。

李斯が入秦して秦王に重用されるようになって間もなく、韓の国の水利専門家である鄭国の「スパイ事件」が起きた。当時は、堀を掘削して農地を灌漑するため、秦の人も物も大量に消耗され、東征の余力はなかった。この陰謀が発覚すると、秦の大臣の多くが前後して秦王に上奏し、各諸侯国から仕官してきた人間を一人残らず国外に追放するよう大王に懇願したのである。秦王はすぐに「駆客令」を出し、李斯もまた駆逐される客卿の名簿に入れられた。こうした状況に直面し、李斯は長編の『逐客を諌す』を記して思いとどまるよう諫言し、客卿を駆逐した場合の欠点を詳細に陳述した。彼はまず、秦の穆公が人材を招聘して以来、西戎から由余を奪い、楚国から百里奚を買い取り、晋国から公孫支と丕豹を招いたことを指摘した。こうした賢人は秦出身ではないが、穆公は彼らを重用し、六〇以上の小国を征服し、秦を西戎の覇者とせしめた。孝公が重用した商鞅の新法は、秦の国力を増大させ、その功徳は今なお影響し続けている。恵王は張儀の計略を用いて三川地区を攻め落とし、六国の協力関係を引き裂いた。昭公は范雎を得てこれを丞相とし、王室を安定させたことで、免穰侯の魏冉が華陽君を排斥し、政権を固めることができた。歴史的に見れば、逆に秦に顔向けできないようなことを客卿はしておらず、逆に大きな功労が見られる。もしも国が人材を遠ざけてしまえば、その国に強大の威名はなくなる。李斯はこう指摘したのである。

秦王は李斯の意見を採用し、他国出身者の追放令を廃止して李斯の官職を復活させ、その後、李斯を廷尉に昇格させ、数年後、今度は丞相へと引き上げた。李斯は秦王の六国統一と、中央集権の封建制国家を築く補佐をしたのである。もちろん、李斯は私欲が強く、自らの同学であった韓非子を死に追いやったほか、趙高に利用されて太子の扶蘇を共に殺害し、蒙恬を謀殺し、最後は秦国自体を葬ってしまった。当然、秦の滅亡には他にも重要な原因があり、それは「重刑主義」であった。

李斯の一生は、中国の統一や秦代の法制の構築、一連の国家制度の建設、特に中央集権と郡県制度の構築に対し、大きな貢献があった。彼が提起した君主は「主術を独り操り、以て聴従の臣を制し、其の明法を修める。故に身尊く、勢重きなり」という極端な専制思想は、人臣の「督責」と「重罰」を強調した。これは後の世に影響し、一人また一人と暴君を生み出したのである。同時に、彼の身勝手と欲深さは韓非子を死に追いやり、扶蘇と蒙恬を謀殺したことで、彼を天下の奸臣となさしめた。この事実は人々に、人を害すれば必ず己を害する、あるいは官職に就く者たるや人々に幸せをもたらすべきであるとの道理を説いている。特に、高級官僚の一部は、個人の修養により注意し、良好な個人の品格を築かなければならない。さもなければ、官職が上がるほど、陥れる人も多くなる。これは、国や人民に対して罪有る行為であり、何万年も語り継がれる汚点にすらなる。

第二節　漢の時代における法理学の発展

一、蕭何の法理思想

蕭何（?〜前一九三）は、沛県（現在の江蘇省沛県）人で、漢初三傑の一人である。刀筆吏（訳注：文書や記録を取り扱う書記のような下級の役人）出身で、法家を崇拝して黄老哲学を崇めていた。漢の高祖の下で挙兵して大きな功績を上げ、第一の功臣と認められて相国を務めた。また国家統治に長けていたことから、爵を拝して侯に封じられた。国家法理上の問題にしろ、法制構築にしろ、蕭何が残した功績は大きい。以下、それぞれ見ていく。

1、「無為にして治まる」の国家統治理念を提唱し、黄老哲学の法理思想を宣揚

「黄」は黄帝、「老」は老子を指す。黄老哲学の実体は「無為にして治まる」である。これは、年々戦に明け暮れ、まさに休息を必要としていた西漢王朝にて良い効果が得られている。ほどなく、「文景の治」の全盛期を迎えることとなるが、これは当然、「無為にして治まる」を提唱した蕭何と関係している。「無為にして治まる」の核心は、政府が民の生活にできるだけ干渉しないようにし、人々の積極性を十分に発揮させる点にある。

2、立法の重視と法制の強化

蕭何は、劉邦が咸陽入りした際の「法三章」、すなわち「人を殺す者は死し、人を傷け及び盗めば罪に抵る」を手助けして民心をつかみ、秩序を保っただけでなく、『法経』をたたき台として『九章律』を定めた。西漢初年、劉邦らは「法三章」だけでは奸臣を抑えられぬと判断した。そこで蕭何が命を受け、「秦法を攈摭（くんせき）し、其の時に宜しき者を取り、律九章を作る」となった。『九章律』は現存しておらず、『唐律疏議』の記載によれば、その九章の篇名は李悝の『法経』における盗、賊、囚、捕、雑、具以降、さらに『戸律』、『興律』、『廐律』の三篇を加えて『九章律』を為すとされる。漢律の核心として、その後、『傍章』、『越宮律』、『朝律』が加えられた。

3、国家統治の資料を収集

これは漢初の社会秩序安定において、各種危害要素を取り除くために大きな役割を果たした。特に、経済秩序を立て直し、税を徴収する上での作用は明確であった。

これは古代中国が法に基づいて経済を管理し、経済発展を促した典範である。数十年に及ぶ楚漢の争いでは、後ろ盾として強大な経済が必要であった。蕭何は前方の作戦を積極的に支持し、第一線に立つ劉邦に兵源や財源を切らすことなく供給し、確かに不朽の功績を残したのである。

4、人材推挙

蕭何は他にも劉邦に積極的に人材を推薦した。例えば、「蕭何、月下に韓信を追う」で、項羽を打ち破った師才を劉邦に推薦したのである。彼は臨終を前にしても、漢の文帝のために、陳平や曹参といった国家統治の賢才を推挙した。西漢初期の文武高級官僚は、多くが蕭何の推挙した人物であり、西漢の発展のために人的基盤を築いたのである。

要するに、蕭何の功績は大きく、関連する歴史文献にも相応の記載がある。例えば、『史記・淮陰侯列伝』、『漢書・蕭何曹参伝』、『漢書・刑法志』と王充の『論衡』である。とりわけ司馬遷は『史記・蕭相国世家』において絶賛しており、蕭何は「位群臣に冠として声は後世に施き、閎夭・散宜生等と烈を争えり」と指摘した。(9) 蕭何は相国として、封建制度の下、一人の下かつ万人の上に立つ存在で、国に対し、鍵となる役割を果たした。西漢王朝は中国で比較的発展の早い封建王朝であった。とりわけ、法制の徹底や法治精神発揚において、前後の王朝をつなぐ役割を発揮し、中華法治文明史に少なからぬ足跡を残している。

二、「文景の治」の法理学

漢の文帝である劉恒は、漢の高祖・劉邦の第四子で、代王に封じられ、その王城は中都（現在の山西省平遥県）にあった。呂后の死後、呂氏一族の呂産らが風紀を乱して漢朝の大臣らから誅殺され、代王が帝に立った。文帝は執政以来、黄老哲学を信奉し、「無為にして治まる」の国家統治理念を実施し、陳平を相に任命した。陳平が確かに黄老哲学を実践していたことは、ある文章が証明している。文帝は国務をより掌握するため、朝会の際、右丞相の周勃に「天下で一年に判決が下される訴訟案はどれほどか？」と尋ねる。周勃は「存じませぬ」と答える。そこで「天下で一年に動く金銭と穀物の収支はどれほどか？」とまた尋ねる。周勃は気まずく、答えにつまる。そこで文帝は左丞相の陳平に問う。陳平答えて曰く「それらにはすべて主管の官吏がおります」。皇帝は「主管の官吏とは誰か？」と尋ねる。陳平は「陛下がもしも決獄の事を問われるなら、廷尉にお尋ねを。銭・穀物の事でしたら、治粟内史にお尋ねを」と述べた。皇帝は続けて、「例えば各事にそれぞれ主管の官吏がいるとすれば、そなたが主管するのは何事ぞ？」と尋ねる。陳平は罪を謝りながら「官吏の主管です。陛下はご存知ありませんが、我が資質は駑鈍にして低く、宰相を務めることができます。宰相は上に対して天下を補佐し、陰陽四時を順理し、下に対して善く万物を化育する。外に対しては天下の夷狄と諸侯を鎮服安撫し、内に対しては百姓を帰附させ、卿・大夫がそれぞれの職責を全うできるようにします」と述べた。文帝に対する陳平の回答は、陳平が宰相として確かに「無為にして治まる」を行っていたことを表している。なぜなら、相次ぐ戦で、庶民も各業種も休息と休養が必要となり、国は庶民の静かな生活に過度な関与をする必要がなかったのである。これもまた、西漢初期の「譲歩政策」であった。もちろん、「無為にして治まる」は何もしないわけではなく、部下と庶民の主体性を強化する「無為」の中の「有為」なのである。つまり、統治者は「無為」で、百姓が「有為」となり、統治者は民の邪魔をせず、百姓に休養を取らせるのである。

もちろん、漢の文帝の国家統治理念には積極的な一面もあった。それは歴史において語られる「肉刑の廃止」である。歴史的に伝わる「五刑」（「旧五刑」）は残酷を極めた。五刑とはすなわち、黥・劓・刖・宮・大辟（死刑。種類は極めて多い）である。漢の文帝は五刑を廃止しようとしたが、この作業は困難を極めた。唐の時代になってようやく、「旧五刑」が「新五刑」へと基本的に改められた。新五刑とはすなわち笞・杖・徒・流・死である。これはつまり、文帝が刑罰の制度改革を極めて重視していたことを示しており、これもまた彼の法律思想な主要な一面である。それと同時に、文帝は役人が厳密な法の執行をするよう積極的に導き、自らが率いて法に基づく処置を行い、多くのいい話を残した。ここで取り上げるに値するのは、西漢初期に、思想の面から劉家王朝の統治を守るため、秦が滅亡した教訓を群臣たちに総括させ、新政権の合法性について論証するよう漢の高祖が求めた点である。これは漢の文帝即位後、さらに激しく討論されたが、その中で影響が比較的大きかったのが賈誼の『過秦論』であった。

賈誼（前二〇〇～前一六八）は、河南省洛陽人である。幼少の頃より学を好み、二〇歳の折に漢文帝から博士に召し抱えられ、一年後には太中大夫（訳注：皇帝の顧問役）に昇格した。改革を主張したため、周勃らから排斥され、長沙王太傅へと降格させられる。著書に『過秦論』、『治安策』、『吊屈原賦』などがある。その主な法学思想は以下の通りである。⑴天下奪取と天下統治は別物であるため、異なる政策と方略を取るべきだとした。前者は武力に頼り、後者は必ず「仁政」を実施する。執政が頼るべきは「仁義」であり、人を以て本と為すを求めた。⑵「君臣を立て、上下を等しくする」を主張し、封建正統の法学思想と法律制度への基盤を築いた。⑶西漢政権の合法性を論証した。具体的な表れは『過秦論』の一文に出てくる。彼は秦の始皇帝をこう評価している。

秦王は貪鄙の心を抱き、自奮の智を行い、功臣を信せず、士民を親まず、王道を廃し私愛を立て、文書を焚き刑法を酷にして、詐力を先にして仁義を後にし、暴虐を以て天下の始めと為す。

つまりこういうことである。始皇帝は欲深い卑屈な心を持ち、ただ個人の才覚を披露したかったため、功臣を信じず、士民を近づけなかった。彼は仁政王道を投げ捨て、個人の権威を打ち立てた。そして詩・書・古典を廃止し、厳格な法の執行を実施した。詭・詐・権勢を前面に押し出し、道徳・仁義は後方へと追いやったのである。これは残虐非道を以て天下を治める前提であった。賈誼のこの部分の描写は、歴代の儒家の弟子たちに幅広く引用され、認められてきた。これは明らかに儒家の見方であり、真の歴史とは多少異なる。始皇帝は一三歳で親政を始め、五〇歳で突然死するが、親政の三七年間を見れば、判断力と政策決定能力が抜群に優れた領袖であり、諫言を聞き入れ、人材を広く集めた皇帝であったと見るべきである。始皇帝が人々から暴君だと理解されるのは、焚書坑儒の件と関係がある。長年、国内外の学者たちは、これは歴史における一種の冤罪だと考えてきた。本来、この件は漢初の関連史書の中には出現していないのである。その後、焚書の件は語るも、坑儒については触れていない。文献で語られているのも、始皇帝の財を騙し取って虐殺された方士についてである。漢の武帝が「百家を罷黜して独り儒術を尊ぶ」と宣言して以降、儒家の人物の一部は、元々単純であった故事を意図的に複雑化・非情化したのである。実のところ、出土した文物から見れば、坑儒事件は起こっていない。したがって、我々は事実を根拠として歴史上の人物に評価を下すべきである。賈誼などが西漢政権の合法性を論証した問題についてであるが、我々は歴史唯物主義者である。西漢統治者は確かに休養・休息政策を制定し、経済社会を回復させようとした。一定の欺瞞性はあったものの、当時の政権が安定していたのは事実である。

「文景の治」のもう一人の重要人物は、漢の景帝時代の晁錯である。その国家統治理念は法家の性質に属し、政権の集中・統一を大きく求めた。彼は分封に反対し、藩撤廃を主張した。晁錯（前二〇〇～前一五四）は、現在の河南省禹県人である。文献典故に通暁していたことから、太常掌故を任され、太子（景帝）の先生を務めたこともある。景帝即位後、晁錯は内史、御史大夫を歴任し、中央集権を貫いて分封に反対した。晁錯は法令を改正するよう何度も上奏し、その数は全部で三〇章に上る。その立法の目的は極めて明確で、「王を尊び、民を安んじて暴乱を救う」ことであった[10]。その後、景帝が反乱者たちによる「清君側」の計にかかったため、晁錯は「七国の乱」にて処刑され非業の死を遂げる。

要するに、「文景の治」は中国封建社会の最盛期であり、実践されたのは黄老哲学、すなわち「無為の治」である。もちろん、賈誼と晁錯の二人は道家ではない。しかし彼らは中央集権を守り、「文景の治」の国家統治理念を支持した。その道家の観点とは、「我無為にして民自ら化ける。我静を好みて民自ら正す。我事無くば民自ら富む。我欲無くば民自ら朴す」である。

三、淮南王劉安とその『淮南子』

劉安（前一七九～前一二二）は、現在の江蘇省沛県出身で、劉邦の孫にあたり、頭の切れる人物であった。漢の文帝の際、父を踏襲して淮南王に封じられ、『淮南子』（またの名を『淮南鴻烈』）の編纂を主宰した。劉安の法理学思想は比較的豊富で、主に『淮南子』の中に表されている。

1、法律こそ国家統治の根本と考える

劉安は「所謂亡国とは、君なきに非ざるなり、法なきなり」、「法は義より生じ、義は衆適より生じ、衆適は人心に合う。此れ法の要なり」と述べ、さらに「法は、天の堕すに非ず、地の生ずるに非ず、人間に発生し、反って以て自ら正す」とも述べている[11]。つまり、法律は元々あったものでもなければ、天から賜ったものでもなく、人類自らが創り出し、人類が制定するものだとした。劉安のこの観点は、ある程度において法の発生に関するマルクス主義の理論に合致している。

2、「厳格な法の執行」を強調

法律は必ず厳格な執行が必要であると強調した。さもなければ、無法に等しく、「法ある者も用いざれば、法なきと等し」となるからである[12]。

3、法律の適用は一律に平等

劉安は次のように指摘した。

法定まるの後、程に中る者は賞し、縄を缺く者は誅す。尊貴なる者にも其の罰を軽くせずして、卑賤なる者にも其の刑を重くせず、法を犯す者は、賢なりと雖も必ず誅し、度に中る者は不肖なりと雖も必ず罪無し。是故に、公道通じて私道塞がる。[13]

4、法律秩序構築を重視

劉安は法律とは統治を守る道具であると考え、「法制礼儀は、人を治むるの具にして治を為す所以に非ざるなり」と明確に指摘した。[14]

5、「国を治むるに二有り、太上は化を養い、其の次は法を正す」を提唱

劉安は「賞を利りて善を勧め、刑を畏れて非を為さず、法令は上に正して、百姓は下に服す。此れ治の末なり」を提唱した。[15]

6、法律執行における人間の役割を指摘

劉安は「徒法は以て自ら行うに足らず」という孟子の観点を引用し、さらに踏み込んで「道有りて之を統ぶれば、法少なしと雖も、以て化すに足る。道なくして之を行えば、法衆しと雖も、以て乱すに足る」と述べた。[16] したがって、劉安は法の執行者自身の修養と素養を強調したのである。

7、国家利益を体現する法律制度を以て刑賞の客観的基準と為すを強調

すなわち、「明主の賞罰、以て己の為に非ずなり。以て国の為なり」である。[17]

劉安の『淮南子』における中心的思想は、道家の「無為にして治まる」を崇拝する国家統治理念である。彼は「君道は、以て為すある所に非ざるなり。以て為す無き所なり」[18]、「人主の術は、無為の事に処りて、不言の教を行う」、「一日之を形して万世之を伝うるは、為す無きを以て之を為せばなり」と述べている。[19] 劉安は無為の治を提唱し、法の精神は不変ながら、具体的な法律制度およびそこに適用される原則は時代に応じて変わるべきことを求め、「天下豈に常の法有らんや。事に当り、理に得、天地に順い、鬼神に祥えば、則ち以て治を正す可し」と明確に指摘している。[20] 劉安は政治の上で中央集権に反対したが、野心を抱いていたわけではなかった。彼は国家統治理念に対する研究を重ね、老子の「無為にして治まる」を推奨したが、これは当時最適なものであった。しかし時代の潮流には根本的に反していたことから、最終的には反乱が起き、武帝によって殺される。

『淮南子』は二一篇から成り、西漢以前の国家統治の興亡・成敗や禍福の経験と教訓を系統的に総括している。秦王朝滅亡の原因と漢初に「無為にして治まる」が勃興した理由については、特に真剣に分析しており、君主が国家統治を行う根本的大法は「無為」であると考え、次のように宣言した。

君道は、以て為すある所に非ざるなり。以て為す無き所なり。何をか為す無しと謂う。智者は位を以て事を為さず、勇者は位を以て暴を為さず、仁者は位を以て患を為さず、為す無しと謂う可し。夫れ為す無しは、則ち一を得ればなり。一は万物の本なり、敵無きの道なり。[21]

つまり、君主の国家統治の道は、何かをする有為ではなく、何もしない無為なのである。無為とはどういうことか？『淮南子・主術訓』にそれをまとめた説明がある。君主の無為とは、何の思慮もないことでもなければ、一時の衝動によって軽挙妄動に走ることでもない。それは公正な賞罰、厳明な法の執行、群臣の「有為」に頼る「無為」で、それにより政治目的を果たすものである。『淮南子』は、人類社会も自然の規律と同じで客観的な運行法則が存在しており、よってそれに順応しながら国家統治を行うべきで、わがままに振る舞ってはならないと考えた。この意味から言えば、「無為にして治まる」と「道は自然に法る」には一定の意義がある。まさにこうした理由で、漢の武帝は淮南王劉安こそ「七国の乱」の首謀者であるとし、その場で処刑したのである。ただし劉安が主宰して編纂した『淮南子』に出て来るいくつかの観点は保存し、儒学の中に取り入れた。我々は、『淮南子』が提唱する国家統治理念が主張するのは、「無為」の中の「有為」であり、客観的規則への順応を強調したのだと考える。これは新時代において、全面的な法に基づく国家統治を推進する上で参考とする意義がある。我々は必ず国情から出発し、客観的規律を尊重し、中華民族の偉大な復興のために各民族が共に奮闘・努力を行い、社会主義現代化強国を構築するために全力を尽くさなければならない。

四、董仲舒の法思想

董仲舒（前一七九〜前一〇四）は、西漢の哲学者にして今文経学（訳注：古文と呼ばれた秦以前の古い字体で書かれた経書に対して、漢代において当時流行していた隷書で書き写された経書）の大家で、『春秋決獄』の発起者でもある。広川人（現在の河北省景県西南）で、儒家宗法思想の典型的代表であり、その封建性や保守性はより突出している。彼は『春秋繁露』や『挙賢良策』などを著し、その主な法学思想は以下の数点となる。

1、「三綱五常」を提起

董仲舒は天意を借りて神権・君権・父権・夫権を一つにくくり、中国封建神学体系を作り上げた。「三綱」とはすなわち、君は臣の綱、父は子の綱、夫は妻の綱である。「五常」とは、仁・義・礼・智・信である。これらは二千年以上にわたり、常に封建社会の正統に奉られてきた。その虚偽性や欺瞞性は容易に見抜くことができる。

2、「性三品」を主張

董仲舒は人性を、上・中・下の三品（いわゆる「聖人の性」、「中民の性」、「斗筲（とそう）〈訳注：度量の狭い人〉の性」）に分けた。彼は聖人の性は至善で、小人の性は至悪だとした。そして「聖人の性は、以て性と名づくべからず。斗筲の性は、又以て性と名づくべからず。性と名づくる者は、中民の性なり」と述べた。[22] 彼は孟子の性善説と荀子の性悪説を特に批判した。つまり、董仲舒は封建等級制度の合理性を全面的に証明したのである。

3、「天人感応」を宣揚

董仲舒は「天道」と「人事」を無理やり結びつけて比較し、「道の大原は天より出づ。天変ぜずんば、道も亦変せず」を全面的に論証した。そして天の意を借り、封建統治秩序を神聖化・絶対化し、人々が封建君主や地主階級の統治に服従するよう誘導を試みた。

4、「百家を罷黜して独り儒術を尊ぶ」を提唱

董仲舒は漢の武帝に向かって儒家の学説のみを崇拝するよう明確に進言している。漢武帝建元元年（紀元前一四〇年）、董仲舒は儒家の学説のみ独尊するよう提案する。諸子百家は出てきたが、儒家の経典に通暁する人材のみが官職に就けるとし、統一された思想を借り、専門の中央集権制度を固めるのだとした。武帝はこの進言を受け入れ、後に太学に五経博士を特設し、儒家の経典を以て子弟を教育し、官吏の選抜も儒家をその基準とした。これにより、儒家思想は封建統治を守る正統な思想となったのである。

5、「春秋決獄」

董仲舒は法律の役割を完全否定した。彼は孔子唯一の著作、すなわち魯国に関する編年史『春秋』を判断の根拠とするよう提案し、泣くに泣けず笑うに笑えない常軌に反した多くの判決を生み出した。善人を不当に捕らえ、悪人を放免し、封建法制を大きく破壊したのである。「春秋決獄」はまたの名を「公羊春秋決獄」、あるいは「引

経決獄」とも言われる。『後漢書』の記載には、「董仲舒老病にて致仕（訳注：退官のこと）せり。朝廷政議ある毎に、数び廷尉張湯を遣し親ら陋巷に至らしめ、其れに得失を問う。是に於いて『春秋決獄』二三二事を作る」とある。(23)『通典』や『太平御覧』の解釈によれば、いわゆる「春秋決獄」とは、刑事犯に量刑を定める際、儒家の経典『春秋』を直接の判断基準としたことである。このようにすれば、冤罪や誤った判決が下されやすくなるのは明らかである。儒家の経典は直接法制を破壊したが、より深刻なのは、儒家思想の法律化という先鞭をつけてしまったことで、魏晋以降、法律の儒家化へと影響したところにある。

五、桑弘羊と『塩鉄論』

桑弘羊（前一五二～前八〇）は洛陽人で、漢の武帝の際、治粟都尉に任じられ、大司農を任されて重農抑商政策を推進した。また、塩鉄官営を実施し、辺境の開拓にあたった。かつては霍光などと共に漢の昭帝の政を補佐した。塩鉄会議においては、国家統治理念方略と政策など各方面にて熾烈な論争を展開した。桑弘羊の観点は、桓寛が書いた『塩鉄論』の中に記載されている。

紀元前八一年、西漢の昭帝が指揮を執り、各地で推挙された賢良文学（訳注：有能者のこと）六〇人余りが宮廷にて会議を挙行し、塩鉄官営に反対して御史大夫の桑弘羊と何度も弁論を繰り広げた。その内容は極めて広範に及ぶが、ここではその国家統治理念と国家統治思想が記載された桑弘羊の観点に関して簡単に述べる。

1、「時局に因って法を立てる」とする法律進化論思想を提起

桑弘羊は「善く声すれど転を知らざれば、未だ歌うこと能うと為すべからず。善く言すれど変を知らざれば、未だ説うこと能うと謂うべからず」と述べ、(24)さらに「故に射る者は勢に因り、治むる者は法に因る」とも述べた。(25)つまり、もしも政治に欠点があれば、元々現行の法令を執行すればよいところを、昔の礼制に基づいて処理しようとしたがる。これはまるで、火事の際、近くの建物横にある池の水で消火しようとせず、わざわざ大河の水を汲んできて消火にあたるようなものであり、実際的なやり方ではない。この道理が言わんとしているのは、法律は時代に応じて変え、時の流れの変化に応じて新たな規定を加え、もしくは思い切って新たな立法を制定し、新たな変化や発展に適応させる必要があるということである。

2、法を以て国を治めるを強調し、儒生が提唱した教

化を風刺

桑弘羊は、社会の秩序を壊す犯罪分子は、「網疎かなれば則ち獣を失い、法疎かなれば則ち罪を漏らす」ためだと考えた。彼から見れば、法に基づいて犯罪を取り締まらなければ、「其の心を累し、其の意を責める」効果は得られないのである。

3、「刑を以て民を正す」法律思想を提起

法律は元々、統治階級の意志の現れであり、統治階級がその政権を維持するための主要な道具である。ただしこれは純粋な道具ではなく、例えば国家統治や教育教化の役割といったより大きな役割を持つ。桑弘羊が反対したのは「純道具論」で、法律は確かに一種の道具であるが、ただの道具ではないと考えた。したがって彼は次のように述べている。

> 人君は悪民を蓄えず、農夫は無用の苗を蓄えず。無用の苗は苗の害なり。無用の民は民の賊なり。一害を鋤けば衆苗成り、一悪を刑すれば万民悦ぶ。(中略)故に刑は民を正す所以なり。鋤くは苗を別つ所以なり。[26]

桑弘羊は西漢の重臣である。漢の武帝の死後、その子の昭帝が帝位を継いだ際、武帝の遺言に基づいて霍光や桑弘羊などが昭帝の補佐にあたった。彼は功労者であり、特に塩鉄を主管したことは当時の経済にとって大きな役割を果たした。塩鉄会議における彼の観点も正しかった。しかし、後に霍光(かくこう)と政治的意見が合わなくなり、加えて反乱に参加する意図を持っていたため、宮中にて殺害された。

六、秦漢時代の法学教育

法学教育は法理学が注目する重要な方面である。これには理論上の論証があるだけでなく、実践面での成果がある。古代中国の法学教育は、早くに始まった。春秋時代には法学の先駆者である鄧析が私塾を開き、法学教育に専門に従事し、影響は大きかった。しかし、国として法学教育を始めたのは、秦の時代である。秦では法家の国家統治理念を奉っていたことに鑑み、「法を以て国を治める」の先例を切り開いて法学教育を極めて重視し、国全体が一つの法学大学堂のようであった。この偉大かつ空前の事業を実施したのは、法家の重要な信条である「法を以て教と為し、吏を以て師と為す」であった。このように国をその範囲として法学教育を展開し、しかも法学教育のみを行ったことは、当時としては異例どころか、空前絶後のことであった。当時は世界的に見ても、ここまで広範囲の法学教育を挙行した国はなく、現在も含めたその後の世界においても、法学教育という一つの教育のみに固執した国はなかった。当時は、正規の教材までであった。それは一九七五年一二月に湖北省雲夢睡虎地で発掘された『法律答問』と『吏を為す道』、さらには二十数部に及ぶ単行法規と計六百条余りの条文である。これらは秦が「法を以て教と為し、吏を以て師と為す」を実践していた歴史的事実を証明してくれる。さらに、法家の大家である韓非子は早くにその著書の中でこれを論証している。彼は次のように語っている。

明主の国には、書簡の文なく、法を以て教と為す。先王の語なく、吏を以て師と為す。私剣の捍なく、首を斬るを以て勇と為す。是を以て境内の民、その言談する者は必ず法に軌し、動作する者は之を功に帰し、勇を為す者は之を軍に尽くす。(27)

つまり、商鞅の変法に始まり、一一の君主を経た百年余りの長きにわたり、「法を以て教と為し、吏を以て師と為す」を徹底し、ついに大きな成果を上げたのである。それが秦の始皇帝による六国統一と中央集権の封建帝国建国における要因の一つであり、中国史上、法学教育が最も輝いていた一頁でもあった。商鞅の変法時代の明確な規定に基づき、「吏民法令を知らんとする者は、皆法官に問う」の制度を構築する必要があるとし、「故に聖人は必ず法令の為に官を置くなり。吏を置くなり。天下の師と為す」と宣言した。(28) 秦律ではさらに、臣民に「若し法令を学ばんと欲せば吏を以て師と為さん」(29)を求めた。秦の時代には「博士」職が専門に設置され、法学教育を専管したという。『漢書』にはすでに「博士は秦の官、古今に通ずることを掌る」との記載がある。(30)

漢は秦の制度を受け継ぎ、博士を設置した。そこには律博士、五経博士、武博士などがある。律博士と近いのは奉行所の案件を専管する「司爺」である。彼は法廷の審議記録の管理以外に、法律教育および参謀の役割を果たしていた。西漢初期の相国であった蕭何と曹参は共に「刀筆吏」出身と言われ、いずれも法律を学び、法律を理解し、法律を職業としていた。もちろん、現有の史料で調査可能かつ官書に記載されている中国の官営法学教育の始まりは、東漢末期の「三国時代」魏の明帝である。史料の記載には、明帝が即位すると、衛覬（えいき）が上奏して曰く「律博を置き、教授を相伝せんと請う」(31)とある。当時の大臣で胡寅（こいん）と称す者が大いに反対したという。しかし、魏の明帝は衛覬の意見を取り入れ、正式に律博士という職を設置し、専門に法学教育を司らせた。ここから、法学教育は一種の制度となり、歴代王朝に踏襲されていく。『冊府元亀』の記載によれば、北斉の律博士は四人、隋の律博士は八人で、そのうち名の知れた者は侯堅固、楊衡之、司馬鋭、傅霖などがいる。

七、王充の法哲学思想

王充（二七~九七）は、字を仲任と言い、浙江省会稽上虞人である。六歳から書に親しみ、八歳には学館に進み、一五歳で太学に入って学んだ。その後、地方の小役人を何代か務めた。性格がまっすぐで真面目すぎるところから、敬遠されがちであった。そこで思い切って仕途を離れ、閉じこもって本を著した。著作に『譏俗』、『政務』、『養性』などがあるもすべて現存しておらず、唯一『論衡』が残るのみである。王充は古代中国の著名な唯物主義哲学者であり、その法哲学思想は以下の通りである。

1、「天人感応」に反対し、「君権神授」を批判

王充は「天人感応」に系統的に反対して「君権神授」を批判した代表的人物である。彼は唯物主義を理論的土台とし、「天」と「人」に対して唯物主義的説明を加えた。まず、彼は「天」を「自然の天」と規定し、「天地は気を含む自然なり[32]」、「夫れ天は体なり、地と同じなり」と述べた[33]。したがって彼は、天は地と同じで、物質的な元素で構成された物質的実体であり、神秘的なものではないと考えた。これを基に、王充は「況や天は人と体を異にする[34]」を強調し、天と人は全く同じ構造ではないと考え、自然現象を擬人化することに反対し、「天人感応」の誤った理論に有効な批判を加えた。そして、「聖主世を治むるや、平安を期し、符瑞を須いず」と明確に指摘したのである[35]。そして「君権神授」の様々な誤りも否定した。もちろん、王充は唯心主義の先験論に反対した際、基本的に経験論の思考回路を用いた。よって、一般事例と個別事例の弁証関係を正確に解説することはできなかった。こうした歴史の限界は、当時としては避けられないことであった。社会の発展の点から見れば、この書の歴史的価値は客観的に存在する。なぜなら、「君権神授」を批判し、皇帝や天子は天上や神が授けたわけではないと考え、人々が君権の神秘性に惑わされないよう指摘したからである。

2、孟子の「性善説」を否定し、荀子の「性悪説」にも反対

王充は「人性」の問題について独自の見解を持っており、孟子の「性善説」の観点を否定しただけでなく、荀子の「性悪説」理論にも反対した。そして唯心主義の神

学が、人性は「天意」によって決められると宣揚する誤った考えを大きく批判した。彼は「人の性を論ずるや、定ず善あり悪あり。その善なる者は、固より自ら善なり。その悪なる者は、故に教告率勉し、之に善を為せしめる可し」と明確に指摘している。[36] 彼は、人性の形成は天賦のものではなく、後天的な教育と環境が影響するのだと考え、よって変えることができるのだとした。この観点は、我々がマルクス主義法学の中で、法の内容は統治階級の物質的生活条件が決定するのだとする科学的論断を認識することに、一定の価値を持つ。これは我々がマルクス主義法学精神を発揚する際の、有力な自国の法治的文化財である。もちろん我々は、教育と環境の変化が直接人性に影響するという王充の観点には、必要な階級本質が欠けており不適当であることも見ておかなければならない。毛沢東は「階級社会の中では、階級性を帯びた人性しかなく、階級を超越した人性などない」と指摘している。[37]「性善説」と「性悪説」に関する問題は、法理学の中ではっきりさせておかなければならない基本問題である。マルクスとエンゲルスは『徳意志意識形態（訳注：ドイツ・イデオロギー）』の中で、法の内容は統治階級の物質的生活条件によって決まり、天性の性善と性悪など存在しないと早々に指摘している。

3、法治を発揚し、法の平等を主張

王充は法家の法治思想を継承・発揚し、「後王に法る」観点を貫いて「漢は周より高し」の観点を提起し、革新と法治を強調して復古と人治に反対した。彼は漢初の「文景の治」を高く評価し、漢文帝の法執行思想をとりわけ賞賛した。例えば、文帝が法律の尊厳を守り、法に基づいて自らの叔父である薄昭を制裁したやり方を肯定し、「法は乃ち天下の名器なり。法宥すべきものは、天子私を以て誅すを得ず。法誅すべきものは、天子私を以て宥すを得ず」と指摘した。[38] 文帝が法の平等を貫いた点を王充が賞賛したことは、後世にも比較的大きな影響を与えた。唐の文人・呂温（りょおん）から宋の大儒・司馬光、さらには清末の著名な法学者・沈家本に至るまで、いずれも漢文帝が法の平等思想を貫いたことと、王充が漢文帝の法治発揚を賞賛した行為、そこから法の下の平等が古代中国の隅々まで行き渡り、いわゆる「王子も法を犯せば庶民と同じ罪に問われる」が格言として定着したことに対し、高い評価を下している。

王充の法哲学思想は、古代中国において大きな影響力があった。特にその哲学書『論衡』は幅広く伝わり、この書を研究する学者は代々続いた。『論衡』という書は、豊富な実例と引用で自由に描かれており、王充独自の学

術的風格を形成している。ほとんどの法家学者がこれを読むと、疑問が解け、すべてがつながり、学ぶところが多いのである。

八、法解釈の勃興と東漢におけるその運用

法解釈は法理学における重要な問題である。古代中国における法解釈の始まりは秦の時代である。具体的には一九七五年に発見された『雲夢睡虎地秦簡』に表されており、これは我々に秦の時代の法注釈を把握するための見本を提供してくれている。そのうち『法律答問』は、比較的系統的な法解釈の実例となっている。それは秦の法律の貴重な文献の研究というだけでなく、法理学全体の発展を有力に推し進めるものでもある。

秦の時代に対する西漢の法解釈には新たな発展があり、董仲舒をはじめとする経を以て律を釈く大家も現れた。董仲舒は元々経学博士であり、経学を研究したことで経を以て律を釈く大家となった。彼は儒家の学説『春秋公羊伝』を使って法律を解釈し、全部で二三二の事例を処理した。これは当時にしろ、それ以降の時代にしろ、極めて大きな影響を与えた。社会において経書を用いて法律案件を処理・解釈したことで、多くの冤罪や判決ミスが出現し、政府は公信力を徐々に失っていった。しかしこの時、一部の学者、例えば公孫弘や路温舒などが儒家の経典を運用し、次々と法解釈を行った。

東漢の法注釈活動は、西漢の基礎の上に新たな発展を築いた。例えば、許慎、馬融、鄭玄、何休、応劭など、人数が増えただけでなく、範囲が広まり全体数も多かった。『晋書』の記載には、「後人意を生じ、各章句を為る。叔孫宣、郭令卿、馬融、鄭玄諸儒十有余家あり、家ごとに数十万言あり。凡そ罪を断じるに当に用いるべき所の者は、合わせて二万六千二百七十二条、七百七十三万二千二百余言あり」とある。[39] 残念なのは、上述の法解釈が今に伝わっていないことである。その上、いずれも文法解釈に止まっており、立法解釈・行政解釈・司法解釈はなく、その出現も不可能であった。律章句は、東漢学者が法を解釈する際に常に用いる方法であることは指摘しておく必要がある。何勤華教授の考証によれば、これについては別の古書でも証明できる。[40] 以下、二人の法注釈学者を紹介する。

馬融（七九〜一六六）は、現在の陝西省興平人である。漢の安帝時代、武都太守を務め、桓帝時代には南郡太守を務めた。馬融の生い立ちと貢献に関しては、『後漢書・馬融伝』と『晋書・刑法志』に記載がある。大量の経書以外に、馬融は法律書籍にも注釈を加えた。『淮南子』

に注釈をつけ、『尚書』の中の「明居」という言葉には「明居は民の法なり」と注釈を加えている。これは、中国には商の時代から刑法もあれば民法もあったことを意味する。したがって、民法の教材で言われる「民法」という言葉の起源が古代ローマ法における「市民法」だとの説は、商権に値する。馬融の学生は多く、全部で千人余りおり、法解釈者の鄭玄も彼の学生である。

鄭玄（一二七～二〇〇）は、字を康成と言い、現在の山東省高密人である。馬融から古文経学を教わり、漢代経学をまとめ上げ、少なからぬ法律文献が保存されている。法学に関連するその注釈の主な書籍は『三礼注』で、この事は『後漢書・鄭玄伝』と『晋書・刑法志』に詳細な記載がある。「周礼」、特に刑法には多くの法律問題があり、鄭玄は細かく注釈を加えている。『三礼注』は極めて高い参考の価値のある古書である。

九、曹操の法思想と国家統治理念

曹操（一五五～二二〇）は、字を孟徳と言い、沛国譙（現在の安徽省亳州）人で、宦官の家の出である。曹操は孝廉（訳注：中国の漢代に設置されていた人材登用の制度）に挙げられ郎となって仕途に入る。董卓に反対して挙兵し、黄巾の乱を鎮圧して大軍勢となり、建安元年（一九六年）に漢の献帝を許昌に迎え入れた。ここから曹操は「天子を挟み以て諸侯に令す」を始め、武力を以て地主や軍閥の一部を一掃し、官渡の戦いでは数的に不利だった敵の大軍に勝利し、強豪の袁紹を打ち破った。赤壁の戦い後、魏・呉・蜀の三国鼎立の局面が形成されると、自らを魏公に封じるが、建安二十五年（二二〇年）に病死する。曹丕は魏を以て立国し、曹操を尊び魏の武帝とする。曹操は長期にわたる政治生活や軍事生活においてその法理思想を形成していた。

1、法治を崇拝

曹操は長期にわたる政治・軍事活動の中で、法を以て軍を治め、法を以て政を理し、強豪を打ち破り、吏治を改めるという濃厚な法治思想を見せていた。まさに傅玄が評したように「魏武は法術を好み、天下刑名を貴ぶ」である。(41)

2、「共治」を主張

曹操は昔から儒法共治を強調してきた。法治を重視すると同時に、礼治を強調し、「治定」には「礼を以て首と為す」が必要と考え、礼義教化に重きを置いた。彼のこの思想は、「徳主刑輔」の影響を受けている。実際、曹操が用いたのは内儒外法である。彼の一生は、厳密に言えば、重刑主義であった。彼が強豪勢力を打ち破る際は、決して容赦しなかった。

3、法の平等の強調

とは言え、法に基づいて一律に事を行うよう他人に求めたわけでなく、自らと家族でそれを実践していた。彼はある時馬に乗っていたが、その際青々とした苗をいくつも踏みつけてしまった。彼は自らの髻を切って罰を与え、皆に示したのである。息子の曹彰（そうしょう）が軍令に背いた際も、棒打ちの刑を与えた。彼は多くの者を殺したが、みだりに殺したわけではない。『三国志演義』で語られる曹操が無辜をむやみに殺すのくだりは、真剣な考察が必要で、早期に結論を出すべきではない。

4、「刑獄を恤慎（じゅつしん）（訳注：あわれみつつしむ）し」、公平な判決を下す

二一四年、曹操は東呉を攻める東征の準備をし、反対する者は一律に処刑すると規定した。丞相府の主簿であった賈逵（かき）らは、出兵の時宜ではないと上奏して思いとどまらせようとする。曹操は激怒し、賈逵らをその場で捕らえさせる。その後、曹操は情勢の判断に基づき、自分が間違っていたと考え、すぐに命令を出して彼らを釈放し、「逵に悪意なし。其の職に原復」と述べている。これはつまり、曹操は案件を処理する際、人が主観的に間違いを犯したかどうかも考慮に入れ、悪意なき者の場合、その罪を追究しなかったのである。

曹操は中国の歴史上、誰もが知る人物であり、我々は事実に基づいて評価するべきである。歴史発展の角度から見れば、曹操は法家を崇め推し進めた人物であり、その功績は称えられるべきである。彼が北方を統一したことは、社会秩序の安定にとって進歩的意義があったのである。

十、諸葛孔明の法理思想と国家統治理念

諸葛亮（一八一～二三四）は、東漢末期、三国時代の著名な軍事家・政治家・法学者で、字を孔明と言い、現在の山東省沂南県人である。若くして父を亡くし、叔父の諸葛玄（しょかつげん）について荊州（現在の湖北省襄陽市）へ赴く。隆中にて畑を耕して書を読み、古今の博識を積む。隠居して二〇年余りで、人々から「臥龍」と尊称される。二〇七年、徐庶（じょしょ）の推挙や、劉備（りゅうび）三兄弟による「三顧の礼」を経て山を下りる。諸葛孔明は天下を語り、著名な「隆中対」を提起する。劉備を助けて東呉と東の同盟を結び、北は曹操を拒んで荊州を占領し、益州を取得し、西蜀政権を築いて相国に任命された。劉備の死後は劉禅（りゅうぜん）を補佐する。諸葛孔明は勤勉に国家統治に努め、軍を率いて祁山に三度出ており、その功績は顕著である。二三四年、五丈原

にて病死する。諸葛孔明の足跡は、『三国志・蜀書・諸葛亮伝』にある。その著作は『諸葛亮集』に編纂された。

諸葛孔明は著名な政治家にして、有名な法学者でもある。その法学思想、特に法理学思想と国家統治理念は主に以下の通りである。(1)法家思想を受け継いで蜀における法治を徹底し、各種法律制度を完備して腐敗や汚職を取り締まったことで、蜀を次第に強大にしていった。(2)国家統一を貫いて国家分裂に反対し、精力を尽くして生涯三度祁山に出て、直接北魏政権に脅威を与え、劉氏の正統政権中興を図った。(3)国家統治においては、「教を先にして刑を後にする」、「賞罰は必ず信なり」、「法の執行は公正公平である」など一連の法執行原則と要求を提起したことがある。(4)少数民族を団結させ、「彝漢和睦」の良好な局面を形成し、「三擒孟獲」の快挙を成し遂げ、彝族の人々から深く愛された。

諸葛孔明には法執行の具体的事例がいくつかあり、後の世まで語り継がれている。一つ目は、秦の時代の「政苛ければ民怨む」を見て「軽刑」の方針を講じた漢の高祖の方針を受け継いだことである。蜀もまた強豪による「専横のやりたい放題」、「民衆を圧迫」状況に直面していたため、「之を威すに法を以てす」で、土地を呑み込んだ強豪をたたくやり方を講じ、軍民を助け、人々に休養・休息の時間を与えた。二つ目は、腐敗への反対である。証拠を重視し、李厳などに自らの罪を自白させ、統治階級内部の矛盾を合理的に処理した。三つ目は最も重要で、諸葛孔明は生涯清廉だった点である。民のため、国のために尽くし、高い能力と明らかな法により、人々から深く敬愛された。四つ目は、諸葛孔明が厳格な法の執行を主張したことである。国を富ませるという高みから人々に恩恵をもたらし、「大赦」に反対した。彼は赦免を小恵と見做しており、「世を治むるには、大徳を以てして、小徳を以てせず」と述べている。彼は「歳々赦宥するも、何ぞ治に益あらんや？」と考え、また「科教は厳明にして、賞罰は必ず信なり」を主張した。(42)

諸葛孔明の一生は、勤労かつ廉潔を主張した一生であった。彼は蜀の宰相として、私欲を貪らず、息子に才能があったにもかかわらず、重要な役職に就かせなかった。彼は国のため、民のために、いかなる私心も持たず、確かに封建社会には得難い良官であった。同時に、彼は勤勉で学び好きの才徳兼備な政治家でもあった。彼は厳しく明確な法の執行を行い、公平と正義を守った法学者であった。

[注]

(1)『中国大百科全書（法学巻）』中国大百科全書出版社、一九八四年版、四七九頁より孫引き。

(2)『中国大百科全書（法学巻）』中国大百科全書出版社、一九八四年版、四七九頁より孫引き。

(3)『史記・老荘申韓列伝』。

(4)『過秦論・中篇』。

(5)『雲夢睡虎地秦簡・法律答問』。

(6)『雲夢睡虎地秦簡・法律答問』。

(7)『中国大百科全書（法学巻）』中国大百科全書出版社、一九八四年版、三六八頁より孫引き。

(8)『史記・秦始皇本紀』。

(9)『史記・蕭相国世家』。

(10)『漢書・晁錯伝』。

(11)『淮南子・主術訓』。

(12)『淮南子・主術訓』。

(13)『淮南子・主術訓』。

(14)『淮南子・氾論訓』。

(15)『淮南子・泰族訓』。

(16)『淮南子・泰族訓』。

(17)『淮南子・繆称訓』。

(18)『淮南子・詮言訓』。

(19)『淮南子・主術訓』。

(20)『淮南子・氾論訓』。

(21)『淮南子・詮言訓訓』。

(22)『春秋繁露・実性』。

(23)『後漢書・応劭伝』。

(24)『塩鉄論・相刺』。

(25)『塩鉄論・大論』。

(26)『塩鉄論・後刑』。

(27)『韓非子・五蠹』。

(28)『商君書・定分』。

(29)『史記・秦始皇本紀』。

(30)『漢書・百官公卿表序』。

(31)『三国志・魏志・衛覬伝』。

(32)『論衡・談天』。

(33)『論衡・祀義』。

(34)『論衡・変虚』。

(35)『論衡・宣漢』。

(36)『論衡・率性』。

(37)『毛沢東選集（第三巻）』人民出版社、一九九一年版、八七〇頁。

(38)楊鴻烈『中国法律思想史』中国政法大学出版社、二〇〇〇年版、一七三頁より孫引き。

(39)『晋書・刑法志』。

(40)何勤華『中国法学史』法律出版社、二〇〇六年版を参照。

(41)『晋書・傅玄伝』。

(42)『中国大百科全書（法学巻）』中国大百科全書出版社、一九八四年版、八一三頁より孫引き。

第四章　両晋から隋唐に至る時代の法理学の発展

一、古代中国の法体系の形成

法体系は法理学における重要な理論かつ実践問題である。古代中国法理学においても重視され、理論と実践の面から研究が重ねられてきた。

中華法体系の源は李悝の『法経』である。そして商鞅が『法経』を携えて秦に加わり、法を律へと変え、百年余り続いていく秦の改革活動を指揮した。具体的な法律がいくつか加わったとは言え、その編目自体に変化はなかった。西漢初年になると、蕭何が『九章律』を定める。これは『法経』六篇（すなわち、『盗法』、『賊法』、『囚法』、『捕法』、『雑法』、『具法』）を基盤とし、そこに『興律』、『廐律』、『戸律』を加えたものである。つまり、九つの部門から構成される法体系が初期形成を見たのである。

魏晋時代になると、法体系がさらに完備されていく。魏律は『具律』を最上位に位置づけ、その名も「刑名」と改称したが、これは主に刑法の条項や法例、いくつかの原則を規定したものである。そして『漢律』の構成を改革し、一八篇へと拡張した。晋律もまた魏律を基にさらなる完備を進めていく。魏律の「刑名」篇を「刑名」と「法例」の二篇に分け、律文の最上位に位置づけた上で、刑法の総則部分とした。同時に、法体系を再び調整し、全部で二〇篇とした。これで大方の規模は整い、当時の需要にほぼ適応できる形となった。南北朝時代に『北斉律』という法体系が存在したが、これは比較的完全なものであったと言うべきである。そこで法史学者は、『法経』の沿革を通常、『法経』―『秦律』―『漢律』―『魏律』―『北斉律』―『隋律』―『唐律』―『宋刑統』―『元典章』―『明大誥』―『清律』というふうに表記する。清末になると、中華法体系は基本的に消滅し、現代法体系に取って代わられる。もちろん、ここには少なからぬ争いがあった。そのうち、隋の『開皇律』は重大な変革であったと言うべきで、体系が尨大かつ煩雑で、条項も多く、数百条に上り、いくつかの法原則（主に刑法と刑訴原則）もあった。これは、象徴的意義を持つ唐代の封建法体系である『永徽律』（すなわち今日でも保存されている『唐律疏議』）制定のための礎となった。

この時期は中国法理学の発展に大きく貢献した時期であり、比較的完全かつ相当整った封建法体系を備えていただけでなく、中国の周辺にも大きな影響を与えた『唐律疏議』を有していた。さらにいくつかの法原則（主に刑法原則）と刑法総則に関する理論も打ち出した。主に以下のものが見られる。

1、共犯に関する理論

『唐律』では「共同犯罪」という犯罪形態を確定し、それを「正犯」と「従犯」の二種類に分けた。犯罪過程における区別だけでなく、量刑の上でも異なる扱いをしたのである。通常、正犯の罪は重く、従犯の罪は軽いか減軽処置がなされる。『中華人民共和国刑法』における主犯と従犯の区別も、古代中国の刑法を合理的に借用したものである。

2、罪刑法定の原則

これは現代刑法における重要な原則であり、古代中国刑法体系の中にその源を探ることができる。古代中国においてもこの原則に触れた学者がいる。「又、律法で罪を断ずるは皆、法律を以て正文を令するべし。若し正文無くば、名例（訳注：総則）に依って之を断ずる。其の正文名例に及ばざるものは皆論ずべからず[1]」。もちろん、これは学者の観点であるが、当時の影響力は大きく、実際の判決にも実質的作用を及ぼしている。

3、判例法の運用

中華法体系では、昔から判例の法的効力を認めてこなかった。つまり、判例法を認めないのであり、これは現在でも変わらない。ただし、判例の参考の価値について否定はしていない。特に刑法の場合、具体的な犯罪状況がすべて異なるため、判例法を適用することは不可能である。しかし、民事裁判であれば、判例の参考には一定の意義がある。『晋書・刑法志』では民事判例の適用についていくつも論述している。

4、礼法制度と封建等級特権から発した刑事法律制度の確立

曹魏の時代から「八議」が刑法典の主要内容に組み込まれた。特に『北魏律』と『北斉律』では、「十悪」と「八議」を共に刑法へと正式に書き加えた。当初、「十悪」は「重罪十条」と呼ばれたが、『開皇律』において「十悪」と改称された。十悪とはすなわち、「一に謀反、二に謀大逆、三に謀叛、四に悪逆、五に不道、六に大不敬、七に不孝、八に不睦、九に不義、十に内乱」である。「十悪」は重罪とされ、「十悪赦さじ」の言葉もある。そして礼法制度の要求に基づき、これら十種の犯罪には重罰が下

される。「八議」の状況はこれとは逆で、八種に属する罪を犯した犯罪者は中央がこれを処理する。これは刑法の中に封建貴族特権を明確に表すもので、これらの罪は中央によって軽い処置を講じてもよいということになる。この八種の人間が罪を犯した場合、「大は必ず議し、小は必ず赦す」とある。[2] 八種の人間とは、「親（皇帝の親族）」、「故（皇帝の旧友）」、「賢（賢人君子）」、「能（政治・軍事面で才能ある人物）」、「功（大功労者）」、「貴（一定の位にある官爵者）」、「勤（国に特別な貢献をした人物）」、「賓（前王朝の皇帝とその末裔）」を指す。

5、法形式の変化

漢代における法形式の基本的定型は律・令・科・比であった。律とは、国が定めた法律規範の総称である。令とは、漢代が秦代から受け継いだ法律形式で、主に皇帝が発布した勅令を系統的に整理したものである。科とは、主に律令条文に対する解釈と細分化である。比とは、すでに判決が出て、かつ朝廷から認められた典型的判例を指す。そして晋朝になると、律と令が厳格に区別されるようになる。いわゆる「律は八、以て罪名を正す。令は八、以て事制を存す」で、律・令・勅の三種類の法形式があることを明確に規定した。[3] 律は国が定めた法律規範を指し、令は一時的な法律制度を指す。令に違反した者は、律に基づいて罪が定められ刑に処せられた。勅事は「科」と同じで、判決の具体例を指すが、通常は法的効力を有しておらず、あくまでも参考に止まる。

6、民法制度をより細分化

古代中国の法律はほとんどが刑法である。例えば戸律（訳注：古代中国では、「家」を「戸」として組織し、統治の基礎的な単位とした）や田律などのように、たとえ民事法であっても、刑事法の中に規定している。晋代以降、民事立法、例えば婚姻・財産・土地などに関する規定はさらに細分化された。例えば『晋律』では、かつて「占田令」あるいは「均田令」など封建土地等級占有制が公布されている。

7、法律解釈の範囲と役割は拡大の一途

北魏の頃から、法律解釈の役割はますます高まっていく。特に晋律は魏律を改良したが、例えば張裴（ちょうはい）や杜預（とよ）などの律家の法律に対する解釈は大きな役割を果たした。この時の法律解釈は、すでに文法解釈（すなわち字義解釈）の段階から拡充解釈や制限解釈の域にまで達しており、『唐律疏議』の前後に至ると、すでに解釈された法律と同等の法的効力を備えるようになり、法律解釈を法理学における重要な内容の一つへと押し上げた。

二、『晋書・刑法志』の法理的価値

『晋書・刑法志』は、古代中国二十五史において、文字的意義に止まらず、法学的意義からも重要な法理学的価値を持つ優秀な史書である。これは後の世に、唐初の著名な大臣である房玄齢（ぼうげんれい）、褚遂良（ちょすいりょう）、許敬宗（きょけいそう）が監修し、大部分の法学史家が編纂した公的史書である。この本の史料は南北朝史家の作品を基に、唐の太宗の命を受けて修正されたものである。これは南北朝時代の非常に価値ある法学著作であり、とりわけ法理学に関する観点はより大きな価値を持つ。以下、簡単に述べる。

1、法学が独立した学科を形成

中国法学は世界各国の法学と同様、初めは独立した学科ではなかった。法学者や著名な法学理論はあったものの、一つの独立した学科とは成りえなかったのである。それが晋以降になると一変し、長期にわたる努力の結果、ようやく独立した学科となる。これが表われているのは以下の点である。第一に、法学を専門に管理する機構と官吏の存在である。これは通常、律博士と呼ばれ、人数は微々たるものであった。晋以降になると律博士が増え、律学生まで出てきた。『冊府元亀』の記載によると、北斉には律博士が四人、隋には八人おり、そのうち名の知れた者に侯堅固、楊衡之、司馬鋭、傅霖など後に官僚となる者たちがいる。唐宋時代になると、法学はすでに正式な専攻となり、科挙制度の中にも明法科が設置され、法科出身の進士も現れた。博士の下には律学生もあった。『唐六典』には、こう記載されている。「律学生は律令を核心課程とし、格・式・法例を兼習する」。『新唐書』には律学生の人数と年齢が具体的に記されている。「律学、生五十人」、「律学十八以上、二十五以下」[4]。同時に、法学の専門教材もあった。例えば徐天麟（じょてんりん）が編纂した『東漢会要』の中には「律学」という科目がある。南斉の学者・崔祖思は律学を絶賛し、「漢より治律に家あり、子孫世々其を業とす。徒聚め講授け、数百人に至る」と述べている[5]。西暦一〇七〇年、宋の神宗は「保甲法」を公布し、「刑法科」を設置した。一〇七三年、王安石は「律学」を公式に設置し、国策と改革の一つとした。要するに、この時期、中国の律学は一つの学科として正式に独立し、国家統治における主要学問となったのである。これ以前にも、法学はすでにこの面での役割を果たしてはいたが、晋代以降、法学は国家統治の学問として誰もが知るところとなり、歴代の政治改革における重要な理論的根拠にまでなった。同時に法学は、歴代著名人が成功するための伝家の宝刀となり、それ以上に民百姓のお守札となった。まさに『荀子・礼論』が言うところの「国は法なければ治まらず、民は法なければ立たず」である。

2、法理学の内容が豊富に

『晋書・刑法志』は古代中国法学の世界観を表しており、法律という社会現象は人類や社会の発展に大きな役割を果たすと考えた。また、法律、特にそのうちの刑罰は天が君主に付与した国と人民を治めるための主要な手段であり、自然界の変化の一部であるとも考えた。したがって、法律の制定と刑罰の実施は、天の意志に背いてはならず、自然界の掟にも逆らってはならないとした。『晋書・刑法志』はさらに、黄帝、唐堯、虞舜が刑罰を行使した際、天がそれを助けた様子も描写している。これはもちろん、一種の君権神授思想の反映であり、実際の状況にはそぐわない不正確なものである。しかし、法律を制定して刑罰を実施する際、客観的規則に逆らってはならないという点だけは正しい。これは人々に、法律には主観性もあれば客観性もあることを教えてくれている。

3、法律と道徳の緊密な関係を提起

立法においては、道徳の教化的働きと法律の規範的働きを結びつけ、儒法共治（儒法合流あるいは内法外儒）を求めた。これにより封建政権の強化と国家統一の保護に大きな役割を果たした。ある意味からすれば、これは中華五千年の文明を守ってきた重要な国家統治理念である。法律と道徳の相互関係の認識の深さは、司馬亮の「礼を以て世を訓し、法を以て俗を整える。理化（訳注：治め導くこと）の本なり、事実之に由る」という上奏からも見て取れる。[6] 熊遠に至っては奏議において「礼は善を崇め、法は非を閑ぐ。故に礼に常典あり、法に常防あり。人は悪を知れば邪心無し」と弁証によって論じている。[7]

4、部門法基礎理論の進展を総括

『晋書・刑法志』は中国法理学の発展史において重要な地位を占めている。それは法学理論、すなわち法の一般理論を概括した成果に止まらず、この時期の部門法基礎理論の進展を総括した点にある。例えば、罪刑法定の原則、法に基づく刑使用の原則、共同犯罪理論などであり、法理学における法律解釈（法律名称や法律条文の解釈を含む）と司法心理学の面で比較的大きな進歩が見られた。これは法学を独立した学科として学術の森に位置づけただけでなく、法学の威信を大いに高めた。特に、例えば「人命に関わる」や「王子も法を犯せば庶民と同じ罪に問われる」などといった法律格言を流行らせただけでなく、法の執行山の如し、あるいは悪を仇の如く憎む清廉な代官や諫官を生み出した。大理寺丞（訳注：最高裁判所長官に相当する）の狄仁傑は一年に一万七〇〇〇件を越える案件を裁き、「冤罪なき見事な裁きぶり」であった。あるいは侍御史の崔仁師は、法に基づいて案件を裁き、青州の百姓集団造反事件では、詳しく精査した上で主犯格の数名のみに処置を下し、残りは一律に釈放している。清廉な役人に至っては、実際、包拯などの法官による多くの事跡が長年語り継がれてきた。

しかし、『晋書・刑法志』には、例えば董仲舒の誤った観点を過度に宣伝し過ぎているなどの問題もある。董仲舒の「原心定罪（訳注：罪の動機や心の状態をしっかりと考慮した上で罪状を定めること）」や「春秋決獄」に対して批判をしないばかりか、肯定すらしている。同時に、張斐などの律学家は法律の解釈に一定の役割を果たしたものの、例えば拡張解釈や類推解釈といった具合に解釈の範囲を拡大しすぎるきらいがあった。さらに、歴史上の重要な法的事実に対して真実を記録したものの、その評価が不適切である点が挙げられる。例えば肉刑廃止の過程において、この本は肉刑保留のやり方を繰り返し肯定しているが、これは明らかに歴史の潮流にそぐわないものである。

要するに、当時の歴史的条件の下では、『晋書・刑法志』は良い本であり、肯定すべきものであるが、いくつかの問題も残されており、個別な誤りも見られる。しかし、全体的に言えば、『晋書・刑法志』は古代中国法学、とりわけ法理学の発展にとって極めて大きな促進作用があったのである。

三、阮籍、嵆康の法理思想

阮籍（二一〇～二六三）は、字を嗣宗と言い、陳留尉氏（現在の河南省開封）出身である。経学の家の出で、幼い頃より経書に親しみ、大司馬府の歩兵校尉を務めた。老荘を崇め、嵆康と並び、「竹林七賢」と称される。その後、山林に隠居した。『晋書』は彼のことを、「志気宏放、傲然として独得し、性に任じて羈せられず」と述べている。実のところ、彼は政治に関心を持ち、特別な法理学思想を持っていた。

嵆康（二二三～二六二）は、字を叔夜と言い、譙国銍県（現在の安徽省）出身である。元の姓を奚と言い、後に仇敵から逃れるために居を移し、姓も嵆と変えた。彼も阮籍も「竹林の七賢」の一人である。老荘を崇め、司馬氏集団を皮肉し風刺してきた。彼も阮籍と同様、独特な法理学思想を持っている。

1、表面上は「礼教」に反対

嵆康は司馬氏集団が宣伝していた「礼教」に表面的には反対を唱え、彼らを「安んぞ仁義の端、礼律の文を知らんや」と批判した[8]。しかし実際には、封建の正統等級が明確で礼法を備えた制度に賛同し、「刑は本より暴を懲らす。今は以て賢を脅かす」と「賞罰は存ずと雖も、勧むることなかれ禁ずることなかれ」と大いに庇護していたのである[9]。

2、礼教と自然の統一を提唱

阮籍は次のように主張している。

刑教一体、礼楽外内なり。刑弛めば教独り行けず、礼廃れれば則ち楽立つ所なし。尊卑に分あり、上下に等あり、これを礼と謂う。人その生に安んじ、情意に哀しみなく、これを楽と謂う[10]。

3、「名教を越えて自然に任じる」の礼法観を宣揚

稽康は『釈私論』において、「人道に違無く、名を越えて性に任じる」と述べている。これは礼法に対する二人の思想を代表するものである。彼らは、名教と自然が調和すべきではなく、「自然」の是を以て名教の非を否定すべきだとした。ここで言う「自然」は、当然客観的規則を指す。つまり、礼法は客観的規則にかなっていなければならず、好き勝手にやるべきではないのである。この観点にはある程度参考の価値がある。法律は主観と客観の統一である。いかなる法律も客観的規則に合致するという前提の下でのみ、社会にとってプラスの役割を果たすのである。

もちろん、阮籍と稽康が現実逃避して山林に隠居したやり方を推奨すべきではない。仮に現状の法律に対して異なる見方があるのであれば、意見を出すなり、改革あるいは他の手段を用いてでも時代遅れの法律を廃止すればよい。世の中から逃げ出すような消極的手段を講じるのは間違いである。阮籍と稽康は著名な文学者である。阮籍は詠懐詩の形で司馬氏政権への鬱憤を晴らしていた。彼の八二首におよぶ『詠懐詩』と稽康が死の間際に発した『幽憤詩』は、いずれも当時の政権への不満を吐露したもので、同時に彼らの法学思想も反映している。

良馬は既に閑れて、麗服に暉有り。左には繁弱を攬り、右もて忘帰を接ぐ。風のごとく馳せ電のごとく逝き、景を躡み飛ぶを追う。中原を凌厲し、顧眄して姿を生ず[11]。

この詩の中で、稽康は軍隊における自らの雄姿を想像している。そこには希望に満ちた姿があり、いかに正しい礼法思想や科学的な法理学を以て国を治めたいかとい

う願いの大きさが感じられる。

四、葛洪の国家統治理念

葛洪（二八三～三六三）は、東晋の理論家かつ法学者である。字を稚川、号を自ら抱朴子とした。現在の江蘇省句容県人で、道教において当時著名な人物であった。晩年は官職を辞して人を遠ざけ、修道煉丹に励んだ。儒に仕えながら法も信じており、「共治」を力強く訴えた。彼は道家の人物であるが、国家統治理念も研究してきた。その理念は以下の通りである。

1、法律を「国の神器」、「安危の源」と認識

葛洪は厳刑峻法や軽罪重判を主張した。なぜなら重刑は人を恐れさせ、「夫れ其の畏れる所を以て其の玩ぶ所を禁ず。峻にして犯さずは、民を全う術なり」だからである。(12) 彼は「秦は厳を以て亡びた」の観点を却下し、逆に秦は刑の厳しさと法の峻みによって全国を統一したと考えた。秦が亡びたのは、「奢を窮め泰を極め、威虐を以て加えた」ためであり、厳を以て国を失したのではないとした。そこで彼は、肉刑の復活を主張した。

2、法の執行では貴賤親疎を分けず、法の平等適用を強調

葛洪は「善く政を為す者」は、「貴を誅するを以て威を立て、賤を賞するを以て善を勧める」とし、「法を曲げて意を行うことなく、罪有れば必ずこれを赦さず」、法に基づいて厳格に処理するよう求めた。

3、国家統一と君主専制を提唱

国家が分裂し、豪族が好き放題をしていた当時の政治局面に対し、彼は国家統一を力強く推し、尊君と君主集権を強調し、「君は天なり、父なり」の観点を提起した。そして、君主が立法・行政・司法の大権を一手に握り、君主専制を強化するよう明確に打ち出した。

4、儒・道・法思想による共治を主張

葛洪は「道とは、儒の本なり。儒とは、道の末なり」(13)、「刑罰とは、刃から捍る甲冑なり」と述べた。(14)

国の分裂に際し、当時まさに国家統一を強調したことは、実に得難いと言うべきである。これは法家思想の継承であるだけでなく、法家思想の保護でもある。これもまた、古代中国法理学の巨大な作用を示すものである。道教を崇めた学者が、国家統治理念をここまで敬重するのは、古代中国法理学が発する観点が人々に与えた影響がいかに大きかったかが計り知れる。宋代の欧陽修は陶淵明を評価した際、「両晋に大家なし。ただ陶淵明がいるのみ」と述べている。しかし筆者の見る限り、両晋の大家は、陶淵明という浮世を離れて隠居した大家に止ま

らず、葛洪や崔浩といった祖国の統一と国家統治理念を胸に抱いた法学大家もいたのである。

五、陶淵明の法理思想

陶淵明（約三六五～四二七）は、名を潜、字を元亮と言い、自らを「五柳先生」と号した潯陽柴桑（現在の江西省九江市）人である。曾祖父の陶侃は東晋の名臣である。父もかつて出仕していたが、淵明が幼い頃に亡くなっている。したがって、当時の陶家は冷遇されていた。これは当時氏族や門閥が幅を利かせていた東晋において、望みのない状態であるのは明らかであった。陶淵明も努力して彭澤県令になったが、八〇日余りで官職を辞して帰郷する。博学多才であったが、「桃源郷」での長期隠居を余儀なくされた。隠居生活とは言え、その詩文は後の人々から高い評価を得ており、そこには豊富な法理学思想が含まれる。例えば宋代の大儒教家である欧陽修は、「晋に文章無し。唯陶淵明の『帰去来兮辞』のみ」と述べている。[15]そこには文章の深みがあるだけでなく、法意も色濃く出ている。

1、『桃花源記』と『桃花源詩』は陶淵明による虚構の理想的世界

この理想の世界において、人々は平和で安らかな生活を享受している。ここには苦しい雑役や重税もなく、人が人を搾取することもない。平和・自由・安寧は人類共通の願いであり、公平・正義は人類共通の理想である。これは、法理学が求める人生の価値であると同時に、法理学が提唱する人権保障の生きた具体例でもある。

2、『帰去来兮辞』は陶淵明の代表作

人間は自然に回帰する。これは人性に対する新たな発見である。法理学では人は法律の根本であることを強調し、「人類運命共同体を構築し」、公平・正義・自由・平等・博愛を提唱する。法理学が求めるのは、人が積極的な態度で自由や人権保障を勝ち取ることである。陶淵明は人類共通の理想を確かに示したものの、それは積極的な方法で勝ち取るものではなかった。世間から離れた方法を講じたことは、明らかに間違っている。つまり、理想は確かに素晴らしいが、それは虚構に過ぎない。人自らが勝ち取っていく必要があり、現実逃避をしてはならないのである。こうした虚構の理想世界というやり方は、西側にも「ユートピア」や「リヴァイアサン」および一九世紀の空想社会主義などがある。しかし、空想の中に止まっていてはならず、実際の行動に表されるべきなのである。

3、陶淵明の警句は広める価値あり

例えば、「已に往きしときの諫むべからざるを悟り、来る者の追う可きを知る」などは、非常に深みを持った格言である。確かに、人は常に経験を総括していく必要がある。それは自らの経験と教訓に止まらず、歴史の経験と教訓をも指す。そして古のものを今に生かし、真剣に古代中国の法治的文化財を参考としていく必要があるのである。陶淵明のこの言葉が語ったのは人生哲理であるが、これは法理学にとっても大いに参考となる。我々は法に基づく国家統治の偉大な実践において、これを真剣に総括・参考・昇華していかなければならない。

要するに、陶淵明の詩歌は漢魏の気骨を受け継ぎ、魏晋の風流を受け、古詩の朴訥さを持ちながらも、民謡の自然さを備えているのである。そこには、深い哲理が多く、法理の奥義が内包されており、我々がここから学び、総括し、参考とする価値がある。

六、孔稚珪の法理思想

孔稚珪（四四七～五〇一）は、字を徳璋と言い、会稽山陰（現在の浙江省紹興）出身である。南斉の尚書、右丞、御史中丞、都官尚書など司法要職を歴任した。彼は文武両道に長けていたが、ほぼすべての書が失われ、明の時代に編まれた『孔詹事集』を残すのみである。

1、「法理」を強調

孔稚珪は、国家統治は法制に基づかなければならないと考え、法に基づく厳格な処理を求めた。そして次のように明確に指摘した。

万物を匠す者、縄墨を以て正と為す。大国を馭す者、法理を本と為す。古の聖王たるもの、朝に臨んで理を思い、邪の萌を遠く防ぎ、奸漸を深く杜ち、法理を資として以て化を成し、刑賞を明らかにし以て功を樹てざるものなし。(16)

もちろん、孔稚珪が述べた法理は啓蒙性を帯びており、封建統治の理のみを指す。彼は儒学を崇拝し、その「法理を以て本と為す」は、礼義を以て原則とする封建法制の理を指していた。これは歴史的限界であり、階級の偏見である。しかし、仮にそうした欠点を取り除き、「法理を以て本と為す」の精華のみを用いるのであれば、実践的意義を持つ。我々はすでに全面的な法に基づく国家統治の時代に突入しており、指導者・幹部・国家公務員は、法の執行もしくは司法の過程において、「法理を以て本と為し」、法理の高みと深みから法の執行と司法の重要性を認識すべきである。

2、司法上の「公平・正義」徹底を主張

孔稚珪は、「断獄の職、古より難き所なり。今律文定まるも、必ず用いるべし。用いるに其の平を失すれば、律無しに異ならず」と述べた(17)。彼は、法を用いる際は、法の「理」にかなっていなければならないと繰り返し強調した。彼に法吏が律書を理解していなければ、「謬僻多く、監司習わず、以て相断じること無くば、則ち法書は徒帙里（訳注：書物のこと）に明るく、冤魂（訳注：無実の罪によって死んだことを恨む魂）を獄中に猶結ぶ」のである(18)。法理を明らかにしてこそ公平・正義があることが分かる。

3、法理に明るい者を重用

孔稚珪が法理の重要性を強調したため、南斉は法学教育を重視し、法理の精華も突出している。したがって、南斉では法官と法執行者を選抜する際、「古の名流を尋ねれば、多くは法学あり」と考えた(19)。彼らは、裁きが正確な法官を奨励し、法理に明るく、朝廷に忠実な者を重用するよう主張した。

古代中国には、法治を重視し、法治を広めようとする者が少なからずいた。法家の人物の功績は誰もが知るところであるが、真に法理を理解していた法家は多くなく、彼らは往々にして法家と重刑主義（「刑を以て刑を去す」）とを結びつけた。したがって、社会の進歩に対して貢献のあった法家であるが、重刑主義を強調し過ぎたことで、あまり尊敬されることはなかった。彼らは、司法に携わる者は法理に精通し、公平や正義を主張するよう強調したのであり、孔稚珪はその典型的代表であった。封建時代の司法官吏でありながら、ここまで法理実践を重視できるのは実に珍しく、これもまた古代中国法理学が理論のみならず、実践も有しており、真に法治文明の実例だと言えることを示している。

七、劉勰の法理思想

劉勰（四六五～五三二）は、山東省莒県人で、南朝の梁の武帝の時代に県令や宮中通事舎人を歴任した。その後、筆を投げて従軍し、歩兵校尉も務めた。劉勰は中国の文壇における著名な文学評論家であり、著書に『文心雕龍』がある。同時に彼は、当時の法家の代表的人物でもある。劉勰は生涯独身で、晩年には出家して僧となった。

1、法家の観点に賛同し、「法は時に因って変わり、古の法を守る必要あらず」を主張

劉勰は、「是を以て明主は務めて其の法に循い、時に因りて宜を制す。人を利すれば、古に法るなかれ。必ず事を害すれば、旧きに循うべからず」、「化を成す宗は時

に随うことにあり、治を為す本は世に因ることにあり。未だ世に因らずに治を欲し、時に随わずに化を成したことなし。斯を以て政を治めるは、未だ衷にあらず」と述べた[20]。これはつまり、法は時代の変化に応じて変化し、国家統治や政の現実的需要から出発すべきであり、ひたすら旧態を守るべきではないの意である。

2、法は利に趨って害を避けるよう提唱

劉勰は次のように語っている。

> 人は皆、利に就いて害を避けるを知る。害に縁って利を見るを知らず。皆、得を愛し失を憎むを識める。失に由って得に至るを識めず。（中略）樊石は歯齲の痛みを止めるが、牙根朽ちる。躁痛は餌なれど、必ず害を生ぜしめる。此は小利を取って大利を忘れ、惟軽害を去って重害を負うなり[21]。

人が小さな利益を求めて大きな損害を受けないためには、法を重んじるしかないのである。彼はまた、「民を治め下を御すには、法より正しきものなし。法を立て教えを施すには、賞罰より大きいものなし。賞罰は国の利器なり。人を制す柄なり」と述べている[22]。ここでは劉勰が法家の観点を完全に継承し、利に趨って害を避ける上での法が果たす特殊機能を強調しているのは明らかである。

3、法家の教訓をまとめ、法の執行の鍵は人であることを強調

君主は独りで天下を治めてはならず、賢人を求めなければならないとした。彼は次のように語っている。

> 龍蛇に翻騰の質あり、故に雲に乗り霧に依ること能う。賢才に政理の徳あり、故に勢を践み、位に処すこと能う[23]。

したがって、法の執行には法律人材が必要で、こうした人材は賢徳を備え、徳才兼備の者でなければならないのである。

4、明徳寛刑の主張を提起

劉勰は下記のように指摘した。

> 刑罰は、民の寒暑なり。教令は、民の風雨なり。刑罰が時ならずば民傷つき、教令に節なくば俗弊す（中略）故に善く理を為す者は、必ず仁愛を以て本と為し、苛酷を以て先と為さず。刑罰は寛宥に、以て人命を全うす。徭役（ようえき）の省に徹し、以て民力を休める。賦斂（ふれん）を軽約

し、人財を匱くさず、農時を奪わず、以て民の用足りれば、則ち家ごとに給し国が富み、太平に至るなり。(24)

劉勰に「徳法共治」の思想があり、良好な効果を得ていたことは明らかである。

劉勰は著名な文芸評論家として、徳法共治思想を有していたが、当時としては極めて珍しく貴重なことであった。もちろん、彼の貢献はまず文芸評論においてであり、彼が著した『文心雕龍』、その中でも「風骨篇」は、文学者としての剛健な気骨と豪快な芸術的風格だけでなく、法家の一貫した魂も持ち合わせており、さすが中華文化の宝である。

八、拓跋宏の法思想とその改革の成果

拓跋宏（たくばつこう）（四六七～四九九）は、北魏の第七代皇帝孝文帝であり、中国の歴史上に名を残す少数民族の政治家かつ改革者である。彼は幼くして即位し（約五歳）、二四歳から親政し、改革を行って都を洛陽へと移し、「元」氏に改称した。拓跋宏の事跡は『魏書・孝文帝紀』に記載がある。その法律思想と政治改革の成果は以下の通りである。

1、法制改革を運用して新法を公布し、漢化方針の推進

当時、北魏は少数民族居住区に位置しており、主に鮮卑族（訳注：古代北アジアで活動した遊牧民族）が占めていたため旧習の踏襲が深刻であった。民族の団結を強め、鮮卑族の一層の発展を図るため、当時は漢語（中国語）が公用語とされて漢服が提唱され、先祖代々の姓も改められた。

2、法律改訂作業を強化し、法律は国家統治の根本であることを力強く主張

拓跋宏は身を以て行いを示し、自ら率先して法や規則を遵守した。より重要なのは、彼が自ら裁きに加わったことで、法律に親疎なく、権貴を避けぬようその運用を徹底させ、厳格な法の執行を実施させた。彼は歴史上、法を守ることに突出した皇帝であった。

3、「礼」と「法」の関係を正しく認識・処理

拓跋宏は礼の教化的役割を重んじ、法の規範的役割も重視したが、「法」を「礼」の前に置き、「法を以て之を斉し、礼を以て之を示す」と述べ、(25) 比較的合理的に礼と法の有機結合を行った。

4、汚職を懲らしめ、管制を改革

拓跋宏は漢族が作った俸禄制度を模倣して「職員令」を作り、官吏の行動を法に基づかせた。そして四九四年

に制定した『考績の法』を実施し、漢族の地主にも参政の機会を与えるよう規定した。

5、無辜の連帯責任に刑法上反対

拓跋宏は連座の法を廃止し、残酷な車裂きや腰斬りなどの刑罰も廃止した。これにより、法律の運用を日々進歩させた。

6、民族の協調と国家の統一を主張

拓跋宏は、他民族同士で互いの長短を補い合うよう徹底させた。北方における農業上の成功ぶりは、できるだけ南方へ広めようとした。また鮮卑族など少数民族には漢族の服飾を模倣させた。その執政期間中、各民族は団結して助け合い、その後の南北統一の土台を築いたのである。

中華民族五千年余りの文明史は、そのほとんどの期間が中華帝国に統一されたものであったが、一部の期間は分裂状態にあった。南北朝はまさに分裂期間が比較的長かった時期である。この期間中、少なからぬ政治家や法律家が民族団結と国家統一をそれでも主張し続けた。拓跋宏はそうした民族団結や、他民族間で相互に尊重と学習をするよう主張し、国家統一を望んだ皇帝だったのである。

九、楊堅の法思想とその『開皇律』

楊堅（五四一～六〇四）は隋の文帝とも言い、弘農郡華陰（現在の陝西省）出身である。北周人で、父を踏襲し随国公と呼ばれる。その娘は宣帝皇后で、静帝が幼くして即位した際、楊堅は丞相として朝廷の政務を取り仕切り、隋王に封じられた。大定元年、静帝を廃して自ら立ち上がり、隋朝を起こす。五八七年に梁が滅び、隋が陳を滅亡させたことで南北朝時代は終焉を迎え、統一が実現した。その法律思想と主な功績は以下の通りである。

1、南北朝分立の局面を終わらせ、国家統一を実現

これは秦の始皇帝以来、再び中華民族の統一を実現させた快挙である。特に北方の少数民族を統一された民族大家族の中に組み込み、南北の文化と生産の相互交流をスタートさせて生産力を高めたことは、隋朝を豊かな王朝とさせるための基礎を築いた。

2、承前啓後の『開皇律』を制定

李悝が自ら『法経』を編んで「中華法系」を形成して以来、東西両漢の発展と南北朝による踏襲を経て、隋の文帝はその経験と教訓を総括し、創造的な立法を通して『開皇律』を制定した。これは全部で一二篇から成る刑法を主とした法体系である。厳密に言えば、中華法系は

『開皇律』に始まり、その後、修正や削除を経て唐代永徽年間に至った。すなわち唐の高宗の時代、すでに規模が大きく体系が完備され、かつ少しずつ解釈の進んだ東アジアないし世界的に有名な『唐律疏議』を形成しつつあったのである。

3、官制を改革し、比較的系統的な封建官僚制度を形成

楊堅は在位期間中、九品以上の官吏は一律に中央が任免するようにし、国家機構の上で中央集権的な封建帝制を完備させた。特に中央三省、すなわち尚書省・中書省・門下省の設置は、後の世まで踏襲された。

4、科挙制度を創設

科挙制度は封建社会で人材を選抜するための良好なメカニズムを提供し、旧官僚体制を廃止するための条件を作り出した。しかし、社会が発展するにつれ、こうした限界のある人材選抜メカニズムはますます時代に合わなくなっていった。その後、「明法科」などの科目を増設したものの、その形骸性や非科学性は日増しに露呈していき、後に廃止せざるを得なくなった。

隋朝は中国の歴史において重要な期間であり、中国経済の発展に大きな役割を果たした。唐の太宗はかつて人を派遣して隋の時代に残された食糧を調べさせたが、それは唐朝が十年食べ続けても余りある量だったという。隋朝の滅亡は、主に煬帝の暴政にあった。時代に逆行したことをして人々を酷く圧迫したのである。人々は立ち上がらざるを得なくなり、結局煬帝は宮中にて殺される。李淵が混乱の中で機に乗じて政権を奪い、唐朝を立ち上げた。

隋の文帝が実施したのは法家の路線であったというべきである。彼は法治を重んじ、祖国の統一を守り、中華民族の繁栄を促進し、特に立法の上で大きな功績を残した。人々の心には、煬帝が残酷だったことで隋を批判する気持ちが残っている。これは誤りではないが、隋の文帝父子が法家を崇敬し、心を込めて建国の事跡を残したことも忘れてはならない。

十、唐太宗の国家統治理念と「貞観の治」

唐太宗（五九九～六四九）は李世民のことで、唐の高祖・李淵の次男である。六二六年、玄武門の変を起こさざるを得なくなり、李淵を退位に追いやって、翌年「貞観」と改元した。その国家統治には見るものがあり、「貞観の治」と呼ばれている。唐朝は古代中国史上有名な王朝であり、国際的にも大きな影響力を持った東方の著名国であった。当時は「八方からの王朝詣で」といった盛況

ぶりも見られた。李世民は在位二〇年余りで、その業績は『旧唐書・太宗本紀』と『貞観政要』の中に記載されている。

1、総合的な国家統治で儒法共治を貫き、「偃武修文（訳注：戦争をやめて文化を高めること）」と「安人寧国（訳注：人民と国家の安寧を図ること）」方針を徹底

貞観七年（六三三年）、唐の太宗は群臣を動員し、国家統治の道について話し合った。魏徴などが「徳治」を主張し、太宗はその場で採用した。同時に太宗は法治を発揚して、「法は朕一人の法に非ず。天下の法なり」、「法は国の権衡なり」と指摘し、一連の措置を講じて法治建設を強化した。また、道家の「無為の治」と墨家の「義治」も同様に重んじた。つまり、貞観時代は各家の国家統治理念を合理的に参考かつ利用したのである。そして、「徳礼を政教の本と為し、刑罰を政教の用と為す」の原則を確立し、各家の長所を取り入れて総合的国家統治を行い、顕著な成果を収め、「貞観の治」を成し遂げたのである。明の太祖・朱元璋は「唐の太宗皇帝は英姿世を覆い、武は四方を定め、貞観の治、文徳を広める。天下を君臨する徳と万世を安んぜしめる功を有する者なり」と称賛している。

2、諫を納むること流るるが如し、君臣合体、苦しみつつ創業

「貞観の治」の主な特徴は、太宗の「納諫流るるが如し」であり、幅広く各種意見を聞いた点にある。そのうち典型的なのは、魏徴の鋭い諫言を真面目に聞き入れた件である。一つの例がある。貞観六年、群臣が繰り返し上奏し、太宗はようやく許可を出す。ただ一人魏徴のみが反対する。太宗は立て続けに六つの質問をし、魏徴はそれらすべてに答える。「高し」、「厚し」、「安し」、「服せり」、「至れり」、「豊なり」。太宗は続けて「然るに何故封禅ならずや？」と問う。魏徴答えて曰く「陛下、此六つの者有りと雖も、然るも隋末の大乱の後を承け、戸口未だ復せず、倉廩尚虚し。而るに車駕東巡せば、千乗万騎、其供頓の労費、未だ任え易からざるなり。且つ陛下封禅せば、則ち万国咸集まり、遠夷の君長、皆当に扈従すべし。今、伊洛から以東、海岱に至るまで、煙火尚希に、灌莽目を極む。此れ乃ち戎狄を引きて腹中に入れ、之に示すに虚弱を以てするなり。況んや賞賚貲られざるも、未だ遠人の望に厭かず、復を給すること連年なるも、百姓の労を償わざるをや、虚名を崇びて実害を受くるは、陛下将に之を用いんとする。」太宗はこれを聞いた後、自分の見方とは違っていたものの、その場で認めた。まさにこれが原因で、魏徴は自分を「良臣」と認めたのである。

彼は、明君の下にのみ良臣があり、昏君の下には「忠臣」がいると考えたのである。まさに魏徴のような忠臣に支えられ、君臣合体して国の建設に努めたことで、「貞観」の繁栄を見たのである。魏徴は死を迎えた際、葬儀を執り行う家すらなかったという。そこで国が簡易棚を作り、彼の死を悼んだ。魏徴が亡くなった後、太宗は涙ながらに「朕は明鏡を失った」と嘆いたという。

3、人を以て本と為し、本固ければ邦寧し

唐の太宗のもう一つの明確な特徴は、法家が提起した中華民族の宝である「人を以て本と為し、本固ければ邦寧し」であり、民生に常に関心を注いだ。彼は太子を教育する際、「舟は以て人君に比する所、水は黎庶に比する所なり。水は能く舟を載せ、亦能く舟を覆す。爾方に人主たり。畏惧せざる可けんや」と述べている。彼はその継承者に対し、民生を大事にし、人を根本とするよう貫き、国の安定を実現させるよう繰り返し求めたのである。それを土台とした上で、「政を為す要は、唯人を得るに在り」、「能く天下を治むる者は、唯賢才を用い得るに在り」とした。彼は五度にわたって賢者募集の詔を発しており、科挙制度を真剣に改革し、国家統治を論述した方略『策論』を重視したのである。

4、経済発展を貫き、「農商並挙」を実施

唐の初め、戦争がもたらした経済的ダメージは大きかった。太宗は即位すると、まず民生に関心を持ち、経済を大いに発展させ、「農商並挙」政策を実施した。そして水利施設を整え、水車を発明したことで農業はすぐに豊かになった。同時に商業の発展にも力を入れ、各種商業市場を作った。特に国際貿易を展開し、長安、成都、蘇州、揚州、広州を当時の主要国際都市へと変貌させたことで、商業や手工業は徐々に発展していき、「シルクロード」の原型が形成された。要するに、貞観年間は、中国を国際貿易の中心へと押し上げたのである。

5、「容る有りて乃ち大なり」で、各国との往来を維持し、文化交流を促進

早くは太宗の時代から、彼は国際交流を重視していた。「容る有りて乃ち大なり」には、対内的に自由に発言し、異なる意見を取り入れると共に、対外的な交流を強化することが含まれている。太宗は、「古より帝王は皆、中華を貴び夷狄を賤しむ。朕は之を愛すること一の如し」と述べた。また、「王たる者は四海を一家の如く視る。封域の内は、皆朕の赤子なり」とも述べている。実践においては、移民を大量に受け入れた以外に、各国との友好往来を強化し、相互に留学生を派遣し合って、先進的な文化を相互に学んだ。貞観年間には日本だけで七期に

わたる公費留学生が送られ、一回の規模は数百人に及んだ。

6、賞罰は明確で正しく、「一々法に基づく」

貞観年間は法制が重んじられた。律令を改正し、統一された「貞観律」を制定した上で、厳格な法の執行と、明確で正しい賞罰が求められた。太宗は「三復奏」をさらに「五復奏」へと拡張したが、この件は太宗が誤って張蘊古を殺めてしまったことに端を発する。太宗は自責の念にかられると同時に、今後は死刑判決の基準を厳しくするよう求め、「五復奏」を提起し、以後死刑に処す案件が出た場合、少なくとも五回は皇帝に繰り返し上奏し、批准を経なければ執行できないようにした。つまり、死刑の範囲と基準を厳格にコントロールしたのである。それ以降、死刑に処す場合は一律で皇帝の批准が必要となり、それがなければ執行は不可とし、いかなる間違いもあってはならないとされた。死刑に限らず、一切の案件が「一々法に基づく」とされ、法律規定を基準としなければならなかった。

7、社会秩序の安定

関連する史籍の記載によれば、貞観年間は、道で何かを落としても拾われず、夜も戸締りをしなかった。つまり、当時の社会秩序は極めて安定しており、「国泰民安」の理想的な状況にあったのである。当時は家風や民風が重んじられ、社会全体に敬老や幼児をいたわる習慣ができあがっていた。唐の初めに公布された約法一二条が民間に与えた影響は大きい。もちろん、その大元には唐の太宗による総合的国家統治の明らかな効果があった。当時の法の執行にまつわる美談は多く残されており、例えば「太宗姉をかばわず趙節殺し」や、「李乾祐の法度直諫」、「戴冑、加担案を力強く突き返す」などがある。

十一、長孫無忌と『唐律疏議』

長孫無忌（?～六五九）は、河南省洛陽人で、長孫皇后の兄にあたる。著名な法律解釈学者で、長年李世民について戦場を渡り歩いた。太宗崩御の際、命を受けて高宗李治を補佐し、長年にわたって国の舵取りを行った。その功績は『貞観政要』に詳細に記録されている。長孫無忌の主な貢献は、法律を改正して注釈を加えたことである。『武徳律』と『貞観律』にそれぞれ注釈を施したが、特に高宗の命を受けて李勣、于志寧などと共に全文に注釈を加えた『永徽律』は現存する唯一の古代法であり、古代中国の法律解釈が全盛に達した時期でもあった。仮に古代ローマ法を奴隷制法律の典範、一八〇四年の『フランス民法典（すなわち『ナポレオン法典』）』を完成された資本主義の法律とするならば、『唐律疏議』は封建社会における世界的法律なのであった。それは古代中国の立法において大きな成果を残しただけでなく、法律解釈学においても極めて大きなブレークスルーであった。それは少なからぬ面で、中国法理学の発展を促した。主な内容をまとめると以下の通りとなる。

1、名詞の解釈

『唐律疏議』は全部で一九〇余りの法律専門名詞に対して解釈を行った。唐律は民刑合一の総合的法律である点に鑑み、民法・刑法・訴訟手続きの三大方面において主要名詞への概括を行った。

⑴民法の面では、約七〇の名詞に解釈を加えた。例えば、唐律の物権と債権に対する科学的解釈である。用語はいささか異なるものの、そこに含まれる意味は今日の民法における名詞とさほど変わらない。例えば、「物」を「自然の物」と「財産の物」に分け、「財産」をさらに「動産」と「不動産」に分けている点である。前者には畜産があり、後者には土地や家屋があるとしている。唐律の第四四七条では田宅に関し、「私田宅、人有れば借り得る。亦人をして佃作せしむ」と解釈している。債に対しても次のような解釈を行っている。

負債とは、出挙に非らざる物にして、令に依って理に合う者なり。或は公私の財物を欠負し、乃ち約に違い期に乖いて償わざる者なり。

例えば当事者の一方が債務を履行しない場合、もう一方は役所に訴えてよいのである。婚姻家庭に対しても関連規定があり、解釈がなされている。そこでは、「婚書」とは「男家書礼を致して女氏に請い、答書許し訖わる」を指すと考えられた。すなわち、男女双方が同意することが「已に婚書を報じ」たことを示した。ただし、婚書は必ず書面の形式をとり、双方の各年長者が取り決めをし、媒人が中を取り持つのであった。同時に離婚に対しては厳しい要求があった。すなわち「七出」、「三不去」である。「七出」とは、「一に子無し、二に淫乱、三に舅姑に事えず、四に口舌多言、五に窃盗、六に嫉妬、七に悪疾」を指す。ただし以下の三つの状況を除く。

娶る所有りて帰す所無き（帰る実家がない）をば去らず、三年の喪に与り（夫の両親の為に三年間喪に服す）更うるをば去らず、前に貧賤にして後に富貴なるをば去らず。

唐律（『永徽律』）が継承した規定は多くなかったが、同時期に公布された「戸令」は比較的詳細であった。ただし、『永徽律』では養子に対して規定を行い、『唐律疏議』では解釈も行われている。「若し養父母自ら子を生み、及び本生父母に子無き時、本生に返るを欲するは、これを聞く。即ち、両家皆子無くば、去住其の情に任せる」。これはつまり、養父母に子供が生まれた場合、養子は元の父母のところへ戻ってもよいし、養父母のところに残ってもよく、これは養子自らが決めるとある。『唐律疏議』は刑法を主とした総合的法律であるが、民法に対する解釈も明晰である。上記以外にも、「権利侵害行為」や「違法責任」に関するものおよびその他の解釈があるが、ここでは取り上げない。

(2)刑法の面を見ると、『唐律疏議』は刑法におけるすべての罪名に対して解釈を行っている。同時に刑法の部門法理学の名詞にも解釈を加えている。例えば、「故意」と「過失」の解釈を見ると、故意には以下の三つの内容が含まれるべきとある。一つは主観的に結果を追求して発生した場合。二つ目はそうした結果が発生することを知っていながらその発生を止めなかった場合。三つ目は最初は事情を知らず、その後知ったにも関わらず報告しなかった場合。律の規定によれば、故意の犯罪は罪が一段階重くなった。「過失」については、一般的に「不覚（気付かなかった）」、「不知（知らなかった）」又は「不知情（事情を知らなかった）」が用いられた。過失犯罪については軽い処罰にするとし、通常は三段階、五段階、一段階の軽減とした。また、「連座の官で事情知らぬ者は、失を以て論じる」とした。さらには、「共同犯罪」に対する中国初の解釈も行っている。「共同犯罪」は「共犯」とも呼ばれ、二人以上が共謀して共に犯罪を実施することを指す。共犯には「主犯」と「従犯」の二種類があり、主犯に対する科刑は重くなる。「教唆犯」への規定はまだなかったが、第三七八条に似たような規定がある。

凡そ詐（いつわ）て人を教誘して法を犯さしめ、及び和して人をして法を犯さしめ、（中略）皆法を犯す者と同坐す。

同時に唐律もまた数罪や並罪に対して規定を行った。

2、制限解釈

『唐律疏議』では解釈の方法において新たな発展があった。名詞の解釈、すなわち語義の解釈以外に、制限解釈、拡張解釈、類推解釈がなされた。制限解釈とは、司法人員がある種の犯罪に適用する対象・範囲・刑の種類などの境界問題について制限的解釈を行うことを指す。例えば、「十悪」の罪を犯せば牢獄行きであるが、年寄りや病気の場合はこれを免じるものである。免罪ではあるが、官位のある者はそれを剥奪される。

3、拡張解釈

凡そ律文に規定のない事項は、すべて同類法律規範の範囲内に組み込む。つまり、大量の拡張解釈を用いたのである。

4、類推解釈

凡そ律文に規定のない事項は、類推が可能である。ただし、社会全体の秩序を損ねる行為に限られ、律文の具体的条項を適用する際は厳密に制御しなければならない。

要するに、『唐律疏議』は封建社会における比較的典型的な法律であり、中国法制史上の一大出来事に止まらず、法律解釈学における重要な一里塚なのである。

十二、柳宗元の法理思想

柳宗元（七七八〜八一九）は、字を子厚と言い、河東解県（現在の山西省運城西南）人である。柳河東の称号を持ち、進士の出身で、監察御史や礼部員外郎を歴任したが、王叔文や劉禹錫の永貞改革に参与したことで失脚した。著書に『天説』、『天対』、『封建論』がある。

1、韓愈の「天命論」を鋭く批判し、「君権神授」の誤った観点を否定

柳宗元は『天対』の一文において、屈原が『天問』で提起した宇宙の起源問題に答える形で、この世に超越した神秘の力が主宰する状況などないと考え、「本始の茫、誕る者伝え焉んぞ。鴻霊幽かに紛らわしく、曷言うべけんや」と指摘した。[26] 続けて、天人関係について示し、「生殖と災荒、皆天なり。法制と悖乱、皆人なり。之二つならくのみ、其の事は各行わり、相与せず」という斬新な命題を提起した。[27] 彼から見れば、国と法律は初めからあるのではなく、人類が生存のために争うようになって初めて存在するものであり、一旦争いが起これば、それは止まるところを知らないのである。そして最終的に、知恵を備え、かつ物事の道理が分かっている人にお願いして是非を判断してもらい、争いを鎮めるのである。これは「君権神授」論を根本的に否定するものであり、当時としては大きな意義を持っていた。彼は唯物史観で国家と法律の起源を論証するには至らなかったものの、すでに訴訟と契約を用いた問題解決に近いところまで来ており、人類の歴史発展における実状にかなったものであった。

2、法と礼という古代中国における長期論争問題を科学的に掲示

柳宗元は、法（刑）と礼の根本的役割は「防乱」にあ

ると考えた。彼から見れば、すべての違法行為は、必然的に礼に背いたものであり、仮に肯定するのであれば、それはつまり「礼に非らず」となる。そしてすべての表彰されるべき行為は、必然的に刑に悖る。仮に反対するならば、つまり「黜刑」となる。したがって、礼と刑の運用には必ず一つの基準が必要であり、相互に矛盾してはならない。よって、国には法律が必要であり、「理を窮め以て非を明らかにし、公正に法を執り行い、以て是賞罰を定め、情を本とし以て褒貶を正す」を成し遂げることが求められた。[28]

3、法の適用平等を強調

柳宗元は、法はすべての人に同等に適用され、人によって差があってはならないと考えた。彼は特に一つの例を挙げている。すなわち春秋時代、晋悼公四年（紀元前五六九年）、諸侯が鶏丘に会した際、公子楊乾の乗った車が軍隊の隊列に突っ込んだ。軍法官は車夫を殺したが、楊乾には処置を下さなかった。柳宗元はこの件を特に取り上げてこの判決は不公平であると述べ、楊乾も法的処分を受けるべきだったとした。つまり、彼は法家の「過を刑するに大臣を避けず、善を賞するに匹夫を遺てず」の観点を継承していたのである。

4、賞罰と季節関係に対する認識

柳宗元は、刑罰の目的は「勧善懲悪」にあり、その鍵はすぐに執り行うことと考えた。「賞は務めて速くして後に勧めあり。罰は務めて速くして後に懲らしめあり」とし、「賞は春夏に、刑は秋冬に」と時期によって賞罰を行う伝統的観点に大いに反対した。なぜなら、法律は勧善懲悪の目的を果たさねばならず、それにはすぐに処理することが大事で、季節とは関係ないとしたからである。

要するに、柳宗元は著名な文学者であると同時に、著名な政治家かつ法学者であった。その法律思想、特に法理面に関する観点は、中国法治文明における主要な内容である。これは当時、現実的意義を持っていただけでなく、今日でも参考となるものである。すなわち、古代国家統治理念の精華として、我々が総括する価値のある、「全面的な法に基づく国家統治」の実現における重要な自国の文化財なのである。

十三、白楽天（白居易）の法理思想とその政治詩

白居易（七七二～八四六）は、字を楽天と言い、唐の著名な詩人かつ法理学者である。先祖の籍は太原にあり、貧しい家庭の出身で、人々の苦しみに寄り添った。進士の出で、左拾遺などの職を歴任した。一度は江州（現在

の江西省九江）に流されたが、後に刑部尚書を務めている。彼の『長恨歌』や『琵琶行』は世に知られている。しかし彼の著名な法理学思想について知る者は少ない。ここでその法理学思想といくつかの政治詩（揶揄詩）を簡単に取り上げる。

1、刑・礼・道の三者関係およびその国家統治機能を正しく認識

礼治と法治は古代中国の国家統治における重要理念である。礼治の時代はすでに過ぎ去ったとは言え、その影響力はいまだに存在しており、とりわけ儒学は重要な地位を占めている。したがって、「刑（法）」と「礼」の関係を明確にすることは極めて重要であった。白楽天は政治家かつ詩人として、まずはこの問題に科学的に回答している。彼には「刑行いし後礼立つ。礼立ちし後道生まれる」、そこで「刑とは礼の門であり、礼とは道の根である。その門を知り、その根を守れば、則ち王化成る」という名言がある。[29] 彼は国は法制を強化し、令行を禁止すべきであると提唱したのである。

2、唐代執政者に「法学を軽んじ、法吏を賤しむ」局面をなるべく早く変えるよう要求

白楽天は、「法学を上科に懸げ」、清廉潔白な法官を抜擢・奨励・表彰すべきだと考えた。また、「国の生死を握る舵取りを小人の手に委ね」たり、「舞文の弊を刀筆の下に生じ」させては絶対にならず、上下法に循い、刑罰自ら措く目的を果たすよう求めた。彼は、国家統治は「猛政」と「厳刑」に頼ってはならず、君主が「教令に勤めて之を撫で、誠信を推して之を奉る」ことで、「恩栄並び加え、畏愛相済う」を成し遂げなければならないと明確に指摘したのである。[30]

3、肉刑の廃止を堅持

中国古代の刑罰は残酷を極めた。特に「旧五刑」である。西漢の文帝の時から肉刑の廃止が始まったが、紆余曲折があった。その後、隋の文帝の『開皇律』でようやく新五刑が旧五刑に立法の上で取って代わったのである。ただし残りの刑罰は引き続き存在した。唐代になっても実践において稀に肉刑が用いられた。故に白楽天は肉刑の完全廃止を断固として主張したのである。彼はもし肉刑が復活してしまえば、「時に適して変わり、人情に順う」原則に直接反すると考えたのである。

4、法家が歴代貫いてきた国家統治は賞罰二項を正しく使い分けるとの原則を徹底

白楽天は、賞罰は適度に行うべきとの主張を明確に述べ、次のように書いている。

臣聞く、明王が功臣を御するには、其の功を量りて之を限るに爵を以てし、其の罪を審して之を糾すに法を以てす。之を限るに爵を以てし、故に爵加われば即ち栄を知る。之を糾すに法を以てし、故に法行われば即ち恩を知る、と。[31]

5、法学と法学人材を重視

白楽天は刑部尚書として次のように何度も上奏している。

伏して陛下に惟う。法学を上科に懸げれば、則ち之に応ずる者は必ず俊乂（訳注：賢才）なり。法直を清列（訳注：高官）に昇すれば、則ち之を授くる者は必ず賢良なり。然る後に其の能を考し、其の善を賞し、明察し文を守る者を御史に擢し、欽恤して情を用いる者を法官に遷すことを。[32]

もちろん、これは彼が刑部尚書として自ら体験してきたことである。一つの国が法学を重んじなければ、国家統治に理論的裏付けもなく、法官を重視しなければ、判決には必ず問題が生じるのである。

6、犯罪の根源を初歩的に掲示

社会への剝奪において、その犯罪の根源は、当然社会制度と関係している。白楽天は、労働者の起こす犯罪のいくつかは生活上の貧困と関係があると考えた。彼は、「食足りて財豊かなれば後に礼教興るの由る所なり。礼行わり教立てば後に刑罰措くの由る所なり」と述べた。そして「刑の繁省は、則ち刑の衆寡に係わるなり」、「教の廃興は、人の貧富に係わるなり」とした。もちろん、刑事犯罪にはその客観的理由もあれば、主観的要因もあるが、剝奪という制度そのものが旧社会における犯罪の根源なのである。政治犯については、これは完全に社会制度が作り出したもので、人々の造反は追い詰められたもので、「無理やり梁山に登らされた（水滸伝）」のがその証なのである。

7、詩歌と政治を緊密に結合

白楽天は文学者にして偉大な詩人であり、その詩の政治性は極めて明確で、封建社会の暗黒面を暴露していた。彼は、詩歌は政治に尽くすべきもので、「時政を補察し、人情を泄導する」政治的使命を負い、「人の病を救済し、時の闕を裨補する」政治目的を実現させるべきだと考え、「文章は時に合わせて著し、歌詩は事に合わせて作る」と提起した。[33] 彼はまた、詩歌は「君の為、臣の為、民の為、物の為、事の為に作り、文の為に作らざるなり」と解説も加えている。[34] つまり、詩歌と政治は緊密に結びつくもので、これは白楽天の詩論における核心でもある。

白楽天の書いた詩は数百首に及ぶが、最も代表的なのは『新楽府』五〇首余りと、『秦中吟』一〇首である。彼はすべての詩のタイトルの後ろに、小序を加え、その詩の主旨を示している。最も典型的なのは『新豊折臂翁（新豊の臂を折りし翁）』と『売炭翁』である。生き生きした語り口で、深刻さを暴露し、そこには豊かな感情が見られる。すなわち、労働者に対する深い同情と旧社会に対する無情な暴露であり、法理的に分析を行った上で、人々が貧困に陥る理由を示している。要するに、白楽天は詩人でありながら法学者でもあり、「詩は志を語る」と言われている通り、彼はその法治思想を示しただけでなく、法理の要求を提起した中国史上稀に見る文学と法理を一体化させた著名人でもあったのである。

[注]

（1）栗勁『秦律通論』山東人民出版社、一九八五年版、一八三頁より孫引き。
（2）『隋書・刑法志』。
（3）杜預『律序』。
（4）『新唐書・選挙志』。
（5）『南斉書・崔祖思伝』。
（6）『晋書・刑法志』。
（7）『晋書・刑法志』。
（8）『嵇康集・難自然好学論』。
（9）『太師箴』。
（10）『阮籍集・楽論』。
（11）『贈秀才入軍・其九』。
（12）『抱朴子・用刑』。
（13）『抱朴子・明本』。
（14）『抱朴子・用刑』。
（15）李公煥『箋注陶淵明集（巻五）』より引用。
（16）『南斉書・孔稚珪伝』。
（17）『南斉書・孔稚珪伝』。
（18）『南斉書・孔稚珪伝』。
（19）『南斉書・孔稚珪伝』。
（20）『劉子・法術』。
（21）『劉子・利害』。
（22）『劉子・賞罰』。
（23）『劉子・均任』。
（24）『劉子・愛民』。
（25）『魏書・刑罰志』。
（26）張豈之主編『中国思想史』高等教育出版社、二〇一五年版、二五二頁より孫引き。
（27）張豈之主編『中国思想史』高等教育出版社、二〇一五年版、二五二頁より孫引き。
（28）張豈之主編『中国思想史』高等教育出版社、二〇一五年版、二五三頁より孫引き。
（29）『白居易集・策林三：刑、礼、道』岳麓書社、一九九二年版、二三九頁。
（30）『中国大百科全書（法学巻）』中国大百科全書出版社、一九八四年版、四頁より孫引き。

(31) 白居易『御功臣之術』。

(32)『白居易集・策林四・論刑法之弊』岳麓書社、一九九二年版、二七八頁。

(33) 白居易『与元九書』。

(34) 白居易『新楽府序』。

第五章　両宋から清初に至る時代の法理学思想

一、趙氏兄弟の法理思想と国家統治理念

趙匡胤（九二七～九七六）は宋の初代皇帝である。元は後周で殿前都点検の役目に当たっていたが、宋州をもらい受けて帰徳の軍節度使となり、兵権を掌握した。九六〇年、陳橋の変を起こし、皇帝を名乗った。

趙光義（九三九～九九七）は宋の太祖・趙匡胤の弟である。元の名は趙匡義と言い、その後、趙光義へと改名した。涿州（現在の河北省涿州）出身で、兄の皇位を継ぎ、北宋二代目の皇帝となった。

この二人は皇帝として、その法理学思想と法家の国家統治理念を備えていた。

1、「儒法共治」の国家統治理念を採用

趙宋王朝は中国古代史におけるターニングポイントであり、長期分裂状態にあった国の状態を変え、五代十国といった分裂の局面を終わらせたのである。ここでは「儒法共治」の国家統治理念が実施されて中央集権が強化され、統一国家が作られた。彼らは荊南、湖南、後蜀、南漢、南唐諸国を次々と滅ぼし、政権の権力を握っていた軍人の力を削いだ。そして、太祖が即位すると北漢を滅ぼし、国を統一と基盤固めの方向へと向かわせたのである。

2、吏治改革と法律作用の強調

悪代官の懲罰に大いに力を入れた。太平興国三年（九七八年）、太宗は詔を下し、太平興国が始まった年から、「諸職官、贓（訳注：不正な手段で手に入れた物のこと）を以て罪に致せば、赦に会うと雖も叙するを得ず。永く定制と為す」とした。[1] さらに淳化二年（九九一年）には刑事案件の最高上告機関として審刑院を設立し、大理寺や刑部による案件審理上の冤罪を有効に防いだ。

3、朝廷の欠陥を排除

北宋初期、趙匡胤と趙光義兄弟は皇帝を務めた期間中、多くの改革を次々と打ち出し、朝廷の欠陥を徹底的に排除した。例えば、群臣上奏を採用し、多大な力を使って国家機構の冗官・冗吏・冗兵（無駄な役人や兵士）という「三冗」問題を解決し、国の負担を減らしただけでなく、民

に対する役人の圧迫も減らした。

4、法学教育の重視

宋の時代は、中国法学、とりわけ法理学の発展にとって重要な段階であった。宋代の法学教育と法学思想の成果は、主に四点にまとめられる。一つ目は、宋代にはより緻密な理学が誕生したため、法理学と国家統治理念の発展にとって重要な意義を備えていること。二つ目は、立法の上で、『宋刑統』には体系上比較的大きな革新が見られること。三つ目は、例えば『洗冤録』など法理学上大きな成果があったこと。四つ目は、官吏制を改革して汚職や腐敗を懲らしめ、軍隊を立て直したこと。特に比較的大きな軍事権力を握っていた節度使という旧制度を廃したことは大きい。

5、『宋刑統』の編纂

これは宋の太祖の法治建設における重要な象徴である。『宋刑統』は太祖建隆四年、すなわち九六三年に施行されたもので、全部で三〇巻、一二篇、五〇二条から成る。これは五代分裂の局面を終わらせるために、太祖が法律の上から講じた重要な措置である。彼は唐律を土台とし、中唐以来の勅・令・格・例を集めて参考資料として補充した。『宋刑統』は北宋初期における主要な法律であった。すなわち、「『刑統』は宋一代の法制であり、その後は何度も編纂され直したものの、最終的には『刑統』を本とした」[2]。『宋刑統』は唐律を基盤としていたが、細かく比較すれば以下の違いが見られる。第一に、名称の違いである。この法典は律あるいは法という字を用いておらず、「刑統」と称している。それは、本朝の刑事法規は類を以て統一編纂されたものであることを意味している。第二に、篇の下が門類（カテゴリー）に分かれている点である。『宋刑統』では、同じ性質を持つ法律条文を一つのユニットに帰結させ、「門」と称した。これは後に「部門法」と呼ばれるようになった起源でもある。第三に、『宋刑統』には「臣等起請」三二ヵ条が新たに加わった点であり、これは新たな格式である。いわゆる「臣等起請」とは、竇儀（とうぎ）など修律大臣が実際の状況に応じて朝廷に立法意見書を提出し、新たな条項に加えるもので、勅令添付とは区別されるものである。第四に、「余条準比」を設けた点で、これは似たような性質を持つ条文を指す。『宋刑統』は中国古代法律編纂における新たな姿であり、後の『大元通制』、『大明律例』、『大清律例』の起源となる。

二、范仲淹の法思想

范仲淹（はんちゅうえん）（九八九～一〇五二）は、字を希文と言い、蘇州呉県人である。進士の出で、参知政事（副宰相）を務め、変法改革を主張して中興を図った。生涯志を高く持ち、「天下の憂いに先んじて憂い、天下の楽しみに後れて楽しむ」という言葉に帰結される人物であった。『范文正公集』四八巻を残している。その主な法律思想は以下の通りである。

1、君主専制を制限し、法律の公正な適用を保証するよう主張

范仲淹は、「天は兆人（訳注：万民のこと）を生み、王を得れば乃ち定まる」、すなわち君主は法律の公正な適用に対して特殊な役割を持っているものの、その権力は制限されるべきで、「群臣の言を納め、敢えて偏聴せず」、当然「独り当るべからず」とした。したがって、皇帝は法の執行において、「一心の私を捨て」、以て「天下の公を示す」べきだとした。

2、役人に高尚な品格を求め、人材を用いた学者群と役所を構築するよう主張

北宋の慶歴年間になると、国の利益を重視する国家統治人材が噴出した。同時に范仲淹が教育に力を入れたことで、宋に文化教育事業の強化を重視させ、比較的大きな影響を残した。

3、司法監督の強化を求め、「冤罪」を防止

当時の司法が不公平であった状況に対し、范仲淹は司法監督の強化を打ち出し、「冤罪」や「死罪の氾濫」を防いだ。彼は、「天下の法を評するに、生死栄辱筆下に系ぐ」と述べ、最高司法機関である大理寺は、司法監督を強化すべきだと指摘した。第一に、司法官は犯罪の事実と経緯を明らかにすること。第二に、「類推」の適用を厳格に制限すること。第三に、刑部の告訴案件処理機能を強化すること。第四に、毎年末に審理の年間状況を検査して上級部門に報告すること。

4、吏治の立て直し

革新においては、吏治の立て直しに重点を置くべきだと強調した。范仲淹は、宋代の吏治には欠陥が存在しているため、これを立て直し、賢徳・才能を備えた役人が重用されるべきだと考えた。そこでまず「学校を開き、科学を設け」、人材育成に力を入れる一方、役人の考査制度も実施した。凡庸な役人の場合、降格すべきは降格し、除名すべきは除名するとした。汚職役人の場合、処分すべきは処分し、刑に服すべきは判決を下していった。范仲淹は「国家は冗員を削減し、農桑を重視し、徭役を減免し、以て民に便し、民を利し、民を恤むべし」と指摘した。(3)

范仲淹は宋代で初めて改革・変法を実施した役人である。その後、宋代の官僚は腐敗にまみれたため、革新は

失敗に終わる。范仲淹は朝廷を去って外地に赴任する途上、徐州にて病死する。彼の事跡については『宋史・范仲淹伝』にその記載が見られる。彼は儒家・経学の面に明るく、「泛く六経に通じていた」と称され、「易」に対する研究に功績がある。

三、包拯の法思想と法執行理念

包拯（九九九～一〇六二）は字を希仁と言い、盧州合肥（現在の安徽省合肥）出身である。進士の出で、宋の仁宗の時代に知県、知府となり、その後、諫議大夫、御史中丞、龍図閣直学士、枢密副使などに昇格した。清廉な代官として歴史的にも知られ、「包青天」と呼ばれている。

包拯の法律思想、法執行理念および公正な裁きについては、『宋史・包拯伝』と『包孝粛奏議集』の中にそれぞれ記載がある。

1、正しい立法思想を堅持

包拯は、国にとっても有利で、かつ民に対して無害である「公私両便」を強調し、勝手に法律を変えることに反対した。法律の安定性を維持し、「法画一に存してこそ、国に常格有り」とした。同時に、法令は情勢の変化に応じ、時代と共に変化すべきとも主張し、法の安定性と適時性を結びつけた。つまり、包拯は国にも有利で、人々にも有利な「二つの有利」を立法は成し遂げるべきだと主張したのである。同時に、法律は安定させつつ、適時変化させるものでもあるとした。

2、包拯の国家統治理念

国家統治理念において、彼はこう主張している。対外的には、兵を厳しく訓練し、上に立つ才能を選り抜き、兵糧を蓄え、外敵に備える。対内的には、宦官や皇帝親族の特権を抑え、優れた人材を抜擢して吏治を立て直し、人々に発言の場を与え、生産状態を回復させて国と民を富ませる。したがって、包拯は法治を主張し、民族の尊厳と国家の統一を守るよう主張していたことが分かる。

3、司法の公正を徹底

包拯は古代史において有名な正義の役人である。彼は法執行理念と法制実践過程において、司法の公正を貫き、「曲がったものを正し」、「勧善懲悪」で多くの有名な裁きを行った。『宋史・包拯伝』には、「拯は朝に立ち剛毅なり、貴戚宦官は之の為に手を斂め、聞く者は皆之を憚る」とある。都の人々の間では、「関節が到らずんば（賄賂で関係が築けなければ）、閻羅と包老有り」と囁かれた。例えば包拯は何度も上奏し、当時宋朝の財政大権を握っていた三司徒・張尭佐（ちょうぎょうさ）の汚職を弾劾し、大量の証拠を集めて宋の仁宗に迫り、これを罷免させている。また、法を無視して私腹を肥やした江南の転運使・王逵（おうき）を召し取ってお縄にしている。また多くの豪族や汚職役人が包拯の宝刀の下に死んでいった。一方、包拯は張龍（ちょうりゅう）、趙虎（ちょうこ）や王朝（おうちょう）、馬漢（ばかん）の冤罪を裁き、彼らを自らの部下とし、多くの案件処理を手伝わせた。

他にも多くの民間故事が伝わっているが、主に語られるのは、包拯が真面目に裁き、強きを挫いて弱きを助けた功績であった。その多くは実際に存在するものであるが、一部は民間に伝わる噂話に過ぎない。しかし、これは人々のために裁きを行う正義の役人は、後世まで名を残すことを十分に説明するものであり、法律に対する民間の重視を意味するものでもある。人々は常に、中国古代の法律意識は強くなかったと言うが、私はそうは思わない。中国古代の民は「まさか王法がないとでも言うのかい？」という言葉を知っている。これはつまり、人々が法律を重視し、冤罪の場合は清廉な役人を探すことを知っていたのである。清廉に生きた役人は、後世まで名を知られ、人々から敬われる。包拯にここまでの威信と魅力があるのは、彼が厳格に法を執行したからである。まさに、『礼記』の言う「国は法なければ治まらず、民は法なければ立たず」である。

包拯が公正に法を執行し、民のために尽くしたのは、彼が法律の重要性を知っており、厳格に法を執行することが国に必要かつ国家統治の根本であることを知っていたからである。彼は、「国家は富みて天下を有するには、恤民を以て本と為すべし」[4]、「民は、国の本なり。財用出づる所、安危に係る所なり。当に務めて之を安ぜしめるを急と為すべし」と語っていた。[5]

四、欧陽修の法理思想

欧陽修（一〇〇七〜一〇七二）は字を永叔と言い、吉州廬陵（現在の江西省吉安）出身である。号を酔翁と言い、晩年には六一居士と号した。范仲淹と共に新政を推進し、知諫院、龍図閣学士を務めたが、新政の失敗により降格し、晩年に再び入朝して職に就いた。欧陽修は北宋の大文豪としてその影響力は大きく、唐宋八大家の一人でもある。

欧陽修は文学の面で大きな成果を上げた。彼は儒家の経典、例えば、孔子の『系辞』と『詩序』を詳しく研究し、『周礼』で述べられた官職は極めて不合理で、周代初期の官職機構は大きすぎたなど、少なからぬ疑問を投げかけた。

欧陽修は法理学の面でも成果を残している。貞観六年（六三二年）、唐の太宗は、自らの規定を遵守した囚人に対して定期的な減刑を行ったが、この件に関し、彼は『縦囚論』という文章を書き、太宗は死刑囚を任意に許すべきではなかったと考えた。殺すべき者は殺し、罰すべき者は罰するのが筋だと考えたのである。彼は「若し屢々之を為せば、則ち人を殺す者皆死せじ。是れ天下の常法と為す可けんや。常と為す可からざる者は、其れ聖人の法ならんや」と声高に主張した。つまり、法は天下万民共通の法であり、個人の好みで好き勝手に左右されてよいはずがないという意味である。

彼は法律が安定性を持つべきで、皇帝が詔を発する際は慎重に、賞罰は必ず功罪と一致していなければならないと強調した。そして次のように訴えている。

言多く変れば則ち不信なり、令頻に改まれば則ち従い難し。今、出令の初め、詳しく審を加えず、之を行い未だ久からず、尋(しばら)くして又更張す。不信なる言を以て従い難し令を行う。(中略)中外臣庶、或は聞いて嘆息し、或は聞いて窃に笑う。嘆息する者は天下を憂う心有り、窃に笑う者は朝廷を軽んずる意あり。号令此のごとく、天下を威せんと欲す。其れ得可けんや。此れは号令を慎まぬ弊なり。人を用いる術は賞罰に過ぎず。然れども賞無功に及べば則ち恩勧めるに足らず、罰有罪を失すれば則ち威惧す所無し。人有りと雖も、用いる可からざるなり。(6)

欧陽修は徳治と法治の相互協力を主張して総合統治を強調し、「民弊の末、心争作る。徳は独り行ってはならず、之を輔ける者は其れ刑法なり」と指摘した。(7)

欧陽修は親子三代役人であったため、文人の中でも比較的高い威信を持ち、いずれの改革にも積極的な支持を表明した。彼は范仲淹の行った改革に参与しただけでなく、王安石の変法にも支持を表明している。彼は年老いても宋代の文人たちから尊敬を集めた。彼の国家統治理念は、徳法併治を主張し、天下太平と庶民がよい生活を送れるよう願うものであった。宋代全体の経済は発展し、国も比較的潤ってはいたが、残念なことに国防を重視していなかった。軍隊の戦闘力は低く、結果、宋の徽宗・欽宗の時代には皇帝が捕虜となるなどの歴史的悲劇を演じた。

五、「三蘇」とその国家統治理念

蘇洵(そじゅん)(一〇〇九~一〇六六)は、字を明允と言う。二七歳で学を求め、四八歳の時には欧陽修に面会して大いに称賛されるも重用はされず、都に残って編纂に努めた。

蘇軾（一〇三七～一一〇一）は、字を子瞻、号を東坡居士と言う。進士の出で、礼部侍郎の役職に就くも、王安石の革新的変法と意見が合わず、黄州などへ飛ばされた末、常州で亡くなる。

蘇轍（一〇三九～一一一二）は、字を子由と言う。一九歳で進士となり、尚書右丞や中大夫などの任に就く。晩年は徐州にて隠居し、潁浜遺老と称した。

「三蘇」はいずれも「唐宋八大家」に列せられる。その国家統治理念は明確で、その主な法律思想は以下の通りとなる。

1、「礼法共治」を主張

蘇軾兄弟は父を師と仰ぎ、文は「為す有りて作る」べきと強調した。まさに蘇轍が述べたように、「父兄の学は皆、古今の成敗・得失を議論の要とする」のである。[8] 例えば、蘇洵の『管仲論』、蘇軾の『思治論』、『六国論』、蘇轍の『黄州快哉亭記』などである。彼らはみな、「礼法共治」を国家統治理念とするよう主張し、「立法」と「任官」は国家統治の「両柄（訳注：両輪）」であると指摘した。同時に彼らは、当時の宋代の問題について、「天下大きく治まらざる所以は、失は人を任ずるに在り、法制の罪に非らざるなり」と考えた。[9]

2、「法禁を厲くするは大臣より始す」の賞罰平等思想を提起

これは実のところ、法家の「過を刑するに大臣を避けず、善を賞するに匹夫を遺てず」という思想を継承したもので、当時においては現実的意義を備えていた。彼らは、「聖人天下を為むるは、豈此の曖昧有りて決せざることを容れんや。故に曰く、法禁を厲くするは大臣より始せば、則ち小臣犯さざるなりと」と指摘した。[10]

3、重罰に賛成せず、罪と刑における軽重相当の観点を提起

神宗の時代、『諸倉丐取法』が公布されたが、そのうち罪刑に対する規定が不相当であるため修正もしくは廃止すべきだと「三蘇」は考えた。つまり、彼らは重刑に反対し、罪と刑は基本的に相応にすべきだと主張したのである。なぜなら重刑は問題を根本的に解決するものではなく、最も重要なのは人の道徳的教化で、教化を主とすべきだからである。

4、「刑は大夫に上らず」の蘇軾による新解釈

彼は「刑は大夫に上らず」は裁判の方法を指すもので、大夫が罪を犯しても処罰を与えないという意味ではないとした。実際、この言葉は「肉刑」を大夫には加えないことを指すもので、大夫が罪を犯せば、刑法に基づき同様に処罰されるのである。ただ肉刑を用いないだけのこ

とである。ただしこれは、「十悪」罪を除けばの話であり、例えば商鞅が死刑となったように、多くの大臣に実施されたのは最も過酷な刑罰――「車裂き」の刑であった。「三蘇」は文学者でもあり、文学における地位は極めて高い。しかし彼らは文学のために文学をやったのではなく、そこには明確な国家統治理念と法学思想が浸透していたのである。故に、「法学家蘇東坡」と題する論文を書いた者もいる。[11]

六、王安石の法理思想とその国家統治理念

王安石（一〇二一～一〇八六）は、字を介甫、号を半山と言う。北宋の有名な政治家にして「唐宋八大家」の一人で、撫州臨川（現在の江西省撫州）出身である。二度宰相に任じられ、荊国公の名を送られている。宋の神宗時代、二度の変法を実施しており、後にレーニンが「中世の改革者」と呼んだ。[12]その主な法理学思想と国家統治理念は以下の通りである。

1、法理の争い

王安石は当時の北宋社会について、課題が山積し、危機的状況だと考え、その原因を「賢才を用いず、法度を修めず」にあるとした。[13]そこで彼は変法を主張し、「変を尚ぶ者は天道なり」と述べた。[14]しかしながら、変法は文学者の司馬光から反対される。彼らは文学の上ではかけがえのない友であったが、政治・法律の上では大きく袂を分かったのである。王安石は、先王の法は当時の状況に基づいて制定されたものであり、特定の歴史条件の下に生まれた物である。すなわち、当時は極めて完璧であったものでも、時代が移ろえば、各種欠陥が生じるのだと考えた。したがって、我々は具体的な状況に応じて法制を変更するべきであり、闇雲に昔のやり方を守り続けるだけではいけないとしたのである。王安石は、変法は客観的な必然的要求であると考えた。それに対し、司馬光は保守勢力の代表として変法に反対し、「先王に法る」や「祖宗の法、変ず可からず」を維持しようとした。最終的には、宋の神宗やその他大勢の支持を集めた王安石が、彼の打ち出した方案に基づいて二度の変法を行ったのである。しかし、天災に人災が加わって変法反対派の勢力が大幅に増え、結局変法は失敗に終わる。ただし、財政政策面に限って見れば、多少の改善が見られた。その後、宋の国力（主に財力）は若干強まったものの、残念なことに文を重んじて武を軽んじたために防衛力が衰退し、外敵に侵攻されることとなる。

2、国家統治新理念を徹底

王安石は「財を以て之を饒し、礼を以て之を約し、法

を以て之を裁く」とする徳・礼・法を合わせた総合的国家統治の著名な観点および国家統治理念を打ち出した。彼は、統治者はまず人々に十分な財力を持たせ、それが実現した後、礼を以て節制を、法を以て束縛を行い、人々に邪念が生じるのを防がなければならないと考えた。彼は国が「礼楽刑政」を用い、人々が礼や法を守るよう求めた。とりわけ統治者が徳・礼・法の三者を併用してこそ、国は強くなれるのであり、国が強くなるには人々の富裕がその基盤にあるべきだとした。

3、法家の人物を尊重し、その観点を踏襲

王安石は「移木の信」を商鞅自らが実践してみせた点を高く評価し、「古より民を駆るは信誠に在り、一言を重しとし百金を軽しとす。今人未だ商鞅を非とすべからず。商鞅能く政をして必ず行わしむ」と述べている。[15]

4、「善法を立て天下を治める」の著名な思想を提起

王安石は次のように述べている。

蓋し君子政を為すや、天下に善法を立てれば則ち天下治まる。一国に善法を立てれば則ち一国治まる。もし能く法を立てずにして人々に之を悦ばしめんと欲すれば、則ち日も足らざるなり。[16]

天下の衆を聚める者は財に如くものなし。天下の財を治める者は法に如くものなし。天下の法を守る者は吏に如くものなし。[17]

善法が着実に実施されるのを保障するため、彼は法に基づいて官吏を治め、賢材を抜擢するよう強調した。彼は「古人に言あり、徒（いたずらに）善は政を為すに足らず、徒法は以て自ら行うに足らずと」[18]、「夫れ天下の衆を合わせるは財、天下の財を理するは法、天下の法を守るは吏なり。吏不良なれば、則ち法あれど守ることなし。法善くなければ、則ち財あれど理することなし」と述べている。[19] 官吏の法執行水準と実効力を高めるため、彼は科挙制度の大改革を主張し、律学専科、すなわち明法科を設けて法律教育事業を大きく発展させ、法科人材を育てるよう訴えた。

王安石は変法の主な内容、すなわち青苗、均輸、市場、免役、吏戌、保甲などの新法を積極的に推し進めたが、その多くは社会の発展に有利であり、特に国家財政を中心とした改革には重要な現実的意義があった。

七、朱熹の法理思想とその国家統治理念

朱熹（一一三〇～一二〇〇）は南宋の有名な思想家・法

学者にして理学の集大成者でもある。字を元晦（または仲晦）、号を晦庵と言い、江西省婺源人である。進士の出身で、江東の転運副使も歴任した程朱学派の創始者である。著作に『四書章句集注』などがあり、後世の人により『朱子全書』が編纂された。中国封建社会末期の七、八百年において影響力が比較的大きく、日本などでも「朱子学」として流行を見た。その主な法理学思想は以下の通りである。

1、法の本質と起源を論述

朱熹は客観的唯心主義をその理論基盤、「天理を存し、人欲を滅す」をその主旨とし、世界の本質は「理」であり、法正は「理」の現れであると考えた。彼は「法は天下の理なり」と明確に指摘し、[20] さらには「礼学、法学は実は理学なり、日月寒暑往来屈伸の常理なり、事物当然の理なり」とまで言い切っている。[21] 彼から見れば、法律の制定と実施では、「人倫を重しと為」さねばならないのである。よって、法律と「天理」には永久性と絶対性が同在するのである。このように、法律を社会の秩序を守る道具かつ保障と見做すことには一定の意義がある。しかし、仮に法律が「三綱五常」を維持するだけの道具かつ永遠の物であると考えるならば、それは誤りである。法律は一定の社会的産物であり、それを永久かつ絶対的と考えるならば、事実とは異なる。

2、「人治」と「法治」の関係を論証

朱熹は、「徳・礼・刑・政」の四者は相互に連携する総体であり、それらの間に「精・粗・本・末」の関係があり、「相互に表裏をなし、影の如く形に随う」ように切り離せないものだと考えた。彼は、「政とは、いわゆる法制・禁令なり」、「之を導き、従わない者は刑有り以て之を一つにする」が、これは副次的なもので、「政は治を為す具なり、刑は治を補する法なり。徳礼は則ち治を出す所以の本なり、而して徳は又礼の本なり」と考えたのである。[22] 朱熹もまた法の役割に触れてはいるものの、それは刑罰の面に限られていた。彼は徳・礼が国家統治の根本である点を強調したが、これは明らかに間違いである。徳と法が結合して互いに作用し合い、共に社会秩序を守っていくことに疑いの余地はない。いかなる社会であっても法を根本としなければならない。それは、法が国家強制力を後ろ盾としているからであり、徳が教化的役割を果たしながら人々に法や規則を守らせていくのである。

3、刑罰制度の面で、朱熹は「寛厳相済」を主張し、「厳を本と為す」を強調

朱熹は、当時の「政は寛を本と為す」を「自由」と履

き違えたことで、奸豪がはびこり、平民がひどい目に遭ったのだと考え、法の執行者は法に基づいて処理し、犯罪者に寛容にしてはならず、事実に応じた判決、厳格な法規の執行と賞罰の明確さを求めた。朱熹の本意は、「寛厳相済」であった。彼が「厳を本と為す」と強調したのは、当時の人の一部が刑罰政策を誤解し、寛大な処置をし過ぎていたためである。

4、改革を主張し、「恤民」と「減税」に力を入れる

朱熹は「社倉」の設置を打ち出し、経済を発展させようとした。特に「政を為すに必ず規矩有り」を強調し、社会秩序の維持に真面目に取り組んだ。

5、朱熹の国家統治理念は「心治」

朱熹の「格物致知論」では、「天理論」の重点は「天」にあり、「心性論」の重点は「人」にあると考えた。故に「格物致知論」の重点は天人合一にある。理学思想体系の最終目的は、人々に信仰や「天理」の体得を指導し、そこから「天人合一」の最高境地に到達させようというものである。したがって、国を治めるには、まず人心に合うようにやらねばならず、民心に向き合ってこそ、国は安寧を得られるのである。

八、朱元璋の法理思想とその国家統治理念

朱元璋（一三二八～一三九八）は明の太祖で、安徽省鳳陽県の出身である。元の名を重八と言い、その後興宗を名乗る。家庭環境は貧しく、一度は僧侶になったこともある。その後、紅巾軍に参加し、十年後、自らを呉王と称す。一三六八年、農民決起軍を打ち破り、元の残存勢力を一掃した後、南京にて皇帝を名乗る。その主な法律思想は以下の通りである。

1、「法治天下」の主張を提起

当時の状況を見渡し、朱元璋は「建国の初め、当に先ず綱紀を立てるべし」と考え[23]、「夫れ法度は朝廷が天下を治める所以なり」と繰り返し強調した[24]。また一三六八年には、刑官になった者には一日二〇条の律を唱えるよう命じている。朱元璋は「西楼に足を運ぶたびに家臣たちを召集し、従容として律義を講論した」[25]。開国の皇帝として日々忙しい中、法律講義に耳を傾けるとは、実に得難いことである。

2、律令の修正と立法の強化

早くは「呉王」を称していた期間中、朱元璋は李善長（りぜんちょう）に命じ、一三六四年に律を修正させている。明の建国後には、劉惟謙（りゅういけん）などに命じて詳細な『大明律』を定めた。

その後、修正を重ねて公布・施行し、「刑に重典を用いる」原則を貫いた。特に洪武一八年（一三八五年）には、朱元璋自ら重刑に処す判例を選定し、『明太誥』および続『三編』を編纂・施行し、重刑主義を厳格に実施した。汚職を取り締まった際は、科刑を重くしただけでなく、連帯責任式に捕まえたことで人数も多くなり、中国古代において反汚職が最も厳しい王朝でもあった。

3、刑の執行と停止では、高貴な身分を考慮せず

洪武初年（一三六八年）、文武にわたる一部の功労者たちは、功に胡坐をかいて尊大になり、法・紀を無視して王朝の根本的利益を直接揺るがせた。そこで、洪武六年（一三七三年）になると、公侯家の人間が権勢の威を借りて人々をいじめ、財物や田畑・家屋を略奪した場合は、一律に処刑するとの明文規定が出される。例えば、安慶皇女の夫で駙馬都尉（訳注：皇帝の娘婿の称号）の職にあった欧陽倫は、家来を派遣して茶の密輸を行い、家来が地方官を凌辱するのを許した。事件発覚後、欧陽倫は死罪となっている。つまり、法を犯せば、法に基づいて一律に処分されるということである。

4、法学教育の重視

明の時代には、専門の法律学校が設けられただけでなく、中央と地方の官学と私学の書院にも法律課程が設置され、国の法律や法令を学んでいた。明代の法律は主に律、例、太誥および令、会典などであったことから、法律学習と試験の内容もすべてこれらから出される。「時に於いて天下にて『太誥』の講読あり。師生朝に来る者一九万人余り」との記録がある。(26)

5、法学研究に若干の進展

中国古代から保存されてきた法学著作を見ると、明・清時代のものが最も多い。『明史・芸文志二』の記載によると、「刑法類」が『大明律』や『大誥』などの法律集を論じる以外に、当時の律学関連の著作も百部近くになる。また、例えば韓君恩の『法家体要』、朱長春の『管子権』など、法理関連の著作もいくつか見られる。

6、中央集権を強化

明の太祖は、国家大権をほぼ手中に収めていた。彼は宰相制度を取り消し、軍・政大権をすべて中央に集中させた。明は中国封建専制の典型的な王朝でもある。彼はその統治を守るため、重要人事は親戚縁者で固め、子はすべて王に任じた。また、重刑主義や連帯責任主義などを用いたが、ここから中国封建制度は衰えの道を歩み始める。その後、まともな仕事をした皇帝も何人か出てはきたものの、重刑主義を実施し続けたことで、復興はついにかなわなかった。永楽年代には鄭和が大西洋に到達

する快挙を成し遂げ、「海のシルクロード」の誉れを受けたものの、長くは続かなかった。

九、王守仁の法思想

王守仁（一四七二～一五二八）は浙江省余姚人で、字を伯安と言い、世に「陽明先生」と呼ばれる。紹興の陽明洞の中で隠居生活を送ったため、「陽明先生」と称された。彼は明代の名高い思想家にして法学者である。進士の出身で兵部尚書の位まで上りつめた。王守仁は主観的唯心主義者であり、南宋の陸九淵と並んで陸王学派と称され、程朱学派（程頤・程顥・朱熹）の観点とは対立する。明代の統治者からは「学は天人に達し、才は文武を兼ねる」と称えられた。その主な法律思想は次の通りである。

1、徳刑併用や寛猛兼施を主張

王守仁は、「山中の賊を破り、また心中の賊を破る」域までやるべきとし、いわゆる「心治」を実施すべきだと考えた。そして「賞罰」の明確化を主張し、国家統治機能を上げ、徳治礼教を行い、犯罪を予防すべきだとした。また、民はすでに貧困の極みに達しているため、これ以上税を取り立てる必要はなく、被災者には「復興支援」と「無償貸与」を実施すべきだとも考えた。そして学校を作って道徳教化を実施し、「心治」の役割を果たすべきだと主張したのである。

2、「礼を遵守し、法を守り、君主を崇める」と提唱

王守仁は、礼を遵守し、法を守り、君主を崇めることは善良な民の基準であり、ここから天下が治まり、社会が安定するのだと考えた。彼は「君子の政、必ずしも法に専らにせず、要は人に宜しくするに在り」と提唱し[27]、保甲制度を以て封建礼法を徹底するよう主張した。そして、「十家牌法」の成立を通じて民間訴訟を鎮め、「郷約」制度の実施を以て農村社会の法律秩序を維持するよう強調したのである。

3、慎獄と寛刑の提唱（刑罰を慎重に与えるよう呼びかける）

王守仁は、獄官は徹底して責任を果たすべきと考え、監獄業務の軽視や法律虚無主義に反対し、民衆が法律を遵守するよう導くべきだとした。同時に、法執行の官吏粛清を実施した。これにより法の執行過程における各種障害を取り除き、一切の「法外の法」を根絶することで、囚人に「法外の誅」を受けさせないよう努めた。

4、訴訟取り下げの提唱と、民間での「郷約」推進および家族制度の完備

親族内のいざこざは、すべて一族内部の決め事に従って処理し、通常案件は親族内での和解を目指す。重大案件のみ役所に訴え、法に基づいて審理と判決が行われる

とした。訴訟取り下げの目的を達成させるため、越訴や濡れ衣に対する処罰の程度を高めた。他人に濡れ衣を着せ、被告人を死に追いやったり、獄中死させたりした者はすべて死罪とした。

王守仁は晩年、「善無く悪無きは心の体、善あり悪あるは意の動、善を知り悪を知るはこれ良知、善を為し悪を去るはこれ格物」という四つの教えを訴えた。[28] 王守仁と朱熹の根本的違いは、朱熹の場合、「天理」と「人心」を分けたのに対し、王守仁は、天理はもはや外在の教えではなく、人心と相通じる、すなわち人心を通じて聖愚すべての主体理性が表されるのだと考えた点にあった。もちろん、王守仁は主観的唯心主義者であるため、天理と人心を分けるのは当然である。天理は客観的規則を指し、人心は人の主観的反映となる。

十、張居正の法理思想とその国家統治理念

張居正（一五二五〜一五八二）は、明代の著名な改革者である。字を叔大、号を太岳と言い、湖北省江陵出身である。進士の出で、内閣大学士（訳注：事実上、宰相と同じ権限を持つ）を歴任し、首輔（宰相）まで務めた。彼は革新を提唱・実施し、「一条鞭法」、「天下を以て己が任と為す」を制定・実施し、「主権を尊び、吏職を課し、賞罰を信にし、号令を一つにする」ために一生を捧げた。そして明朝の中興を図り、法治を通じて当時の社会的危機を救おうと試みたのである。その法律思想と国家統治理念は以下の通りである。

1、「法を以て天下を縄す」を主張し、「法令政刑は世が恃む所有りて以て治を為す者なり」を強調[29]

張居正は、明代の嘉靖以来、政治が腐敗し、「綱紀が墜落して法度が陵夷（訳注：衰退）」しており、改革を行わなければならないと考えた。[30] そして高度な中央集権を主張し、法律・政令を用いて天下を定め、「一条鞭法」を提起・制定して明代中興の実現に力を入れた。

2、新法の制定を提唱し、時代と民意に沿った立法を要求

張居正は「後王に法る」の観点の宣揚に力を入れていた。より重要なのは、彼は孟軻が主張した「民貴君軽」の思想を宣揚し、「天下君を立てるは、以て民の為なり」を主張した点である。彼は秦の始皇帝と明の太祖の功績をことのほか崇拝し、「整斉厳粛にして法を懸げて之をして敢えて犯さざらしめる」と政府に求めた。

3、兼任の制止と腐敗への厳罰

当時の明代豪族たちの土地兼併活動に対し、張居正はただちに立法を以てこれを制止し、質の悪い者には厳罰

を科した。同時に汚職や各種腐敗を厳しく罰して官吏の綱紀粛正に努め、役人に対する厳しい監督と審査を行った。こうしたすばやい立法措置を講じたことで抜群の効果が得られ、「一条鞭法」の執行も順調に行われた。

4、効果を上げた中央集権の強調と二度の変法

中央集権を強調したことで、国には一時的に「中興」の現象が現れたが、保守勢力の抵抗を受け続けた。張居正は法に基づく厳格な政治を求め、法律適用における「厳」と「明」を特に強調した。「法は在りて必ず行い、奸は赦す所無」ければ、国家統治がうまくいくと考えたのである。

5、道徳教化と重刑主義を結びつけた国家統治を提起

法治の前提の下、張居正は道徳教化と重刑主義を結びつけて国家統治を行うよう訴えた。そして「法は厳に宜しく、猛に宜しからず」、「法令を省き、煩苛に宜しからず」を強調し、「礼は未然の前に禁じ、法は已然の後に施す」よう指摘した。[31]

6、法制建設と経済建設の同時進行を重視

「一条鞭法」の実施は、賦と役を直接合併させ、納税であれ兵役であれ、田畑に基づいて一律に計算して銀で換算し、地方官がこれを徴収するよう規定した。こうして貧困農民の負担を減らし、豪族の負担を増やしたのである。

張居正の改革は、明代を一時的に復興させたが、その後、特に彼の死後、豪族たちの報復に遭う。張家の財産は没収され、弟子たちは地方へ飛ばされた。明の熹宗の時代になってようやく名誉回復がなされ、弟子たちの官爵も戻された。

十一、海瑞の法思想と法執行の態度

海瑞（一五一四～一五八七）は、現在の海南省瓊山出身の回族で、字を汝賢、号を剛峰と言う。清廉で知られた明代の役人で、応天巡撫、右都御史まで出世した。著作に『海瑞文集』がある。嘉靖時代、明代「万世の安定」のため、あえて直言を上奏し、時の皇帝が凡庸で能無しであると批判した。世に言う「海瑞、皇帝を罵る」であり、末代までの語り草となった。その法学思想、特にぶれない正義感で法を執行する態度は、彼を歴史上有名な正義の役人へと押し上げた。彼の法学思想は以下の通りである。

1、変法革新に賛同し、「一条鞭法」を忠実に執行

海瑞は巡撫担当期間中、「饋送を禁絶し、奢侈を裁革し」、「風を整し紀を粛にし」ようとした。自ら清く正しい政を行うに止まらず、汚職や腐敗を厳しく取り締まった。

例えば、口頭訴訟を許したことである。これは庶民にとって便利であり、特に訟師が代書で訴訟を助けてもよいとした。また、当時は人を貶める目的の偽の訴えが横行し、社会の秩序を乱していたため、それに対する懲罰を重くした。さらに彼は、一部の案件は身分の差によって生じたものだとし、案件審理の際は権威を恐れず、公正に法を執行し、法と封建的礼義を厳格な基準として事件の全容を着実に明らかにすべきだと考えた。

海瑞が裁いた案件には突出したものがあるが、これは彼には「民の立場に立ち」、豪族を恐れない態度と決意があったことを示している。例えば、応天巡撫の職にあった際、隠居して里帰りした宰相の徐階（じょかい）が田畑を占領して困っているという無数の民衆からの訴えを受けた。海瑞は事実関係を調べた上で、民に田畑を返すよう徐階に強制命令を下している。他にも、海瑞が興国で知県の任に当たっていた際、隠居した南昌の元尚書・張鏊（ちょうごう）の二人の甥である張魁（ちょうかい）と張豹（ちょうひょう）が興国に木材を買いに来たが、民をいじめて殴りつけ、無理やり奪っていったことがあった。海瑞はその場で罪を問いただし、違法に甥を庇おうとした張鏊の行為を上部に報告している。要するに、海瑞は清く正しく法を執行し、横暴を恐れず、正しいことをしようとした大清官なのである。

よって民衆から強く支持される清廉な官吏として名を残した。より重要なのは、彼が「一条鞭法」を厳格に執行した点で、これは「中興」の兆しでもあった。

2、「民隠（訳注：民の苦しみ）」に通じ、強横を抑える」を主張

海瑞は、豪族や匪賊には打撃を与える必要があると考えたが、残酷なやり方を用いてはならず、法に基づいて処置すべきだとした。また、刁訟（不正な訴訟）・唆訟（けしかけて訴訟を起こさせること）を禁じ、事件の真相を解明するよう求め、審理は慎重にとする態度を徹頭徹尾貫いた。法の執行は厳格かつ明確に行い、冤罪があれば再度審議して正義を貫く姿に民衆は賛同し、当時の公正な裁きを語る多くの故事が伝わっている。

3、道徳教化の提唱と「五教の目」の宣揚

「五教の目」とは、「父子に親あり。君臣に義あり。夫婦に別あり。長幼に序あり。朋友に信あり」を指す[32]。これはいたずらに民に刑を用いることに反対し、双方に疑念ある案件の場合、「不辜を殺さんよりは寧ろ不経に失せよ[33]」、あるいは「善を失わんよりは寧ろ淫を利せよ[34]」とする原則に賛成したものである。

4、当時としては現実的意義を持ち、後に影響を与える法学観点を提起

十二、黄宗羲の法治思想とその国家統治理念

黄宗羲（一六一〇～一六九五）は、字を太仲、号を南雷と言う。浙江省余姚人で、明清時代の著名な思想家・政治家・法学者である。幅広い知識に加えて著作も多く、そのうち『明夷待訪録』はその法学思想の代表作であるだけでなく、当時の啓蒙思想家たちの集大成でもあった。その主な法思想と国家統治理念は次の通りである。

1、「天下の法」を以て「一家の法」に取って代わる

黄宗羲は変法を強く主張し、先祖代々伝わるやり方を死守することに反対した。彼は、「天下の人々の手足を縛る」ところの「非法の法」や「一家の法」を変えなければ、統治能力がある人でも、至る所で問題にぶち当たり、何事もなし得ないと考えた。逆に、天下の法さえあれば、たとえ任に堪えぬ人であっても、「法の網をくぐりぬけて」天下を害することはないとした。したがって、彼は私的な君主立法に反対し、公の立法を主張した。こうした啓蒙思想は、当時多くの人々に影響を与えた。

2、人治と法治の併用を主張するも、先にあるべきは法治

黄宗羲は「即ち論者は治む人有れど治む法無しと謂う。吾は以て治む法有り而して後に治む人有りと謂う」と強く指摘した。[35] 当時の条件の下、彼は「天下を主と為し、君を客と為す」思想を提起し、いわゆる「君を臣の綱と為す」を批判して「君臣共治」や「宰相を以て天子を摂する」を主張した。[36]

3、法制の統一を求め、法に例外ありや特別命令に堂々と反対

私的な君主立法に堂々と反対し、「公の立法」思想を打ち出した。同時に公正かつ厳格な法の執行を要求し、重刑主義や儒家の「寛猛相済」に反対した。彼は軽刑を提唱して「上には厳しく、下には寛に」を求め、「所謂厳なる者は吏を治むる経なり、寛なる者は民を養うる緯なり」とした。つまり、法制統一を維持し、法に基づいて事を行う鍵となるのは官吏にあって、平民にあるのではないとの考えである。

4、重農抑商に反対し、工商皆本を主張

重農抑商、これは農業国としての一貫した国策であり、ある程度において経済発展を妨げるものである。黄宗羲はこの欠点を見抜き、「工商皆本」という正しい思想を打ち出したが、これは当時としては進歩的意義を持つもので、時代の流れに即したものであった。同時に彼は農民の土地問題を解決する上で、「天下を以て一人を私せず」の思想を打ち出したものの、問題を解決する具体的方法

については言及しなかった。これは当時の歴史条件下における限界でもあった。

黄宗羲を代表とする啓蒙思想家が一連の新たな思想を打ち出したことは、当時大きな意義を持っていた。これは、明清時代の思想領域における輝かしい一頁であり、とりわけその法治思想は人類の法治文明を継承して広めるものであった。ただし時代的限界のため、彼らはより詳細な国家統治案を出せなかった。とは言え、黄宗羲は中国の歴史上、堂々と君主一家の法に反対し、天下の法を立てる歴史を切り開いたのである。

もちろん、黄宗羲の国家統治理念が言及した問題は多い。例えば彼は「君権制限」を主張し、「地方分治」を提唱し、君主集権の政体に堂々と異議を唱えたが、これは当時としては極めて進歩的であった。黄宗羲の法治思想と国家統治理念は、実のところ、西側の啓蒙主義よりも早かったと言うべきである。その思想は、中国法治文明の主要な内容の一部であり、我々が真面目に総括し、参考として昇華させる価値のあるものである。

十三、顧炎武の法治思想と民主思想

顧炎武（こえんぶ）（一六一三〜一六八二）は蘇州昆山人で、字を寧人と言い、世に亭林先生と呼ばれた明末清初の著名な思想家・法学者である。江南の抗清闘争に参加して二度牢獄に入るも、不屈の精神を貫き、その著作も数多くある。今日、『顧炎武全集』の名で編纂されている。その主な法治思想と民主思想は以下の通りである。

1、君主専制独裁に反対し、「衆治」を主張

当時の歴史条件下において、顧炎武は「人君の天下に於いて独治を以てすること能わざるなり。之を独治すれば刑繁なり。之を衆治すれば刑措くなり」と公に述べた[37]。衆治とは衆人による治であり、当時の法治が含む意義と基本的に一致している。もちろん、顧炎武が語るところの「衆治」の「衆」は、一定の権力を握る各級役人を指しており、「天下の権を以て天下の人に寄せる」わけではなく、各級官吏の職権拡大を特に指すものである。正確に言えば、君権のバランスを取り、君権の濫用を制限することである。まさに彼が言うところの、「公卿大夫より百里の宰、一命の官に至るまで、天下の権を分けて各其の事を治めざるものなく、而して天子の権は乃ち益尊なり」である[38]。

2、公正な法の執行を強調し、金による贖罪や谷を以ての補官制度に反対

顧炎武は法の執行をする官吏は高尚な人格を備え、法律の適用において一律に平等を貫かなければならないと

強調した。彼は「人心を正し、風俗を厚くする」こそが国家統治の根本であると考え、道徳教化の役割を強調した。もちろん彼は、専制の法を取り消し、天下の法を立てるよう主張した。

3、吏治の取り締まりを主張

顧炎武は「吏の罪を犯す者は必ず治め、而して賕を受ける者は必ず赦さず」と明確に指摘した。特に収賄の深刻な官吏には厳罰を科すとした。同時に、官吏に対しては辛抱強く教育すべきとし、「清議（訳注：清く朗らかな議論）」や「名教（訳注：すぐれた教え）」を以てその管理を強化するよう打ち出した。

4、「天下の私を合わせ以て天下の公と成る」の政治法律思想を提唱

顧炎武は、「人に私あり」のは現実的な人間性であると考え、「人に私あるは、固より情の免れること能わざるなり」と述べた。そこで彼は、「天下の私を合わせ以て天下の公と成る。此れ王政を為す所以なり」とし[39]、人々が「自ら為して」初めて「天下の公」が現されるのだと主張した。この前提の下、彼は「衆治」の三大対策を唱える。第一に、天子の権力を分けること。第二に、人口比率に応じて人材を推薦する選挙法を実施すること。第三に、人々の「清議」の権利を確認することである。

5、思想の硬直化を真理追求最大の「障害」と見做す

顧炎武は「学者の患は一に執して化せざることより甚だしきはなし」だと考えた。彼は『詩経』に出てくる「他山の石を以て玉を攻むべし」という名言をかなり気に入っており、学術の綱紀粛正においては、門戸を除くべきとする論を主張し、「好学の深みなければ、則ち己の過ちを見ること能わず」と書き残した。

顧炎武は明末清初において人望の厚い思想家であり、早期中国の啓蒙思想家にして法学者でもあった。彼の思想は親しみやすさを感じさせる貴重なものであり、人々に対して大きな啓蒙作用を果たしたが、残念ながらその思想はユートピアの性質を帯びていた。とりわけ貴重なのは、彼が農民に同情し、民衆に同情し、初歩的な民主思想を備えていた点である。これは評価に値するとともに、今日の国家統治の道のりにおいて参考として昇華すべきものでもある。

十四、王夫之の法理思想とその国家統治理念

王夫之（一六一九～一六九二）は湖南省衡陽人で、字を爾農、号を姜齋と言う。晩年は湘西の石船山に隠居したことから、世に船山先生と呼ばれる。かつて兵を起こして清に抵抗するも失敗し、桂林に落ちのびる。その著述

は豊富で、『船山全集』として世に伝わる。彼は唯物主義者であり、その主な法理学思想と国家統治理念は以下の通りである。

1、世の中の「一成の法は無し」思想を提起

王夫之は唯物主義の歴史観から出発して法律の可変性を論証し、「祖に法り王に従う」や「其の故物を守り、自ら新にすること能わず」といった保守的思想を批判した。そして、「天下に定理あって定法なし」と明確に指摘した。[40]彼は変法・革新こそ社会発展の必然的要求だと考えたのである。

2、人治と法治の併用を主張し「共治」を実施するが、重点は治吏に

王夫之は、「任人任法、皆治と言うなり」とし、[41]「厳しく吏を治め、寛に民を養う」と指摘した。[42]これは東漢以来の流れを受け継ぐもので、中国が代々実施してきた「儒法合流」の国家統治方略である。ただし王夫之が発展させたのは、彼がその重点を治吏に置くよう強調した点であり、これは法治の実態を示している。

3、「法は簡を貴び、刑は軽きを貴ぶ」観点を徹底

王夫之は、法律の役割は勧善懲悪にあると考え、法律内容の詳細に至っては、客観的需要によって決まるとした。そして「立国の始まり、法は詳ならざるを得ず」が、社会が安定してくれば、「法は簡にして而も能く禁ずるを貴び、刑は軽くして而も必ず行わるるを貴ぶ」べきだと考えた。[43]

4、良法と賢人の結合を提唱

王夫之は「良法」という言葉で立法を語らなかったものの、法は潮流に応じるべきであることを強調した。同時に、「任人任法、皆治と言うなり」を殊更強調し、法の執行者は賢い官吏であるべきことを求めた。そこで、「人を択んで法を授ける」、「長者を進め以て刑獄を司り、画一の法を守らしめる」必要が生じたのである。[44]

5、「法は上を責めることを貴ぶ」を提唱

これは実質的には王夫之の民主思想の精華である。彼は「法は先ず自らを治め以て人を治め、近きを治め以て遠きに及ぼす」点を強調し、身分の高い高貴な人間たちが法を奉って守ることでのみ、大衆を服従させることができるのだとした。彼は専制制度が下の罪ばかり裁いて上の罪を問わず、「下吏の貪に厳しく」、上官の汚職は不問に付す点を厳しく非難した。その結果は必然的に、「法は益峻に、貪は益甚だしく、政は益乱れ、民は益死ぬ。国は乃ち以て亡びる」ものである。逆に、「上官に厳しく」、特権階級にも法の縄を用いることができれば、則ち「吏は職業に安んじ、民は怨尤も無く、而して天下は已に平

なり」であった[45]。

6、「原情定罪」を徹底

原情定罪とは、罪の大きさに応じて量刑を決めるべきということである。つまり、罪の軽重と情状の余地に応じて科刑するのである。また、司法官が法を執行する際に生じた冤罪に対しては、法に基づき刑事責任を追究するとした。

王夫之は偉大な愛国主義者でもある。彼の「国家興亡、匹夫有責（訳注：国家の興亡は一般の人々にも責任がある）」は、人々の愛国主義精神を大いに教育・啓発したのである。これは中華民族の精華であり、永遠に光り輝くものである。

十五、古代中国における法学教育の一考察

中国の法学教育は歴史が古く、紀元前二千年以上前まで遡ることができる。筆者が最近考証したところによれば、中国法学教育の始まりは春秋戦国時代の法家の先駆けと言える鄧析である。鄧析は鄭国人で、鄭国の大夫を歴任した後、私塾を開いている。『竹刑』という著作を自ら編んで法律を教え、訴訟を専門分野としており、学ぼうとする者は後を絶たなかった。『列子』の記載によれば、鄧析の「両可の説を操り、無窮の辞を設ける」の影響は計り知れなかった[46]。特に彼が、法学を「刑名の学」あるいは「刑名法術の学」と称し、「法学」学科の道を切り開いたことは大きい。ここから、先秦の法家が「刑名」と「法術」を結びつけ、「名」を法令、名分、言論などに隠し、名に循って実を責め、賞を慎み罰を明らかにすることを主張したのである。その後、韓非子がこれを次のようにまとめた。

人主将に奸を禁ぜんと欲すれば、刑名を審合す。言は事に異ならざるなり。人臣たる者陳べて言う。君は其の言を以て之に事を授け、専ら其の事を以て其の功を責む[47]。

鄧析は私塾を開いて法律知識や訴訟方法を伝授し、直接他人の訴訟を助けることすらあった。彼は訟師として、自らの見解を恐れずに展開し、「非を以て是と為し、是を以て非と為」した中国初の人物であると言える。彼の提唱の下、鄭国には新たな思潮が生まれ、「鄭国大に乱れ、民口歓嘩す」という状態まで起きた。当時これは一定の脅威となり、鄭国の統治者であった姫駟歂（きしせん）はこうした局面に全く対応できなかった。そこで「鄧析を殺して、而も其の竹刑を用いた」となった[48]。鄧析が法学教育を興し

て正義を貫いたために死を招いたことは明らかであるが、これは栄光の死であり、その著書『竹刑』には合理性と科学性がある。鄧析は法家の先駆者として、歴史上、進歩的役割を果たした。彼の弁論名篇や法学論文に至っては、今日でも啓示的かつ参考的役割を果たしている。

鄧析の著名な言葉である「両可説」は、表面的に見れば「どっちつかず」の弁術であるが、実のところ、これは弁護士が果たさなければならない責任でもある。なぜなら弁護士は当事者の合法的利益を守り、当事者にとって有利な観点を語る必要があるからである。かつてこのような出来事があった。先にも記したが、『呂氏春秋・離謂』の記載によれば、洧河が氾濫した際、鄭国のある金持ちが洪水に流されて溺死した。ある者がその遺体を引き上げたが、それを知った金持ちの遺族が遺体を買い取ろうとした。しかし値段が高すぎたため、鄧析を訪ねて相談する。鄧析は、「安心してお帰りなさい。あの人たちは遺体をあなたにしか売ることができない。他の人は買わないから」と言う。そこで遺族は遺体を買い取るのをやめる。すると遺体を引き上げた側があわてて鄧析を訪ね、策を授けてもらう。鄧析は彼らに対し、「安心しなさい。金持ちの遺族はあなたから遺体を買い取る以外、他に買い取り先はないのだから」と言う。この逸話を見ると、鄧析の言葉はまるで詭弁だと思うかもしれないが、この件における鄧析は中立の立場であるため、どちらか一方に加担する必要はない。したがって、双方が彼を訪ねた際、彼は双方にとって有益な提案をするよりほかなく、したがって彼の言葉はどちらも正解であり、素朴な弁証的思想すら帯びているのである。この逸話はある事柄を説明している。それは、弁護士はどちらか一方の当事者の代理人になってはならず、同時に相手側に有利な提案を行ってはならないということである。この逸話における鄧析に間違いはないものの、こうした案件は二度とあってはならない。さもなくば、「原告の金も受け取っておきながら被告の金も受け取る」嫌疑がかけられ、中国の『弁護士法』の関連規定に抵触するためである。

鄧析は訴訟方法を伝授しただけでなく、法律の知識も伝授した。彼は論文を多く書いており、そのうち『天厚篇』と『転辞篇』はその名が知られているが、現在は原著を調べる術がなく、『鄧析子』という一冊が残るのみである。さらに、この本も漢代以降に人が彼の名を借りて書いたものとされるが、確実に分かっているのは、彼が中国法学教育の創始者であった点である。荀子は鄧析のことを「先王に法らず礼儀を是とせずして、而も好んで怪説を治め」るが、「其の之を持するは故あり、其の之を言う理を成」すと評価した。[49]

古代中国の公的な法学教育は戦国時代の秦国で始まった。かつて湖北省雲夢の睡虎地で発掘され出土した『法律問答』や『吏を為す道』は法律教材の性質を備えている。ここでは二〇以上の単独法規と、計六〇〇条余りの条項が確認され、秦国が「法を以て教と為し、吏を以て師と為す」を行っていた歴史的事実が証明されたのである。また『韓非子・五蠹』にも「明主の国には、書簡の文なく、法を以て教と為す。先王の語なく、吏を以て師と為す。私剣の捍なく、首を斬るを以て勇と為す。是を以て境内の民、その言談する者は必ず法に軌し、動作する者は之を功に帰し、勇を為す者は之を軍に尽くす」とあり、[50]これを証明することができる。つまり、商鞅の変法に始まり、一一人の君主を経て、百余年の時を経て秦の始皇帝が中国を統一するまでの間、全国において法学教育が普及し、法を以て教と為し、吏を以て師と為していたのである。官吏となる者はみな法学教師であり、秦国すべての民衆は一律に法を学んだ。これは中国法学教育史にて最も輝く一頁である。商鞅はかつて「吏民法令を知らんとする者は、皆法官に問う」とする制度を打ち立て、「法令の為に官を置くなり。吏を置くなり。天下の師と為す」と宣言した。[51]秦律では官府にてその守るべき法律を書き写し、臣民に「若し法令を学ばんと欲せば吏を以て師と為す」ことを求めた。[52]当時、秦国には律博士の職が設置され、司法専攻の教育が行われたという。『漢書』には「博士は秦の官、古今に通ずることを掌る」との記載がある。[53]つまり、秦代の博士は学位のことではなく、一種の職務だったのである。「律博士」は当時の博士の中の一種であり、官職名でもあった。その名の通り、律博士は古今の法律事務に精通していた。漢は秦を受け継ぎ、博士の職を設けた。律博士以外にも、五経博士、武博士などがいた。律博士と似た職として、当時は役所の案件の記録を管理していた「司爺」もいた。西漢初年の相国であった蕭何と曹参はいずれも「刀筆吏」の出身で、法律を学び、法律に精通し、それを職業としていたとある。もちろん、有効な史料にあるように、中国の公的法律教育は、東漢末年の「三国時代」、魏の明帝の時に始まったとされる。史籍によれば、明帝が即位すると「律博を置いて、教授を相伝せんと請う」と衛覬が上奏している。[54]当時は、胡寅という大臣が大反対したが、明帝は衛覬の意見を採用して律博を置き、法学教育を専門に司らせた。こうした設置ややり方は代々踏襲された。『冊府元亀』の記載によれば、北斉には四人の律博士が、隋には八人の律博士がおり、そのうち名の知られた者として侯堅固、楊衡之、司馬鋭、傅霖などがいる。唐宋時代になると、法律教育はさらに一段階上がる。科挙制度の下、明法科、すなわち法科出身の進士が設置されたのである。律博士の下には律学生がおり、『唐六典』には律学生に関して特に記載がある。「律学生は律令を核心課程とし、格・式・法・例を兼習する」。『新唐書』には律学生の年齢と人数が具体的に記されている。「律学、生五十人」、「律学十八以上、二十五以下」[55]。その他、法律教材もあった。例えば徐天麟が編纂した『東漢会要』の中には「律学」という科目がある。南斉の学者・崔祖思は漢代以来の律学を大絶賛し、「漢より治律に家あり、子孫世々其を業とす。徒聚め講授け、数百人に至る」と述べている[56]。西暦一〇七〇年、宋の神宗は「保甲法」を行って「刑法科」を置いた。一〇七三年、王安石の提案で「律学」が成立し、反対する者もいたが、その後代々踏襲されていった。

古代中国の法律教育は本来極めて完成されたものであった。とりわけ、秦代には国を挙げて「法を以て教と為し、吏を以て師と為す」という空前の盛況ぶりを見せたが、これは中華民族史上に残る偉大な快挙である。秦の始皇帝が六国統一を完成させた偉業といい、これは社会発展の必然であり、「法を以て国を治める」、「法治強国」の典範でもあり、法学教育の巨大な威力を示すものであるとも言える。

上述してきたように、古代中国の法学教育には以下の特徴があり、当代中国法学教育にとって極めて大きな啓示と参考的意義を持つ。第一に、古代中国法学教育が法律実践と緊密に結びついていた点であり、特に司法実践との結合である。第二に、古代中国法学教育と政治体制との緊密な結びつきである。例えば管仲の改革が斉国を強大にさせ、斉の桓公を春秋一の覇者として成就させたように、重大な政治改革と直接関係している。他にも、商鞅の変法は秦国で一〇〇余年も踏襲され、最終的に統一された封建帝国を打ち立て、社会の発展と進歩を推し進めた。第三に、国民全体への法学教育の普及である。これにより、公民の素養が高まり、社会の安定維持推進に極めて大きな役割を果たした。したがって、古代中国の法学教育に対してさらに踏み込んだ考証を行い、法学教育の一般的規則を示すことは、当代中国の国民全体、特に「鍵となる少数」である指導者や幹部の法治思想や法治方式の水準を高めるのに、極めて大きな促進作用がある。ただし古代の法学教育は重刑主義を宣伝しており、量刑を重くするに止まらず、死刑宣告も多く、例えば商鞅の変法の際に見られたさらし首、腰斬り、車裂きなど残酷な刑罰が多かった。

本編の論述で触れてきた時代には中国法理学の形成・発展・繁栄期が含まれており、その内容もまた中華法治文明の主な根源である。そこには以下の特徴がある。

第一に、古代中国の法理学と古代中国社会の発展には直接の関係があり、歴代の改革・変法と直接関係していた。重大な政変や変法のほとんどが、法理学を用いてその道を切り開いてきたのである。例えば商鞅の変法における「先王に法る」と「後王に法る」の問題や、王安石の変法における「祖先の法、変ず可し」あるいは「変ず可からず」という問題は、いずれも法理学における「法は時に応じて変化すべし」の原理を利用している。古代中国のほぼすべての法理学者が、「法は経済の発展に伴って発展する」原理を明確に示し、「この世に万古不変の法などない」と鋭く指摘した。法の可変性は絶対的であり、法の安定性は相対的だと主張したのである。

第二に、中国古代法理学は「国家統治理念」を詳細に論証した。『太平経』の記載によれば、全部で一〇種にわたっていたとある。この本による指摘と総括を見ると、少なくとも七種類の国家統治理念、すなわち礼治、徳治、人治、法治、義治、無為の治、心治などがある。秦漢以降、一種類の国家統治理念しか採用してこなかった王朝は、その効果はいずれも芳しくない。通常は二種類もしくは二種類以上の国家統治理念を用いた王朝のみが、ほぼ成功している。例えば西漢初年の「文景の治」では道家の「無為の治」を採用すると同時に、賈誼の踏襲した「徳治」と晁錯が受け継いだ「法治」を用いた。貞観の治に至っては、「法治」を用いた以外に、「徳治」や道家の「無為の治」、さらには墨家の「義治」まで取り入れている。そして明代の張居正の改革や清初の「康乾の治」もまた、いくつかの国家統治理念を同時に用いた。つまり、古代中国法理学が示した国家統治理念は多種にわたっており、各王朝は実情に応じてこれを採用し、通常は「共治」の形を取ったのである。

第三に、古代中国法理学は吏治の取り締まり、法紀粛清を強調し、上級役人に対する粛清を重視したのである。また法律の執行は「上には厳しく、下には寛大に」を旨とし、司法幹部に対しては責任制を厳格に執行するよう求めた。そして法の執行における「出入人罪」の刑事責任を定め、「出罪」や「入罪」ではいずれもその責任を追究する厳格な刑事条項が設けられた。つまり、古代中国法理学は「立法」を重視し、「法の執行」や「法制の統一」をより強調したのである。これは中華五千年の文明において色褪せることのない重要な保障となる。

[注]

（1）『宋史・太宗本紀一』。
（2）沈家本『歴代刑法考・律令六』。
（3）『宋史・範仲淹伝』中華書局、一九八五年点校版、六七頁。
（4）『包孝粛奏議集』、巻八「言陝西塩法」。
（5）『包拯集・寛恤・請罷天下科率』。
（6）『欧陽修全集・准詔言事上書』。
（7）『欧陽修全集・南省試策第二道』。
（8）蘇轍『歴代論』。
（9）『東坡全集』、巻四十六「策略三」。
（10）『東坡全集』、巻四十七「策別一」。
（11）徐道隣「法学家蘇東坡」、『中国法制史論集』志文出版社、一九七五年版、三〇九～三二六頁に掲載。
（12）張豈之主編『中国思想史』高等教育出版社、二〇一五年版、二九二頁より孫引き。
（13）『王安石全集・上時政疏』。
（14）『王安石全集・論議・河図洛書義』。
（15）『王安石全集・商鞅』。
（16）『王安石全集・周公』。
（17）『王安石全集・翰林学士除三司使制』。
（18）『王安石全集・提転考課敕詞』。
（19）『王安石全集・度支副使庁壁題名記』。
（20）『朱子大全・学校貢挙私議』。
（21）『朱子大全・答呂子約』。
（22）朱熹『論語集注・為政』。
（23）谷応泰『明史紀事本末・平定東南』。
（24）『明太祖実録・巻一一六』。
（25）『明史・刑法志』。
（26）『明史・志・六十九』。
（27）『王陽明全集・重修月潭寺建公館記』。
（28）『王陽明全集・年譜三』。
（29）『張太岳集・宜都県重修儒学記』。
（30）張居正の法理学思想とその国家統治理念に関する引用は、注釈のないものはすべて『中国大百科全書（法学巻）』中国大百科全書出版社、一九八四年版からの孫引きである。
（31）『張太岳集・宜都県重修儒学記』。
（32）陳義鐘編『海瑞集・教約』。
（33）『尚書・大禹謨』。
（34）『左伝・襄公二十六年』。
（35）『明夷待訪録・原法』。
（36）『明夷待訪録・置相』。
（37）『日知録・愛百姓故刑罰中』。
（38）『日知録・守令』。
（39）『日知録・言私其豵』。
（40）『中国大百科全書（法学巻）』中国大百科全書出版社、一九八四年版、六一二頁より孫引き。
（41）『読通鑑論』巻十「三国・二三」。
（42）『読通鑑論』巻八「桓帝・二」。
（43）『中国大百科全書（法学巻）』中国大百科全書出版社、一九八四年版、六一三頁より孫引き。
（44）『中国大百科全書（法学巻）』中国大百科全書出版社、一九八四年版、六一三頁より孫引き。

(45)『読通鑑論』巻二十八「五代上」。
(46)『列子・力命』。
(47)『韓非子・二柄』。
(48)『左伝・定公九年』。
(49)『荀子・非十二子』。
(50)『韓非子・五蠹』。
(51)『商君書・定分』。
(52)『史記・秦始皇本紀』。
(53)『漢書・百官公卿表序』。
(54)『三国志・魏書・衛覬伝』。
(55)『新唐書・選挙志』。
(56)『南斉書・崔祖思伝』。

第二編

近代中国における法理学の争闘

第六章　近代初期における法理学の発展状況

第一節　アヘン戦争前期の法理学思想

一、龔自珍の法理思想

龔自珍（一七九二〜一八四一）は又の名を鞏祚と言い、字は瑟人、号は定庵、浙江省杭州人である。進士の出身であったが、儀礼を司る小職に甘んじたまま志を果たせず、職を辞して都を離れる。一八四一年、丹陽の雲陽書院にて突然の死を遂げる（四九歳）が、龔自珍は清代の有名な政論家・法学者であり、主な法理学思想は以下の通りである。

1、「改革、法の更新」主張の提起

龔自珍は、「先祖の法に弊あり、衆生の議はそれを靡ける。外力借りて改革するより、むしろ自ら改革せよ」と明確に指摘し[1]、次のように主張した。

古の法に倣って之を行い、まさに今日の束縛という病的状況を救う。（中略）煩瑣な条文・法令を削除し、古い条例を廃棄すべきで（中略）細部にこだわってその手足を縛るべからず。[2]

また、「古から今まで、変わらぬ法はなく、積もらぬ勢いもなし。変遷せぬ事例もなく、移ろわぬ気風もなし」とも指摘した[3]。彼は、歴史の進化は一種の「自然の勢い」であり、人の意志によって転換されるものでもなく、たとえ聖賢であっても左右できないと考えたのである。

2、「心力」への崇拝

龔自珍から見れば、「心力」は現状を根本的に変えることができるものであった。彼は「天地は人が造るもの、衆人が自ら造るものであり、聖人が造るものに非ず」と明確に打ち出し、「衆人の主宰は、天道でも太極でもなく、自らその名を我と言う。我は光で日月を造り、力で山川を造る」と述べている[4]。

3、孟子の「性善説」と荀子の「性悪説」はどちらも採用不可龔自珍は、人の本性はその物質生活の条件の変化によって変わるものであり、同様に、政権と法律もまた変えてよいものだと考えた。そこで彼は、「九州の生気は風雷を恃み（訳注：中国全土にみなぎる活力、風雷のような大変革に頼っている）」という有名な詩を書き残したのである。

4、人材の重視

龔自珍は国が栄えるか否かは、人材を重視するか否かであり、人材の登用と大きな関係があると考えた。そして、改革こそが制度の上から束縛を解除し、人間の個性と知恵の発展に有利な社会環境を作り出すのだと主張した。そこで彼は「我は勧む天公重ねて抖擻し、一格に拘らずに人材を降されんことを」と叫び声を出したのである。

5、社会的危機における経済的根源を検討

龔自珍は「国が栄えるも乱れるも」、それは社会の富の分配状況が決めるのだと考えた。彼は『平均篇』の中で次のように指摘している。「その始まりは、貧富の差ができたに過ぎなかった。その小さな差がやがて大きくなっていき、天下を失うほど大きくなる」、「天下を有する者は、貧富を平均するより高尚なことはない」。したがって彼は「その本源を操り、時に応じてその調整に努めることが肝心である」と主張したのである。(5)

龔自珍は清代の著名な文学者でもあり、その詩は広く文芸界に伝わっている。残念なことに、彼は仏教の教義に救いを求め、最後は失望と共に若くしてこの世を去ったのである。しかし、彼の変法改革思想ならびに文学的精神は知識界に広く伝わるものである。

二、魏源の法理思想

魏源（きげん）（一七九四～一八五七）は、字を黙深といい、湖南省邵陽人である。進士の出身で、龔自珍と並び立ち、「龔魏」と称された。アヘン戦争の際、浙江省前線において対英闘争に参加し、後に林則徐の命を受け、中国近代史で初めて、世界の歴史を紹介した地理の専門書『海国図志』を編纂した。魏源は当時の著名な政論家・法学者であり、著作も極めて多く、後に『魏源全集』二〇巻にまとめられた。その法理学思想は以下の通りである。

1、「古を変えるほど、民のためになる」と主張

魏源は法哲学の高みから、歴史の発展は聖人・祖・天命の意志によって転じたものではないと考え、「天下大勢は、たとえ聖王が変えなくても（中略）必ず自ら変わるものなり」、「祖もそれが自ら変わらぬことを許すことできず」、「天地であってもその自変に抗うことできず」と明確に指摘した。(6) つまり、社会の発展と変化は、いか

なる人間であっても逆らうことのできない客観的規則であり、社会も法律も同様なのである。

2、民主政体への憧れと、「民選」・「民治」の提唱

魏源は腐った官僚集団を批判し、「金だけあって民生の何たるかを知らぬ。徒党を組むだけで人材の何たるかを知らぬ」と述べている。したがって魏源は、「人は誰もが官僚なり。天下の言葉を広く受け入れ、天下の才を広く受け入れる」政体に憧れていたのである。(7)

3、愛国主義の宣揚と、民族的危機からの脱出

魏源は「夷の長技を師とし、以て夷を制す」を明確に主張した。彼は「夷には三つの特技あり。一つ目は戦艦、二つ目は火器、三つ目は兵の訓練法なり」と考えた。(8)そこで彼は、「耳目心思の力を集め」、「夷の特技」を以て祖国を守り、侵略に抵抗するよう主張した。もちろん、それは主に政治制度の改革にある。

4、改革と民衆の素養・民心離反との関係に注意

魏源は「天下の事、人情にそぐわなければ、元に戻してもよい。群衆の人情の認めるものであれば、元に戻してはならず」と述べた。(9)つまり、「群衆の人情」に適っている改革のみが、不可逆的な歴史的趨勢だとしたのである。言い換えれば、改革の中では、民衆の素養と民心の離反状況に基づいて改革の内容と進度を決め、改革が時代の潮流に順応するよう努めることができるとしたのである。

5、法学教育の重視と、誰もが法を守るよう牽引

魏源は、外国人と接する際、戦争と貿易に関する条文をしっかりと学ぶ必要があり、そうすれば、国家主権を守れるのみならず、各国との貿易往来を発展させることができると考えた。そこで彼は、法学教育の強化を行い、人々の法律水準を高めるよう提案したのである。

魏源は文学者であった龔自珍と浅からぬ関係を築いたのみならず、偉大な愛国主義者である林則徐とも密接な関係を保った。彼は命を受けて『海国図志』を編纂したが、これは中国の目で世界を見、世界という民族の森において中華民族が西側列強から恥辱を受けないために有利に働いた。まさに民族のこうした有識者たちが、現在進行中の偉大な民族復興において不朽の先駆的仕事を成し遂げてきたのである。魏源の『海国図志』は国際的に幅広い影響を与えているが、特に日本に極めて深く影響した点については特筆に値する。考証によれば、この本は明治維新に重要な影響を与えた思想的源でもある。当時、明治維新に関わっていた日本の学者と政治家は、この本に深く啓示を受けたとされる。そのうち、これを学ぶためだけに中国に来た者さえいる。ただし、当時の清

政府はこの本を禁書としたため、彼らは失望し、これからは中国に学ばずの意を決したのである。しかし、まさにこの『海国図志』の影響を受けた日本の政治家たちが、一八六八年に明治維新を行い、日本は資本主義の発展の道を歩み始め、「脱亜入欧」という彼らの願いを実現させていくのである。この事は、当時の清王朝の腐敗と落伍を示し、清王朝滅亡の必然性を反映している。

第二節　太平天国時代における中国法理学の発展概況

一九世紀中頃に勃発した「太平天国運動」は、中国近代史上最大の農民革命であり、その影響は最も大きく、期間は最も長い。これは反帝政・反封建の旧民主主義革命の初期段階であり、その法学思想、とりわけ法理学思想には進歩的要素だけでなく、封建時代の糟粕も含まれており、総括・反省・参考とする価値がある。その代表的人物は早期の洪秀全、後期の洪仁玕である。彼らの法学思想には各自の特色がある。以下見ていく。

一、洪秀全とその『天朝田畝制度』

洪秀全(こうしゅうぜん)（一八一四～一八六四）は、広東省花県人で、農民出身である。幼い頃から儒家文化の教育を受け、著書に『勧世良言』、『原道醒世訓』、『原道覚世訓』などがある。「拝上帝会（訳注：一八四三年、洪秀全が創始した上帝教を中心に組織され、太平天国の前身となった）」を結成し、一八五一年に広西にて金田蜂起を起こして太平天国を建国する。一八五三年には現在の南京に都を定め、これを天京と名付けた。『天朝田畝制度』を公布するが、これは土地私有制の反対を中心に据えた太平天国の革命綱領的な法律文書である。その主旨は、絶対平均主義の理想的天国を建立することにあるが、これはまぎれもなく小農経済におけるユートピアに過ぎない。ただし、そのうちいくつかの思想には総括・参考とする価値がある。

1、男女平等の主張と、「天下の婚姻、財を語らず」の提唱

洪秀全は『原道醒世訓』において「天下の男はみな兄弟であり、天下の女はみな姉妹である」とし、神の前ではみな平等であると訴えた。これは政治的にも経済的にも大きな意義を持っている。農村の婦女が軍に参加するよう奨励したことで、太平軍には全部で四〇万人にも及ぶ女性兵がおり、中には百戦負けなしの女将軍、科挙の試験を一位通過した状元女官もいた。彼は「天下の婚姻、財を語らず」を提唱し、男女平等と一夫一妻を主張した。

また、娼妓・妾・人身売買を禁止し、纏足や溺嬰（貧しさから幼児を殺す現象）にも反対した。さらに、政府名義で結婚証書も発行している。この点では、確かに男女平等や、誰もが平等であるという法理学の要求が表されている。これは太平天国が称賛されるべき点であると言えよう。もちろん、さらに称賛に値するのは、彼らの反帝・反封建の農民革命運動である。

2、「天下みな一家、誰もがみな兄弟」の共通理想を提唱

この理想の影響の下、『天朝田畝制度』の価値観念は、「田有れば共に耕す。飯有れば共に食らう。衣有れば共に着る。銭有れば共に使う。均衡でないところをなくし、貧しい者をなくす」となる。こうした絶対的平均主義と農業社会主義の空想は、当時圧迫や搾取を受けて苦しんでいた多くの貧困農民たちを確かに引きつけ、こうした「天国」を勝ち取るために戦おうと鼓舞した。したがって太平軍の戦闘力は高く、あっという間に中国の半分を占領し、南京はその後「天京」と改名され、いわゆる「天国」が建国されたのである。こうした精神および闘志は確かに貴重なもので、その封建制度反対および外国侵略反対を示す革命精神は、長く中国の歴史に刻まれるものである。

3、太平軍の厳しい紀律、特に初期段階の法規は勝利を勝ち取る重要な要素

一八五一年の金田蜂起の際、「軍紀五ヵ条」が公布され、続いて『十項天条』と『太平条規』が公布された。太平軍にはこれを組織して学習させ、三週間で覚えられなかった者は罰せられた。つまり、革命の法規で鼓舞したことが戦闘の勝利を保証したのである。

しかし、太平天国の『天朝田畝制度』と洪秀全のやり方には明らかな限界があった。一つは、思想への迷信と極端に遅れた挙動である。二つ目は、提起された綱領と政策がどれも空想の上に成り立っており、実際に執行するのが不可能だった点である。それに加え、指導者層内部における私心が深刻で、互いの闘争へと発展し、その手段は残酷を極めたことから、失敗に終わるのも当然であった。

もちろん、太平天国の実践が人々に残した教訓は、いかなる観念や政策も、科学的基盤の上に成り立っていなければ実施することはできず、社会の発展に有利ないかなる法理学理念も、人民大衆の利益に適っていなければいけないという点である。したがって、太平天国の絶対的平等主義は歴史上、中国式ユートピアに止まったのである。しかし、太平天国が提起して実施した男女平等の

観念は、確かに当時の状況に符合し、人々の共通の願いを反映していた。よって、天国には四〇万もの女性兵がおり、女英雄も出現したのである。これは中国の歴史上、ひいては人類の歴史上でも大きく取り上げるべき事柄である。太平軍の女英雄たちの輝かしいイメージは、人々の心の中に永遠に生き続けている。太平天国自体は失敗に終わったが、封建政権にそれなりの打撃を与え、中国法理学の部分的発展を推し進めたのである。

二、洪仁玕とその『資政新篇』

洪仁玕（こうじんかん）（一八二二～一八六四）は、広東省花県人で、太平天国後期の重要な指導者であり、同時に著名な思想家・政治家・法学者である。彼は洪秀全の族弟にあたり、儒門の生まれで、幼い頃から経史を学び、私塾の講師を長年務めた。かつて香港に住んで外国人宣教師の家庭教師をし、一度は牧師になったこともあり、長期にわたって西洋の資本主義思想の影響を受けた。その後、一八五九年に辛うじて天京に辿り着き、洪秀全から重用されて干王を授けられ、軍師に昇格した。「国政をよく補佐し、民徳を新たにする」ために、『資政新篇』を著した。この本は洪秀全による修正を経て、太平天国後期における政治・経済綱領となる。その法学思想は比較的豊富で、特に法理学の発展には大きな貢献が見られる。その法学思想は以下の通りである。

1、法制の重視と、「時と場合に応じ、情勢に応じた法」の提唱

洪仁玕が天京に到着したのは、まさに楊韋事件（訳注：一八五六年に起こった太平天国のリーダーどうしの内輪もめ）の直後であった。国勢は日に日に衰退し、早急な救国案が求められた。洪仁玕は「法制を立てる」ことこそ国家統治の主要任務であると考えた。彼は『立法制宣諭』の中で、「国家はまず法制から」の観点を特に取り上げ、洪秀全に早急な法制整備を求めた。これは太平天国の「人心が冷めきった」局面を打開しただけでなく、国力の増強ならびに清軍に打ち勝つ促進的役割を備えていたのである。洪仁玕は、「法制を立てる」ことだけでなく、「正しく法を立て」、「良く法を立てる」ことを提唱した。彼は、「すべての制度・条文に対し、古いものを取り除いて新しいものを打ち立てる」と考えたのである。そこで二八条から成る改革措置を打ち出した。まとめると、以下の方面に分かれる。政治面では、中央の指導を強化し、王・侯が勝手に政をしてはならぬとし、「上下精通」を求めた。経済面では、「車馬の利を興し」、「舟楫の利を興す」よう主張し、そこには鉄道・道路・水利などの敷

設が含まれた。文化教育・社会福利の面では、新聞社・学校・病院の開設、あるいは各種慈善事業、例えば高齢者介護施設、育児施設などの開設を主張した。立法を健全化すると同時に、「奉法、執行、行法」をやり遂げるよう強調した。要するに、洪仁玕が主張するすべての大政方針は、すべて「立法を基準」とすべきというものであった。これは『資政新篇』の総綱領である。洪仁玕は、国を治めるには法律を遵守しなければならず、国の存亡や盛衰は「人の用い方」が「的を得ている」かにあると考えたのである。

2、民主精神を表した訴訟制度の確立に尽力

太平天国には比較的完全な訴訟・裁判に関する立法制度があった。これは司法機関の体系を確定させ、必要な訴訟手順も明確に規定したのである。規定によれば、天王は最高裁判者であり、天王以下の中央各王都には案件を審理する権利がある。同時に中央には刑部尚書、典刑、典牢などの専門管理官が設けられた。地方総制や監軍も一般的な訴訟案件を兼務した。軍隊内部にも刑・獄を管理する典官が専門に設けられ、法律は「極めて厳しい」執行が求められた。同時に、太平天国の刑罰制度は、例えば「火炙り」や「八つ裂き」など極めて残酷であった。敵に対して極めて厳しいだけでなく、味方の場合でも、一旦罪を犯せば、あるいは重大犯罪の場合は厳しく制裁された。例えば、周揚能の「反逆」事件、朱大妹の「東王毒殺」事件、張継庚の「内通」事件などは、容疑が固まり次第、徹底して鎮圧された。太平天国には一種の特殊な訴訟がある。すなわち「大門の廊下に大太鼓が二つ置かれ、冤罪もしくは上告したい人は誰でも自由に太鼓をたたき、首長が公平に裁くよう求めることができた」。この点は、役所の登聞鼓（訳注：昔、冤罪を被った臣下が上申したい時に打ち鳴らすように役所に備えてあった太鼓のこと）に似ているが、登聞鼓をたたいた者はとがめられることはなかった。たのに対し、太平天国ではとがめられることはなかった。

3、アヘン販売を厳禁し、西側列強のアヘン侵略に直接打撃

太平天国はアヘン販売厳禁の規定を継承し、厳格な禁煙法律『十項天条』を公布した。その第七条では、「洋煙（すなわちアヘン）を吸う」ことを「天ほどの大罪を犯す」高みにまで引き上げ、罪人は「打ち首」とした。アヘン販売者も一律に切り捨てとした。太平天国は、喫煙禁止、賭博禁止、娼婦禁止などの面で、良好な成果を上げたと言っていい。

もちろん、太平天国には法制の上で深刻な欠陥があり、そこには深刻な封建主義的毒素がいくつか残っていた。一つ目は、天王の権力が一切を凌駕すること。二つ目は、等級制度が極めて厳しいこと。三つ目は、封建迷信の色合いが強いこと。四つ目は、内部闘争が残酷すぎることである。(10)

［注］

(1) 『龔自珍全集・乙丙之際著議第七』。
(2) 『龔自珍全集・明良論四』。
(3) 『龔自珍全集・上大学士書』。
(4) 『龔自珍全集・壬癸之際胎観第一』。
(5) 『龔自珍全集・平均篇』。
(6) 魏源『書古微・甫刑篇発微』。
(7) 魏源『黙觚下・治篇十二』。
(8) 魏源『海国図志・議戦』。
(9) 魏源『黙觚下・治篇五』。
(10) 本節で用いた引用は、すべて『太平天国』(第一冊)、神州国党社、一九五三年、一～三二一頁を参照。

第七章　近代後期における法理学の苦境

第一節　三度にわたる清末の法理学大論争

アヘン戦争が起こり、西洋列強が大砲を用いて中国の大扉をこじ開けて以来、古き中国は次第に西洋諸国の半植民地へと成り下がっていった。四億の同胞たちは目覚めた獅子のように奮起して立ち向かい、一部は改良を主張、一部は革命を提唱したが、旧態を守ろうとする者もいた。それに伴い、法学上でも三つの論争が生まれた。一つ目を「礼法の争い」、二つ目を「中・西の争い」、三つ目を「革命と保皇の論争」という。論争の結果、中華法系の息の根が断たれるものの、中国古代法治文明は永遠に輝き続けるのである。中国近代法理学は転向を始め、西洋法理学が中国へと伝わり始めた。

一、礼法の争い

礼法の争いとは、中華法系内部における礼と法の争いで、中国法理学と西洋法理学の争いでもあり、最終的には中・西の争いへと発展する。洋務派（訳注：清末に西洋軍事技術の採用を中心とする富国強兵運動を積極的に推進した官僚グループ）の代表は曽国藩、李鴻章、左宗棠、張之洞で、早期改良派の代表は王韜、鄭観応、姚瑩、容閎であった。前者は、「器を変じて道を変じず」を主張し、「中国の学問を根本とし、西洋の学問を利用する」を求めた。後者は「西洋に学び」、「君民共治」を主張する。ここで言う「礼」は、依然として「礼治」の内核であるが、『周礼』とは異なる。ここで言う「法」は、西洋の法治を指すが、「君民共治」の内核も備えている。したがって、これは「礼治」と「法治」という名の殻を借りたものであり、本来含まれる意義ではない。

曽国藩（一八一一～一八七二）は、字を伯涵、号を滌生と言い、曽家七〇代目の子孫である。彼は志を高く持って己を律し、徳を以て官職を求め、礼治を先と為し、忠を以て政を行い、清王朝の政治、軍事、文化、経済に多大な影響を与えた。彼の提唱の下、中国初の造船所、同じく中国初の兵器学堂が建てられている。また、西洋の書籍第一期分が翻訳され、アメリカへの第一期留学生も手配された。曽国藩は忠君を提唱し、儒学を基礎理論として清廉政治を訴え、礼治の仁政を行い、「民生では農業を優先とし、国の大計は豊作を吉とする」と考えた。彼が一生をかけて守ろうとしたのは封建専制の帝王の道、そして提唱したのは礼治の挙であり、典型的な封建伝道師である。

李鴻章（一八二三〜一九〇一）は清末の著名人で、洋務派の主要人物である。字を子甫、号を少荃（泉）と言う。一八四五年に北京で科挙の試験を受け、曽国藩の門下になると、経世の学を学び、仕事と思想の土台を築いていき、一八五〇年に翰林院の編修となる。彼は文人として兵を率い、「作戦能力に優れている」との記録があり、「翰林を緑林（訳注：反徒が緑林山に拠った故事から後世群盗を緑林とよぶ）に変えてしまった」という悪名でも名高い。一九世紀に直隷総督に就任して以降、中国の「貧しさ」を痛感し、「国を富ませれば強くなる」、「先に富ませ、後から強く」の結論を導き出し、「外とは条約を守って仲良くし、内には改革が必要」とする洋務総綱を貫いた。近代史上、売国条約のほとんどは清政府に代わって彼が調印している。統計によると、彼が一生のうちに調印した条約は三〇以上に上る。一九〇一年、『北京議定書』に調印後、大吐血をし、北京で病死する。梁啓超は『李鴻章伝』の中で、「李鴻章の才を敬い」、「李鴻章の識を惜しみ」、「李鴻章の逝を悲しむ」と述べている。

張之洞（一八三七〜一九〇九）は清末の著名人で、洋務派の代表人物である。彼は曽国藩、李鴻章、左宗棠と並び、「清末中興の四大名臣」と称されている。教育の面で、彼は突出した貢献をし、自強学堂（武漢大学の前身）、三江師範学堂（南京大学の前身）、農務学堂、工芸学堂、広雅書院を創設した。また、漢陽鉄工場、大冶鉱山、湖北銃器工場なども作った。著作に『勧学篇』があり、「中体西用（中国の学問を主体とし，西洋の学問を用いる）」を提唱した。また、両広総督、両江総督、湖広総督を歴任している。『勧学篇』という本は、封建の忠君思想を宣伝しているため、礼治の忠実な提唱者とされ、保守派から絶賛された。同時に、この本では「中体西用」に改良を加え、余分なものを取り除いているが、これもまた参考にできる。元々、張之洞の思想は二面性を備えている。彼は維新派の人物と往来があり、かつて維新派の人物であった学生の榻度を助けようとしたこともある。もちろん、全体的に言えば、彼は礼治の庇護者である。張之洞は法律も重視しており、一九〇一年の『中国の法律を整頓する十二条の奏上』の中で、西洋法学における『公法学』を提唱している。また、通商問題において、彼は二つの提案を行った。一つは、国内外の法律を参考として『通商律例』を制定すること。もう一つは、国内外の法律に精通した人材を育てることである。もちろん、その思想は深かったものの、やはり「礼治」の伝道者に過ぎなかった。張之洞による「中体西用」の法学的主張は、具体的には『西側の法律を採用する十一条の奏上』と『中国の法律を整頓する十二条の奏上』の中に現れている。すなわち、西側の法律を学び、採用するには前提があり、中国の法律の根本原則を揺るがしてはならない。西側の学問を用いるとき、その法律の基本原則を学ぶよりは、「西側の学問から我らの闕を補えるものを選んで用い、西側の政治から我らの病を取り除けるものを用いる」と主張した。同時に一九〇一年、張之洞は劉坤一と連名で三度にわたって『江楚変法の奏上』を行い、「量刑は慎重に」、「民心を重んじる」といった法制改革を提案し、沈家本、伍廷芳を法律改正大臣に推挙した。張之洞に対しては、洋務派だが改革観念を持ち合わせた人だと習近平は考えている。当時、各種観点が登場してどれが正しいか分からない中、彼は「古いものは喉でつかえて飲み込めず、新しいものは分岐が多すぎて失敗する。旧者通を知らず、新者本を知らず」と嘆いている。ここで言っているのは、保守と変革の匙加減が難しく、合意に達するのが難しいということである。

この三人の代表人物における生い立ちと業績の分析を通じてみれば、史学界が称する「洋務派」という呼び名が必ずしも適切でないことが見て取れる。なぜなら洋務は彼らの主要な活動ではなかったからである。とりわけ、曽国藩と李鴻章はその大部分の時間を従軍に費やしており、太平天国農民運動と捻軍を鎮圧し、封建専制と礼治を維持した。正確に言えば、洋務をやったのは形式上のこと、またいわゆる「富を求め」、「自らを強く」は隠れ蓑であり、忠君と礼治の擁護こそが本質だったのである。張之洞は確かに洋務をいくつか行っているが、それはただの手段に過ぎず、目的は清王朝への忠義であった。

礼法の争いのもう一方には、早期維新派の人物である馮桂芬、王韜、鄭観応などがいた。

馮桂芬（一八〇九〜一八七四）は、字を林一と言い、江蘇省蘇州人である。林則徐に師事し、一九四〇年に進士となり、上海に広方言館を設け、西洋学の人材を育成した。彼は中国人が西洋人に及ばないのは政治的要因によるものだと考え、西洋式教育の普及に力を入れ、西洋学を用いて人材を育成し、制度の面から改革を行うよう求めた。彼は独自の歴史観から、「本」と「末」は一定の条件下で互いに転化し合い、「本」の転化は避けられないのだとの暗示を見て取った。馮桂芬は「今と昔では時代も異なれば、情勢も異なる」と考え、まずは西側のやり方を模倣し、そこから「西側の外にある新たなものを見つける」ことを提唱した。著書に『校邠廬講義』という本がある。

王韜（一八二八～一八九七）は、字を仲弢、号を紫銓と言い、江蘇省蘇州人である。一八六二年に太平天国と書面のやりとりをしたことで清から指名手配となり、香港へ逃亡する。一八七四年、『循環日報』を創刊して維新変法を提唱する。一八八六年、上海格致書院の責任者となる。著作に『弢園文録外編』などの本がある。王韜は、西側の対外侵略は「兵力」と「商業力」を後ろ盾にしたものだと考えた。そこから彼は、中国も「兵力と商業力の二者併用」にすべきだと主張した。彼は、中国の洋務派は「表面的な真似事しかしていない」、中国は機械を造る技術だけではなく、政体そのものを学ぶべきなのだと考えた。また、民主政体の利点は「政治の大小に関わらず、議院の慎重な審議を通して事が運ばれ、挙行される。そうすれば、内に対しては虐待や残酷な行為とはならず、外に対しても主権や友誼を守ることとなる。日頃は貿易や経営に力を入れ、緊急事態が発生すれば公・義のために全力を尽す」ことにあると考えた。彼から見れば、中国は国土も大きく人口も多いが比較的弱く、その理由は人民の役割を発揮しきれていないからであった。彼は民主制、君主制、立憲君主制を比較し、中国はイギリスに倣って立憲君主制を実施するべきだと考えた。その著書である『原道』の中で、「天下の道の、その始まりは同から異へ、その終わりは異から同へ」とし、中・外の道も結局は同じところに行きつくのだと意識していた。

鄭観応（一八四二～一九二二）は、字を正翔と言い、広東省香山人である。イギリスが作った夜間学校出身で、若い頃は太古蒸気船会社を開き、李鴻章の委嘱を受けて電報局、蒸気船誘致局総辦となり、著書に『盛世危言（訳注：豊かな時代への諫言）』がある。彼は近代史上、初めて「商戦」論を提起した。すなわち、西側は商を以て戦い、士農工商を助けている。したがって、中国も商戦要員を育成すべきだと考えたのである。彼は、「乱を治める源と富強の本は、全ては船や大砲の強さに在らず、議院が心を一つにし、徳や法を養うことにあるのだ」（『盛世危言』自序より）とし、立憲君主は専制政体に勝ると考えた。彼は(1)民権を保護する、(2)政府・憲法・律令のすべては民権に服従する、(3)官吏はすべて人民の公僕であるといった具体案も提出している。

以上述べたように、早期維新派の人物はほとんどがイギリスへの留学もしくは洋務の実施を経験している。したがって、いずれも君主政体を主張するのである。彼らのほとんどは洋務派と連携を取る反面、時には闘争も繰り広げた。しかし注意すべきは、こうした闘争は革命ではなく、改善だった点である。彼らと洋務派との争いは、礼法の争いではあったが、その矛盾は和解できないほどのものではなかった。

馮桂芬、王韜、鄭観応、馬建忠などはみな、地主階級から分化して出てきた進歩的人物であり、洋務派の下で働いたこともあれば、洋務派に派遣されて西側へ留学したこともあった。彼らは民族資産階級の利益を代表しており、旧民主主義を宣揚した。彼らは封建専制に反対し、礼治を批判し、民主を主張する。この「民主」の二文字は、馬建忠が李鴻章へ書いた手紙の中で現代的意義における解釈として初めて提起したものとされる。彼らは西洋の法律を発揚するが、同時にその虚偽性も露わとなった。彼らはまた西洋列強の「強権政治」を批判し、「公法」の公は欺瞞で、不平等条約を弁護するためのものだと指摘している。そうであるならば、「公はどうあるか？法はどうあるか？」となり、いわゆる「公法の利益を共に享受するというのは、実に欺瞞に満ちている」とし、政治体制の上で、「議院が政治を決める君民一体」の立憲君主制度を中国に応用するよう求めた。

早期改良派は経済の役割を重視した。彼らは国の存亡を救うには、まず「民を富ませ」、「国を富ませる」ことだとした。そして「富民」、「富国」の道は主に、興商にあるとした。なぜなら「商は国の本」であり、「商は四民の手綱を握っている」からである。いわゆる「商戦固本論」とは、鄭観応の言葉を借りれば、「兵を訓練し、船や大砲を作り、有形の戦に備えるのは、表面を治す」ものであり、「西側の士農工商の学は、無形の戦を豊かにし、その根本を固める」ものである。

要するに、早期改良派の精神は貴かったものの、理論的基盤が浅すぎた。一方で西洋の法治に賛成しておきながら、その虚偽性を批判している。一方で民主を主張しておきながら、逆に君民共主を強調して礼治に反対し、立憲君主を主張しており、その自己矛盾の部分は少なくない。しかし彼らは多くの問題も提起しており、当時としては貴重なことであった。

二、維新派と頑固派の闘い

一九世紀末、甲午戦争（訳注：日本で日清戦争と言う）の惨敗に伴い、すでに悪化していた民族の矛盾や階級の矛盾がますます深まっていった。全国各地で変革をしなければ国が亡びるところまで来ていた。一八九八年に勃発した戊戌の変法維新運動は、まさに民族資産階級の上層を代表する維新派、すなわち資産階級改良派が唱えた愛国救国運動であった。それは愛国の政治運動に止まらず、法律分野における重大な改革でもあり、封建専制と民主法治の戦いだったのである。闘争は維新派の失敗で終わりを告げるが、中国法学における重大な転向を引き起こし、数千年続いてきた中華法系は終焉を迎えようとしていた。

㈠康有為とその法思想

康有為（一八五八～一九二七）は、字を広厦、号を長素と言い、広東省南海人である。南海先生と人々から呼ばれた戊戌の変法の領袖にして資産階級改良派の主要理論家である。著書に『大同書』、『新学偽経考』、『戊戌奏稿』などがある。その主な法学理論は以下の通りである。

1、変法の発揚

康有為は進化論を根拠とし、中国は必ず変化しなければならないと論証した。彼は、「変わることは、天道なり」と述べた。また「物は新しければ逞しく、古ければ老い、新しければ新鮮で、古ければ廃れる（中略）これ物の理なり。法は既に長く積もったもので、弊害は必ず生まれる。故に百年変わらぬ法はないのだ」とも述べた。実情と結びつけ、彼は「変えるなら全てを変えなければ滅びる。全て変われば強くなり、小さな変化だけではやはり滅びる」との判断を打ち出した。いかに変わるかに関して、彼は「三権分立」、すなわち「三権が立ち、その後政体が備わる」とした。

2、議院を設置し、国会を開き、立法権の行使を以て、「国民と君主が一国を協議する政法」へ

これは康有為が『公車上奏書』、『清帝への第四上奏書』、『清帝への第五上奏書』、『立憲開国決定を請う奏上』などの上奏文の中で繰り返し強調したものである。

3、立憲の主張

康有為は君民の権限を確立し、立憲君主制政体を実施しようとした。

4、「公羊三世説」と「人権天賦論」を根拠に、法律の進化を論証

康有為は、法律は拠乱世、昇平世、太平世の三つの発展段階を経験すると指摘した。拠乱世では、国は一人の王が治め、人権の保障はなく、法の数が多すぎて複雑に絡み合い、人道に違反している。昇平世の法律は前者よ

り優れており、立憲君主もしくは共和体制を実施し、人権の保障がある上、刑法ではすでに極刑や死罪が廃止されている。太平世は人類の理想の境地で、十分な人権があり、帝王も長官もいないのである。彼は更に、太平世には家庭がなく私財もなく、犯罪も刑法もないと述べた。

もちろん、この三つはすべて西洋法学を丸写ししたものである。「公羊三世説」に関しては、古代の伝説の一部を伝承した上で、康有為の構想をそこに加えたため、参考にする価値は多少ある。しかし、その理論的基盤は唯心史観であり、本質から言えば意義はあまりない。もちろん、そのうちの観念の一部は分析の資料として使える。

(二)梁啓超とその法思想

梁啓超（一八七三～一九二九。一八九八～一九一一年まで日本に亡命していた）は、字を卓如、号を任公と言う。飲氷室の主人と呼ばれる広東省会新人である。戊戌の変法の主要人物で、近代文化の著名人にして法学者でもある。主著書に『飲氷室文集』がある。彼は中国法治の伝承者にして西洋法学の吹聴者でもあり、『中国法理学発達史論』という名の論文を執筆している。彼の主な観点には以下のものが含まれる。

1、変法維新の吹聴

変法維新とは、封建主義を資本主義に変えることであり、封建制の法を変え、資本主義の法に刷新することである。梁啓超は、天地は日々更新され、生物は常に新しくなると考えた。そこで、梁啓超の出した結論は、「法が変わらないでいられれようか？　天地の間にあるすべてのもので変わらぬものはない（中略）変わることが、今も昔も公理である」となった。

2、共和に反対し、立憲君主制の資本主義政治制度を主張

梁啓超は後期になると民主を宣伝し、民権の歴史を強調し、「民が政を為す」観念を語ったものの、実際の行動は見られなかった。

3、資産階級の民主と法治を系統的に宣伝

梁啓超は「三権分立」という言葉を何度も挙げたものの、中国の実情と結びつけなかったため、それは机上の空論であった。しかしながら、これは当時の封建専制に反対する上で進歩的意義を持っていたのである。「三権分立」は西洋法学における重要理論で、封建専制と神権政治に反対する上で、進歩的役割を果たしてきた。西側の資産階級が政権を奪取した後、その内部の矛盾を調整するのに役立ったのである。しかし一九世紀末、「三権分立」の理論と実践は、すでに西側諸国の政党間におけ

る暗闘の道具と成り下がり、それがもたらす後遺症は深刻なもので、社会全体の分裂すら招いた。

4、中国古代法思想の伝承と総括

梁啓超が著した『中国法理学発達史論』と『先秦政治思想史』には、一定の学術的価値がある。梁啓超は「法のみで国を統治すること」に反対し、立法者の「徳」と「善」を強調する「善治」を主張した。

(三)譚嗣同とその法思想

譚嗣同(一八六五～一八九八)は、字を復生、号を壮飛と言い、湖南人で断固とした戊戌変法派である。その著作は後に、『譚嗣同全集』という本にまとめられた。彼は南学会の創設を提唱して『湘報』を創刊し、変法を宣伝したことで北京へ迎え入れられ積極的に活動するも、最後は清朝によって殺害された「戊戌六君子」の一人である。その主要な観点は以下の通りである。

1、「旧弊を除き、新秩序を」のスローガンを提起

譚嗣同は「上の権力が大きすぎると、民権は失われる」と考え、民衆が抵抗するよう促した。

2、「道」と「器」の関係を論証

譚嗣同は「器」の重要性を強調し、「道は用いるものなり。器はその体なり」、「体さえ存在していれば、器が残り、道も滅びない」の観点を提起し、「道が器に頼ってこそ、実質的役割が果たせる」と強調した。

3、「天理を存し、人欲を滅す」の封建的説教を批判

譚嗣同は「吾は知を貴び、行を貴ばず」、「中和を貴しとす」の観点を提唱した。

4、愛国精神に溢れた資産階級民主革命の先駆者

陳天華(ちんてんか)は譚嗣同のことを「壮絶に」国のために血を流した大豪傑だと称賛した。鄒容(すうよう)は譚嗣同の遺影の前で「赫赫譚君故、湘湖士気衰。惟冀後来者、継起志勿灰。(光り輝いていた譚君が亡くなってしまい、湖南と湖北の士気は落ちている。後輩たちがその遺志を継いで奮起し、落ち込むことのないよう望む)」と詩を詠んでいる。

5、「君権神授」観念の批判

譚嗣同は、皇帝は生まれながらにして皇帝であるべきでなければ、「天子様」でもなく、「君権神授」など大嘘だと考えた。

以上のように、戊戌の変法は当時としては進歩的な資産階級民主改良運動であった。その提唱された観念の多くは西洋のものであったが、中国古代法治文明の結晶も少なからずあった。戊戌の変法は頑固派による残酷な鎮圧により失敗に終わるが、その精神は気高く、その愛国主義精神は永遠のものである。もちろん、そのうちの主

要人物がその後、保皇派へと走ることは極めて遺憾で反動的とさえ言えるが、全体的に見れば、改革運動の一つとして賞賛に値する。

戊戌の変法が失敗に終わった主な原因は、頑固派の勢力が強く、彼らが軍事大権を握り、軍隊を率いていたからである。当然、戊戌の変法自身にも問題があった。例えば、袁世凱（えんせいがい）の裏切りに対する事前の予測が不足していた点であるが、より重要なのは、急いでやり過ぎたせいで全体を見渡した計画がなかった点である。そして根本的要因は、大権が完全に西太后の手中にあったことである。維新派は君権の役割を発揮できなかっただけでなく、民衆を動かすこともできず、ただ少数の文人だけが活動していたため、当時の環境下においてはその失敗も避けられないものであった。

三、革命派と保皇派の論争

孫文を軸とする革命派と、康有為を軸とする保皇派の間では法治に関する弁論も行われ、中国思想史上、特に法理学史上、極めて大きな思想闘争があった。闘争の結果は中国法理学の方向性に直接影響を与える。孫文の主な法治思想の内容は以下の通りである。

1、君主専制と立憲君主に反対

「法は君主より出で、君権は至上」、これは中国封建王朝の核心的内容であり、孫文が断固反対し、生涯をかけて奮闘した革命目標でもある。孫文は、歴代封建帝王は「土地を挙げて己一人の私産とし、人民を挙げて己一人の私権とした」が、その国は一人のための国、その法は一人のための法である。一家の法であるならば、「外に対して主権なく、内に対して国法なし」であり、これは国家とは呼べないと指摘した。孫文は「忘国者」に反対するが、それ以上に「賊国者」に反対している。「賊国者は専制君主なり」、「忘国者」は保皇派なりとし、「憲法は国民の意」思想を発揚し、「五権憲法」を提唱した。孫文は保皇派の「立憲君主」に反対している。すなわち、孫文は清政府の『欽定憲法大綱』は保皇派が吹聴する憲法であり、清政府が一方的に決めた憲法である。彼らは立憲の名を借り、実は専制を行っているのだと考えた。したがって孫文は、「憲法は一国の根本法であり、人民の権利の保障でもある。政府が一方的に決めるなどあり得ない」と述べている。

2、「五権憲法」の提唱

孫文の法治理論体系において、「五権憲法」は重要な地位を占める。早くは一九〇六年、彼は明確に、将来の中華民国の憲法は「五権憲法」になるはずだと訴えている。また「五権憲法」について何度も講演を行い、一九二四年に至っても、この「五権憲法」に未練たっぷりの様子がうかがえる。実のところ、その後の南京国民党政府は、まさに「五権憲法」の体制に基づいて作られたものであり、それは現在の台湾当局へと続いている。いわゆる「五権憲法」とは、「三権分立（立法権、行政権、司法権に分かれ、互いに抑制し合うこと）」を土台とし、当時の中国の実情や歴史・伝統を結びつけ、「二権」、すなわち監察権と考査権を増加したものである。「五権憲法」の理論は、唯心史観（訳注：精神的なものが歴史的発展の究極の原動力だとする観念論的歴史観）の基礎の上に立つ「権能分治」理論である。孫文の「政権」という言葉の解説には、独特のものがある。「政」とは民衆の事、多くの人を集めた巨大な力を「政権」と言う。政権と治権は別物で、「治」は人々を管理することである。政権はまた民権とも呼び、人民に属す。彼らは国家の管理ができる。治権は政府に属し、全国の事務管理は政府が行う。政権は実際には「権」を指し、治権は事実上「能」を指す。政権には選挙権、罷免権、創製権、復決権が含まれる。治権は実のところ、人民によって選ばれた「有能」なエリートに属す。孫文の最初の考えに基づけば、政権は四つの面の統一体となる。前二つの権、すなわち選挙と罷免は、人民が官吏を決定することを表している。後ろ二つの権、すなわち創製と復決は、人民が法律の存廃を決定することを示している。法律は人民のために尽くすべきで、人民の意見に従わなければならない。しかしながら、実際これは空想に過ぎない。軍隊、警察など政権の道具や暴力機関はエリートの手に握られ、人民による監督が実現できないのが現状だからである。したがって、これには虚偽の一面がある。

孫文のこうした「権能分治」の理論的基盤は、典型的な唯心史観である。彼は人間を「先知先覚」、「後知後覚」、「不知不覚」の三種類に分けた。一つ目の人間は「治権」を行使し、彼らは「有能な人間」と呼ばれる。これを基に、孫文は「五権憲法」の実現を三段階、すなわち軍政期、訓政期、憲政期に分けた。「不知不覚」の集団に属す人たちは、「先知先覚」の人たちによって「訓導」され、その後、「憲政期」に入るのだとした。つまり、第一段階と第二段階は主に、「先知先覚」集団の人たちに頼って役割を発揮してもらい、憲政期になってようやく人民（「後知後覚」、「不知不覚」の二集団に属す人々、すなわち大多数の人）は、彼が語るこの四つの権利をおそらく享受できるのである。孫文のこうした理論が荒唐無稽なのは明らかで、この考え方は唯心史観の王道であり、人民大衆の実情を蔑視した観点であった。

3、法治を主張し、人治に反対

孫文は法治思想を一貫して貫き、一九二四年に開かれた国共合作による国民党第一回全国代表大会の席上では、新たに「三民主義」の解釈を行っている。すなわち、「連ソ、連共、労農扶助（訳注：当時のソ連と手をつなぎ、中国共産党と提携して労働者、農民を支援する）」という三大政策を実施後に新たな意義が備わり、それを西洋法治と比較した後、「近世、各国のいわゆる民権制度は、往々にして資産階級が専有し、平民を圧迫する道具と成り果てていた。国民党の民権主義は、一般庶民と共有するものであり、一部の少数者が私物化するものにあらず。そこでこれを知る者は、国民党の民権主義が、いわゆる『天賦の人権』とは異なり、現在の中国革命に必要なものとしてふさわしいと知っているのである。民国の民権は、民国の国民のみが享受できるからであり、これを民国に反対する人に容易く授与してはならない。なぜなら彼らはこれを機に民国を破壊するからである」と明確に指摘している。[1] 彼は人治と帝政に徹底的に反対し、反帝・反封建の革命性を備えていることから、我々は孫文を革命の先駆者、世紀の偉人と呼ぶのである。もちろん、孫文が率いた辛亥革命は、資産階級民主革命の範囲を超えておらず、孫氏が解釈した後の新三民主義も、毛沢東の論述によれば、新民主主義と大同小異であった。

4、断固とした革命者を主張し、保皇派に反対

これはまさに孫文が偉大な点である。彼が率いる革命活動は四〇年の長きにわたっており、生涯をかけた奮闘と言ってもよかった。したがって、康有為を軸とする維新派が戊戌の変法に失敗した後、保皇派へと堕落した行為について、彼は徹底攻撃の構えを見せた。孫文は、一国に君主なしでもよく、天下に君主なしでもいい。しかし一国に民なしはありえず、天下に民なしもあり得ない。人民のみが国家の主人であり、帝王や君主は人民の権利を掠め取った大盗賊に過ぎない。保皇派が国会を開き、憲法を定め、立憲君主制度実施を彼らの主要目的とするのは、明らかに人民の意志に背くものである。清王朝の偽立憲は完全に人民を騙すものであり、革命をするしか中国に前途はないのだと考えた。

5、「三綱」と礼治に反対

孫文は「三綱」、いわゆる「君は臣の綱なり」「父は子の綱なり」「夫は妻の綱なり」に徹底的に反対し、これは封建的儀礼が人民を圧迫するアヘンのようなもので、徹底して反対・批判しなければならないと考えた。「三綱」のような封建儀礼は、専政に服すもので、何千年もの間、

中国人を縛ってきた縄であり、必ず取り除かねばならないとした。革命派は、法治と革命憲法の制定を主張し、「憲法は一国の根本法であり、人民権利の保障なり」と宣伝し、人民が欲するのはこうした憲法であり、保皇派の立憲君主などではないとした。

章太炎（一八六九～一九三六）は、元の名を炳麟、字を枚叔、号を太炎と言い、浙江省余杭人である。甲午の年（一八九四年）に康・梁の下につくが、戊戌の変法失敗後は日本へ逃亡する。一九〇〇年以降は改良主義を捨て、一九〇三年には上海の『蘇報』に「康有為を駁して革命を論じる書」を発表、その後は鄒容の『革命軍』のために序を記し、革命の「義師先声」の栄誉と共に影響力も大きかった。かつて投獄されたこともあったが、一九〇六年に刑期満了で出所し、日本へ渡って孫文が率いる「同盟会」に加わる。『民報』を監修し、保皇派と論戦を展開した後、革命から離脱する。一九三一年、「九・一八」事変後、再び愛国反帝の立場に転向し、一九三六年に世を去った。

もちろん、孫文率いる革命派には多くの人が集まっており、章太炎以外にも、黄興、鄒容、陳天華、蔡之培、廖仲愷、宋教仁などがいた。章太炎は『民報』の監修であったことから、思想闘争の最前線を行くこととなり、特に法治理論の上で主要な役割を果たした。しかし彼は立場が頻繁に変わったことから、後世の評価もまちまちとなる。

当時、革命派と保皇派の争いの焦点で法学に及んだものは以下の通りである。(1)憲法に関して。革命派と保皇派はどちらも憲法について語っている。資産階級革命派は、「憲法は国民の公意なり。決して政府が代表できるものにあらず」と考えた。保皇派も憲法を語ったが、彼らが語ったのは立憲君主であり、彼らが吹聴する憲法は清政府が自ら制定した「欽定憲法」であった。したがって公民には義務のみがあり、権利はなく、清王朝の統治は万世一系であった。(2)儀礼について。革命派は、保皇派が守ろうとした憲法を批判しただけでなく、実際には専制の本質を実施したのであった。その上、封建儀礼も批判し、「礼は人に固有の物にあらず」と指摘し、こうした偽の道徳が人類に自由平等の資格を失わせ、「儀礼と刑罰は表裏一体である」とした。(3)民主法治について。革命派は民主法治を提唱し、法律の前に人々は平等、人は生まれながらにして平等と考え、自由・平等・博愛といった資産階級民主法治のスローガンを唱えたが、当時としては進歩的意義があったと言うべきである。保皇派が主張したのは、極めて不平等な封建特権であり、これは当然時世に合わぬものであった。

清末の三度にわたる論争と闘争を通じて資産階級革命派は勝利し、最終的に中国法理学の転向を引き起こし、西側資産階級の法律思想を優位にさせ、いくつかの法理学教材を形成したのである。何勤華教授の考証によれば、清末から一九四九年にかけて、中国で出版された法理学教材（法理学、法律学、法学通論、法学概論、法哲学を含む）は全部で四二四あり、そのうち「法理学」の名を冠するものは二〇に及び、「法哲学」を冠するものは一一に及ぶ[2]。こうした教材は大同小異かつその構造は基本的に同様で、大部分が西洋資産階級における法学派閥の紹介を主要内容としている。出版時期もほとんどが民国時代のもので、基本的には上海に集中している。そのうち、「法哲学」の多くが翻訳されたものであり、「法理学」も基本的に同様である。もちろん、中国法理学を著した書籍もある。例えば、梁啓超が一九〇四年に執筆した『中国法理学発達史論』である。当時、梁啓超が主に力を注いでいたのは西洋の法律思想を紹介することであったが、中国古代法理学、特に先秦の諸子百家における法思想に対し、法理学思想に重点を置きながら細かく紹介している点は中国古代法治文明に対する極めて大きな貢献である。ただし、観点によっては更に検討を加える余地もある。

要するに、中国近代法理学は発展したのである。こうした発展は厳密に言えば、転向の発展であり、当時としては進歩的意義があった。しかし、こうした転向から進歩を求めるやり方は一時的なものに過ぎず、近代史の後期に至れば、こうした転向は反動へと走ることになる。南京国民政府時代、彼らはドイツ、日本などファシズム的なものと、欧米の遅れた反動的法律思想を導入し、中国法学、特に法理学の発展を直接妨げた。

第二節　近代法学教育の転向

五千年にわたる中華民族の歴史は、そこで培われた輝かしい成果が世界をリードし、人類の発展のために貢献し続けてきた。しかし、西洋列強が大砲を撃ち込んで中国の扉をこじ開けて以降、億万の民は泥沼に陥り、帝国主義に長年踏みにじられ、これだけの大国を一気に植民地、半植民地へと変貌させてしまう。そこで仁義に燃える先進的な志士たちが奮起して立ち上がり、国を救うために西洋に学ぼうとした。戊戌の変法は失敗に終わるも、その改革の方向性は残されていたため、法律は転向し、大量のエリートを急遽必要とする法学教育のうねりが起こったのである。一九〇七年、清朝は資政院の設立を命じ、一九〇八年に『欽定憲法大綱』を公布する。これは民主憲法と同等には語れないものであるが、法学教育の道を開いたという意味では重要な意義を持つ。実のところ、早くは一九〇六年、法律改正大臣であった沈家本、伍廷芳は、関連する奏上の中で西洋の弁護士制度、陪審制度、法学教育制度を採用するよう提案している。湖広総督であった張之洞を軸とする礼教派の反対に遭って、清朝は『大清刑事・民事訴訟法草案』を廃止せざるをえなかったが、法学教育改革の意見を採用した。もちろん、清末の法制改革には一定の進歩的意義があるものの、この改革で招聘した顧問は甲午戦争で日本の内閣の重要な職務を担当した人物であり、禍根を残したという点は避けられない。日本は長年にわたり、中国侵略の野心を捨てておらず、これは後に中国を占領するための土台となったのである。

法学教育が最初に行われたのは、新たに設立された国文館の中である。当時、最初のアメリカ人の宣教師であったウィリアム・マーティン（一八二七〜一九一六、中国語名：丁韙良）が国際法の教師を務め、アメリカ人学者ヘンリー・ホイートンが編纂した『万国公法』を教授した。この講義は第七学年の必修科目であった。一八九五年、天津税関の道台を務めた盛宣懐は清朝に上奏し、中国初の近代的意義のある大学――天津中西学堂が批准された。一九〇三年には北洋大学堂と名を変え、新たな学制とカリキュラム体系が設立され、アメリカのハーバード大学やイェール大学をモデルとし、法律、鉄鋼採掘冶金、土木工程、機械の四科に分かれた(3)。天津に続き、一八九六年には上海南洋公学が、一八九八年には京師大学堂が建てられ、いずれも法科教育が設けられた。その後、中国各地に相次いで新式学堂が建てられ、正式に法政学堂と命名されたものもあった。例えば、一九一〇年創立の東呉大学、一九〇三年創立の震旦大学、一九〇八年創立の滬江大学、一九一〇年創立の金陵大学、一九一一年創立の朝陽大学、一九一二年創立の北京法政学堂、一九一二年創立の民国大学、一九一三年創立の武昌中華大学、一九一七年創立の復旦大学、一九一九年創立の燕京大学は、いずれも本科の法律学科もしくは専科の法学教育を設置した。一九〇九年の時点で全国に設けられた法政学堂は全部で四七ヵ所に及び、学生総数は一万二二八二人と、当時の学堂総数の三七%、学生総数の五二%をそれぞれ占めるに至った(4)。ここから、当時の法学教育にある程度の規模が出来上がり、以下の特徴を備えていることが見て取れる。(1)法学教育は基本的に日本に倣ったもので、単独の法政学堂と総合大学法学科が同時に存在するシステムを構築した。(2)法学教育は単純な学歴教育ではなく、在職文官の法律研修であった。(3)カリキュラムと教材は主に日本のものを模倣し、中国の法は二つ、すなわち「大清律例」と「大清会典」のみを講義した。(4)法学教育で養成された法科学生の質は他の学科のそれより高かったため、試験を受けて海外留学する学生のうち、八〇%以上を法科学生が占めた。また、海外留学に出ていく人材だけでなく、留学から帰国する法科人材も一定数いた。そのうち早期の有名な人物には、例えば呉経熊教授がおり、こうした形は良性の循環を形成し、辛亥革命における革命党の多くが法科学生出身だったのである。もちろん、そのうち影響が最も大きかったのは早期帰国組で、後に民国初年度の部長を務めた伍廷芳および梁啓超、宋教仁、それから張継、陳天華、汪兆銘、胡漢民、張知本である。中華革命党のうち、法科出身者は八〇%以上を占め、大部分が政治学か法学の出身であったと言われている。

第三節　清末の法学者

一、沈家本の法思想

沈家本（一八四〇～一九一三）は、字を子淳、号を寄簃と言い、浙江省呉興人であり、進士の出である。天津知府、大理院正卿、法部右侍郎などの職を歴任した。一九〇二年、沈家本は清政府により法律改正大臣に任命されている。彼は長期にわたって司法の仕事に従事したため、中国古代の法律制度に詳しくなり、これを真面目に分析し、まとめた。同時に彼は又、西洋資本主義の法律制度をかなり全面的に理解し、中国封建社会の旧法律を全面的に改革した資産階級改良主義者でもある。そこで沈家本は「中国法系は過去も未来もすべて彼の手の内にあり、東西の主な法系を親族関係にしてしまった仲人」[5]となったのである。

沈家本は著作に『読律校勘記』五巻、『文字獄』一巻などがある。また、死後編集された『沈寄簃先生遺書』甲編二二種、乙編一三種もある。沈家本の著作はその法思想の結晶であり、彼が長期にわたって法律実践に従事してきた経験の総括でもある。彼の法律思想には明確な現実性があり、法律改正に直接役立てようとした。まさに彼が自ら言うところの「法制を議論する者は物事の道理を理解していなければならない。その真髄を追究し、意義の在りかを探るのであれば、法学の研究を遅らせることなどできようか[6]」である。その法理学への具体的貢献は以下の通りである。

1、法律の概念および国家・政治との関係を論証

法律の概念に対し、沈家本は法学の観念、例えば、「法は天下の程式なり。万事の儀表なり」を継承した。しかし彼はそれを多少発展させ、「法」と「官」、「法」と国家政治との相互関係を明確に指摘した。特に「法」と国家政治の密接な関係を重視し、「法規を制定」してこそ「清らかな政治」ができると考え、「この世には、法律を制定せずに長期の国家統治を行っている国はない」と明確に指摘した。

2、犯罪の根源を示し、「治標（訳注：一時的な解決）」と「治本（訳注：抜本的な解決）」の関係を論証

沈家本は、政治は根本であると考え、「刑は、政の輔なり」と明確に指摘した。(7) この観点は当時から見れば画期的で、あの時代にこうした観点があるということは、極めて進歩的だったと言わなければならない。実のところ、古今東西、法律とは昔から政治のために尽くすものなのである。

3、「法は統一すべき」といった著名な論断を提起

沈家本は、国の法律は統一されるべきだと考えた。そこには主に三つの面が含まれる。一つ目は、立法の主旨は統一させねばならず、「法は国の懲戒の道具であり、私人の報復のためにあらず」と強調した。つまり、法律は統治者が反逆者に打撃を与えるのを守る道具であり、「鬱憤を晴らす」ものではないのである。二つ目は、法律は必ず統一し、新法と旧法との関係を正しく処理しなければならない。三つ目は、適用する法律は必ず統一し、人によって変えてはならない。すなわち適用する法律が、対象の身分によって区別されてはならないとした。つまり彼は、法の前ではみな平等という概念を提起したのである。

4、「徳主刑輔」の伝統的観点を踏襲し、国家統治における道徳の特殊作用を強調

沈家本は道徳の教化的役割を重視し、中国封建社会において実施された「徳主刑輔」のうち、実質的効果があった例を挙げた。もちろん、法律と道徳は密接な関係にあり、互いに協力し、作用し合いながら、支配階級のために共に尽くすのである。

5、法の執行は人ありきと強調

沈家本は、法の執行における人の重要な役割を強調し、法の執行者が法律に忠実であると同時に、法律を深く理解するよう求めた。沈家本は「法は人を貴ぶ」、「法を用いるには人ありき」の道理を繰り返し述べた。彼は「法の善は、やはり法を用いる人にあり」、「法があるのに遵守しなければ、どんなに優れた法でもないに等しい」と

明確に指摘した。(8)

二、伍廷芳の法思想

伍廷芳（一八四二〜一九二二）は、字を文爵、号を秩庸と言い、広東省新会人である。一八六一年に香港のサンパウロ書院を卒業し、一八七四年にイギリスのリンカーン法学院に留学した中国初の英国留学法学博士帰国組である。大弁護士（訳注：英語で「barrister」と言う法廷弁護士のこと）資格証を取得し、香港から裁判官兼立法局議員に招聘された。一八八二年、直隷総督兼北洋大臣であった李鴻章の幕僚に任じられ、一八八六年には清政府によりアメリカ、スペイン、ペルーなどへ派遣されている。一九〇二年、伍廷芳は沈家本と共に法律改正大臣に任命され、その後、外務部右侍郎や刑部左侍郎などの職を歴任した。

辛亥革命以降、伍廷芳は共和政体に賛成し、共和統一会を組織した。一九一二年、孫文総統から司法部長に任命されている。その後、北洋軍閥が政権を奪い、一九一六年には段祺瑞政府の外交総長を、一九一七年には孫文護法軍政府の外交総長を、一九二一年には広州軍政府外相兼財政総長を歴任している。北伐戦争時には、総統の職を代行したこともある。一九二二年六月、孫文を支持し、陳炯明の反乱に反撃中、広州で世を去る。伍廷芳は法律を崇拝し、実践を重んじたのである。その主な法律思想は以下の通りである。

1、変法による強化を主張し、民主共和国を積極的に擁護

伍廷芳は若い頃、清政府の官僚として、清王朝の腐敗や民族の危機を痛感し、「上から下まで心を一つにし、変法によって強くならねばならない」と公に訴えた。彼は変法の法律改正大臣として、沈家本と共に清末の法制改革に積極的な役割を果たし、いくつもの当時としては進歩的と言える法律を制定している。

2、革命に身を投じ、民主共和を擁護し、新法制定のために活躍

辛亥革命期間中、伍廷芳は清王朝統治を守ろうとする改良主義の立場から、孫文率いる資産階級民主革命を支持する立場へと転向した。一九一一年以降、彼は清の皇帝に退位を促し、南北講和全権代表を担当した際は、帝政廃止を貫き、共和政府構築を前提としていた。その後、袁世凱が政権を奪った際、伍廷芳は袁世凱による帝政復活に断固反対した。彼は外交総長として北洋軍閥に冷たい視線を送っており、副署の国会解散命令を断固拒否している。彼は孫文臨時政府の時期に、いくつかの進歩的

な法令を自ら手掛けるか、あるいはその公布を補佐したため、民衆からの支持を得ていた。

3、法の前に人はみな平等を徹底して提唱

伍廷芳は次のことを繰り返し強調した。

律例の眼中から見れば、全国の人々は、上下や身分の高低に関係なく、皆平等である。国家の法律は、何人たりとも一律にこれを遵守し、高官といえどもこれを歪めてはならない[9]。

つまり、伍廷芳はすでに「法の前の平等」といった原則を明確に貫いていたのである。同時に彼は、自由理念を発揚し、自由と遵法を結びつけ、「人は法を守ればこそ、自由になれる」と述べた。

4、司法の独立と文明的裁判の主張

伍廷芳は、司法の独立は現代文明における重要な指標だと考えた。彼は「文明強国は、法律を崇め、司法の神聖さを重んじ、その権力を貶めてはならず、行政者がこれを越えて違反したり、少しでも民権が侵されたりすることは許されない。上から下までが法を守れば、四民は安泰となる。これは国家統治の最も重要な点なり」と述べた[10]。

5、婚姻の自由を提唱し、包辦婚姻に反対

封建社会では、婚姻は両親が決めていたため、少なからぬ悲劇がもたらされた。伍廷芳は婚姻の自由を唱え、両親が子供のために結婚の手配をすることに断固反対した。これにより、彼は関連する婚姻立法の改正を主張し、礼教派と何度も論争を行っている。これを封建制度の下で成功させるのは難しかったが、伍廷芳の進歩的思想は後世に影響を及ぼし、婚姻の自由は民国時代の関連立法の中に書き入れられた。

中国学界の歴史の分け方によれば、一八四〇年にイギリスが大砲を用いて中国の大扉をこじ開け、これにより中国近代史の道のりが開かれたとされる。まさにこの時代に、中国人民は国を救うために立ち上がり、反帝・反封建の幕を開けたのである。法学界、特に法理学会でも空前の議論と闘争が繰り広げられた。こうした議論や闘争は、中国法学がどこへ向かうのかという大問題に直接関係した。この闘争は、二つの大きな問題に及ぶ。一つは、中華法治文明の優秀な自国の文化財を、いかに認識・対処するかという問題。もう一つは、西洋法治国家における有利な要素を、いかに認識・対処するかという問題であった。

中華法治文明の優秀な自国の文化財に向き合う問題には、二つの観点がある。一つは、いかなる区別もせずに一律にこれを肯定し、「祖宗の法、変ず可からず」と頑固な立場をとにかく徹底し、外来法学を受け入れない立場である。もう一つは、古代法学における精華と糟粕をはっきりと分け、よい物は取り入れ、悪い物は捨て去るという立場である。一つ目の観点を貫く頑固派は、中華法系のすべてを維持し、時代に応じて変えることを拒んだため、最終的に中華法系の滅亡を招いてしまう。二つ目の観点を貫く者は極めて少なかったが、その後の闘争の中で光り輝く物をいくつか残したことで、輝かしい功績を上げた。そして最終的に、西洋法学の観点が優勢となる。そこには人類法治文明における進歩的要素が見られるものの、全体的に言えば、資産階級の利益を反映した法思想が統治的地位を占めた。当時としては一定の進歩的意義があったが、西洋法学の虚偽性、欺瞞性は日に日に暴かれていき、中国の国情に根本的に合わないどころか、中国人民の反帝・反封建の民族民主革命という歴史的潮流にもふさわしくないものであった。

しかし、我々の先輩たちによる反帝・反封建の笑いあり涙ありの事跡は、我々が大いに称賛、継承、発揚するに値する。彼らが提起したいくつかの観点、特に法理学における国家統治理念の観点と論述、例えば彼らの唱えた「共治」理念などは、合理的に参考にする価値がある。彼らの愛国主義精神と素朴な法治思想、および太平天国の革命精神は、それ以上に称賛に値するものである。いくつかの観点、例えば「中体西用」などは形式の面で少なくとも参考とする一定の価値がある。仮にその内容を取り除き、形式のみに言及し、法理学が中国の実情から出発し、中国の国情と結びつける点を強調するのであれば、ここにも一定の参考の価値が出てくる。また一部の学者の場合、法学が中国の実情を鑑みることを強調し、「商の抑制に反対」、「農商重視」などの政策を打ち出しているが、これも当時としては進歩的意義のあるものである。中国近代史上における法理学の曲折と闘争は、歴史発展の必然であり、人類社会が進歩する上で必ず通る過程であることは指摘しておかなければならない。我々がやるべきことは、その経験と教訓を総括し、現在に役立て、全面的な法に基づく国家統治実現のため、奮闘努力することである。

中国の近代史では、先進的な中国人が中華民族を救うため、価値ある先進的な発想を多数提起し、歴史に名を残す革命を起こし、少なからぬ英雄を作り出したことを指摘しておかなければならない。例えば、太平天国の指導者たち、戊戌の変法に積極的に参与した者たち、そして辛亥革命の英霊たちで、彼らの功績は永遠に語り継がれる。もちろん彼らにも様々な不足点が存在していたが、その中国法理学発展における貢献は永遠のものである。そのうち、彼らの国家統治理念およびその輝かしい著作は、中華法治文明の結晶であり、我々が真面目に総括して参考とする価値のあるもので、全面的な法に基づく国家統治をよりよく推進するための自国の文化財なのである。

[注]

（1）『孫中山選集』（下）、人民出版社、二〇一一年、六一五～六一六頁。

（2）何勤華「中国近代法理学的誕生与成長（中国近代法理学の誕生と成長）」、『中国法学』二〇〇五年、第三期、四頁に掲載。

（3）何勤華「中国近代法律教育与中国近代法学（中国近代法律教育と中国近代法学）」、『法学』二〇〇三年、第一二期を参照。

（4）李龍『中国法学教育的改革与未来（中国法学教育の改革と未来）』を参照。これは一九九七年国家教育委員会教育改革プロジェクト「21世紀に向けた法学類専攻課程構成、共通核心科目および主要教学成果内容改革における研究と実践」の成果の一つである。このプロジェクトは李龍が率い、国家レベル教学優秀成果賞の一等賞を受賞している。『李龍文集』武漢大学出版社、二〇〇六年、六三九頁を参照。

（5）楊鴻烈『中国法律発展史』（下）。張晋藩『中国法律史論』法律出版社、一九八二年、一九三頁より孫引き。

（6）『寄簃文存』六の『新訳法規大全序』。

（7）沈家本『刑制総考四』。

（8）沈家本『刑制総考四』。

（9）伍廷芳「芻議」五七頁。張晋藩『中国法律史論』法律出版社、一九八二年、三〇三頁より孫引き。

（10）伍廷芳「芻議」一〇五頁。張晋藩『中国法律史論』法律出版社、一九八二年、三〇六頁より孫引き。

第三編

中国現代史上の法理学

第八章　民国前期（一九一二～一九二七年）の法理学

第一節　中華民国臨時政府時代の法理学

一、中華民国臨時約法の中に含まれた法理学思想

一九一一年における辛亥革命の勝利により、中国史上最後の皇帝が追い払われ、中国史上最初の資産階級政府が打ち立てられた。そこで採択された『中華民国臨時約法』には、少なくとも以下に挙げる法理学思想が含まれている。(1)「三権分立」基本原則を確立し、次のことを明確に規定した。「中華民国の立法権は、参議院がこれを行う」。行政権は臨時大総統がこれを行使するとし、「臨時大総統は臨時政府を代表し、政務を総括して法律を公布する」。司法権は法院に属するとし、「法院は法律に基づいて民事訴訟および刑事訴訟を裁く」。裁判官が独立して裁判を行う。(2)国民主権原則を確立し、「中華民国の主権は、国民全体に属す」と規定した。(3)公民の権利と義務を定め、「中華民国の国民は一律に平等で、人種、階級または宗教によって差別されない」とし、第七条の中に国民自由権七ヵ条を規定した。約法は全部で七章五六条からなるが、これは中国の歴史上唯一の資産階級的特性をもつ憲法であり、極めて大きな歴史的意義を有するのは言うまでもない。

二、中華民国臨時政府による西側の法理学思想を示した一連の法律の公布

孫文は国史、民情および人権理論に鑑み、「人権は天賦のものであり、皆平等である」とする民権思想を打ち出し、『人身売買禁止に関する内務部への大総統令』、『疍戸惰民（訳注：賤民視された民戸のこと）などを開放し、それに一体に公権・私権を享有させることを命じる文』、『人民財産保護令』などの法律文書を次々と公布した。これらの文書は、現代法理学思想を表している。

中華民国臨時政府は期間が短く、わずか三ヵ月で袁世凱に革命勝利の成果を奪われ、そのまま十数年におよぶ

北洋軍閥統治が始まった。

第二節　北洋政府時代の法理学

北洋政府期間中、中国の軍閥は内戦で混乱し、人々は苦難の時代を迎えた。この時代は、張勲復辟（訳注：一九一七年七月一日から一二日間、張勲が清朝の廃帝である溥儀を復位させた事件）や、袁世凱がみずから皇帝を名乗るなどばかげた出来事を経験している。しかし同時に、五・四運動、中国共産党成立、第一次国共合作、国民党の改組と有名な北伐戦争などが起こり、中でも中国法理学が輝きを放った時代でもある。そのうち「五・四運動」と「中国共産党の成立」が歴史的意義をもつ偉大な出来事であるのは言うまでもなく、マルクス主義が中国に広まったことから、マルクス主義法理学を受け入れる者が日増しに増えていったのである。そしてマルクス主義法学の著作が次第に中国語へと翻訳されていった。一九二四年、国民党改組後の第一回全国代表大会において表された中国法理学思想は以下の通りである。(1)「連ソ、連共、労農扶助」を三大政策とする新三民主義を確立する。毛沢東はこれに対し、「三大政策を持つこうした三民主義は、革命の三民主義、新たな三民主義、真の三民主義である。これは新民主主義の三民主義であり、旧三民主義の発展形でもあり、孫文氏の大功績である」と評価している。[1]これは当時の中国法理学における重要な思想の源である。(2)孫文が提起した「耕す者、その田あり（耕す農民に土地を与える）」のスローガンは大会で受け入れられたが、これもまた中国法理学における重要な理論的根拠となる。(3)大会で採択された宣言では、「近世の諸国におけるいわゆる民権制度は、往々にして資産階級に専有され、平民を圧迫する道具となっている。国民党の民権主義は一般平民が共有するものであって、一部の少数派が私有するものにあらず」と明確に指摘している。[2]毛沢東もこの思想には基本的に同意し、「誰が誰の上に立つのかという問題以外で言えば、一般的な政治綱領としては、ここで言うところの民権主義というのは、我々が主張する人民民主主義もしくは新民主主義と合致するものだ」との評価を与えている。[3]この政治綱領には参考の価値があり、現代中国法理学における貴重な自国文化財である。

改組後の国民党における中央執行委員ならびに中央委員補欠名簿には、李大釗、毛沢東、林伯渠など多くの中国共産党員が入っているが、まさにこの第一次国共合作によって北伐戦争が起こり、十数年にわたる北洋軍閥の統治は崩壊したのである。しかし、大革命が次々と勝利を迎える中、蔣介石は突如として革命を裏切って凄惨な「四・一二」反革命クーデターを起こし、大革命を失敗に終わらせたのである。これにより中国は、南京国民政府統治時代へと突入する。

第三節　現代史上の法学教育

北洋政府期間中、法学はこれまで以上に注目を浴びる学問となり、政法部門や司法機関と直接関わる局面を迎えた。いわゆる「南に東呉（大学）あり」は主に弁護士を、「北に朝陽（大学）あり」は主に裁判官を育成したのである。この二つの大学出身の法律専攻の学生は、裁判官と弁護士の資格試験が免除された。同時に、北京大学と武漢大学を代表として、現代法律従事者の重点的育成を主とする局面が訪れた。当時の法学教材は、ほとんどがこの二大学の教授の手によるものである。同時に北洋政府は、法学専攻のカリキュラム体系に対して改革と調整を行い、法学専攻に対する政府のコントロールを強化した。中華民国初期、法学教育は急速に発展し、一気に主流な学問へと上り詰めたのである。黄炎培は「教育事業はその多くが荒廃してしまったが、法政専攻教育のみが勢いよく発展しており、これは極めて驚きである」と述べ、しみじみと回想している。[4] 統計によると、一九一二年～一九二五年に政法系学校の大学生が全国に占める割合は四〇％に達したが、その法学教育は起点が低く、盲目性を備えていた。しかも極めて大きな功利性を有しており、法学を「官学化」させたのである。

初めに、北洋政府は法学教育を職業教育であると明確に定め、総合大学においてその比重を増やした。法科は学生数が多いだけでなく、その開設条件も優遇されていた。例えば北京大学は、「法科が比較的完備され、学生数は最も多く、独立した法科大学の資格を備えている」とした。[5] 次に、カリキュラムの構成を調整し、専門と学制を定めた。法科大学には法律学、政治学、経済学の三つの専門が設置されたが、このやり方は中華人民共和国成立後に学部・学科調整が行われるまで続いた。在学期間は通常四～六年としたが、これは総合大学における法学部の規定である。最後に、法学教育のレベルはやや低かった。一九一二年に北洋政府が公布した『法政専門学校規程』では、カリキュラムや教師への要求基準は低く、法学教育が氾濫したまま低空飛行を続けている状態であった。これに対し、黄炎培はかつて、「一国の才ある者たちが、群れを成して法政という一筋の道に殺到する。これで優秀と言えるだろうか？」と厳しく非難している。[6]

つまり、北洋政府後期において、法学はすでにしゃれた専攻ではなくなっており、総合大学および国家教育部門における地位は大きく低下したのである。

第四節　法学者

一、李大釗の法思想

李大釗（一八八九～一九二七）は、字を守常と言い、河北省楽亭人である。中国で最も早くからのマルクス主義者であり、中国共産党創始者の一人でもあり、日本（早稲田大学）へ留学した法科出身者である。帰国後は、北京大学教授、図書館館長、『晨鐘報』編集長、雑誌『新青年』の編集を歴任している。一九二〇年、北京で共産主義グループが組織され、「二大（中国共産党第二回全国代表大会）」において中国共産党中央委員となった。国共合作期間中は、孫文が「連ソ、連共、労農扶助」という三大政策を確定させるよう補助し、国民党改組の中で重要な役割を果たした。一九二四年には、中国共産党を代表して第五回コミンテルン大会に出席した。彼はマルクス主義を積極的に宣伝したほか、マルクス主義法学理論を貫こうとした。その主な法思想は以下の通りである。

1、法律の本質に対する李大釗の認識

法律の本質に対する李大釗の認識には二つの段階がある。第一段階は「五・四」運動の前である。彼は封建主義への反対と自由・平等の提唱を出発点として民主主義の法律思想を形成していったが、基本的には西洋法学の範囲を超えなかった。マルクス主義を受け入れ、とりわけ唯物史観に関する文章を書いてからは、法律の階級性および法律と経済的土台との密接な関係を明確にしようとした。まさに李大釗が指摘するように、「土台は経済の構造、すなわち経済関係であり、マルクス氏はこれを物質の、あるいは人類の社会的存在と称した。上部は法制、政治、宗教、芸術、哲学などであり、氏はこれをイデオロギー、あるいは人類の意識と称した」のである。[7]つまり、法律とは上部構造であり、階級性を持つのである。

2、マルクス主義を揺るぎなく伝播

新文化運動を率いた人物の一人として、李大釗は当然、啓蒙主義の推進者であり、何よりもマルクス主義の伝承者であった。彼は「専制政治の精神を打ち砕き」、「青春の国」を目指したのである。唯物史観を受け入れた後、彼は労役に苦しむ大衆の「真の解放は苦境を訴えることではなく（中略）自らの力で（中略）暗い牢獄の中に一筋の光を射し込ませることだ」と指摘している。[8] 彼は「我々は人道主義を以て人類の精神を改造し、同時に社会主義を以て経済組織を改造するよう主張する」と述べた。[9] 同時に、唯物史観に基づき、「個性の解放」と「大同団結」を内在的に結びつけ、壮大な革命部隊のために堅固な理論的根拠を提供したのである。

3、農民問題への相当な関心

李大釗が記した『青年と農村』という文章が世に出ると、その影響は瞬く間に広まり、アメリカの学者に至っては「これは開拓者の試みと見做すことができる」と称賛している。[10] 実際にその通りであり、李大釗はその後、『土地と農民』という文章の中で、「中国の莫大な農民・群衆が立ち上がり、革命に参加するのであれば、中国の国民革命成功の日は遠くないだろう」と記している。[11] 同時に彼は、人権問題と労働者・農民の解放とを直接結びつけてもいる。

4、革命後継者の育成に尽力し、青年のマルクス主義への認識が高まるよう積極的に支援

一九一八年、毛沢東は北京で李大釗と知り合う。北京大学図書館館長であった李大釗は、毛沢東が北京大学図書館で助手の仕事ができるよう取り計らい、彼を「湖南の学生・青年たちの傑出したリーダーである」と称えてその論文発表を手伝い、『共産党宣言』などマルクス主義の本まで貸している。一九二四年、二人は同時に国民党中央委員に選ばれ、共に「連ソ、連共、労農扶助」という三大政策を宣伝するために大量の仕事をこなしている。また李大釗は、青年たちがフランスで学びながら働けるよう金銭的な支援も行った。

李大釗は五・四運動の前後、頻繁に文章を書いて北洋軍閥による闇の統治を批判し、民衆が五・四運動の中で、「パリ講和会議」の内容に積極的に反対するよう呼びかけた。すなわち、日本による山東省占拠に反対し、国家主権を守り、売国奴を成敗するよう主張し、人々が法律という武器で国を守り、西洋列強による略奪行為に反対するよう求めたのである。

もちろん、より重要なのは李大釗がマルクス主義を宣伝しながら中国の実情と結びつけ、当時の中国共産党結党に多くの貢献をした点である。彼は揺るぎないマルクス主義者であり、一世代上の無産階級革命家なのである。

二、陳独秀の法思想

陳独秀（ちんどくしゅう）（一八八〇～一九四二）は安徽省懐寧人で、字は仲甫という。早くに日本へ留学し、その後、北京大学教授となった。一九一五年に『新青年』の編集長となり、

一九一六年には李大釗と共に『毎週評論』を創刊している。「一大（中国共産党第一回全国代表大会）」では総書記に選出された。新文化を提唱し、マルクス主義の宣伝に努め、五・四運動の名人となった。同時に、陳独秀は右傾機会主義（訳注：右翼的日和見主義）の代表者でもある。一九二七年の「八七」会議では総書記の職を解かれ、一九二九年には党から除籍処分を受けている。

陳独秀の法律思想は彼の政治的立場や態度と直接関係しており、およそ三つの段階に分けられる。

第一段階は一九一九年以前である。彼は民主主義の法律思想家であり、西洋の民主法治を崇拝し、「法の前の平等」という思想をとりわけ強調した。彼は「西洋のいわゆる法治国のその最大の精神は、法の前の平等であり、尊卑・貴賤の区別をしてはならぬという点だ」と触れ回り、資産階級の自由観、国家観、個人の自由の追求を崇拝して封建専制に反対し、憲政を主張するなどした[12]。当時の陳独秀は愛国と民主の政治的色彩を帯びてはいたものの、民主を救国の道具として捉えており、これは当時の歴史的条件から見れば、明らかに筋の通らないものであった。

第二段階は一九一九年の五・四運動以降であり、陳独秀がマルクス主義をすでに受け入れ、マルクス主義理論を伝播する段階である。彼は初めに、資産階級による民主の実態を暴露し、こうした民主は「資産階級の意志しか反映しておらず」、「往々にして総民意を以て、社会主義は非民主的だからだめだと批判してくる」と指摘し、資産階級の民主は「すべて政権を維持するために世の中の人々を騙すための詭弁だ」とした[13]。この歴史段階において、陳独秀の法思想は基本的にマルクス主義であるが、具体的な観点については後に述べる。

第三段階は一九二七年の大革命失敗以降、とりわけ党から除籍処分を受けた段階で、思想面でもすでにトロツキー主義へと堕落している。その後、彼は一九三八年に今度はトロツキー派の極左傾向を批判するが、逆に中国共産党における一連の重要な観点や主張に反対し、最後は一九四二年に四川省江津で病死している。陳独秀の悲劇は、中国革命を二段階に分ける必要性と必然性を根本から理解していなかった点にある。中国革命の特殊性を理解していなかったため、当然その法律思想も根本的に間違っているのである。

しかしながら、一九一九〜一九二七年の歴史段階において、陳独秀の法学観点の一部はマルクス主義に合致したものである。具体的には以下のものが含まれる。(1)法律の階級性を貫いたこと。彼は「すべての法律と学説は、ほとんどが既成事実から生まれたものだ」と考え、法律の存続と撤廃には明確な階級性があるとした。[14] 彼は、法律の「存続と撤廃は、ある階級、ある党によって作り出される国家権力によって自ずと変化するものだ」と述べた。[15] (2)法律革新の主張。彼は革命を通じて、旧法を排除して新法を制定すればこそ、人々の利益につながるのだと考え、「旧法を撤廃し、労働者や農民の権利を守る各種法令を制定しなければならない」と述べている。[16] (3)「主権在民」、「人権保障」、「労働者神聖」の主張。これらはすべて陳独秀の一貫した主張である。(4)社会主義憲法を大きく広めたこと。彼は「我々が憲法を不要としているのではなく、社会の中に新憲法の土台となる実情を自ずと作っていかなければならない」と述べている。[17] 陳独秀の法律思想は、資産階級法律思想への否定と放棄であり、同時にマルクス主義思想の中国化における早期の成果でもある。極めて残念なのは、初期のマルクス主義伝承者である彼は、歴史による試練に耐えられず、結局はトロツキー派へと堕落していったのである。しかし彼が五・四運動で名を馳せたのは事実であり、これは客観的に評価すべきである。

三、楊度の法理思想

楊度（ようど）（一八七四～一九三二）は、字を晳子、号を虎公という、湖南省湘潭人である。早くに日本へ留学し、戊戌の変法を支持して立憲君主制を主張した。改良主義理論を出すも、革命派から厳しく批判されている。「中国憲政大綱」と「憲政実施の手続」という二篇の論文を著している。清末民初、楊度は共和と革命にことごとく反対した。清末には沈家本が主導した法律改正作業に参与し、民初の皇帝再即位運動にも参加している。その立憲君主理論が中国で壁にぶち当たって以来、悩み彷徨う日々を送るが、その後長期にわたる共産党人との接触を経て李大釗の影響を強く受け、世界観ならびに法理学思想が根本的に転向したのである。一九二九年に白色テロ（訳注：共産主義勢力などの反政府運動に対する為政者側の暴力的弾圧行為）が起こるという環境にあっても、毅然として中国共産党への入党申請を行い、批准後は秘密工作員として人々のために多くの有益な仕事をしてきた。その法理学思想の多くは正しいものではないが、人々に有益な観点もいくつか含まれている。

一九一〇年、楊度は『大清新刑律』の主旨を解説するにあたり、こういった説明を行っている。すなわち、中国では法律上、家族における各種特権を排除しなければならず、国家と人々との間には直接的な権利・義務関係があり、国は人々に対し「それを教育する法」と「それを養う法」を有するべきだとした。また国は人々に、「営業、居住、言論の自由」を与え、人々は「国に対して責任を負う」と主張した。こうした観点は、当時から見ればある程度進歩的で、保守勢力からの批判を浴びた。

一九一九年の五・四運動の中で、楊度は「立憲君主」の観点を多少変えた上、一九二九年の白色テロという歴史的背景の下では逆に中国共産党入党申請を主張し、批准後は土地革命期の人々のために有益な仕事をしてきた。とりわけ、「立憲君主」の観点を捨て、共産主義思想を受け入れたことは評価すべきである。

楊度は入党後、思想の上で封建特権に対する認識と批判を深めていき、土地革命および反帝国・反封建の民主革命を擁護する。また、中国が「立憲君主」の道を歩むのは非現実的で、清王朝の崩壊と袁世凱の皇帝就任失敗がそれを証明していると考えた。

楊度は憲政編査館で提調を務めていた際、憲政資料収集に関して大きな貢献をし、中国の史料増加に一定の成果を上げた。

楊度の思想における転向について、のちに周恩来首相が解説を行ったことで、人々の楊度に対する認識は深まったのである。

四、廖仲愷の法思想

廖仲愷（一八七七～一九二五）は元の名を恩煦、またの名を夷白、字を仲愷といい、広東省恵陽県人である。早くにアメリカにわたって労働に従事し、青年時代には日本にも留学した法科出身者である。彼は中国資産階級民主革命における著名な政治活動家、法学者、国民党左派の代表的人物にして孫文の戦友でもある。その主な法思想は以下の通りである。

1、「民権主義」への賛同と伝播、「全民政治」の提唱

廖仲愷は、三大民権とは創制、復決、罷免であり、「政治における防腐剤だ」と考えた[18]。彼から見れば、「国民がこの三つの民権を有して初めて、民国の主権が真に国民の元へ戻ったことになる。中国の政治上の問題点がこれで完全になくなったとは言えないが、少なくとも八割か九割がたは改善される」のであった[19]。彼が『全民政治』（訳注：米 D. F. Wilcox が著した『Government by All the People』）の翻訳に携わった目的もここにある。

2、民生への関心

廖仲愷は民生問題を極めて重視しており、多くの問題

を検討してきたが、中でも交通の未発達を「民にも国にもお金がない最も普遍的な理由」の一つと見做していた[20]。そこで彼は、「中国を救って立て直すには、交通から着手しなければならない」と提起し、「一般的な政治問題は、横の主張だろうが縦の主張だろうが、曖昧に片付けることができる。しかし交通のこの改善は、どんな政治家であろうと、いかなる理論家であろうと、国や国民に対して少しでも誠心があり、彼らのために何とかしようとするのであれば、断じて抹殺してはならない」と述べている[21]。他にも彼は貨幣改革や合作化運動などと民生との関係についても検討している。

3、国民党改組後の「一大（第一回全国代表大会）」の開催に対する積極的な準備と参与

廖仲愷は、「以前我が党が失敗を重ね、国の混乱の原因がはっきり見えなかったのは、目標が定まっていなかったせいである。現在我々には宣言があり、目標は定まったと見ていい」と述べた[22]。彼はまた、次のように訴えている。

宣言は政治綱領であり、革命の性質を持つ。すべての軍閥官僚を一掃し、発展における障害を取り除き、今後いかなることがあろうと、この宣言を奮闘・前進の基準とし、前に進んでいかなければならない[23]。

彼は「一大」の開催後、「一大」宣言の意義ならびにその実施について積極的な宣伝を行った。

4、治外法権排除の主張

廖仲愷は、「租界制度は二〇世紀の今日、中国において未だに存在しており、中華民族の恥辱であること甚だしい」と述べ、租界は「中国に返還され管理されるべき」であり、「中国の領土内にいる外国人は、中華民国の法律に従うべきである」と主張した[24]。

5、レーニンの一部観点に賛同

廖仲愷は、レーニンを「帝国主義を打ち破った実行者」であるとし、「彼の行った事業は抑圧された民族のための奮闘、無産階級のための奮闘である」と称賛した[25]。

6、労働者のストライキと農民運動の支持

一九二五年の広東・香港ストライキにおいて、廖仲愷はストライキ委員会の顧問として、積極的に費用を捻出して労働者たちの生活費用にあてた。同時に彼は、農民こそ中国革命の主要勢力であると認識し、「我が国の国民革命が成功するか否かは、すべて農民がこの革命を理解しているかどうかにかかっている」と指摘し[26]、「農民が解放されたいと望むのであれば、必ず労働者と力を合

わせて奮闘しなければならない」とも述べている[27]。

廖仲愷の一生は革命の一生であり、孫文革命を追い続けた一生でもあった。一九二五年八月二〇日、廖仲愷は国民党右派によって暗殺され、一九三五年九月、南京にある孫文の墓・中山陵の脇へと改葬された。

［注］

（1）『毛沢東選集』（第二巻）、人民出版社、一九九一年、六九二～六九三頁。
（2）『孫中山選集』（下）、人民出版社、二〇一一年、六一五～六一六頁。
（3）『毛沢東選集』（第四巻）、人民出版社、一九九一年、一四七七～一四七八頁。
（4）「教育前途危険之現象（教育前途の危険な現象）」、『東方雑誌』一九一三年、第九巻。
（5）朱有瓛『中国近代学制史料』第三輯（下）、華東師範大学出版社、一九八九年、三九頁。
（6）朱有瓛『中国近代学制史料』第三輯（上）、華東師範大学出版社、一九八九年、六五三～六五四頁を参照。
（7）『李大釗選集』、人民出版社、一九五九年、二九三頁。
（8）『李大釗選集』、人民出版社、一九五九年、二二六頁。
（9）『李大釗選集』、人民出版社、一九五九年、一九四頁。
（10）［米］莫里斯・邁斯納（モーリス・マイスナー）『李大釗与中国馬克思主義的起源（李大釗と中国マルクス主義の起源）』、中央党史出版社、一九八九年、九八頁。
（11）『李大釗選集』、人民出版社、一九五九年、五二〇頁。
（12）『陳独秀文集』（第一巻）、人民出版社、二〇一三年、一七九頁。
（13）『陳独秀文章選編』（中冊）、生活・読書・新知三聯書店、一九八四年、六七頁。
（14）『陳独秀文章選編』（上冊）、生活・読書・新知三聯書店、一九八四年、四三三頁。
（15）『陳独秀文章選編』（中冊）、生活・読書・新知三聯書店、一九八四年、一二頁。
（16）『陳独秀文章選編』（上冊）、生活・読書・新知三聯書店、一九八四年、四三三頁。
（17）『陳独秀文章選編』（中冊）、生活・読書・新知三聯書店、一九八四年、一頁。
（18）『廖仲愷集』、中華書局、一九六三年、三一頁。
（19）『廖仲愷集』、中華書局、一九六三年、八頁。
（20）『廖仲愷集』、中華書局、一九六三年、二八頁。
（21）『廖仲愷集』、中華書局、一九六三年、二九頁。
（22）『中国国民党第一次全国代表大会会議録』、一六頁。
（23）『中国国民党第一次全国代表大会会議録』、四四頁。
（24）『廖仲愷集』、中華書局、一九六三年、一七四頁。
（25）『廖仲愷集』、中華書局、一九六三年、一二三～一二四頁。
（26）『廖仲愷集』、中華書局、一九六三年、一六九頁。
（27）廖夢醒「回憶我親愛的父親―廖仲愷（我が親愛なる父・廖仲愷への回想）」、『中国工人（北京）』一九五七年第一六期に掲載、二六頁。

第九章　民国後期（一九二七～一九四九年）の法理学

第一節　南京国民政府時代の法理学

一九二七年四月一八日、蔣介石は「四・一二大虐殺（訳注：上海クーデター）」を基盤とし、南京に国民政府を打ち立て、一九二八年一二月には名目上の国家統一を果たす。この非人道的独裁政権ではその支配的地位を占める法学が、地主階級ならびに官僚資産階級の本質と利益を表すことは言うまでもなかった。しかしながら、それは民主・自由の旗の下、異なる法思想の存在を許したのであった。実際、この時期には三つの異なる法理学が確かに存在していた。一つ目は、一党独裁における党・国一致法理学、二つ目は西洋の資産階級法理学、三つ目はマルクス主義法理学である。

一つ目の法理学は、一党独裁における党・国一致（党・国一体）宣伝に属する法理学で、当時支配的地位を占めるものであった。このような法理学は直接実践と結びついており、党・国一体の法理学理論はやがて直接法律へと現されていった。例えば、一九二八年一〇月に国民党中央常務委員会で採択された『中国国民党訓政綱領』を理想的根拠かつ指導思想とし、一九三一年六月、国民議会は国民政府が正式に公布施行した『訓政時期約法』を採択した。そこには「訓政時期は、国民党全国代表大会が国民大会を代表し、中央統治権を行使する」との明文規定がある。つまり彼らは、党・国一体体制の法律化をすでに公表したのである。特に刑事法の一部では、そのファシズム的専政の特徴がより明らかとなっている。例えば、『戡乱（訳注：反乱を鎮める）時期に国家に危害を加えた場合の緊急懲罰条例』では、その矛先を直接、進歩的な人物、愛国者、共産党人に向けている。上述の法律は当時の法理学を明確に反映したものでもある。

二つ目の法理学は、西洋の資産階級法理学を伝播・吹聴するものである。西洋の法学において、一部の内容は確かに人類の法治文明を継承していると言えるが、基本的性質としては資産階級の意志と利益を表したものであり、それが守ろうとするのは資産階級のための社会秩序である。とりわけ、西洋社会が自由資本主義から独占資本主義へと移行するにつれ、その反動性、虚偽性、欺瞞性は日に日に明らかとなっていった。その人権理論を例とすると、まさにマルクスが指摘するように、「『人権』は天賦されたものではなく、歴史的に生まれたものである」[1]。それは資産階級の学者によって、自由・平等という名で生産領域における酷使や搾取が覆い隠された形式的平等である。実際の不平等を覆い隠し、法律形式の権利を使って法外特権が見えないようにしたのである。もちろん、資産階級法理学は分析と批判を経れば、その役に立つ部分に関しては合理的に参考にすることができる。例えば、部門法理学に関する一部の観点、無罪推定原則や「疑わしきは罰せず」理論、特に民事法の法理学は多くの理論が参考になる。つまり法理学の一般的問題、例えば法律の適用範囲、法律の形式分類などは、大いに参考となる重要な文化財なのである。この時期に法理学の紹介や解説をした著作は、非公式データによると数十冊に上る。

　三つ目の法理学は、マルクス主義法理学である。まさに毛沢東が指摘するように、十月革命の砲撃が轟くと同時に、中国にマルクス主義が伝わったのである。ここにも三つの状況が存在する。一つ目は中国共産党の指導者である李大釗、陳独秀などの場合で、マルクス主義革命精神を伝播・発揚すると同時に、マルクス主義法理学も広めた。彼らは皆、留学帰りの著名人で、法の本質や役割あるいは人権・自由・民主に関するものに対し、すべてマルクス主義学説を用いて分析と説明を行うことができる上、何より彼らは元々政法を学んできたのである。二つ目は李達、陳望道などの著名な学者の場合で、例えば李達は日本人（訳注：穂積重遠）が書いた『法理学大綱』を訳し、マルクス主義を指導思想とした『法理学大綱』を著した上で、自ら大学で法理学の講義をしている。三つ目は一部の人々で、彼らは無産階級革命家であり、マルクス主義法理学の伝播者でもある。例えば董必武、楊秀峰などであり、特に董必武は黄麻蜂起を指導し、法律という武器を用いて法廷で何人もの農民運動指導者を救ってきた。ちなみに彼は中国を代表し、『国連憲章』への署名も行っている。

　この三つの法理学は三つの理論を代表し、三つの主義を表している。一つ目の場合は、一党専制における党・国一体の法理学で、ファシズムの独裁統治を表している。二つ目の法理学は資産階級法理学で、資本主義を表している。三つ目の法理学はマルクス主義法理学で、社会主義を表している。当時は、一つ目の法理学が支配的地位を占めており、国中の人々から反対されていた。二つ目の法理学は民族資産階級ならびに知識人の中に広まり、その土台を築いた。三つ目の法理学は幅広い層から支持・擁護された。

それ以外に、正義を貫いた法学者の存在も忘れてはならない。例えば、梅汝璈は中国人を代表して東京裁判の裁判官を務めたが、法廷では他を圧倒し、多くの裁判官からの賛同を得て、日本の戦犯七名を絞首刑に処す判決を引き出し、中国人民の志を大いに示しただけでなく、日本のファシズム勢力に壊滅的打撃を与えた。

第二節　法学教育の概況

一九二七年の南京政府成立以降、法学教育を重視する動きは次第に回復していった。それはおよそ四つの段階に分けられる。何勤華教授の分け方によると、法学教育は一九二七～一九三二年にゆっくりと始まり、一九三二～一九三六年には圧縮・制御を受け、一九三七～一九四五年には戦時中の発展、一九四六～一九四九年には短い復興を遂げたとされる。しかし筆者の見方は多少異なり、一九三六～一九四三年こそが、国共合作、全国規模での愛国主義の高まり、法学教育がうまく発展した時期であったと考える。まずは学生数から見る。清末の段階で法科卒業生は四〇〇〇人しかいなかったが、一九一一～一九二七年には毎年平均一〇〇〇人で計一万六〇〇〇人、さらに一九二八～一九四三年における中国国内外の法科卒業生総数は約三万人に達しており、その数は以前の規模をはるかに上回っている。(2) 次に研究成果から見ると、この時期は法理学の学術書や教材だけでも少なくない。主なものは以下の通りである。一九二八年に上海法学書社から出版された王伝壁の『法理学史概論』、一九三一年に出版された王琛の『法理学講義』および一九三〇年代に出版された王寵恵の『法理学』、一九三四年には朝陽大学の王俊が『法理学』を編纂し、一九三七年にはパターソン（C. P. Patterson）著・胡慶育訳の『比較法理学発凡』が出版され、一九三六年には中山大学出版社が沈祥龍の『法理学講義』を出版している。その他にも、出版時期が不明な法理学専門書や訳書、例えば李達が訳して自ら編纂した『法理学大綱』や『西洋法理学大綱』などがあり、その数は二〇余りに上る。(3) より重要なことは、この期間中は愛国主義の高まりおよびマルクス主義法学の伝播により、例えば董必武、謝覚哉、楊秀峰、張志譲、周鯁生、何思正、蔡枢衡、陳体強、銭端昇、倪征燠、韓徳培、王鉄崖など一群のマルクス主義法学者を生み出し、育んできた点にある。

もちろん、南京国民政府による法学教育はすべて西洋化されていたため、法学教育の理論体系も「六法全書」であり、本質的には搾取階級の範疇に属し、国民の利益とは相容れないものであった。しかし当時は、まさに抗日戦争期およびその前後だったため、法学教育も自ずと時局の影響を受けた。そうして育った法科人材は、大多数が民族的気概にあふれ、抗日を公に表明する法学者も少なからずおり、抗戦勝利の後に日本の戦犯を裁く東京裁判に直接参加する者までいた。彼らが法廷で見せた愛国精神ならびに戦争犯罪者に対する批判は、中国では多大な功績と見做され、人々にもてはやされた。例えば、当時東京裁判を担当した中国人裁判官の梅汝璈、検察官の倪征燠がそれに当たる。彼らは法学者として、今でも中国人をはじめとした世界中の人々から尊敬を集めている。ただ、ここで語ったのは個別の事例であり、国民政府の法学教育が失敗であったことは言うまでもない。彼らは実際のところ、中国共産党による教育を直接受けたか、あるいは中国共産党に直接育てられたのである。

中国近代法学教育では、留学帰国組が重要な役割を果たした。彼らの教授としての生涯においては外国語、特に英語と日本語の地位が突出しており、著名な法学者である蔡枢衡は「超形式主義」と呼んだ。当時は、外国語が分からなければ、法学界の著名な教授になるのは難しかったのである。そのうち、日本から帰国した法科留学組が教授や大物官僚になるケースが最も多く、例えば、当時辛亥革命を率いた者のうち七五～八〇％が日本への留学組であり、特に早稲田大学の法科生が大半を占めた。したがって中国近代法学教育は、沈家本が主導した清末法制改革の始まりから国民党南京政府期によって形成された「六法全書」、楊度が発揚した「立憲君主」から梁啓超が鼓吹した「人権天賦」に至るまで、そのどれもが日本の辿ってきた路線を模倣するものであり、日本による中国占領の企みがいかに根深かったか見てとれる。

南京国民政府の法学教育にはもう一つの特徴がある。それはいくつかの法学教育の専門書を出版したことである。例えば、朝陽大学の著名な法学教育者にして教務長を務めた孫暁楼（そんぎょうろう）の『法律教育』は、その影響力が極めて大きく、とりわけ国内外のことを参考にした「新カリキュラム表」は、各校で採用された。また、法学教育を強化するため、かつて米ハーバード大学法学部で三〇年も学部長を務めたパウンド（Roscoe Pound）を中国の教育部および司法行政部の法律顧問として特別招聘している。彼は教育部の法学教育のために『中国法学教育の問題及び変革の方向』と題した報告書をまとめ、当時としては一定の価値のある意見を提起し、法学のコア・カリキュラムおよび教授法に対して自らの見方を語った。もちろん、パウンドは社会学的法学者の代表であるため、彼の観点が中国法学教育の発展に重要な作用をもたらすわけはなかったが、それでも当時の中国法学教育にとっては一種の促進であった。パウンドの法学教育思想が、国民政府の法学教育における反人民的方向性を変えたり、中国近代の法学教育を全体的に推進したりすることが不可能なのは言うまでもない。つまり、国民党の法制教育は全体的には失敗であったと言え、抗日戦争中に法学者が重要な役割を果たし、とりわけ日本の戦犯を裁いた東京裁判で特殊な役割を果たしたのは、国民党法学教育の成果ではなく、国共両党の合作、特に中国共産党による極めて大きな影響がもたらしたものであり、同時にそれは中華民族における愛国主義感情の表れでもあったのである。

第三節　法学者

南京国民政府統治期においても、有名な法学者が何人か登場しており、ここでは比較的影響力の強い法学者を紹介する。

一、王世傑の法思想

王世傑（おうせいけつ）（一八九一～一九八一）は、字を雪艇と言い、湖北省崇陽人である。フランスのパリ大学で法学博士号を取得し、一九二〇年以降は北京大学教授、武漢大学学長、国民政府中央研究院院長など、国民党および政府の重要ポストを歴任した。著作に『比較憲法』があるが、この本の影響力は比較的大きく、憲法の特徴ならびに重要な役割を指摘すると同時に、法理学上でも貢献が見られる。彼は、中国古代の法律と道徳の境界線、法律と慣習の境界線がそれぞれはっきりしていなかったとし、区別がありつつも互いに関わり合い、作用を与え合っていた点を指摘した。また、「法律と命令」と題する法理学論文を記し、「分析法学」の基本的観点を論証・分析した。彼は西洋法思想の影響をかなり深く受けており、その法学観点もほとんどが西側に向いている。教育面では、武漢大学の創設に対して貢献があり、思い入れも強かった。したがって、死後の墓碑には官職を一切書かず、ただ「国立武漢大学学長」と書くよう要求したのである。死後は、遺族によりそのすべての書画が武漢大学へと寄贈された。

二、呉経熊の法思想

呉経熊（一八九九～一九八六）は、国民政府時期の比較的著名な法理学者であり、彼が一九二二年に書いた「法律の基本概念」という文章は、当時の法理学創設にとって比較的大きな役割を果たした。特に一九三三年に出版された『法律哲学研究』ならびに『法律の三度論（訳注：三度とは時、効力の及ぶ範囲、事実に関する争点のこと）』が法学界に与えた影響は大きい。彼は江蘇省鄞県人で、米ミシガン大学で博士号を取り、中華民国憲法起草者の一人でもあり、上海にあった東呉大学の法学部長も務めた。

三、梅汝璈の法思想

梅汝璈（一九〇四～一九七三）は、字を亜軒と言い、江西省南昌人である。アメリカに留学してスタンフォード大学とシカゴ大学で学び、法学博士号を取得した。清華大学の学部生時代に、「科学救国」、「教育救国」の思想に触れ、「政治救国」の主張を展開する。抗戦勝利の後、梅汝璈は日本の戦犯を裁く極東軍事裁判（東京裁判）の裁判官として、正義の旗を高々と掲げ、法律の権威を発揚し、苦しめられてきた中国人民のために日本の戦犯の悪行を懲らしめただけでなく、世界平和を守り、人類の正義のために貢献したのである。その主な法思想は以下の通りである。

1、日本の戦争犯罪者を裁く裁判で、中国人にふさわしい席順を勝ち取る

東京裁判は、アジアでの戦争に参戦して勝利した国から一人ずつ裁判官を出し合う仕組みであり、開廷の前日には予行演習が行われた。ウェッブ裁判長が各国の裁判官の席順を「アメリカ、イギリス、中国、ソ連、フランス……」と読み上げると、梅汝璈はすぐに黒の法服を脱ぎ捨てて大声で「異議あり」と唱え、登壇の予行演習を拒否した。そして、中国人民が抗戦において払った多大な犠牲や、ファシズムによって何千万人も殺されたこと、無数の人々が行き場を失ったことなどを挙げ、国連の署名順に基づいて裁判官の席順を配するよう強く求めたのである。こうして中国の裁判官の席順は二番目に変更となったのである。彼は中国人のためにあるべき席順を、そして抗戦の中でもがき苦しんできた中国人民のためにあるべき法的尊厳を勝ち取ったのである。

2、日本の戦争犯罪者には犯罪行為に応じて法的責任を取るよう貫き、「悪法は法に非ず」の法的原則を確定

裁判の過程で、日本の戦犯たちは罪を認めず、自国の法律に基づいて参戦し、命令に服従するのは軍人として

当然であるとの理由から、自分たちの行為は罪には当たらないと考えた。梅汝璈ら裁判官はこうした「悪法も法なり」とする分析法観点を厳しく批判し、「軍国主義が公布した法律は人道に反し、他国の国民を殺害するもので、反人道罪、戦争犯罪を構成する。彼らが公布した法律は悪法であり、『悪法は法に非ず』。戦争犯罪者はその罪に応じて裁かれるべきである」と明確に指摘した。梅汝璈のこの正義の振る舞いは、自然法学派の復興をもたらし、法理学説史上極めて大きな貢献となった。

3、正義を守って悪を退治する原則を貫き、法治精神を発揚

梅汝璈は、罪が極めて重い戦争犯罪者の死刑を主張し続けた。彼らの努力により、多くの裁判官が同調し、結局七名の戦犯が絞首刑となり、その他大勢の戦犯は無期懲役や長期の懲役刑となり、日本の戦争犯罪は受けるべき罰を受けたのである。

梅汝璈は長年にわたり法学教育に従事し、復旦大学、武漢大学、南開大学などから法学教授に招聘された。著書に『現代法学』、『法律哲学概論』、『極東国際軍事裁判』、『憲治へ向かう中国人民』などがあり、「中国と法治」などの論文も書いている。

もちろん、南京国民政府の時代には他にも多くの有名な法学者、例えば法理学者の王伝璧、王寵恵、王培先（おうばいせん）、国際法学者の周鯁生を輩出した。また民法学者の李祖蔭（りそいん）は法学に含まれる意義に対して独自の見解を示し、国内外の法に関する定義に対して詳細な比較研究を行った。

四、周鯁生の法思想

周鯁生（一八八九～一九七一）は旧名を周覧と言い、湖南省長沙人で著名な国際法学者でもある。一九〇六～一九一一年に日本へ留学し、同盟会メンバーとなった。一九一三年以降は、イギリスとフランスに留学し、フランスのパリ大学にて法学博士号を取得している。一九二一年の帰国後は北京大学、武漢大学、中南大学教授および学科長を歴任し、一九三六年に武漢大学教務長、一九三九年に国際連盟組織会議中国代表団顧問、一九四五年に武漢大学学長となり、中華人民共和国成立以降も引き続き学長を務めた。一九五〇年には外交部の顧問を歴任し、一九五六年に中国共産党に入党している。著書に『国際法』、『近代欧州外交史』、『不平等条約十講』などがある。その国際法理論と思想は豊富で、主なものは以下の通りとなる。

1、『国際法』は周鯁生の代表作かつ中国国際法学のシンボル的成果

『国際法』は一九七六年に商務印書館が出版した上下二巻からなる本で、全国統一教材が出版される以前に中国における使用範囲が最も広かった教材であり、過去最高の引用率を誇る国際法著作でもある。この本は周鯁生がこれまで国際法教育、研究、実践に従事してきた科学的集大成であり、ソ連やその他の国の法律思想を合理的に参考とし、国際法の基礎理論を系統的に詳述したものである。より重要なのは、中国の外交活動と国際法実践を緊密に結びつけている点で、これは中国初の中国的特色を備えた国際法著作であり、極めて大きな学術的価値と現実的意義を有している。

2、「協調論」の提起と、国内法と国際法の関係における科学的論証

国際法の理論と実践においては、国際法と国内法の関係をいかに認識して処理するかが重要な問題となってくる。これまでに三つの観点が存在してきた。一つ目は一元論で、国内法を優先させるべきとの主張である。彼らは、国際法は国内法と同じ法律体系に属すと考える。それは一つの法律体系における二つの表し方に過ぎず、統一性を持つとする。その代表的人物はヘーゲルの「国家至上」理論の影響を受けており、イェリネック（Jellinek）、ゾーン（Zorn）などの法実証主義学者は国内法優先説を提唱した。彼らは、国家主権は絶対的かつ最上級のものであり、国際法の効力は国内の憲法や国の強制力という保障から来ているとした。二つ目の観点は、国際法優先を主張するものである。彼らは、国際法が国際関係と国際秩序を決め、同時に、それが国内法に優越するのは人類の発展に必要だからだと考えた。また自然法学派は国際法の重要な内容や目標として、人権と人類の福祉を統一させるべきとした。さらに、国際法は最も基本的な法律規範であることから、国内法の効力は国際法から来ているとまで考えた。三つ目の観点は、「協調論」であり、周鯁生はその代表的人物である。彼は、国が国内法を制定する際には国際法を参考にすべきであり、同時に各国が条約や協定を締結する際もまた、各国の国内法を参考にしなければならないところから、国際法と国内法は互いに関係し合っていると考えた。そこで周鯁生は、「国際法と国内法はその実態から見れば、どちらが優先かという言い方をすべきではなく、互いに対立させるべきでもない。法律と政策の一致性という観点から言えば、国自らが真面目に国際義務を履行してさえいれば、国際法と国内法の関係は自ずと調整されるものだと断言できる」と述べた[4]。

3、領土問題を引き起こす原因に対する具体的観点の

提起

周鯁生は、「領土問題を引き起こす原因は様々であり、国境線の位置もしくは線が不明確である場合もあれば、条約における国境の規定に対して双方に異なる見解が存在する場合もある。あるいは国境が占拠されたり、国境線が勝手に移動されたりする場合などもある」と述べた。(5)領土問題の解決方法には二つあり、一つは双方が交渉して国境線に関する条約を結ぶこと。もう一つは仲裁を申し立てるか、国際司法システムを通すことである。

4、国家継承問題に対する見方

中華人民共和国が成立すると、国際法における重要な問題に直面した。すなわち国家継承問題である。国家継承は主に二つの側面を含んでいる。一つ目は条約の面での権利と義務であり、二つ目は条約以外の面での権利と義務である。政府継承の場合は国家継承とは異なる。それは革命もしくは政変によって政権が更迭され、国際法における旧政府の権利と義務を新政府が代わりに行う法律関係のことである。中華人民共和国成立以降、政府継承の面では、条約、国の財産、国家債務の三つの面に分け、実情に即した合理的かつ国際法に合致したやり方を講じてきた。周鯁生は条約の面で「いかなる旧条約も、中国政府が承認するまで、外国政府はそれを持ち出して中華人民共和国に対抗することはできない」とする価値ある意見を述べている。(6)

周鯁生は一九五〇年に中華人民共和国外交部の顧問に就任すると、中国の外交政策と外交活動に対して価値ある提言を行ってきた。国家法理論の面で、極めて大きな貢献が見られる。まさに王鉄崖が論評したように、「周鯁生の国際法の教学と研究には二つの突出した特徴がある。一つは理論と実情を結びつけたこと。もう一つは理論を深く掘り下げたことであり」、「周鯁生の卓越した貢献は国際法に対する学術研究であり」、「中国における国際法の発展を推し進めた」のである。(7)

五、楊鴻烈の法理思想

楊鴻烈（ようこうれつ）（一九〇三〜一九七七）は古代中国法理学を研究する著名な学者で、またの名を炳堃、別名を憲武と言い、雲南省晋県人である。早くに日本へ留学し、東京大学で法学博士号を取得し、大学で長年教鞭をとった。主な著作に『中国法律思想史』、『中国法律発達史』、『中国法律の東アジア諸国への影響』などがある。ここでは中国政法大学出版社からの出版となった『中国法律思想史』のみを、以下のように簡単に紹介する。

1、『中国法律思想史』の出版状況

この本は一九三〇年の上海商務印書館のものが初版で、一九三三年に再版され、一九六七年に台湾商務印書館から再版、一九八八年に第三版、一九八九年に上海書店が「民国叢書」フェアを行った際、再び出版されている。二〇世紀末、中国政法大学出版社が再びこの本を「二十世紀中華法学文叢」に選出し、重版となった。この本だけでなく、王世傑、銭端昇の共著『比較憲法』や瞿同祖の『中国法律と中国社会』も、中国大陸と台湾の学者から長期にわたる注目を浴びており、法学界における影響力がいかに大きいかが見てとれる。この本は全部で五章、二〇万字余りからなり、中国法理学思想史を研究する上で極めて大きな参考の価値がある。

2、儒・墨・道・法の諸家に対する詳細な紹介と評価

実際、これもまた『中国法律思想史』における精髄であり、そこには歴史的理由や基礎的理論の限界があるものの、深く研究する価値のある観点もある。その観点から言えば、諸子百家の法思想を紹介した点は初の試みである。例えば儒家の創始者である孔丘の「法治」思想に対し、楊鴻烈は「孔子は法治を壊さなかったものの、法治に満足してはいなかった」と評価している[8]。彼は、当時最も影響力があったのはやはり法家であると考え、結論の部分でも字体を変えて強調し、「春秋戦国から秦の統一に至るまで、法律内容全体の根本原理は法家の学説であった」と指摘した[9]。もちろん、楊鴻烈の場合、秦の時代における諸子百家の法学理論に対する歴史唯物主義の分析が欠けており、法家と儒家に対する評価もそれほど正しくはない。我々は、諸子百家の中で、特に儒・法両家に対する治国理念への評価は正しくないと考える。歴史が示すように、中国古代の治国理念は、中華法治文明における重要な部分である。例えば法家の「法を以て国を治める」、「法は貴きに阿らず」、儒家の「和を以て貴しと為す」、「人を以て本と為す」、「和して同ぜず」などの思想は、多民族国家を束ねて統一してきた衰えを知らない長年の精神的支柱である。これらは、新時代の法に基づく全面的国家統治を実践する上で、合理的に参考となる自国の貴重な文化財であり、重要な価値がある。

3、中国古代法理学の基本問題に対する系統的な整理と評価

法律の平等、法律の公布、肉刑の存廃、一族連座、赦免の可否などの問題について、彼は詳細な歴史的考察を行い、分析している。これらの論証にはさらなる検討が必要で、唯物史観に反する見方まであるものの、大部分の見方は正確で、中国古代法理学における基本問題を正しく認識する上で参考にする価値があると言える。特に

挙げたいのは、清末における礼法の争いや中西の争いなど法学理論の問題に対する彼の陳述と評価であり、これらは貴重な成果である。もちろん、彼は中国法制史研究の学者であるため、法理学の基本問題については更に深く検討する余地がある。彼は「法律の平等」、「法律の公布」、「肉刑の存廃」、「赦免」などの問題を刑法の問題と位置付けたが、これは法理学に対する知識が浅く、法理学の研究範囲に対する理解が狭すぎると言わざるを得ない。こうした様々な不足部分はあるものの、『中国法律思想史』は学術的価値のある法理学書であり、中華人民共和国成立以前に書かれたという点を考えれば、当時の歴史的限界がこの本をさらに深く掘り下げる必要性を決定づけたのである。残念なことに、彼は一九七七年に他界した。しかし、彼の中国古代法理学研究に対する多大な貢献を歴史は忘れない。仮に一九〇五年の梁啓超による『中国法理学発達史論』を、理論的に中国法理学を研究した先駆けとし、一九二五年に王振先が著して商務印書館から出版された『中国古代法理学』を、系統的に中国古代法理学を研究した専門書であるとするならば、この一九三〇年に商務印書館から出版され、一九三三年に再版された楊鴻烈の『中国法律思想史』は、厳密に言えば中国古代法理学の著作であり、法理学の学科体系の基礎を築いたものだと言える。その後、二〇世紀末に北京大学出版社から出版された張国華の『中国法律思想史新編』は、比較的系統的に中国古代法理学を研究した専門書である。もちろん、厳密に言えば、法理思想史と中国古代法理学には区別があるはずである。しかし実状から見れば、中国法律思想史はまさに中国古代法理学であり、少なくとも今のところ両者の区別ははっきりしていない。

[注]

(1) 『馬克思恩格斯全集（マルクス・エンゲルス全集）』（第二巻）、人民出版社、一九五七年、一四六頁。
(2) 王中「中国近代法学教育探微」、『政法高教研究』一九九七年第三期に掲載。
(3) 『中国法律図書総目』、中国政法大学出版社、一九九一年を参照。
(4) 周鯁生『国際法』（上冊）、商務印書館、一九七六年、二〇頁。
(5) 周鯁生『国際法』（下冊）、商務印書館、一九七六年、四二七頁。
(6) 周鯁生『国際法』（上冊）、商務印書館、一九七六年、一五七頁。
(7) 王鉄崖等『周鯁生国際法論文選』、海天出版社、一九九九年、一～五頁。
(8) 楊鴻烈『中国法律思想史』、中国政法大学出版社、二〇〇四年、三二頁。
(9) 楊鴻烈『中国法律思想史』、中国政法大学出版社、二〇〇四年、八七頁。

第四編

当代中国における法理学の革命

第十章　新民主主義革命時代における革命根拠地の法理学

第一節　革命根拠地の形成と発展

一九二七年、毛沢東が湖南で秋収蜂起（訳注：同年九月、毛沢東などが湖南省や江西省の辺境地域で労働者・農民を指導して起こした武装蜂起）を起こした後、中国共産党は新民主主義革命期の最初の革命根拠地である井岡山根拠地を切り開いた。その後、全国に十数ヵ所の革命根拠地を作り上げ、各級労農民主政府が成立する。一九三一年一一月、江西省瑞金で開かれた第一次全国ソビエト代表大会において、中華ソビエト共和国臨時中央政府の成立が正式に宣言され、投票によって毛沢東が中央執行委員会ならびに人民委員会の主席に選ばれた。

一九三七年の「七・七事変（訳注：日本で盧溝橋事件と呼ぶ）」勃発後、国共両党は第二次合作を行う。同年九月、国共合作に関する決定と双方が調印した関連協定に基づき、紅軍は北の国民革命軍第八路軍と南の新軍第四軍へと改組され、前線へと赴き、一八に及ぶ抗日根拠地を次々と切り開き、各級抗日民主政府を設立した。一九三九年一月、陝西・甘粛・寧夏辺区で第一回参議会が開催され、中国共産党中央政治局が批准した『陝甘寧辺区抗戦時期施政綱領』が採択された。

解放戦争期間中、小さかった革命根拠地は大きくなっていき、大都市を次々と解放していった。一九四八年八月、華北臨時代表大会が開かれ、華北局が提出して中国共産党中央が批准した『華北人民政府施政綱領』が採択され、投票によって董必武が華北人民政府主席に選ばれた。

三つの時期における革命根拠地の形成と発展は、「農村から都市を包囲し、武装して政権を奪取する」という「中国革命の道」理論における偉大な勝利を十分に証明し、中華人民共和国成立のために確かな礎を築いたのである。ここには、中国革命理論による正しい指導と、マルクス主義中国化の輝かしい産物があった。すなわち、これは毛沢東思想による正しい牽引であり、毛沢東思想の影響下における中国法理学の重要な役割を生き生きと表しているのである。その具体的な表れは、国体理論、政体理論、憲法理論、人権理論、土地改革理論、婚姻理論などの面にわたる。

第二節　革命根拠地時代の幾つかの法理学理論

一、国体に関する理論

「国体」理論は、もともと法理学と憲法学の基本理論であり、法学界をはじめとする理論界の幅広い注目を集めて多くの議論が交わされてきたが、意見がばらばらのまま合意に達することはなかった。最終的に毛沢東がマルクス主義法学理論に基づき、「国体」に対する科学的解説を行った。彼は「新民主主義論」という文章の中で、「この国体問題というのは、昔清末に起こった議論で、何十年も議論され続けてきたが結論が出ていない。実のところ、これはある一つの問題を指しているにすぎず、それは国家における社会各階級の地位のことだ」と指摘した。(1) 革命根拠地で実施されたのは労農民主専政である。具体的に言うと、労働者階級が指導する労農連盟を基盤とし、各革命階級が連携して専政を行うことである。当時、国の名称はソ連を模して「中華ソビエト共和国」であったが、階級の本質は、無産階級が指導する各革命階級による連合専政だったのである。ここに一つの問題が出てくる。それは、国家における民族資産階級の地位をどう見るかであり、これは中国革命の特徴でもある。毛沢東はこの時期、「中国社会各階級の分析」と題する論文を特に記し、労農民主共和国における各階級の地位について指摘した。民族資産階級と官僚代理人階級は、大資産階級とは異なる。そこには脆弱性がある一方、革命性の一面もある。また、団結して革命を支持する一面もあれば、その脆弱性を克服しようとする一面もあり、多くの場合、これは革命階級と見做す。

抗日戦争期間中、第二次国共合作が成立すると、革命根拠地の性質は労農民主共和国から人民共和国へと変わっていった。すなわち、無産階級が指導する労農民主専政から無産階級が（中国共産党を通じて）指導する各革命階級の連合専政へと転向したのである。抗戦に勝利し、解放戦争期間に突入すると、革命政権の性質は労働者階級が指導する労農連盟を基盤とした人民民主専政となった。

二、政体に関する理論

毛沢東は「政体」についても同様に科学的な解説を行い、「それから、いわゆる『政体』問題だが、これが指すのは政権構造の形式問題であり、一定の社会階級がいかなる形式を用い、敵に反対して自らを守る政権機関を作るかということだ」と述べた[2]。そこで我々は通常「政体」を、政権の組織形式であると理解する。土地革命期間中、革命根拠地政権組織はソビエト代表大会であった。「ソビエト」とはロシア語で、そこには代表会議の意味が含まれている。当時、江西省瑞金において中華ソビエト共和国が成立しただけでなく、革命根拠地において各級ソビエト代表会議が開かれ、各級労農代表ソビエト政府が作られたのである。抗日戦争期間中は、抗日民主政権という組織形式、すなわち中国共産党が批准した『陝甘寧辺区抗戦時期施政綱領』および党が打ち出した「三・三制」原則に基づき、参議会と陝西・甘粛・寧夏辺区人民政府の選挙が行われたのである。解放戦争期間中は、各級人民代表会議が人民政府を構成した。

政体問題は、法理学と憲法を研究する上で重要な問題である。中国における現時点での政体は、全国人民代表大会ならびに各級人民代表大会であり、これは、中国の権力機関かつ国の根本的政治制度である。それ以外に二つの基本的政治制度がある。中国共産党が指導する多党合作・政治協商制度と、中華人民共和国民族地域自治制度である。これらは中国の特色ある政権組織形式を構成し、中国の国情に合致し、国家統一、民族団結、集団統治に有利な政治制度なのである。

唯物史観を基に見ると、革命根拠地の政体形式は三つの段階で変遷を遂げ、異なる役割を発揮してきた。土地革命期間中の労農兵代表ソビエト代表大会制度は、民主革命の発展を促進し、中国の人民代表大会の礎を築いた。抗日戦争期間中の参議会制度は、特定の歴史条件の下で人民代表大会が変化した形式であり、抗戦の勝利を促した。解放戦争期間中の地方各級人民代表会議は、人民代表大会制度へと向かう過渡期の形式であった。この三つの政権組織形式は、いずれも当時の革命根拠地政権の性質と相容れるものであり、新民主主義革命の政治を生き生きと表し、革命根拠地の発展を力強く促進し、人民主体の政権成立に向けて確かな礎を築いたのである。

三、人権に関する問題

中国共産党はひたすら人権問題を重視してきた。早くは一九二一年の中国共産党第一回大会で採択された決議の中で、人権を尊重かつ保障する主張を明確な旗色で示し、李大釗、陳独秀の論著の中でもしばしば人権問題が語られている。とりわけ、革命根拠地の建設および発展の過程において、毛沢東は人権問題について特別に論述している。例えば、一九四〇年一二月、中国共産党中央が起草した指示「政策を論ず」の中で彼は、「人民の権利について」と題する節において、「抗日に反対しないすべての地主、資本家、労働者、農民には同等の人権、財産権、選挙権および言論、集会、結社、思想、信仰の自由権があると規定すべきである」と指摘している[3]。これはつまり、革命根拠地では早くから人権の普遍性が確認されていたことになる。

より重要なのは、革命根拠地では理論上または政策上、人権の普遍性を認めていただけでなく、法律上も人権に対して明確な規定を行ったことである。例えば、一九三一年の『中華ソビエト共和国憲法大綱』、一九四〇年の『山東省人権保障条例』、一九四二年の『陝甘寧辺区人権・財産権保障条例』、一九四六年の『陝甘寧辺区憲法原則』、一九四八年の『豫皖蘇辺区行政公署による人権の着実な保障に関する各級政府への訓令』などがある。

中華人民共和国成立以降、人権は「公民の基本的権利と義務」の中に具体的に規定された。改革開放以降、特に一九八〇年代末、中国は人権の理論研究を幅広く展開し、二〇〇四年の『憲法修正案』で人権を正式に憲法に組み入れ、「人権の尊重と保障」を明確に規定した。このように中国の特色ある人権発展の道を歩みつつ、世界中の人々と共に「人類運命共同体」を構築し、人類の全面的発展を実現させていくのである。

四、土地に関する問題

まさに毛沢東が指摘したように、中国革命の重要な問題は農民の問題であり、農民問題の核心は土地問題である。何百年何千年にわたり、封建社会が実施してきたのは封建地主土地所有制であり、したがって民主革命では土地問題を解決しなければならなかった。第二次革命戦争期は、事実上は土地革命期であり、封建地主土地所有制を排除しようとしたのである。

土地革命期間中、いくつかの土地改革法規が公布された。通常は、地主の土地を没収して農民に分配し、所有権は国に属し、使用権は農民にあると規定されている。しかし、中央ソビエト区で土地を農民に分配する規定では、まず農民に使用権があるとし、その後、農民土地所有制へと移行したのである。方志敏（ほうしびん）がその議事録『贛（訳注：江西省の略称）東北ソビエト創立の歴史』の中で、「土地分配の元々の権利はソビエトに属していたが、現在その権利は農民に移行した」と述べている。実際のところ、贛東北だけでなく、中央ソビエト区のすべての場所で、土地改革後の土地使用権を農民に移行し、所有権をソビエトに属するとしている。一九三一年二月、この原則が変更され、土地所有権は直接農民に帰属するとされた。中国共産党ソビエト区中央局は第九号通告『土地問題と反富農対策』の中で、「多くの農民が革命の中で、彼らが唯一熱望する土地所有権を持てるようにしなければならず、そうすることで彼らの土地革命および全国ソビエト勝利に対する熱い情熱を強化でき、そこから土地革命を一層推し進めることが可能となるのだ」と指摘している。(4) この後、各級ソビエト政府は法律を以て農民の土地私有権を確立させたのである。

抗日戦争期間中、革命根拠地はその多くが辺区政府と呼ばれ、土地法規を制定してきた。主に所有権の面で、二つの規定を行っている。一つは公有土地所有制で、もう一つは私有土地所有制である。公有土地所有権は地区政府に属し、私有土地所有権は法律による保護を受け、当然租借や利息の優遇規定もあった。一九四七年、中国共産党中央は『中国土地法大綱』を公布し、封建土地所有制の廃止や半封建性の土地搾取廃止、さらには「耕す者、その田あり」の土地制度実施を公に宣言した。つまり、すべての地主の土地所有権を撤廃し、農民の土地所有権を実施したのである。農民はその土地使用権だけでなく、土地所有権も手に入れ、その土地を自由に経営・売買、または特定の条件下で貸し出す権利を国が認めたのである。

中華人民共和国成立以降、ソ連の経験と中国の実情に基づき、都市およびその近郊の土地所有権および森や川などの所有権を規定し、農村の土地は集団所有とした。改革開放以来、国有地を『憲法』で直接規定した以外に、農村集団所有の土地に対して農家生産請負制（訳注：農家が政府と請負契約を結び、収穫の余剰分を自由に売却できる制度。中国で、人民公社による集団所有体制に代わって、一九七〇年代末頃から導入された）を実施した。農家が請け負った土地に対しては「三権分置」を実施し、農村の土地に新たな活力を生み出したことで、農民たちから広く愛護された。

第三節　法学者と法律家

一、馬錫五の法思想と裁判方式

馬錫五（ばしゃくご）（一八九九～一九六二）は、本名を馬文章、字を錫五と言い、陝西省保安（現在の志丹県）人である。一九三〇年、劉志丹（りゅうしたん）が指揮する紅軍遊撃隊に参加し、一九三五年から陝西省食糧部部長、一九四〇年から隴東区専門委員を務めた。一九四三年から司法の業務に従事するようになり、辺区高等法院隴東出張所所長を兼任、一九四六年には辺区高等法院院長に選出されている。中華人民共和国成立以降は一九五四年に全国人民代表となり、最高人民法院副院長に選出された。その法思想ならびに裁判方式は、以下の数点に概括できる。

1、法理を発揚、人情を考慮、婚姻訴訟に対する正確な判断

馬錫五の裁判方式が有名な根本的理由は、彼が判決を下す際、事実をはっきりと確認した上で、法理を重んじ、人情を考慮し、法に基づいて各種の事案を裁く点にある。一例を挙げよう。事件の詳細は以下の通りである。一九二八年、封捧児は父の同意を経て、張金才の息子である張柏児と婚約した。一九四二年、二人は成人して結婚する段取りとなる。しかし、先方から何度も高額の結納金を受け取っていた新婦方の父親である封彦貴が婚約解消を要求し出す。婚約の当事者である二人も婚約売買には反対を唱える。新郎方の父親である張金才はこれを知ると、二〇人余りを引き連れて封家に押し入り、封捧児を強引に連れ去って息子と結婚させてしまう。封彦貴はこの件を県法院に訴え、裁判の結果、張金才に懲役六ヵ月の刑ならびに二人の婚姻が無効である判決が出される。当事者双方ともこの判決に納得せず、群衆からも不満の声が出た。時の辺区高等法院隴東出張所所長であった馬錫五は、この控訴案を引き受けることとなる。事情を調べた結果、彼は以下の判決を下した。(1)張柏児と封捧児の婚姻は自由結婚に属し、合法的かつ有効である。(2)張金才が人を集めて新婦を強奪したことは、違法かつ紀律違反である。しかしながら男女双方とも同意していた経緯を鑑みれば、酌量の余地があるため、執行猶予つきで懲役三年を言い渡す。(3)封彦貴が婚姻の売買を行ったのは違法であり、懲役三ヵ月とするが、反省が見られるため、執行猶予つきとする。この判決は、当事者双方を刑に服させただけでなく、民衆を教育することにもなった。この一件は確かに、法理の発揚、人情の考慮、良好な風習の提唱といった効果をもたらしたのである。

2、多様な審理方式と法制宣伝教育の促進

馬錫五は事案の審理をする際、多種多様な方式を用いた。例えば、出前裁判、巡回裁判、仲裁による解決の重視である。特に巡回裁判は、当時すでに裁判制度の一つとして、良好な成果を収めていた。出前裁判の影響も大きかった。裁判官が裁判所を出て事件の発生地点へと赴き、当事者の所在地もしくは付近の村で裁判を行うのである。これは、証拠確定や現場検証に便利で、迅速かつ正確性を保証するが、より重要なのは法制宣伝教育に役

立ち、人々がよりよく法や紀律を守る手助けとなる点にある。

3、馬錫五の裁判方式は法理学思想と法制実践が結合した有効な方法

馬錫五の裁判方式における最大の利点は、法理学思想と法制実践を有効に結びつけた点にある。例えば、法理学では法の前の平等を強調し、婚姻の自由を主張して人権の保障を求める。こうした理論は、いずれも具体的な実践の中、すなわち事案審理の中で現される。一度の合法的な判決は、生き生きとした法制教育でもあり、厳格な道徳教育でもあるが、それ以上に有効な政策宣伝の場となる。

馬錫五が一九六二年に死去した後、最高人民法院院長を務めたこともある董必武と謝覚哉は馬錫五同志への思いを長い詩に託し、革命根拠地法制構築の貢献に対する敬意を示した。当時、馬錫五が裁いた事案の当事者である封捧児や「劉巧児」の役を演じた俳優らも哀悼の文を寄せた。

二、林伯渠の法思想と法制実践

林伯渠（一八八五～一九六〇）は元の名を祖涵、字を邃園、号を伯渠と言い、湖南省臨澧人である。無産階級革命家であり、早くに同盟会に参加し、一九二一年に中国共産党へ入党した。第一次国共合作期間中、孫文を助けて「連ソ、連共、労農扶助」という三大政策を制定した。一九二七年には南昌蜂起（訳注：一九二七年八月一日に中国共産党が江西省南昌で起こした武装蜂起。「八・一起義」とも言う）に加わり、その後ソ連に留学している。中央革命根拠地では経済部長と財政部長を歴任し、二万五〇〇〇里におよぶ紅軍長征にも参加した。抗日戦争期間中は、抗日民主政権陝西・甘粛・寧夏辺区人民政府の主席を務め、革命根拠地に対する法制構築に多大な貢献をした。中華人民共和国成立以降は、中国人民大学の学長を務め、中華人民共和国成立初期において同大法学部が中国法学教育のゆりかごになるための鍵となる役割を果たした。その法思想と法制構築実践は主に以下のものである。

1、抗日民主政権における「三・三制原則」実施の維持と地方政権での民主実践達成の快挙

第二次国共合作の協定に基づき、一九三七年に中華ソビエト中央政府西北辦事処が「陝甘寧辺区政府」と正式に改名され、陝西省、甘粛省、寧夏省の一部県、人口約一三〇万人を管轄することとなった。根拠地のこのような「政権の性質は、民族統一戦線のものである。こうした政権は抗日および民主に賛成するすべての人々の政権

であり、いくつかの革命階級が手を組んで裏切り者や反動派に対抗するための民主専政」なのである。[5]「三・三制」とは、この政権における組織原則のことである。いわゆる「三・三制」とは、抗日民主政権において、共産党員、進歩的非党員、中間人員がそれぞれ三分の一を占めるというやり方を指す。毛沢東、周恩来、朱徳、林伯渠はみな、この政策の制定者である。同時に、林伯渠は辺区政府主席として、この政策実施の主要責任者でもあった。当時、彼が指揮を執る辺区政府は、一九四一年に陝西・甘粛・寧夏辺区にて各級選挙委員会を成立させ、「三・三制」の原則に則り、辺区の県・郷両級の参議会議員四万人余りを選んだ。辺区の参議員は二四二人で、そこには落選した非党員もおり、政府による特別招聘四六人もいた。これは中国の歴史上初めての民主選挙であると同時に、法理学における政治権利に関する具体的実施であり、中国法理学発展における一種の特殊な形式である。林伯渠はこの法理原則の厳格な執行者であり、中国の政権構築における偉大な快挙を成し遂げたのである。

2、平和的・民主的国家建設のために尽力

抗日戦争の勝利以降、林伯渠を主席とする辺区政府は、平和国家建設のために弛まぬ努力を行った。(1)国共双方が平和協定に調印するよう積極的に支持すると同時に、党中央の指導の下、辺区人民、とりわけ解放軍が、万一国民党が約束を違えたり、協定違反をしたりして解放区、すなわち当時の辺区へ攻め込んだ場合、すぐに強力な粉砕を行うことを積極的に支持した。(2)より重要なのは、林伯渠が再び辺区政府主席に選ばれたことである。(3)辺区議会は『陝甘寧辺区憲法原則』を採択し、林伯渠は辺区人民を率い、断固として憲法原則を実施し、貫こうとした。それは、人民には平等な直接選挙権があり、「人民は各級政権に対し、検査、告発およびいつでも意見を言う権利があり」、「各級代表は有権者に対して責任を負う」というものである。同時に、人民には経済上の貧困を避け、教育を受ける権利、男女平等や各項民主的権利があると規定した。大会では終始、民主的原則が現されたのである。同時に、大会は当時の平和協議に基づき、『陝甘寧辺区復員方案』を可決し、民主的・平和的国家づくりのために弛まぬ努力を行った。しかし、国民党は「双十協定（訳注：一九四五年一〇月一〇日に中国共産党と国民党が締結した和平協定）」を破り、公然と内戦を仕掛けてきた。蔣介石政権は結局、人民戦争という大海の藻屑と消えたのである。

三、李鼎銘の法思想とその「精兵簡政」政策

李鼎銘（一八八一～一九四七）は、元の名を豊功と言い、陝西省米脂人で開明的な紳士である。幼年期は家庭が貧しく、叔父である杜良奎の家に居候して学問を学び、中学で教えたこともある。陝西・甘粛・寧夏辺区第二回参議会において「精兵簡政」案を提出し、同辺区政府の副主席に選ばれた。職務に忠実で、人々からも高い評価を得た。毛沢東主席は李鼎銘が提出した「精兵簡政」に対し、『精兵簡政』というこの意見だが、これは党員ではない李鼎銘から出されたものである。非常にいいことを言っており、人民のためにもなる。我々はこれを採用する」との評価を下している(6)。彼が亡くなった際、毛沢東は彼のために弔辞を寄せ、中国共産党中央は弔電を送っている。

1、「精兵簡政」の提出は、抗日民主政権を法理的に強化

一九四一年、国民党「頑固派」による封鎖に遭い、陝西・甘粛・寧夏辺区は最も困難な時期へと突入する。辺区における供給を保障するため、中国共産党中央は陝西・甘粛・寧夏辺区にて二つの重要な政策を実施する。一つは辺区において、大規模な生産運動を展開することである。軍隊、行政機関、学校で生産を行い、自給を鼓舞したのである。もう一つは「精兵簡政」を実施し、人民の負担を軽減することである。中国共産党中央は「精兵簡政」を重視しており、毛沢東は批准の際、「この方法は大変よい。我々の中にある機会主義、官僚主義、形式主義に対し、ちょうどいい処方薬になる」と指摘した(7)。こうした重要な措置は、仕事の効率を高め、人民の負担を軽減しただけでなく、政府の役人や軍人の中に、人民のために尽くすという信念を強く打ち立て、よりよい仕事を促したのである。精兵簡政は複雑な作業で、すぐに成果が出るものではない。辺区では全部で三回にわたる「精兵簡政」を行った。一度目は一九四一年一一月から一九四二年六月にかけてで、簡素化された機関は一〇〇余り、全部で一五九八人を人員削減の対象とした。これは辺区政府に元々いた人数の二四%にあたる。二度目は一九四二年六月三〇日で、仕事の需要に応じ、多くの機関が規模の縮小を行い、余剰人員を第一線へと派遣した。研修に回された者もいれば、農村での農作業に回された者もいた。三度目は一九四三年三月で、区・郷の幹部に対して重点的な研修を行い、区以上の政府の役人を二三・五%削減させた。こうした実践が証明するように、「精兵簡政」は大きな役割を発揮し、人民の負担を減らしただけでな

く、党と政府および人民との連携を密にし、幹部の素養を高め、抗日民主政権を強化するのに積極的役割を果たしたのである。

2、「三・三制原則」を推奨

中国共産党中央が打ち出した「三・三制」政権原則を実施するにあたり、李鼎銘は実践の中で重要な役割を果たし、「三・三制精神」という概念を提起する。そこに含まれる意義は、各方面への配慮、全体への配慮、自己批判、話し合いで解決しようとする精神であり、まとめて言えば、誠意を以て団結し、民主的合作を行うことである。[8]

3、減租減息（訳注：小作料や利息の引下げ）を率先して行い、農民層における抗日への積極性を高めた

李鼎銘は開明的な紳士で、率先して自ら減租を行った。抗日戦争期間中、中国共産党中央は国民党第五回第三次中央全体会議に祝電を送り、「地主の土地没収政策の停止」を明確に示し、「耕す者、その田あり」の土地政策を「減租減息」へ変更するとした。李鼎銘は開明的な紳士として率先してこれを行い、党の土地政策実施を推し進めた。政策の規定に基づき、減租では「二五減租（訳注：小作料の二五％引下げ）」が実施された。減息とは、賃貸関係が許容する範囲まで減らすことである。同時に政府もまた、農民に小作料と利息を納めるよう求めたが、土地所有権と財産所有権は引き続き元の地主に属していたのである。減租減息政策は良好な成果を収め、農民の抗日への情熱を向上させた。

［注］

（1）『毛沢東選集』（第二巻）、人民出版社、一九九一年、六七六頁。

（2）『毛沢東選集』（第二巻）、人民出版社、一九九一年、六七七頁。

（3）『毛沢東選集』（第二巻）、人民出版社、一九九一年、七六八頁。

（4）中国社会科学院経済研究所中国現代経済史組『第一、二次国内革命戦争時期土地闘争史料選編』、人民出版社、一九八一年、四九三頁を参照。

（5）『毛沢東選集』（第二巻）、人民出版社、一九九一年、七四一頁。

（6）『毛沢東選集』（第三巻）、人民出版社、一九九一年、一〇〇四頁。

（7）李維漢『回憶与研究（回想と研究）』（下冊）、中共党史出版社、二〇一三年、三八六頁。

（8）李剛「李鼎銘『精兵簡政』如此誕生（李鼎銘の『精兵簡政』はこうして誕生した）」、『中国報道』二〇〇九年、第一一期、三三頁。

第十一章　一九四九～一九七八年における中国共産党と中国によるマルクス主義法学中国化の土台作りと模索

第一節　重要な法律活動と模索的実践

一九四九年、中華人民共和国が成立し、中国の歴史に新紀元を切り開いて人民を国の主にさせただけでなく、法理学革命の幕も開き、中国の特色ある社会主義法理学の土台を作ることとなる。新中国法理学の革命は具体的に以下の部分に現れる。

一、国民党「六法全書」の廃止

国民党の「六法全書」を正式に廃止した歴史文献は、中華人民共和国が成立する前夜、すなわち一九四九年二月二二日に公布されたものである。その正式名称を『国民党の六法全書廃止と解放区の司法原則確定に関する中国共産党中央の指示』という。実際のところ、早くは抗日戦争期間中、毛沢東は『十大救国綱領』の中で、人民の愛国運動を束縛する旧法令を廃止し、革命の新法令を公布する主張を明確に打ち出している。特に毛沢東は、解放戦争の後期、すなわち一九四九年一月に行われた時局に関する声明の中で、中国共産党を代表し、平和会談に関する八つの条件を正式に提出した。第一条と第二条に「偽憲法の廃止」、「偽法統の廃止」とあるが、ここで言う法統とは、国民党の「六法全書」を指す。こうして、「六法全書」廃止への序幕が開いたのである。知識の系譜という角度で見れば、「六法全書」の廃止には過程がある。初めに、偽法統の廃止から始めることになるが、新華社は当時この「法統」という言葉に含まれる意味を解説する際、ここには三つの意義が含まれると考えた。一つ目はいわゆる「合法的正統」、つまり「法における統治権力の起源」を指す。二つ目は法体系を指し、三つ目は法伝統を指す。[1]「六法全書」廃止に関する中国共産党中央の指示を、最も早く実施したのは華北人民政府である。時の主席であった董必武は『国民党の六法全書およびすべての反動的法律の廃止』の訓令に署名し、即日施行となった。一九四九年三月一三日のことであった。

もちろん、「国民党の『六法全書』廃止」を法律化したものは、臨時憲法の役割を果した一九四九年一〇月公布の『中国人民政治協商会議共同綱領』第一七条である。『国民党の六法全書廃止と解放区の司法原則確定に関する中国共産党中央の指示』の内容は豊富で、主に以下の点が含まれる。(1)国民党「六法全書」の階級的本質を暴く。文献では明確にこう指摘している。国民党「六法全書」は通常の資産階級の法律と同じで、階級的本質を隠す形で表現されている。国民党のすべての法律は、地主や代理人官僚資産階級による反動的統治を保護するための道具であり、多くの人民・大衆を押さえつけて束縛する武器にしかならない。したがって、「六法全書」は蔣管区（訳注：国民党統治区）と解放区のどちらにも適用できる法律では決してない。また国民党「六法全書」に出てくるいわゆる国民全体の利益といったもっともらしい条項を真に受け、それを部分的には人民の利益に合わない法律と見做してはならず、人民の利益には基本的に合っていない法律と見做すべきなのであるとも指摘している。(2)解放区では、人民による新たな法律を依拠とすべきである。新たな法律が整っていない状況の下、司法機関の執務原則は、綱領、法律、命令、条例、決議による規定がある者はそれらの規定に従い、綱領、法律、命令、条例、決議のない場合は、新民主主義の政策に従うことである。

二、国民党「六法全書」に対する批判

これはおよそ二つの段階に分けられる。一つは、「六法全書」の階級的本質に対する批判、すなわち「本質論批判」段階である。中華人民共和国成立初期、司法改革運動が展開され、当時の政務院は「政法作業に関する状況と当座の任務」を公布した。続いて、「六法全書」への集中批判が開始され、政法界のみならず、教育界においても「六法全書」の虚偽性と反動性が理論の面から徹底的に暴かれた。二つ目は「六法全書」への踏み込んだ批判であり、これは旧法関連の人々や旧法寄りの法学者に直接波及した。

三、全国におけるマルクス主義法学指導的地位の確立

「我々の思想を指導する基本理論はマルクス・レーニン主義である」と公に宣言し、法理学の命題に対してはマルクス主義法学を用いて回答した。これらの問題は、中国法理学の基本原理であると同時に、一世代上の無産階級革命家たちによる中国革命への極めて大きな貢献でもあり、マルクス主義法学中国化を構成する最初の記念碑

でもある。それらは以下の通りである。

1、中華人民共和国の性質の確立

毛沢東は中華人民共和国成立の三ヵ月前、すなわち一九四九年六月三〇日に発表した「人民民主専政を論ず」の中で、中国近代以来の歴史発展の規則を科学的に示し、次のように訴えている。

一八四〇年のアヘン戦争敗北の時から、先進的な中国人は辛酸をなめ続けながら、西洋諸国の中に真理を見出そうとしてきた。(中略)帝国主義の侵略は西側の世界に学ぼうとする中国人の夢を打ち砕いたのだ。おかしいではないか? なぜ先生はいつも学生を侵略しようとするのか。中国人は西側から多くを学んできたが、やはりだめだ。理想はいつも実現に至らない。辛亥革命のような全国規模の運動も含め、何度奮闘しても失敗してきた。国の状況は日増しに悪くなり、人々が生きていけない環境を作り出している。疑惑は生まれ、増大し、発展していく。そうした中、第一次世界大戦は全世界を震撼させた。そしてロシア人が十月革命を行った。(中略)十月革命の銃声と共に、我々にはマルクス・レーニン主義がもたらされた。(中略)中国人民は、中国共産党の指導の下、日本の帝国主義を追い払い、三年に及ぶ人民解放戦争を実施し、ほぼ勝利を収めた。[2]

最後に導き出した結論は、「こうして、西側資産階級の文明、資産階級の民主主義、資産階級共和国の案は、中国人の心の中で破綻したのだ。資産階級の民主主義は労働者階級が率いる人民民主主義に、資産階級共和国は人民共和国にそれぞれ地位を譲った」のである。[3] これが憲法の中で確認された「人民民主専政による社会主義国家」の由来である。毛沢東は最後に下記のように宣言している。

我々の経験を総括して一点に集中させれば、それは(共産党を通じた)労働者階級が指導する労農連盟を基盤とした人民民主専政なのである。この専政は国際革命の力と一致団結しなければならない。これこそが我々の公式であり、これこそが我々の主な経験であり、これこそが我々の主な綱領なのだ。[4]

2、「憲法は国家の根本的大法」の確認

一九五四年九月、全国人民代表大会は『中華人民共和国憲法』という安定した国家統治のための総章程を採択し、新中国による法に基づく国家統治のための立法的土台を築き、新中国法理学革命がマルクス主義の指導を実現させるための法的根拠となった。毛沢東は一九五四年憲法の制定と実施に際し、大きく力を注ぎ、憲法に「一つの団体には一つの章程が必要なように、一つの国家にもまた一つの章程が必要である。憲法とはまさに総章程であり、根本的大法である。憲法という根本的大法の形式を用い、人民民主と社会主義の原則を固定させ、全国の人民にはっきりと道筋を示し、一本の明確で正しい道を歩めるのだと全国の人民に感じさせるのである」という名文を加えた[5]。毛沢東は一九五四年憲法に対し、何度か講話を行い、マルクス主義が輝きを放つような多くの著名な観点を述べており、これらはみな、新中国法理学創立における重要な理論的根拠となる。これは、「人民民主専政を論ず」と並び、新中国法理学最初の大作となったのである。

3、「依拠すべき法をつくり、法があるからには必ずこれに依拠すること」は新中国法制構築における基礎理論かつ中国民主法制の基本原則

これは、一世代上の無産階級革命家にして著名な新中国法理学創始者でもある法学者の董必武が、「八大（中国共産党第八回全国代表大会）」で述べた核心的思想である。董氏は当時、「八大」において最高人民法院院長として、「法に基づき裁くことは、法制をより強めるための中心的段階」と題し、発言をしている。彼は、法に基づき裁くには、二つの切り離せない面があると考えた。すなわち、依拠すべき法をつくることと、法があるからには必ずこれに依拠することである。一つ目は、「依拠すべき法をつくらなければならない」というもので、それは基本であり、前提でもある。「これは我々にいち早く、国における未完の重要な法規を制定するよう促す」ものである。二つ目は、「法があるからには必ずこれに依拠する。すでに明文化規定されたものは、すべて着実に執行し、規定通りに行わなければならない。とりわけ、すべての司法機関は、より厳格にこれを守るべきで、いかなる違反も許されない[6]」。中国共産党第一一期中央委員会第三回全体会議コミュニケの中で、それは「依拠すべき法をつくり、法があるからには必ずこれに依拠し、法を執行するからには必ず厳正を旨とし、法に違反したからには必ず追及する」および「法の前の平等」という社会主義法治原則へと発展し、現在に至るまで中国の特色ある社会主義法治における重要な構成要素なのである。

4、法治と人治問題に関する大論争

一九五七年、「百花斉放、百家争鳴」原則の指導の下、

中国の学術界、とりわけ法学界においては人治と法治をめぐる大論争が展開された。法治を主張する向きもあれば、人治を主張する向きもある。法治論者の理由は充実している。第一に、法治は法律の権威を強調する。憲法がすでに宣言しているように、中華人民共和国公民は憲法と法律に規定された権利を享受し、同時にそれらが確定する義務も遵守するため、憲法と法律は人々の行為規範となるべきである。第二に、国家機関は法に基づいて事を運ばなければならず、法の前に人々は地位が平等であり、権利と義務も平等である。第三に、法外特権に反対する。いかなる人間も法律を凌駕してはならず、当然法律の外に逃がしてはならない。第四に、「言葉が法に取って代わり、権力で法を抑圧すること」に反対する。法治を主張した人たちは人治をしてはならないわけではなく、人治と法治は絶対的対立項ではなく、法治が人の役割を否定するものではないと考えた。また、一部の人が法治を強調するのは、実際には共産党による指導的役割の観点を否定するためであるが、これは間違っているとも考えた。結局、誰もがご存じの理由により、法治論者の考えは肯定されなかった。しかし当時の法治の観点、特に法の権威ならびに法の前の平等を強調した観点は、新中国法理学の発展を推し進める客観的な役割を果たしたのである。

5、刑事立法の刷新による中国法理学の促進

中華人民共和国成立初期における中国の刑事立法は比較的早く発展し、かつ法理学の発展の助けとなる立法活動および観点が登場したと言うべきである。一つ目は、執行猶予つき死刑の設置であり、これは人間の命を救うのを助け、法治における究極の価値、すなわち人権の尊重と保障を現した。二つ目は、管制の確立で、保護観察処分に対して条件を作り出し、人間の教育と人間の更生の方法における共産党の多様性を現した。三つ目は、中華人民共和国成立初期には、例えば『汚職懲罰条例』、『反革命懲罰条例』など、中国の刑事立法の発展は比較的早かった点で、そのうち毛沢東は刑法の適用する「規格」について繰り返し強調している。当時、ソ連では「犯罪構成」理論を使っており、中国の「規格論」はそれと似ている。より重要なのは、刑の執行過程において、犯罪者の労働改造政策が実施され、「改造第一、労働第二」の方針が貫かれ、「階級闘争と革命人道主義との結合」政策が実施された点である。つまり人民に対して罪のある犯罪者を新たに生まれ変わらせ、一部は特赦としているのである。そこには、中国最後の皇帝である溥儀や国民党の戦争犯罪者、日本の戦犯も含まれる。こうしたす

べての法的措置は、中国共産党の広い心を反映しており、中国法理学における人道主義の輝きを放っているのである。

6、中華人民共和国成立から改革開放に至るまでの時期、中国では法理学上の革命を実現させただけでなく、理論と実践の結合においてマルクス主義法学理論を貫き、マルクス主義法学の中国化を堅持

初めに、中国の一世代上の無産階級革命家はマルクス主義の法学理論を貫いたが、これは当時ソ連の法学教材を使用し、ソ連から法学者を招聘して講演を開き、マルクス主義法学院生クラスや法学教師短期研修を行ったことと一定の関係がある。当時使用していた法学教材は、モスクワで作られた中国語版の法学教材で、例えばブイシンスキー（訳注：ソビエト社会主義法学の形成を主導したソ連の法学者）が監修した法理学教材の当時の名称は『マルクス・レーニン主義における国家と法権に関する理論』および『マルクス・レーニン主義における国家と法権に関する歴史』であった。こうした教材は国家と法権におけるマルクス主義の方向性を貫くという点では問題ないと言える。正確に言えば、それはマルクス主義における法の発生、本質、役割、発展方向に関する理論であり、学生たちに、マルクス主義法学が法学の歴史における偉大な変革であることをはっきりと認識させる。まさにこの世代の人たちが、党の指導の下、一世紀近くにわたってマルクス主義法学を貫き、中国の法理学を作り上げたのである。そして、特別な期間中にしろ、改革開放以降の四〇年にしろ、ひたすらマルクス主義を貫いたのである。

しかし、その成果は肯定するにしても、一連の教材やソ連の専門家たちには様々な不足点が存在していたことは指摘すべきである。特に、当時のソ連における法学の父であり、長年にわたってソ連検事総長と外相を務めたブイシンスキーには、確かに極左の思想があった。例えば彼は当時、刑法における間接故意も国家反逆罪もしくは反革命罪を構成すると認定し、捕まえるべきでない人物まで捕らえた。それから研究方法の面でも、国と法律の両者をごちゃまぜにしたのは適切ではなく、国の問題は政治学に、法律の問題は法学にそれぞれ属する。また、当時中国の政法学校では、『ソビエト国家法』、『ソビエト刑法』、『集団農場法』などソ連の教材が使われ過ぎており、これも適切ではない。しかし全体的に見れば、こうしたソ連の教材の上げた成果は欠点を上回っており、特にマルクス主義法学を貫くという根本的問題の点では大差なかった。

まさにマルクス主義法学理論を貫き、マルクス主義法学中国化という大方向を堅持したおかげで、中華人民共和国成立以降の民主と法制構築強化において、偉大な成果を収めることができたのである。人々は一九五〇年代の社会秩序があんなにも安定し、政権があんなにも強固で、民主と法制構築でも少なからぬ成果を上げたことを決して忘れない。こうしたすべてのことは、当然まず中国共産党の指導のおかげであり、偉大な中国人民のおかげである。もちろん、当時の法理学革命、すなわち中国の社会主義法理学の創立にも功があったのである。

7、法学教育を強化し、法学界・法律界におけるマルクス主義法学の指導的地位を維持

中華人民共和国が成立するとすぐに法学教育の強化が始まり、高等法学系の学校が調整され、新たに政法幹部学校がいくつか作られた。法学研究の作業に対して段取りが敷かれ、政法学会の活動が重視されたのである。一九五二年、時の政務院副総理であった董必武は法学教育と法学研究会に向けてそれぞれ講話を行い、次のように指摘している。

人民大学は政法幹部を養成し、政法の教学について探っていかなければならない。教育部は政法委員を手伝い、政法幹部を訓練し、建物を建て、必要な金を使う。今後教育部と政法委員は連携を取り合っていかなければならない。(7)

政法幹部学校に話が及んだ際、董必武は次のように語っている。

これらの幹部に必要なレベルはどういったものか？求められるのはマルクス・レーニン主義、毛沢東思想の国家観・法律観、国の法令政策を基本的に理解し、いかにこれを組織して実行していくかが分かっているレベルである。(8)

つまり、党と国は法学教育の仕事ならびに高等政法学校や地方政法幹部学校の教学と建設を極めて重視しており、特にこうした学校や幹部学校におけるマルクス主義法学の権威ならびに指導的地位を重んじたのである。また、理論武装ならびに教師と学生への教育にはマルクス主義法学を使うことが求められた。これが中国法理学革命実現のため、または中国法理学の発展のために重要な条件を作り出し、基本原理の普及と伝播において重要な決定的作用を発揮したのは言うまでもない。これもまた

一九五〇～六〇年代に卒業した学生のマルクス主義法理学の基礎が割としっかりしている主な原因である。法律が支配階級の意志であり、更にそれを国家意志へと昇華し、支配階級の物質的生活条件によって決定されるのだという理論に対し、誰もが疑問を抱かなかったのである。

8、法律と経済建設の重要な役割を重視

マルクス主義法学は唯物史観を基礎理論としている。それは、法律が支配階級の意志の国家意志への昇華という主観的属性の特徴を堅持するだけでなく、国家意志へと昇華する支配階級意志としての法律が、支配階級の物質的生活条件によって決定されるのだという客観的属性の根本的特徴をより重視しているのである。同時に、経済に対する法律の重要な役割も重視した。董必武は一九五四年三月、『人民日報』に書いた社説の中で、「国民経済が急速に発展してくると、我々の政法作業をより一層強化することが求められ」、「全体要求としては、人民民主制度を一層健全化させ、人民民主法制を健全に運用し、人民民主専政を強化し、これらを以て経済建設と各種社会主義改革事業が順調に進むよう保障する」と指摘している。[9] 一九五五年、党の全国代表大会の会議の席で董必武は再び、政法活動が経済建設に貢献するようさらに強調した。実際、これは不思議なことではなく、上部構造の重要な構成部分であるマルクス主義法学が経済のために貢献するのは必然であり、これもまたマルクス主義法理学の普遍的原理なのである。経済政策に対する法律の重要な役割をここまで重んじているからこそ、マルクス主義法理学が強固な基礎理論を築けるよう貫き、中華人民共和国成立初期において法理学革命を実現するための実践的根拠を提供することができたのである。

四、民主と法制建設における一連の成果によるマルクス主義法理学発展の促進

一九四九～一九七八年の民主法制における莫大な成果は、マルクス主義法理学の発展を促進したと言える。主に以下の点が見られる。

1、法制建設の莫大な成果

この問題に関して、董必武は下記のようにうまく総括している。

一九五四年九月に開かれた我が国における第一回全国人民代表大会第一回会議で、中華人民共和国憲法が制定された。この憲法は共同綱領の発展形であり、我が国の根本法である。（中略）ここから、社会主義の道を行くことは、誰もが知っている行動指針となった。

我が国の法制建設もここから新たな段階へと突入する。憲法に基づき、国家機関や国家制度に関する各項重要な法律・法令を新たに制定したのである。(10)

我が国の社会に発生した極めて大きな変化という生きた事例を見れば、中国共産党が指導する人民民主政権が最も効率的かつ強固であったことをはっきりと説明しているのである。中国の人民民主政権は世界で最も民主的な社会主義の類型に属す。(11)

我々が完全勝利を収めたのは（中略）人民民主法制の発揮する力が重要な要素の一つを占めていたことが容易に見て取れる。(12)

それと同時に、毛沢東は民法と刑法という二大基本法の起草作業の進捗状況を直接尋ねている。誰もが知る理由により、完成までの作業は一時停止となったものの、その後の制定のための有効な準備作業を行った。

2、目を見張る成果を上げた社会主義建設

社会主義工業体系の枠組みが基本的に完成し、人民の生活改善、科学の発展のための物質的基盤が築かれた。とりわけ軍事事業と国防強化のための準備が行われ、一九六〇年代における「両弾一星（訳注：両弾とは原子爆弾、ミサイル、一星とは人工衛星を指す）」という極めて大きな成功のための条件が作られたが、これもまた社会主義の祖国を守るための鍵となる役割を果たしたのである。こうしたすべての成果は、当然まず党と人民のおかげであるが、マルクス主義法学理論を貫いて法理学革命を実現させたことと無関係ではない。なぜなら、法理学の進歩と発展が物質的文明と精神的文明の発展を促し、国のために良好な社会環境を作り出したからである。特に一九五〇から六〇年代への移行期に、中国は三年におよぶ自然災害に見舞われた。しかし健全な法制ならびに社会の安定と安全が保たれていたことで、人民が困難を乗り切り、各種障害を克服することを有効に保証できたのである。特に国内外の敵による破壊活動を有効に粉砕したことで、抗米援朝戦争（訳注：日本で朝鮮戦争と呼ぶ）に勝利し、国民党による大陸反攻の様々な陰謀を撃破し、国境を侵犯したインドに反撃して勝利を収めたことである。こうした異なる領域での成果は、中国法理学の成長と発展を促した。

五、中国共産党第八回全国代表大会の科学的論断による中国法理学発展の牽引

一九五六年九月、「八大（中国共産党第八回全国代表大会）」が開催される。この大会は、中国社会に一連の重大な変化が発生したという背景の下、開かれたものである。当時、中国は最初の五ヵ年計画を予定より早く完成させており、社会主義工業体系の枠組みは出来上がっていた。同時に、生産資料私有制という社会主義改革も基本的に完了していた。こうした新たな情勢の下、大会はマルクス・レーニン主義、毛沢東思想を指導思想として中国共産党の路線、方針、政策を制定し、中国社会の発展に対して科学的論断を行った。

大会では、社会主義改革が基本的に終了すると、中国の階級関係と国内の主要な矛盾に変化が生じる点を正確に分析し、党の重点作業を社会主義建設へ移行すると確定した。大会では、社会主義改革が基本的に完了すると、国内の主要な矛盾はすでに労働者階級と資産階級の矛盾ではなくなり、先進的生産関係と後進的生産関係の矛盾なのだと明確に打ち出した。つまり社会主義生産関係は当時すでに構築されており、それと生産力の発展とは相応するものであった。同時にそれはまったく未完のものであり、そうした未完の部分が生産力の発展と矛盾したのである。国の主要な任務は、すでに生産力の解放から新たな生産関係下における生産力の発展と保護へと移行し、中国共産党全体が生産力発展へと全力を傾けていたのである。この判断は正しかったと歴史が証明している。しかし誰もが知る理由により、「八大」のこの正しい判断は、当時およびその後の一時期、実施されることはなかった。

「八大」が開催される前、党と国は多方面にわたってこのための準備をしてきた。一九五六年四月、毛沢東は中央政治局において「十大関係を論ず」と題した講話を行い、中国の国情にふさわしい社会主義建設の道を探るための重要な思想原則を提起することで、思想面と理論面から「八大」の開催に向けて準備を進めた。同年八月末、北京で再び「八大」予備会議が開かれる。会議の後、特に一九六〇年代、毛沢東は「四つの近代化」を掲げ、周恩来総理が全国人民代表大会において正式に提起した。こうした出来事は、党と国の歴史に重要な影響を及ぼし、その後の社会主義近代化建設のために理論的根拠を築いたのである。

中国共産党の「八大」が提起した科学的論断は、当時の中国法理学の発展にとって指導的役割を果たした。つ

まり、中国の法理学は社会主義実践と結びついていなければならず、それは中国民主・法制の経験を科学的に総括し、昇華させるだけでなく、更に社会主義建設の実践を以て中国法理学の発展を推し進めなければならない、としたのである。

六、中国の外交戦線大勝利によって構築された中国法理学発展への良好な国際環境

一九四九～一九七八年、中国の外交戦線は大勝利を収め、一気に友好国を増やした。社会主義陣営の国々からも認められただけでなく、第三世界の国々からも幅広く賞賛され、アメリカをはじめとする西側諸国までもが認めざるを得ないほどであった。一九五〇年代初頭、中国はインドと共に平和共存五原則を提唱し、アジア・アフリカの民族新興独立国から幅広く賛同されただけでなく、後にこれは国際法における重要原則となった。一九七〇年代初頭、毛沢東が「三つの世界区分」理論を提起すると、すぐに新興国から賛同が集まった。特に一九七一年一〇月、第二六回国連総会ではアルバニアなど二三ヵ国からの提案を審議して国連第二七五八号決議が採択され、国連における中華人民共和国の合法的地位が復活した上、安保理五大常任理事国の一つとなったのである。それに続いて一九七二年二月二一日にはアメリカのニクソン大統領が中国を訪問し、『中華人民共和国とアメリカ合衆国の共同コミュニケ』の中で、中国政府が要求した国交正常化三原則を受け入れている。(1)台湾と外交関係を断つこと。(2)台湾から米軍基地と施設を撤退させること。(3)アメリカと蔣介石政権とが結んだ条約を撤廃すること。続いて、日本が中国と外交関係を復活させ、日本の首相が中国を訪問して先の大戦への「深い反省」を示した。その後、中国はアメリカとも正式に外交関係を結んでいる。

要するに、一九四九～一九七八年には外交戦線において偉大な勝利が絶え間なくもたらされ、これは中国法理学発展のために良好な国際環境を作り上げ、国際交流強化と相互に法学教育を参考にする上で有利な条件をもたらしたのである。もちろん、ここでは中国の国情に応じた「西洋のものを中国に役立てる」原則を貫かなければならない。

一九四九～一九七八年と改革開放後の四〇年の歴史は一つの大きなまとまりであり、前者の社会主義建設における成果と社会主義への模索がなければ、後者の科学的総括および目を見張るような成果も上げられなかった。仮に一九四九～一九七八年における一世代上の無産階級

革命家と全国人民がマルクス主義法学理論を貫いて一連の法学人材を養成していなければ、我々が法理学の上で進歩と革新を行うことはありえなかった。したがって、我々が改革開放後の四〇年にわたる法治建設の繁栄を回顧する際は、先人たちが払ってきた極めて大きな努力を忘れてはならず、毛沢東、董必武、李達、謝覚哉など一世代上の無産階級革命家や法学界の先輩方が法理学のために尽くしてきた貢献を決して忘れてはならないのである。

第二節　法学教育

一九四九年の中華人民共和国成立は、中国の歴史における新紀元を切り開いたが、同時に中国法律教育の新紀元も切り開いた。マルクス主義の基本原理に基づき、革命を通じて人民政権を打ち立てるという前提と土台は、古い国家という装置を打ち砕き、反人民の古い法律制度を廃止することであった。そこで中華人民共和国成立前夜、毛沢東は一九四九年一月に時局声明を発表し、「偽憲法の廃止」と「偽法統の廃止」を公に訴えた。一九四九年二月、中国共産党中央は『国民党の六法全書廃止と解放区の司法原則確定に関する指示』を発布した。当時、解放区の華北人民政府主席であり、一世代上の無産階級革命家にして法学者の董必武は、『国民党の六法全書およびすべての反動的法律の廃止』という訓令に即刻署名して発布し、マルクス主義法学理論を解放区における法律および法学教育の指導思想に据えることを明確に定め、法律教育の革命の幕を開けた。中華人民共和国の成立に伴い、この世界を驚かせ、勢いに乗った法学教育革命は、極めて大きな影響を全国にもたらした。具体的には以下に現れる。

第一に、法学教育革命を含めた法律革命全体の重要文献、すなわち『国民党の六法全書廃止と解放区の司法原則確定に関する中国共産党中央の指示』を徹底的に貫き、実施することである。この文書は明確に、「六法全書」の階級的本質を指摘している。国民党の「六法全書」は、一般的な資産階級の法律と同じで、階級的本質を覆い隠す形で登場し（中略）国民党のすべての法律は、地主および代理人官僚資産階級による反動的統治を守るための道具であり、多くの群衆を抑圧して束縛するための武器に過ぎない。したがって、「六法全書」は、蔣管区と解放区のどちらにも適用できる法律では決してないのである。また、「人民による新たな法律を根拠とすべきであり、人民による新たな法律が系統的に発布される前の段階では、共産党政策および人民政府と人民解放軍がすでに発布した各種綱領、法律、条例、決議を根拠とすべきである。目下、人民の法律が未完という状況にあるため、司法機関の執務原則は、綱領、法律、命令、条例、決議による規定がある者はそれらの規定に従い、綱領、法律、命令、条例、決議のない場合は、新民主主義の政策に従うことである」とも指摘した。(13)

第二に、臨時憲法の役割を果した一九五〇年一〇月公布の『中国人民政治協商会議共同綱領』の第一七条において明確に、「国民党反動政府による人民を圧迫するすべての法律、法令、司法制度を廃止し、人民を保護する法律、法令を制定し、人民司法制度を確立する」と宣言したことである。つまり、(法学教育革命を含む)法律革命は法的根拠を持つこととなり、新中国におけるマルクス主義法学の指導的立場が合法化されたのである。

第三に、国民党法学教育指導思想である「六法全書」に系統的批判を加えることで、マルクス主義法学の法学教育における指導的役割ならびに権威的立場を固めた。こうした批判は一九五〇年から一九五七年の反右派闘争まで延々と続く。右派に反対する漫画には、「六法全書」を批判する場面が特に設けられている。厳密に言えば、国民党の「六法全書」は国民党が独自に書いたものではなく、日本がドイツを丸写ししてきたものである。早くは清朝末期、中国は日本から当時の「五法全書」を導入している。その後、国民党は法律実践の中で、それを「六法」へと増やしたのである。すなわち、憲法、行政法規、民法、刑法、民事訴訟法、刑事訴訟法である。さらに行政法規を商法に代えて転化させるなどの動きもあったが、現在台湾の法律体系は、引き続き「六法全書」の枠組みを残しているのである。(14) これは中華人民共和国成立初期の法学教育革命におけるクライマックスであった。「六法全書」を徹底的に批判すればこそ、法学教育の革命は実現でき、法学教育におけるマルクス主義の権威的立場と指導的役割を確定できるのである。これまで、我々が法学教育を語る際、この点に関する論述は不足していた。これからはこの時期の法学教育への評価を高めていかなければならない。

中華人民共和国成立初期の法学教育革命は、政治思想面と法律面において十分な準備を経た後、一九五二～一九五三年にかけてその具体的段階への歩みが始まったのである。一歩目は、学部・学科の調整、すなわち全国規模で高等教育機関の法学部・学科に対して根本的な調整を行い、法学教育を職業教育として国民教育の列に加えることである。二歩目は、学部・学科の大規模な合併を行うことである。一九五二年の時点で法学部を持つ総合大学は一一校に上った。そして、北京政法学院、西南政法学院、華東政法学院が新設され、法学の専門教師は四五〇名、法科在学生は三八三〇人と全国の大学生の二％前後を占めた。これが一九五三年に再び調整され、中南政法学院が新設される。これにより、総合大学で法学部があるのは四つのみ、すなわち、中国人民大学、武漢大学、東北人民大学（吉林大学の前身）、西北大学となった。筆者はこの学部・学科調整後に武漢大学法律学科に入学したのである。当時、武漢大学法律学科の教師は主に、一九五四年四月、教育部は全国政法教育会議を開催し、中山大学、湖南大学、江西大学、安徽大学出身であった。北京大学と復旦大学の法律学科復活を決めた。この時点で、全国の法学教師数は八〇二人に達し、在学生は八二四五人で、三七一人の法科大学院生を育てた。つまり、当時の法学教育は大体規模が整った。

一九五四～一九五八年にかけて、中国の法学教育は正しい軌道を歩み始めたというべきである。筆者はこの時期を自ら経験した者として、当時の法学教育における濃厚な雰囲気および学生たちの勉学に励む真面目な姿に感慨を覚える。教育部の規定に基づき、政法学校は政法幹部の育成を主とし、総合大学は法科人材の育成を主とした。教育部が制定したカリキュラム体系の要求は、ソ連の法学教育モデルを採用することであり、「講義を行う際は、法令のあるものは法令を、法令のないものは政策をそれぞれ根拠とし（中略）具体的な資料がなければ参考資料を用いる。すなわちマルクス・レーニン主義、毛沢東思想を指導原則とし、ソ連の法学教材および著述を講義の主要参考資料とするのである」と明文化規定が行われた。[15]同時に、中国人民大学法律学科がソ連の法学教育モデル導入基地となり、法学各学科の院生クラスが新たに作られ、一定量の法学教師が育成されて「作業母体」の機能を担った。中国人民大学が翻訳したソ連の法学教材も普遍的に採用された。当時使用された主な教材には、ブイシンスキーが総監修を務め、ソ連科学院法学所が共同で編纂した『マルクス・レーニン主義における国家と法権に関する理論』、『マルクス・レーニン主義における国家と法権に関する歴史』、『ソビエト国家法』、『ソビエト刑法』、『ソビエト民法原理』および当時周鯁生が編纂した『国際法』があったことを筆者は今でも覚えている。その後は多少の変化があったものの、大同小異と言える。例えば『マルクス・レーニン主義における国家と法権に関する理論』はその後、『国家と法に関する一般理論』に変わったなどである。教授法の面では、講義形式を主誌を創刊したことである。より重要なのは、政法機関内部において数十年におよぶ司法改革を行い、法院、検察院、公安機関に、新中国法学教育機関で育った法科学生を多数送り込んだことである。

人々をより奮い立たせたのは、人治と法治のような重要な法学課題における大討論が始まったことであった。中国法制建設の開拓者にして一世代上の無産階級革命家で法学者の董必武、謝覚哉などは、法治主張の提唱者である。例えば董必武は、新たな政権もしくは国ができた後、「新たな法律・規則制度に基づいて事に当たるよう要求する」と述べ[16]、「依拠すべき法をつくり、法があるからには必ずこれに依拠する」という有名な主張を繰り広げた。謝覚哉はより直接的に「我々に必要なのは資産階級法治ではなく、我々の法治だ」と述べた[17]。当時、法学教育で育成された法科学生は、積極的に法治を主張する戦力であり、一九五四年憲法の公布推進の役割を果たし、刑法と民法の起草に対して理論的礎を築き、その後の刑法登場と『民法通則』のお目見えに向けた思想的準備を行った。

一九四九～一九七八年の法学教育に対して正しい評価を下すのであれば、そのうち最も貴重なのは法学におけるマルクス主義法学観の権威的立場を維持し、中国共産党の法学教育における当時の最大の長所は、マルクス主義法学の基本原理を貫いた点であり、ブイシンスキーによる「左」の法思想の影響を受けながらも、全体的な方向性としてはそれを徹底したのである。つまり、一九五〇～一九六〇年代の法学教育はマルクス主義の法学教育であり、そこには毛沢東の重要法律思想や董必武の法学観点、例えば「人民民主専政を論ず」、「十大関係を論ず」などが含まれる。したがって、この時期に法学教育を受けた学部生と院生（数は少ないが）の場合、マルクス主義法学原理を徹底し、その法学観点を用いて法制建設を指導することが可能であった。彼らのうちの大部分は、国の民主・法制建設に貢献してきた。現在も健在な法学者の一部は、中国法学会から「全国傑出名誉法学者」の称号を受けている。したがって、我々が一九四九～一九七八年の法学教育に対して正しい評価を下すのであれば、その成果は莫大であったと言うべきである。最も根本的なのは、マルクス主義法学観と中国共産党の指導という大方向を貫き、社会の安定と長期統治の安寧および人権保障という極めて大きな成果を上げた点にある。学術的に見ても比較的大きな成果を上げたと言える。例えば、価値のある専門書を少なからず出版し、中国法学会のような学術団体を創設し、『法学』などの法学雑党の指導を法学教育の根本的保障とするよう堅持したことである。その後、浮き沈みはあり、回り道をするような時期もあったが、大事なのは成果である。この時期の法学教育は、当時の人民政権を強化して社会の公平・正義を守るだけでなく、特に人権の保障のために法科人材を提供し、中国民主法制の発展のために群衆の土台を築いた点にある。別の見方をすれば、一九四九～一九七八年における法学教育の成果がなければ、改革開放後四〇年におよぶ法治建設における栄光も不可能だったのである。

第三節　有名な法学者

一、董必武の法制思想とその貢献

董必武（一八八五～一九七五）は湖北省紅安人である。孫文が指導する同盟会に早くから加わり、辛亥革命にも参加し、闘争の中でマルクス・レーニン主義を受け入れた一世代上の無産階級革命家にして著名なマルクス主義法学者でもある。中華ソビエト共和国最高法院院長、中華人民共和国政務院副総理、政法委員会主任、中華人民共和国副主席、代理主席を歴任した。二回の海外留学歴を持ち、マルクス主義法学に造詣が深く、一九四五年の国連発足の際は中国代表として『国連憲章』に署名をしている。中国革命に対する彼の貢献は大きく、そのうち法学界、法律界、特に法理学改革においては極めて大きな功績を残したのである。以下に概括する。

1、董必武は国民党「六法全書」廃止における断固とした執行者

『国民党の六法全書廃止と解放区の司法原則確定に関する中国共産党中央の指示』が一九四九年二月に発布されると、時の華北人民政府主席であった董必武は即座にこれを実施に移し、『国民党の六法全書およびすべての反動的法律の廃止』訓令を発布し、明文化した。そして、国民党の法律は地主と代理人官僚資産階級の利益を守り、人民の反抗を抑えるものであると指摘した。また、人民の法律こそ人民の意志の現れであり、地主や代理人官僚資産階級の抵抗を鎮めてくれるもので、国民党の法律とは本質的に異なるのだとした。董必武は中華人民共和国成立以降、司法改革を指揮し、国民党「六法全書」を鋭く批判する中で主導的役割を果たした。とりわけ、法学界、法律界におけるマルクス主義法学の指導的役割と権威的立場維持を宣伝する上で鍵となる役割を果たしたのである。

い、マルクス主義哲学唯物主義を守り、毛沢東の要求に基づき、調査・研究の風を大いに興し、中国の実情から出発して中国の国情に立脚し、客観的規律を立法に反映させることである。董必武は一九五五～五六年に至るまでの、大中一四都市の高級人民法院が判決を下した一万九二〇〇件の刑事案件の中から、それぞれ罪名、刑の種類、量刑の幅などいくつかの面を二つの調査資料にまとめ、当時起草中であった刑法、刑事訴訟法など関連法律に対して参考となる客観的拠り所を提供するよう最高人民法院に求めた。様々な理由から刑法草案は期限通りに完成を見なかったものの、一九七九年刑法起草のための条件を作り出したのである。(2)「法があるからには必ずこれに依拠する」。董必武は、依拠すべき法をつくることが基礎であれば、法があるからには必ずこれに依拠することは鍵であると指摘した。彼は、指導者・幹部や司法に携わる者は「法があるからには必ずこれに依拠すること」を必ず実施するよう強調し、三ヵ条の原則を打ち出した。第一に、法律を明文規定したら必ず着実に実施すること。第二に、故意に法律に違反するような人は、地位が高かろうが功績があろうが、一律に法的責任を追及すること。第三に、法律が分かっていない人には、法の何たるかを教えるだけでなく、彼らが法を守るよう教

2、法制（法治）という言葉に対する科学的解説

董必武は、「人類が文明社会に突入して以降、文明と言った場合、法制もその一つに数えることができる。簡単に言えば、国に法制がなければ、国とはなり得ないのだ」と述べた[18]。実際のところ、「法制」という言葉は西洋法学の「法治」と同義である。しかし中国の「法制」と「法治」には一字分の差があり、ここには三〇年もの道のりを要したのである。中国では董必武が科学的解説を行った後、一つはこれを横断的に理解し、「法律と制度の総称」と称した。実際、董必武もその後の講話の中でこの点に触れており、則ちその名の示すとおりである。もう一つはこれを縦断的に理解もしくは法の運用から把握した。すなわち、法制とは立法、法の執行、司法、法の保護、遵法を含む一塊の統一体だとの解釈である。

3、法に基づく実施への科学的説明

董必武は、法に基づく実施は人民民主と法制における中心部分だと考えた。そこには二つの分けられない要素が含まれる。すなわち彼が繰り返し強調する「依拠すべき法をつくること」と「法があるからには必ずこれに依拠すること」である。董必武は以下のように考えた。(1)「依拠すべき法をつくること」は、法制の前提かつ土台である。依拠すべき法をつくるのは、科学的に立法を行

育しなければならないことである。董必武の「依拠すべき法をつくり、法があるからには必ずこれに依拠すること」に関する要求と原則に対し、鄧小平はそれを「有法可依、有法必依、執法必厳、違法必究（依拠すべき法をつくり、法があるからには必ずこれに依拠し、法を執行するからには必ず厳正を旨とし、法に違反したからには必ず追及する）」という一六字からなる社会主義法治方針へと発展させたのである。党の「一八大」ではこれをより完全な形で「科学立法、厳格執法、公正司法、全民守法（科学的な立法、厳格な法の執行、公正な司法、厳格な法の保護、全人民による法律の遵守）」および「法律の前の平等」という社会主義法治原則として表現した。

4、司法作業は経済建設のためであるべき

一九五五年、董必武は中国共産党全国代表大会において、司法作業と経済建設との関係について重要な発言を行った。彼はまず、法制は経済的土台の上にある上部構造における重要な部分である。それは経済的土台を定めると同時に、経済的土台に尽くすのだと指摘した。一九五四年一月〜九月、人民法院では経済建設に関する案件が一五・八万件余り審理され、経済建設発展を保障し、力強く後押しした。同時に彼は、「我々は具体的な司法建設の上で、かつて鉄道の上に一一の鉄道運輸専門法院を、二つの水上運輸専門法院を作り、最高人民法院にも鉄道・水上運輸審理法廷を作った。各省市法院の中にも一二二におよぶ経済建設保護法廷あるいは組を設立してきた」と述べた[19]。つまり、組織構成にしろ、具体的な司法裁判作業にしろ、我々は司法が経済建設のために尽くすよう重視すべきであるが、これだけでは足りず、各級法院の指導者が経済建設に対する認識を高め、それを自らの重要な任務および使命としなければならないのである。二〇一六年、全人代（全国人民代表大会）で第一三次五ヵ年計画の綱要が採択された。我々はこの計画がすでに法律となったことを明確にし、司法作業はこの五ヵ年計画が完成するよう保障、服務、促進をしていかなければならない。同時に、政府部門に法律室を設置し、司法作業が経済建設のために効率的に働けるようにしなければならない。

5、法制教育作業の重視と強化

董氏は中国共産党第二回全国宣伝作業会議の講話の中で、法制教育作業を繰り返し強調している。彼は次のように明確に述べている。

群衆の遵法意識を培うことがなぜ重要な問題なのか？労働人民たちは解放前、すべての反動的法律に対し、極度の恨みや不信任の気持ちを持っていたが、これは旧社会であれば理解できる。しかし労働人民はすでに政権を獲得したため、革命秩序を打ち立て、自らの革命意志に基づいて定められた法律秩序を遵守しなければならない。ただし、これはすぐにできるものではない。レーニンはかつて、「ここ数百年数千年と、国は人民を圧迫し、人民から略奪する装置であった。それが我々に残してくれた遺産は、国が行う一切の事務に対する群衆の極端な恨みと不信任の気持ちだ。こうした心理を克服するのは非常に難しい任務だが、この任務を唯一担えるのがソビエト政権なのだ。しかしながら、たとえソビエト政権であったとしても、長期間にわたる弛まぬ努力をしなければ、成し遂げることはできない」と言っている。レーニンのこの言葉は我々中国においても適用可能だと思われる。

彼は更に、次のように訴えた。

我々の人民民主専政政権は、法を信じず、法を守らない人民を、法を信じて法を守る人民へと変えさせるのだ。これは少々難しい任務ではあるが、必ず成し遂げなければならない。[20]

実際、ここ数十年、とりわけ改革開放四〇年の間に、我々はすでに法律普及教育五ヵ年計画を六度も実施し、法制教育の上で一定の成果を収めた。ただし、「権利本位」の問題など、一定の問題も存在している。つまり、一部の人間が権利を語る時は、往々にして自らの義務を軽んじているのである。したがって、法制教育では権利と義務の一致性を強調しなければならない。

要するに董必武は、一世代上の無産階級革命家で、中国革命と建設に一生を捧げただけでなく、同時に偉大なマルクス主義法学者であり、中国の法制教育、とりわけ法治建設に傑出した貢献をしてきたのである。全面的な法に基づく国家統治を行う過程において、我々は彼の革命にかけた一生、法治にかけた一生に思いを馳せなければならない。

二、李達の法理思想

李達（一八九〇〜一九六六）は、字を永錫、号を鶴鳴と言う。日本へ二度渡り、東京大学で学んだ。ロシア十月革命の影響を受け、独学でマルクス主義哲学を学ぶ。マルクスもレーニンも法学出身であったため、彼らの著作、特に早期の著作の大多数は法学に言及するものであった。

例えばマルクスの『ヘーゲル法哲学批判』、『木材窃盗取締法に関する討論』、レーニンの『国家と革命』および社会主義法制建設に関する理論は李達を魅了し、マルクス主義法学者になる道を選ばせたのである。早くは一九二八年、李達は日本の学者である穂積重遠の著作『法理学大綱』を訳して商務印書館から出版し、一九三一年には上海編訳社から再版している。李達はこの本の中で、マルクス主義法学を武器とし、西側資産階級における法学派閥を真剣に分析して批判している。すなわち、西側法学流派に共通する哲学的基盤ならびに非歴史主義という誤った観点を分析しただけでなく、彼らが封建専制に反対してきた役割を肯定した上で、資本主義国家が帝国主義段階へと移行した後、その反動性、虚偽性、欺瞞性が日に日に露わとなり、帝国主義の道具となったのだと考えたのである。一九四七年、法学者の李祖蔭の招きに応じ、李達は再び湖南大学に戻って教鞭を取り、法学部の専任教師となって「西洋法理学」を主に講義した。李達は系統的な講義録を記し、三年後には湖南大学学長へと昇格し、その後、武漢大学学長に異動となる。武漢大学教授であった韓徳培、張泉林（ちょうせんりん）などが李達の講義録を整理し、一九八三年に正式出版となった。この『法理学大綱』は中華人民共和国成立以降、マルクス主義法学理論を用いて法理学を系統的に説明した最初の教科書である。これは中華人民共和国成立初期においてマルクス主義法学を貫くために極めて重要な役割を担っただけでなく、改革開放以来の法に基づく国家統治の基本方針推進に対しても極めて重要な土台的役割を担ったのである。

李達は中華人民共和国成立以降、『中国人民政治協商会議共同綱領』の起草作業に積極的に加わると同時に、政務院法制委員会ならびに文化教育委員会の副主任委員も歴任し、中華人民共和国成立初期の立法および教育に重要な役割を果たした。特に、一九五四年憲法公布以降、李達は一連の論証、解析、宣伝作業を行った。彼が執筆を依頼された『憲法を語る』という文章、そして監修した『中華人民共和国憲法講話』という本の影響力は大きく、憲法の知識の宣伝と普及、特に全国人民に憲法の理念を植え付けるよう推進し、人々が憲法を行動指針とし、憲法の尊厳を守るよう指導する上で大きな役割を果たしたのである。彼は明確に、憲法は経済的土台の上に建つ上部構造であり、社会主義経済の土台を守って発展させ、国の長期的安定を維持するためにも重要な推進的役割を果たす国の根本的大法なのであると指摘した。

李達は武漢大学学長として真理を貫き、同大校訓である「自強、弘毅、求是、拓新」を守り、学生は国に忠実で、人民に忠実で、真理に忠実であるよう教育した。したがって、彼が「四人組」に捕まって迫害死した後、胡喬木（こきょうぼく）は特別な哀悼を捧げ、「堅持真理、不屈不撓。身体力行、万世師表（真理を貫き、不撓不屈の精神で、自ら率先して努力し、万世の模範となった）」という四句を送り、李達の一生を概括した。李達は新中国の著名な哲学者であり、同時に著名な法理学者でもある。彼は、法の基礎理論にマルクス主義の論述を加えただけでなく、部門法の基礎理論にも貢献したのである。具体的には以下の通りである。

1、マルクス主義法学を応用して法理学を研究した第一人者

李達は確固としたマルクス主義者であり、中国においてマルクス主義法学を応用して法理学を研究した先駆者であり創始者である。彼の執筆した『法理学大綱』は、法学と世界観との緊密な関係を科学的に論述し、法理学の研究対象、任務、範囲について細かく掲示し、法理学の研究方法を指摘した。こうして法理学は、本物の科学となり、法学における最も基礎的な一般理論となってマルクス主義法学を充実させたのである。これは法学史上の偉大な革命でもあった。彼はまず「法理学の研究対象とは何か」という最も基本的な問題に答えている。彼の説明によれば、それは法律発展の法則である。これは紛れもなく正しい。中国法理学が発展するにつれ、李達の研究を基盤とし、法理学の研究対象は「法と法律現象およびその発展の法則である」と認定された。つまり、法理学は法律発展の法則を研究するだけでなく、法律自身と各種法律現象も研究しなければならないのである。こうした法律現象には主に、法律規範、法律関係、法律行為、法律責任、立法、法の執行、法の保護、法の遵守などが含まれる。

法理学の任務に関して、李達は次のように指摘している。

まずは世界の法律発展における普遍的原理を解明し、法律の発展と世界の発展との関係を認識し、特定の歴史段階における法律と社会の関係を認識しなければならない。次に、その普遍的原理を応用して中国の法律と中国社会の特殊な関係を認識し、中国社会の発展という特殊路線の立場から、相互適応でき、その発展を促進できる法律理論を展開し、法律改良の上で法律の指導を充実させていかなければならない。[21]

この部分の記述は少々曖昧であるが、現代の言葉を用

いて言えば、法律を研究するには、中国の実情と結びつけ、法律を改革し、中華民族の偉大な復興実現のため、人民の美しい明日のため、偉大な社会主義法治国家を建設するために弛まぬ努力をしなければならないということである。

李達の法理学に対する極めて大きな貢献は、法学に対して弁証法的分析を行い、法律と国家、法律の本質と現象、法律の形式と内容という法学の三大基本範疇の相互関係を明らかにしたことである。(1)法律と国家の関係。李達は、法律と国家は切れない関係にあり、国家を離れれば法律は存在できないとし、「法律制度と国家形態は、表裏一体である。国家は法律の形体であり、法律は国家の魂である」と考えた。また、「国家があるならば法律が必要で、法律があるならば国家が必要である。歴史上、国家のない法律は存在せず、法律のない国家も存在しない」と述べた。[22] (2)法律の本質と現象の関係。彼は「法律現象とは、すなわち法律関係の表現形態である」と指摘した。[23] 法の本質については、「すなわち法律現象の各種形態が潜む根本的関係である」とし、「法律の本質とは、法律に集約された内容であり、一定形式の中に含まれ、（現象として）表現される」ものであるとした。[24] (3)「形式は内容によって生まれ、内容によって規定され」、「内容は形式を通じて発展する」[25]、したがって形式は内容に対し、受動性だけでなく能動性も有している。李達が法律に対して行った三点の科学的分析による貢献は、現実的な指導的意義を備えている。

2、マルクス主義を応用して憲法基礎理論を研究

一九五四年、中国は最初の憲法を公布するが、これは中国法制史において記念碑的意義を持つ重要な出来事であった。李達はすぐに『憲法を語る』と題した文章を発表し、憲法は象徴的意義を備えた法律文献であり、支配階級の意志の集中的な表れである。我が国においては、党の主張および人民の意志の統一でもあり、同時に党が人民を率いて社会主義国家を建設する綱領的文書であり、中国の歴史上における偉大な快挙であると明確に指摘した。まさに毛沢東主席が述べたように、憲法は国家統治と国の安定における総章程なのである。同時に李達は、憲法は経済的土台の上に建つ上部構造であり、経済的土台のために尽くすものだと明確に指摘した。李達は『中華人民共和国憲法講話』で、憲法は最高の法的効力を備え、極めて大きな権威を有する法律体系の中の母法であり、国の立法の土台である。それは最高の法的地位を備え、国の一切の法律・法規はそれに抵触してはならず、さもなければ効力を失うと明確に指摘した。同時に、憲

法の制定と改正には厳格な手続が必要で、全国人民代表大会で三分の二以上の賛成もしくは全国人民代表大会常務委員会で三分の二以上の賛成を得て初めて改正できるとした。李達は憲法が全国人民の行為基準であり、人々には法の執行、法の宣伝、憲法保護の責任があると繰り返し強調した。

李達はマルクス主義法学を応用して社会学を論証した第一人者でもあるが、紙面の関係上、ここでの紹介は省略する。

三、楊秀峰の法思想

楊秀峰（一八九七～一九八三）は元の名を碧峰、字を秀林と言い、河北省灤州人である。若い頃フランスに留学し、パリ大学を卒業した。一九三〇年、楊秀峰はフランスで中国共産党に入党し、長期にわたって教育界、文化界に尽くしてきた。河北商学院、北京高等師範学校、東北大学で教鞭を取り、「赤い（訳注：共産主義思想を持っている）教授」の栄誉を受ける。中華人民共和国成立以降、華北人民政府主席、国家教育部部長、全国政治協商会議副主席ならびに中国法学会会長を歴任した。その主な法律思想と法制実践は以下の通りである。

1、法学教育の重視

楊秀峰は国家教育部部長を務めた期間中、マルクス主義法学教育に関心を寄せていた。一九五二年、楊秀峰は高等教育部副部長・党組織書記として「全国政法教育会議」を開き、北京大、武漢大、復旦大、東北人民大（吉林大の前身）の法律学科を復活させ、法科教育を強化し、全国の法学教師を八〇二人まで増やし、全部で三七一人の法学院生を育成した。同時に、「カリキュラムの講義にあたっては、法令のあるものは法令を、ないものは政策を根拠とする」よう教育部の文書で明文化規定し、法学教育はマルクス主義と毛沢東思想を指導原則とするよう求めた。[26]

2、中国法学会の作業を主導し、中国法学を未熟から繁栄へ

一九八一年、楊秀峰は中国法学会準備委員会主任となり、その復活および立て直し作業を率いた。一九八二年、中国法学会が正式に成立すると、その初代会長に就任する。同年一二月、中国法学会は「新憲法の学習・宣伝座談会」を開き、楊秀峰が「我が国社会主義法制建設における新段階」と題するテーマ講演を行い、中国法学会が憲法を深く学んで宣伝するよう手配して憲法研究ブームの道を開いた。一九八三年、「マルクス逝去百周年記念大会」に出席した際は、中国法学会の会員にマルクス主

『河北日報』の人民調停作業に関する報道と社説を批判しただけでなく、工・鉱業企業にも人民調停組織を作るよう国務院に提案した。こうして人民調停作業はそれなりの形となり、西側の訪中代表団が重点的に参観・見学する場となったのである。同時に彼は、第七回全国司法作業会議において、「群衆に寄り添って調査研究し、その場で解決する調停を主とする」とした民事裁判作業の方針を正式に打ち出した。しかし、間もなく楊秀峰は造反派の迫害に遭う。

5、立法作業への積極的参与

一九七八年、楊秀峰は全人代常務委員会委員に選出され、全人代法制委員会副主任に任命され、憲法、刑法、刑事訴訟法、婚姻法、弁護士暫定条例の起草作業に参加した。彼は積極的に発言し、多くの価値ある観点を提起した。彼は「社会主義法制強化におけるいくつかの問題を語る」と題した発言の中で、次のように語っている。

一つ目に、立法は法を守らなければならない。二つ目に、立法はマルクス・レーニン主義、毛沢東思想を指導思想とし、憲法を根拠とし、経験の総括を土台とし、中国の実情と結びつけて繰り返し論証しなければならない。三つ目に、司法機関における幹部の力を強

義法学を貫き、中国法学を繁栄させるよう呼びかけた。

同年五月、彼は国務院学位委員会ならびに北京市人民政府が人民大会堂で開いた「博士・修士学位授与大会」に出席している。同年八月、中国法学会を訪ねて事務員を慰労し、法学会事務員と法学者は政治的に中央と立場を一致させ、その研究作業は真実を追究し、実情目線、群衆目線で行うよう求めた。学会が発行する刊行物も、実情を鑑み、大衆の観点から、人民の利益を重んじなければならないとした。

3、一九八二年憲法の起草作業への積極的参与

楊秀峰は憲法改正委員会のメンバーとして、憲法に関する国内外の文献を真面目に読み込み、積極的に提案を行った。一九八二年憲法は一九五四年憲法の継承と発展であり、同時に改革開放の綱領的文書でもある。その後、彼は中国法学会の法学者たちを率い、努力して学びながらその宣伝に努め、一九八二年憲法を国家統治と国の安定における総章程かつ新たな道のりにおける中国人民の根本的大法とさせたのである。

4、最高人民法院の活動の主導および弛まぬ革新と発展

一九六五年、楊秀峰は最高人民法院院長の座に就いた。「文化大革命」期間中、彼は積極的に人民調停作業を行い、

め、政法人材を育成しなければならない。四つ目に、なるべく早く弁護士制度の法律を制定し、弁護士チームを作らなければならない[27]。

同時に彼は、『中外合資経営企業法』、『全国人民代表大会および地方各級人民代表大会選挙法』、『中華人民共和国環境保護法（試行）』の起草作業にも真面目に参加している。特に彼は、広東と福建両省における経済特区設置の決定に積極的に加わり、『広東省経済特区条例』の説明などを直接行った。

楊秀峰は一世代上の無産階級革命家にして教育家であり、中国の著名な法学者である。彼の一生は革命の一生であり、彼が生涯をかけた仕事は不朽の事業であった。彼は中国法学会の初代会長を務めており、その中国法学への貢献は開拓的なものである。

四、彭真の法理思想

彭真（一九〇二～一九九七）は山西省曲沃人である。中国の一世代上の無産階級革命家であり、長きにわたって新中国政法作業を指導し、中国人民代表大会常務委員会委員長を務めたこともある。その主な法理学思想と立法思想は以下の通りである。

1、社会主義法律の本質を示す

彭真は次のように明確に訴えた。

我々の法律は、党と国の方針・政策の定型化である。法律は党が指導して制定されるが、全国人民代表大会もしくは全人代常務委員会の審議で採択されなければならない。法律が一旦批准・公布されれば、すべての公民はこれに従わなければならない。党員が法律に服従することは、党の指導に従うことであり、全国人民に従うことである。党は人民を率いて法律を制定し、同時に人民が法律を遵守するよう指導するのだ[28]。

この言葉は、社会主義法律の本質を深く示したもので、奥深い理論的価値がある。

2、国の管理は法治に頼るべきとする

彭真は「中央政治局拡大会議における発言」の中で、次のように語った。

国を管理するには、人治に頼るか法制に頼るか？もちろん法制に頼るべきだ。憲法がそう規定しており、党章もまたそう規定している。これは建国以来数十年におよぶ正負両面の経験と教訓をまとめて得られた結論なのだ。党の内外、幹部も庶民も、人々はみな法を守り、法に基づいて事を運ばなければならない。これは国家を長らく安定させ、各種リスクに多少は耐えうるための根本的保証なのだ。一一億人の大国に法制がなければ、「坊主が傘を差すと、髪（訳注：中国語では「髪」と「法」は発音が同じである）も天も見えなくなる（訳注：法と道徳を無視して悪事の限りを行うという意味）」であり、誰もがそうであれば、天下は乱れてとんでもないことになる。それでいいわけがない。(29)

3、「公民は法律の前にみな平等」を堅持

彭真は「公民は法律の前にみな平等」と題した文章の中で、次のように指摘している。

共産党員の義務の一つは、模範的に国の法律を遵守することだ。国法に違反することは、党紀に違反することで、党の利益を損ねる。したがって中国共産党では、国法に違反して刑事処分となった共産党員は、党から除籍すると明確に規定している。共産党員は憲法や法律を遵守する点において、いかなる例外も特例も許されない。仮に特例があるとすれば、それは彼らが自らの身を以て遵法の模範となり、大衆を団結させて憲法や各種法律の実施のために闘争しなければならない点である。(30)

4、法院は独立裁判を守り抜き、法律にのみ服従

彭真は次のように指摘した。

法院は独立裁判制を実施し、検察機関は垂直指導制を実施する（中略）我々は共産党が指導する国家であり、党の指導を貫かなければならない。党が指導して我々に法律を制定させ、法律の執行を徹底させるが、党の指導は独立裁判に影響しない」、「党の指導を貫き、人民大衆に寄り添い、大衆路線を歩み、人々の監督を受けなければならない。(31)

5、人民代表大会制度の堅持

彭真は全人代常務委員会の仕事について語った時、「人民は彼らが選出した代表からなる全国人民代表大会と地方各級人民代表大会を組織し、国を管理する権力を行使する。人民代表大会制度は、我が国の根本的政治制度である。全人代は国の最高権力機関、全人代常務委員会はその常設機関、国務院はその執行機関であって国の最高行政機関であり、地方各級政府の活動をまとめて指導す

る」、「各級人民代表大会は国家権力機関であり、民主的選挙によって生まれ、人民への責任を果たし、人民からの監督を受ける」、「一言で言えば、すなわち人民は彼らの代表を通じて国家事務の管理、経済・文化事業の管理、社会事務の管理の権力を行使するものだ」と述べた[32]。

6、国家立法作業への長期的参与

彭真はマルクス主義法学理論ならびに中国の特色ある社会主義法治理論を運用し、国の各種立法作業、例えば憲法草案、憲法改正草案、刑法、刑事訴訟法、契約法などの議論、改正、批准に積極的に携わり、中国の特色ある社会主義法律体系形成のために多くの活動をしてきた。特に法理の角度から、少なからぬ問題を解決している。例えば、民法草案に関する議論の際、民法は私法の代表であり、万法の母であるなどといったおかしな意見が出された。彭真はこれに対し、「要するに、我が国の実情から出発し、社会主義法制の原則に基づいて我が国の民法を制定しなければ、筋が通らない。仮に民法の母は何かという話になれば、法律体系自身から言えば憲法であるが、元をたどれば、中国の実情こそが母親であり、九六〇万平方キロメートルにいる一〇億人の人民こそが母親なのだ」とする正確な回答を行った[33]。つまり、現代文明においては、ほとんどの国が憲法こそ母法であり、民法は憲法の規定に基づいて制定しなければならないと考えるのである。

7、弁護制度の堅持

彭真は次のように語っている。

ある法院の同志が、弁護制を実施するのは厄介だと考えたが、この思想は間違っている。全国で発生した誤審の数からも分かるように、我々の過去の裁判作業のレベルは高くなく、弁護制度を実施することで冤罪回避に有利となる。

死刑再確認制の主な目的は慎重を期すためだ。死んだ者は生き返らない。だから結審の後、被告人が控訴しなくても再確認作業を行い、冤罪の発生を防がなければならない[34]。

五、沈鈞儒の法思想

沈鈞儒（一八七五～一九六三）は、字を秉甫、号を衡山と言い、浙江省嘉興人である。進士の出身で、中国民主同盟二代目の主席、中華人民共和国最高人民法院初代院長を務めた。若い時、日本（法政大学）へ留学して法科を専攻している。一九一二年に同盟会に加入し、民国初年には浙江省教育庁庁長を務め、袁世凱の皇帝即位に反対した。孫文護法軍政府では総検察長を務めている。一九二四年の国民党改組後は「三大政策」を擁護し、中華人民共和国成立以降は、全国人民代表大会副委員長などの職を務めた。周恩来は沈鈞儒に対し、「沈さんは民主左派の旗振り役で、民主主義と社会主義のために奮闘し、一生を捧げた」と高く評価している。[35]

1、真理を貫き、愛国の立場を貫き、抗日闘争を貫いた

一九三六年、国民党政府は「存在しない」罪名を以て、沈鈞儒と愛国者ら七名を逮捕し、投獄した。沈鈞儒は答弁書の中で、十分な理由と力強い言葉で「被告らの愛国行為を誹謗し、救亡の呼びかけを三民主義に違反する主義の宣伝と言う。これは明らかに言いがかりで、事実と異なること甚だしい。法律の尊厳を打ち壊し、歴史の功罪を妄断しているのだ」と指摘した。[36]これが歴史上有名な「七君子事件」である。

2、「抗戦救国総会」を組織

一九三七年に抗戦が勃発すると、沈鈞儒は各党派と共に「抗戦救国総会」を組織して主席に就任し、同時に『全民抗戦』という三日おきの刊行物を創刊する。同年一〇月、沈鈞儒率いる救国会は、中国共産党による指導を受け入れる。抗戦の中で彼は多くの青年を紹介し、解放区へと向かう支援を行った。

3、「抗日、民主、団結の三者は不可分」との主張を提起

沈鈞儒は「団結して抗戦を支持し、民主を以て団結を固めることは、目下救国の道のりである」との観点を貫き、当時の人々に比較的大きな影響を及ぼした。

4、「土地改革」を擁護

一九四七年、中国は解放区にて「土地改革」を実施するが、沈鈞儒は断固としてこれを擁護し、民主革命には反動派の経済基盤を取り除き、封建土地制度を徹底的に壊して消滅させ、「耕す者、その田あり」の革命主張を実現させなければならないと考えた。

5、マルクス主義法学理論に基づいて事を運ぶよう徹底

沈鈞儒は中華人民共和国成立以降、最高人民法院の初代院長を歴任中、『国民党の六法全書廃止と解放区の司法原則確定に関する中国共産党中央の指示』の実施を徹底的に貫き、法院を積極的に動員して「国民党六法全書」を系統的に批判し、マルクス主義法学理論ならびに党の政策に基づくよう徹底した。すなわち綱領、法律、法令がある場合はそれに基づいて事を運び、ない場合はマル

クス主義法学理論と党の政策に基づいて処理するとした。そして、司法関係者を大量に動員して国民党「六法全書」における反動性と虚偽性を批判し、マルクス主義法学理論を学ばせた。

6、中国共産党の指導を徹底擁護

一九四九年元旦、毛主席は「時局に関する説明」および平和的談判の「八つの条件」を発表する。沈鈞儒は徹底擁護の姿勢を表明し、これは中国人民の偉大な勝利、中華民族の偉大な快挙であると考え、民主同盟を代表して発言した。間もなく彼は、民盟代表として中国人民政治協商会議に出席し、『中国人民政治協商会議共同綱領』の起草作業に積極的に参加する。そして、会議の席上、中国共産党の指導と共同綱領を断固として守り抜く決意を表明した。

六、謝覚哉の法理思想

謝覚哉（一八八四～一九七一）は当代中国の政治家にして法学者である。湖南省寧郷人であり、若い時に革命に参加し、中華人民共和国成立以降は、内務部長、最高人民法院院長を歴任した。その法理学思想は主に以下の通りである。

1、国民党「六法全書」の断固廃止と、人民民主法制指導原則としてのマルクス主義法学理論の徹底

中華人民共和国成立前夜、中国共産党は『国民党の六法全書廃止と解放区の司法原則確定に関する中国共産党中央の指示』を公布する。当時、華北人民政府の司法部長であった謝覚哉は董必武を補佐し、華北でまず中央からの指示を徹底し、国民党「六法全書」を徹底的に廃止した。同時に、マルクス主義法学の実施を人民法制の指導原則とするよう徹底し、良好な牽引効果と模範的役割を果たした。

2、法治の主張

一九五〇年代、当時国の内務部長や最高人民法院院長を務めた謝覚哉は、「我々に必要なのは資産階級法治ではなく、我々の法治だ」と公に提起した。[37] そして引き続き、『人民法院活動報告』の中で、「人民の意志の中に残された旧社会における時代遅れで汚れたすべての影響を取り除き、新民主主義の法治観念と道徳観念を以てそれに代える」と述べている。[38] 一九五〇年代当時、一世代上の無産階級革命家の一人である謝覚哉が、「我々に必要なのは我々の法治だ」と正式に声を上げたことは、何と貴重なことであろう。

3、「法に則って事を運ぶ」を常に徹底

謝覚哉は「法制がなければ、民主など語れない」と明

確に指摘している。早くは一九四〇～五〇年代、謝覚哉は司法戦線で戦う幹部指導者として、民主と法制の関係を公に論述し、両者が切っても切れない関係にあると強調した。これもまた極めて進歩的かつ科学的な法理思想である。

4、法学教育の重視

一九五〇～六〇年代の内務部長もしくは最高人民法院院長として、彼は法学教育作業を極めて重視し、司法機関の幹部に高い素養を求め、「大学法学教育」の発展に力を注いだ。一九五三年に学部・学科調整が行われると、すぐに大学法学教育を復活させて強化し、四つの政法学院を作った以外に、北京大学、武漢大学、復旦大学、吉林大学の法学部・学科を復活させた。

5、法治問題に対する際の不良傾向および深刻な後遺症への明確な指摘

謝覚哉は当時、西北地区の政法活動を担当していた馬錫五と共同で指示を与えている。すなわち、法治精神が欠けていれば、好き勝手に捕まえ、取り締まり、殴打し、殺すこととなり、仇討ちや報復殺人現象も引き起こす。これらはかつて発生し、展開された事実である。したがって、社会の秩序をただし、特に各種違法現象の発生を防止しなければならない。国家政法活動の指導者の一人として、法治に違反するこうした犯罪行為に注目して防止に努める姿は、一九四九年前後においては、重視・表彰・宣伝に値する行為である。

七、韓徳培の法理思想

韓徳培（一九一一～二〇〇九）は江蘇省如皋県人で、中国の著名な国際法学者にして法学教育家である。若い時は浙江大学で学び、その後中央大学（訳注：現南京大学の前身）法律学科に編入となった。卒業後はカナダに留学し、アメリカのハーバード大学に招かれ研究職に就いた。一九四五年、董必武が国連準備委員会に出席した際、韓徳培は董必武と手紙でのやりとりをしている。帰国後、韓徳培は武漢大学校務委員会副事務長、法学部の学部長兼法律学科の学科長を務める。その主な学術的貢献は国際法で、とりわけ国際私法である。同時に彼は、法理学にも大きく貢献した。

1、法治の主張

韓徳培は中国法治建設のために生涯を捧げ、「我々に必要な法治」という文章を特に執筆している。彼はまず、法治には二つの表現形式があることを指摘する。一つは形式的法治、一つは実質的法治である。「我々に必要な法治」は一九四六年一一月に書かれ、『観察』第一巻第

一〇期に掲載されていたものである。彼は、次のように書いている。

法治には民主政治がより必要となる。なぜなら民主政治がなければ法治は空っぽとなり、人々の利益も保障できなくなるからだ。我々が今日必要な法治は、形式上「天下の動きを斉える」だけでなく、実質的にも、とりわけ政府の官吏が人民の正当な利益を尊重するようにしなければならず、これを気ままに侵害してはならず、「その手を高下し、与奪心に由る」ようにしてはならない。(39)

2、パウンドの社会学的法学派観点を批判

パウンドは一九四〇年代以降、西洋法学において影響力の強い法学者である。彼はハーバード大学法学部で二〇年も学部長を務め、その社会学的法学派の観点は西側法理学界のほぼすべてを支配下に置いていた。韓徳培はハーバード大学で研究をしていた際、パウンドの主要な法理学観点を批判する文章を書いている。彼は、権利は平等に見るべきで、同時に権利と義務の一致性を重視すべきだと考え、権利のみを語って義務を語らないのはおかしいとした。

3、ケルゼン（Hans Kelsen）の純粋法学を否定

ケルゼンは分析法学派の第二世代として、根本規範は最高性を備えていると考えた。韓徳培は、法の根本規範はケルゼンの虚構であって唯心的かつ主観的なものであり、実践と結びつけない法律規範に価値はないと考えた。

4、人権の理論構築と制度建設を重視

韓徳培と李龍が共同で監修した『人権の理論と実践』という大型学術専門書は、かつて高評価を受けて「経典」と評され、一九九八年当時の国家教育委員会から人文社会科学研究成果一等賞に評された。(40) この本は、例えば徐顕明、公丕祥教授など多くの著名な人権理論研究者を集めて共同執筆したものである。

5、教育重視と法学教育の格別な重視

韓徳培はかつて武漢大学教務長を歴任し、一九五四年には中南地区高等教育機関学生応募担当室主任を兼任する。彼は常に教育を重視し、学生に応じてやり方を変えるよう強調してきた。とりわけ法学教育への研鑽は深く、「法学における『争鳴』のために条件を作ろう」、「法学に更なる繁栄を」、「必要な条件の創造と法学研究活動の強化」、「我々の戦略は、教育と法制の同時進行であるべき」などの論文を発表し、自ら武漢大学に当時アジア初の国際法研究所を創設している。

6、「法的手段を運用した経済管理」の提唱

早くは一九八五年、韓徳培は「法的手段を運用した経済管理」という有名な論文を発表している。彼はまず、経済を管理する重要な手段は、すなわち行政、経済、法律の三手段であると指摘した。続いて、法的手段に対して科学的解説を行った。彼は「いわゆる法的手段とは、法律の規定と執行を利用し、国家の各種経済関係と経済活動の方式、やり方、道のりを調整することだ」と述べた。また、「法的手段は規範性、連続性、安定性および強制性の面で、行政手段に比べてより強いのだ」とも述べている。[41] この観点は当時としては先駆的意義を持つ。彼は、法的手段で経済を管理することの大きな役割を、理論の上で提起して論証しただけでなく、実践の中でも同様に行い、国のために少なからぬ契約をめぐる紛糾を解決してきた。かつて国務院から法律顧問に招聘されたこともあり、これにより国務院からの表彰ならびに湖北省特別賞を受賞している。

7、武漢大学法学部の発展に多大なる貢献

武漢大学は元々中国法学部の重点大学である。現在は教育部、財政部、国家発展改革委員会が承認する「ダブル一流」大学であり、その法学部もまた、法学「ダブル一流」建設学科五大学のうちの一つとなっている。韓徳培は武漢大学国際法ならびに環境法という二つの研究所を創設し、それを中国の重点学科ならびに研究基地へと押し上げ、国際法専攻を率いて国家級教学優秀成果一等賞を二度も獲得している。二〇一五年、武漢大学国際法研究所は中央政府から第一期国家先端シンクタンク建設モデルユニットとして批准され、全国法学界において模範的役割を果たしている。

中華人民共和国成立初期ならびに社会主義革命建設期には、確かに少なからぬ法学者たちが人民民主法制建設の中で多大な役割を果たしてきた。本節で紹介した法学者は、法理学面での著名な学者のみを指しており、他の面で活躍した法学者も少なくない。例えば、国際法学者では周鯁生、陳体強、李浩培(りこうばい)、倪征燠、法理学の面では他にも張友漁(ちょうゆうぎょ)、潘念之(はんねんし)、史良(しりょう)、陳守一(ちんしゅいつ)などがいる。まさにこれらの法学者が、全面的な法に基づく国家統治のために大量の基礎的作業を行ってくれ、外交上でも一連の成功、例えば平和共存五原則の確立や中華人民共和国の国連における合法的地位の回復などを成し遂げてくれたのである。同時に、一九五〇年代は、中国において法理学関連ですでに亡くなった者だけを見ても、沈宗霊(しんそうれい)、孫(そん)国華(こくか)、盧雲(ろうん)、張浩(ちょうこう)、張泉林など少なからぬ法学者を育てたのである。

[注]

（1）新華社『関於廃除偽法統』答読者問（偽法統廃止に関する読者への回答）」『人民日報』一九四九年二月一六日、第一版。

（2）『毛沢東選集』（第四巻）、人民出版社、一九九一年、一四六九～一四七一頁。

（3）『毛沢東選集』（第四巻）、人民出版社、一九九一年、一四七一頁。

（4）『毛沢東選集』（第四巻）、人民出版社、一九九一年、一四八〇頁。

（5）『毛沢東文集』（第六巻）、人民出版社、一九九九年、三二八頁。

（6）『董必武政治法律文集』、法律出版社、一九八六年、四八七～四八八頁。

（7）『董必武政治法律文集』、法律出版社、一九八六年、一五九頁。

（8）『董必武政治法律文集』、法律出版社、一九八六年、一六二頁。

（9）『董必武政治法律文集』、法律出版社、一九八六年、三〇七頁。

（10）『董必武政治法律文集』、法律出版社、一九八六年、四七七～四七八頁。

（11）『董必武政治法律文集』、法律出版社、一九八六年、四七八頁。

（12）『董必武政治法律文集』、法律出版社、一九八六年、四七九頁。

（13）『中共中央関于廃除国民党的六法全書与確定解放区的司法原則的指示（国民党の六法全書廃止と解放区の司法原則確定に関する中国共産党中央の指示）』。

（14）李龍・劉連泰「廃除『六法全書』的回顧与反思（『六法全書』廃止の回顧と反省）」、『河南省政法管理幹部学院学報』二〇〇三年第五期を参照。

（15）『中国教育年鑑（一九四九～一九八一年）』、中国大百科全書出版社、一九八四年、二六六頁。

（16）『董必武政治法律文集』、法律出版社、一九八六年、四一頁。

（17）韓述之主編『中国社会科学争鳴大系』（政治学・法学巻）、上海人民出版社、一九九一年、二三四頁。

（18）董必武『論社会主義民主和法制（社会主義の民主と法制を論ず）』、人民出版社、一九七九年、一五四頁。

（19）『董必武選集』、人民出版社、一九八五年、三八四頁。

（20）『董必武選集』、人民出版社、一九八五年、三三八～三三九頁。

（21）『李達全集』（第十五巻）、人民出版社、二〇一六年、一七〇頁。

（22）『李達全集』（第十五巻）、人民出版社、二〇一六年、一七一頁。

（23）『李達全集』（第十五巻）、人民出版社、二〇一六年、二五二頁。

（24）『李達全集』（第十五巻）、人民出版社、二〇一六年、二六三頁。

（25）『李達全集』（第十五巻）、人民出版社、二〇一六年、二六四頁。

（26）教育部『法学院、法律系課程草案（法学部、法学科カリキュラム草案）』（一九五一年）、冀祥徳「中国特色社会主義法学教育模式的基本特征（中国の特色ある社会主義法学教育モデルの基本的特徴）」『河北法学』二〇一一年第一二期より孫引き。

（27） 中国法学会董必武法学思想研究会編『楊秀峰』、二〇一二年編印、二二九頁。

（28）『彭真文選』、人民出版社、一九九一年、三八九頁。

（29）『彭真文選』、人民出版社、一九九一年、六六三～六六四頁。

（30）『彭真文選』、人民出版社、一九九一年、二五八頁。

（31）『彭真文選』、人民出版社、一九九一年、二七一頁。

（32）『彭真文選』、人民出版社、一九九一年、六〇七～六〇八頁。

（33）『彭真文選』、人民出版社、一九九一年、四二二～四二三頁。

（34）『彭真文選』、人民出版社、一九九一年、二七〇頁。

（35）『沈鈞儒記念集』、生活・読書・新知三聯書店、一九八四年、七二頁。

（36）『沈鈞儒記念集』、生活・読書・新知三聯書店、一九八四年、八一～八二頁。

（37） 韓述之主編『中国社会科学争鳴大系』（政治学・法学巻）、上海人民出版社、一九九一年、二三四頁。

（38） 韓述之主編『中国社会科学争鳴大系』（政治学・法学巻）、上海人民出版社、一九九一年、二三四頁。

（39）『観察』第一巻、第一〇期、一九四六年一一月二日。

（40） 韓徳培が編集長を、李龍が執行編集長を務める『人権的理論与実践（人権の理論と実践）』という本は約一七〇万字もあり、一九九五年に武漢大学出版社から出版され、高等教育機関人文社会科学研究成果一等賞を受賞している。

（41） 韓徳培「運用法律手段管理経済（法的手段を運用した経済管理）」『武漢大学学報（社会科学版）』一九八五年第五期に掲載。

第十二章　改革開放四〇年における法理学の偉大な成果と戦略的計画

第一節　輝かしい実践

「一一回三中全会（中国共産党第一一回全国代表大会第三期中央全体会議）」は、中国の歴史上、節目の大会となった。それは改革開放の新局面を迎えただけでなく、法理学を含めた法治建設の春を迎えることとなる。決して平凡ではなかったこの四〇年間の法理学発展の道のりを振り返ると、人を奮い立たせる喜びに溢れていると同時に、そこには熾烈な思想闘争も含まれている。この歴史段階を叙述する前に、一つの思想認識問題を解決しておかねばならない。それは一九四九～一九七八年と改革開放以降の四〇年における有機的関係で、この両者は相互に関係する有機的統一体と言うべきである。前者における社会主義建設の成果およびそれに伴う厳しい模索と土台作りがなければ、後者の輝かしい成果およびそれがもたらす歴史的大変革もなかった。もちろん、前者の民主法制建設における喜ばしい成果、幾度も繰り返された厳しい模索、弛まぬ経験の総括がなければ、後者における法治建設の歴史的成果も不可能で、人々の生活に幸福感、達成感、安心感をもたらすこともあり得なかった。まさに前者における全国人民の貴重な模索と、当然後者自身の艱苦奮闘があって初めて、中国人民は立ち上がり、豊かになり、強くなるという歴史的道のりを歩むことができ、同様に法理学も、革命を通じて発展から繁栄の今日へと歩みを進めたのである。以下、四つの段階に分け、改革開放四〇年来の法理学発展の道のりについて叙述していく。

一、中国法理学の発展再開期（一九七八～一九九二年）

法理学という学科を再開する上で、北京大学法律学科はその牽引的役割を果たした。彼らは新たに法理学教材を編集し、教材の構成体系を調整した。すなわち法理学の中から「国家理論」を抜き出し、それを政治学の重要な研究対象としたのである。これにより、法理学の研究対象は法律現象のみとなった。さらに法学の一般原理を書き加え、特に過去からの単純な歴史発展の規則、すなわち縦方向の角度で法の発展法則と役割を解説し、横方向と結びつけて法律の関連問題を論証するよう改訂し、昔の『マルクス・レーニン主義の国家と法権に関する理論』を『国家と法の一般理論』、さらには『法学基礎理論』へと改めた。この改革過程において、法理学におけるいくつかの重要な問題について必要かつ十分な議論が行われたのである。

(一)人治と法治に関する議論

これは民主と法制の関係を議論する際に引き起こされたものである。約二年におよぶ議論の末、法理学界には以下の共通認識がほぼ形成された。民主は法制の基盤かつ前提であり、法制は民主に対する確認と保障である。民主は基盤であり、動力であり、前提でもあり、民主がなければ法制はあり得ない。民主は源であり、法制は流れである。法制は民主に対する確認と保障であり、民主の内容、民主の原則、民主の方法を規定するが、より重要なのは民主の実施を保障することである。その後、民主と法制の関係は相互の土台であり、相互保障であると唱える人が現れた。民主が法制を離れれば、無政府主義が必ず生まれる。法制が民主を離れれば、専制主義や個人崇拝までもが引き起こされる恐れがある。両者は結びついていなければならず、そうでなければ社会に繁栄と長期安定はもたらさない。

民主と法制に対する議論の深まりは、法理学界における人治と法治の議論を引き起こした。厳密に言えば、これは一九五七年に行われた民主と法制の議論の続きとなる。多くの人が法治を主張したが、一部の少数派は引き続き人治が必要であると考えた。彼らは、法律は人間によって執行されるもので、人がいなければ法治を実施することもできないと考えた。実のところ、こうした見方は一種の誤解である。なぜなら、法治の実施と法治自身は別問題であり、混同させてはいけないからである。問題の重点は、人治と法治の科学的内包をはっきりさせることである。多くの人は、法治はルールによる統治であり、罪を憎んで人を憎まず、私情や人によって態度を変える状況を根絶でき、法の前に人はみな平等という法治根本原則を実現するのに有利であると考えた。さらに、法治は良法の治であるため、時代の流れにしたがい、多くの人の利益に符合することが可能だとした。人治に関しては、「政を為すは人に在り。其の人存ずれば其の政挙り、其の人亡すれば其の政息む」と、中国の古語がうまい言い方をしている。人治は個人の絶対的権威を強調する。しかし、法治は民主の治であり、大勢の人の治であるため、一人の治より優れているのは言うまでもない。ましてそれは、「公権力を制度という籠に閉じ込め」、法律の権威を強調するものである。法治は法による統治なり。法治は人民の意志が集中的に表れたもので、人民の根本的利益を反映している。この議論、すなわち一九八〇年代初期の討論は、未だ初期段階だと言うべきである。なぜなら当時、一部の人間は「民主法制を掲げておけばいい」、論争を避け、不要な誤解や不幸は避けた方がいいと考えたからである。こうした人々の観点はその後、修正されるものの、この時点では法治の支持者兼擁護者になりたての段階であり、「法治」の二文字に対しては未だ納得できていないものがあった。もちろん、この論争は一九九〇年代にはおおむね解決し、すべての人が法治の良さを認めるに至った。そして問題は、「どの法治がいいのか？」へと移っていった。西洋の法治に優越性があると考える人は極めて少数であったが、この段階では多くの人が法治は人治に勝るという考え方に賛同した。中国に必要な法治はどのようなものか。これは中国法理学が常に答えなければならない問題であり、避けて通れない問題でもあり、中国法理学発展の全過程を貫くものである。帝国主義が未だ存在しているから、西洋法治理論の影響が残っている。この問題は一定の期間中は避けられず、消えることもない。しかし我々はマルクス主義法学理論の下、中国の特色ある社会主義法治理論が絶え間なく発展し、厳格な科学的体系を形成できると信じている。いかなる妨害もものにならず、必ず中国人民から拒否されるはずである。もちろん、西洋法学にも合理的な部分はある。我々は分析や批判の後、「西洋のものを中国に役立てる」形で、同様に中国法理学に適用することが可能である。もちろん、そのうち「三権分立」、「二大政党制」、「司法の独立」など西洋法学の本質的なものは、絶対に模倣してはならない。なぜなら、これらは社会主義の本質ならびに中国の国情と全く相容れないからである。

(二)法の階級性と社会性に関する議論

この問題は三、四年にわたって議論され、最終的には「合意」を得たものの、その道のりは険しいものであった。なぜならこれは、法の本質に対する認識に関わってくるからである。法は支配階級の意志の現れであると強調する人がいるが、これは「唯意志論」である。多くの人が、この観点は一面的だと考えている。なぜなら、こうした言い方は、例えば「神の意志」や「支配階級の意志」など早くから存在しており、マルクス主義法学が生み出したものではないからである。より重要なのは、マルクス主義法学は法が支配階級の意志であると指摘すると同時に、「こうした意志の内容は、支配階級の物質的生活条件によって決定される」と明確に提起した点である。つまり、法の主観性を指摘しつつ法の客観性も指摘しており、これもまた法の二重性であり、法の規則性の重視なのである。

続いて唯意志論者は、法の本質は社会性であると訴えたが、こうした観点は全面的とは言えない。法の階級性を否定することは事実に即していないのである。例えばアメリカを例にとると、アメリカ政府は独占資本家の政府であり、大統領から国務長官、国防長官など主要閣僚は、いずれも大資本家の出身である。彼らが「パリ協定」を脱退して医療法案を廃案としたことには、社会性のかけらもない。もちろん、法律には社会性がある。法律には二つの職能がある。一つは政治的職能、もう一つは公共的職能、すなわち社会的職能である。両者は統一されており、どちらが欠けることも許されない。そして政治的職能は、社会的職能を実施する中で実現する。ましてやそれが強調する政治的職能の内容は、支配階級の物質的生活条件によって決まる。したがって、いかなるタイプの法律も本質的にはその階級性と社会性の有機的統一体なのである。

これと関連し、社会性という言葉に含まれる意味の問題についても提起された。一つ目の言い方によれば、これは法の職能を指し、法には公共サービスの職能がなければならないとした。もう一つの言い方は、社会全体の利益を代表するというものである。法律が公共の利益に尽くし、公共の秩序を維持していかなければならないのは当然のことであり、疑いの余地はない。なぜなら、こうすればまず支配階級に有利となり、その統治秩序をよりよく保てるからである。仮にこの点が達成できなければ、統治の地位は存在しないことになる。社会主義の法律は幅広い人々の意志を表しており、絶対的多数の人の利益を代表するものである。「初心忘るべからず」は、共産党員が人民の福利や中華民族の復興を探り求めることを忘れてはならないとの戒めである。社会主義という条件の下、「人民の素晴らしい生活への願いこそ、我々の奮闘目標」であり、これこそ社会主義の法における本質かつその社会性が存在するところでもある。しかし、こうした社会性は階級社会の中で、階級性と結びついて一つになり、両者は有機的統一体となる。ここで言う法の社会性には、その公共サービスの職能だけでなく、それが代表する大多数の人々の利益も含まれる。それは社会主義の法における政治的職能と緊密に結びついており、社会主義の法の階級性と社会性における最高の結合なのである。一面のみを見て、別の側面を無視してはならない。もちろん、法の社会性はその存在の基盤である。まさにエンゲルスが早くから訴えたように、「政治統治はどこでも皆、ある種の社会的職能の執行を基盤としている。その上、政治統治はそうした社会的職能を実施した時のみ、続けていくことが可能」なのである[1]。もちろん中国では、社会主義の法律における社会性が、社会の正義と公平を強調し、法治国家、法治政府、法治社会の一体化構築を強調することで、全面的な法に基づく国家統治を深化する実践の中で法の社会性と社会的役割を実現させる。同時に、世界には未だに帝国主義が存在していることを忘れてはならず、提携や互恵を求め、全世界の人々が心を一つにして協力し、人類運命共同体を構築し、人類共通の理想を共に実現していくのである。利益が交錯し、危険と隣り合わせの今日の世界においては、地球村を共に作り上げ、法の社会性を世界的範囲で発揚させていく必要がある。

(三) 「権利本位」に関する問題の議論

一九八〇年代、民主法治の恢復に伴い、権利と義務に対する人々の関心は高まり、「権利本位」の問題を提起する者も現れた。彼らは、日常生活において権利は常に重要で、とりわけ法律関係における権利はその根本であると考えた。権利は第一であり、義務が存在する前提と根拠でもあり、法律が義務を規定するのは、権利の保障を実現するために過ぎないとの考えである。この観点は当時、確かに一部の人々に影響を与えたが、人々は真面目に思考し、特に法律実践を通じ、この観点はふさわしくないとの結論に至った。もし更なる偏見を持ち込んでしまえば、この観点は社会の混乱を引き起こしやすい。これは「権利本位」を訴える当初の目的ではなかったものの、社会的効果は芳しくなかった。そこで、ほとんどの人が「権利本位」に対して反対の立場を取り、「義務重点論」を訴える者まで現れるほどであった。

もちろん、これは思想認識の問題に過ぎないが、即座に否定することは極めて必要な措置である。我々は、「権利本位」には少なくとも四つの失敗もしくは誤りがあると考えている。第一に、「この世に義務のない権利はなく、権利のない義務もない」とマルクス、エンゲルスは明確に述べている[2]。つまり、「権利本位」はマルクス主義と相容れないのである。第二に、「権利本位」という言葉自身が資産階級から来ており、「自由資本主義（laissez-faire capitalism）時代」の法律本位がその元である。これは義務本位に反対する際には一定の作用があるものの、資本家が利益最大化を追求する理念を反映しており、本格的な利己主義の現れである。第三に、人は社会の中の人であるため、法に基づいて権利を享受できるだけでなく、法に基づいて義務を負わなければならない。その上、人は社会という集団の一員として、国や社会に対して一定の義務と責任を持つべきで、それが社会主義国家であればなおさらである。第四に、実践の中でこの観点は良からぬ結果をもたらし、社会に混乱を引き起こす場合すらある。例えば、洪水被害対策の中で、軍人や幹部は人々の損失を減らすために日夜奮闘しているが、傍らで冷や水を浴びせるようなことを言ったり、そこに座ったまま麻雀をしていたりといった具合に、権利のみを享受して義務を尽くさない場合があり、極めて悪い影響をもたらす。したがって、ほとんどの人は権利と義務の一致性を強調する。ましてや、権利と義務の統一は、法学理論や法律関係の核心的問題である。我々は法治思考を高めようと語るが、それにはまず、権利と義務の一致性に対する認識と行動を高めなければならない。権利のみを語り、「権利本位」を強調するのは、社会主義の要求と相容れないのである。しかし、現在に至ってもまだ、極めて少数ではあるが「権利本位」を宣伝する者がいる。これは明らかに新時代の要求に反するものである。全面的な法に基づく国家統治深化の実践において、我々は権利と義務の一致性を訴え、中華民族の偉大な復興のために共に努力しなければならない。

マルクス主義法理学が中国で広く伝播し、特に法治建設の中で権威的地位を確立して確実に導入されるのに伴い、党と国家は中国の特色ある社会主義法治の道のりにおいて新たな勝利を上げ続けている。これには主に以下のものが含まれる。第一に、中華人民共和国憲法の制定と施行、すなわち一九八二年憲法である。これは一九五四年憲法の継承と発展であり、国家の安定統治の総章程である。また、改革開放の総綱領であり、法治建設における最高の法的根拠でもある。これは「全国各民族の人民、一切の国家機関、武装勢力、各政党、各社会団体、各企業・事業組織は、必ず憲法を活動準則の根本とし、憲法の尊厳を守り、憲法の実施を保証する職責を負う」と公に宣言している。同時に、『憲法』に基づいて『刑法』、『刑事訴訟法』、『民法通則』、『契約法』など一連の重要な法律も公布し、法治建設の再開と発展に法的根拠を提供した。第二に、政治体制の上で一連の改革を行った。例えば、省・県人民代表大会常務委員会を設置し、全人代常務委員会の職権を拡大したほか、特に指導者・幹部の終身制を廃止した。第三に、二〇一八年の全人代で『憲法改正案』が採択され、習近平新時代における中国の特色ある社会主義思想を指導思想とすることが確定すると同時に、中国共産党による指導が中国の特色ある社会主義の本質的特徴であることが明記された。これにより、中華民族の偉大な復興という共通した思想の基盤が固められた。第四に、党組織は憲法と法律の範囲内で活動しなければならず、党の執政方式が規範化、制度化、法治化の方向へと転換を始めたことである。第五に、人民代表大会制度という根本的政治制度、さらには中国共産党率いる多党協力・政治協商制度および民族地域自治制度という二つの基本的政治制度を貫いて改善していくことで、中国の政治的生態をより文明的に、社会主義民主形式をより拡大させ、選挙の民主、協商の民主、自治の民主、談判の民主を実現させ、人々の支持を集めている。つまり、中国法理学は法治建設を促進し、法治建設は中国法理学を豊かにしているのである。

(四)中国法学会の復活と再建について

中国法理学の復活と発展という極めて大きな慶事は、実は中国法学会の復活と再建でもある。なぜならこれは、中国法理学の発展に直接関係しており、中国法学の恢復と発展に直接影響を与えるからである。中国法学会は、中華人民共和国成立初期に新法学研究会と新政治学研究会によって成立した中国政治法律学会に源を発している。董必武が会長を務めたが、その後、周知の理由によって活動停止となっていた。一九七九年に中国政法学会が復活すると、一九八〇年に楊秀峰が主導して中国法律学会と改名され、準備委員会が発足した。そして一九八二年七月二二日、中国法学会は正式に発足（復活再建）する。楊秀峰が会長に、張友漁などが副会長にそれぞれ就任し、彭真が開会式に出席して式辞を述べ、楊秀峰が大会の司会進行および講話を行った。七月二三日、鄧小平が大会の代表たちに接見し、記念撮影に収まっている。幸運なことに筆者もこの発足大会に出席し、謁見および記念撮影をする機会に恵まれ、今でも忘れられない思い出となっている。

中国法学会が復活・再建すると、各学科研究会が即座に組織され、選挙によって総幹事が選ばれた。同時に、法学会は大型研究会を何度か開いている。例えば、一九八〇年代初期の「民主と法制に関する研究会」では、「民主は法制の基礎であり、法制は民主の保障である」という合意に至っている。また、例えば「法律の役割」という議論では、「法律は単なる階級闘争の道具」という観点が分析され、そうした考えは法律分野における「左」寄り思想の現れであると考えられた。法律は上部構造の重要な部分として、その主な役割は、それに適応した経済的土台のために尽くすことである。当時は主に改革のために尽くし、経済的土台の発展を導いて保障するための役割を発揮したのであった。単なる階級闘争のための道具というのは明らかに間違っているが、法律が政治のために尽くすのは間違いなく、これは国の安定と団結および社会治安を守る重要な武器であり、この点を忘れては一面的に陥ることとなる。

一九八〇年代中後期、すなわち一九八七年、中国法学会は学界初の表彰式を開催した。審査に通った一連の優秀論文を奨励し、それを集めて『中国法学文萃』という名の本を出版し、大きな影響を与えた。ただ残念ながら、法学会は一九八七年のこの表彰式を認めておらず、この点は修正すべきである。

(五)法理学研究会の発足に関して

一九八五年、中国法学会の指導と準備の下、法理学研究会（当時の法学基礎理論研究会）が正式に発足し、投票によって北京大学の沈宗霊教授を総幹事に、中国人民大学の孫国華教授、中国政法大学（当時の北京政法学院）の張浩教授、西南政法大学（当時の西南政法学院）の盧雲教授などを副会長にそれぞれ選出した。会議の中で、「法の階級性と社会性の問題」が再び議論された。一九八七年、珠海で法理学初の年度総会と学術会議が開かれ、現地の関連紙はこの会議の内容を大きく報道している。参加した学者たちはいずれも、中国法理学の繁栄に貢献し、マルクス主義法学を徹底し、資産階級の自由化を批判しつつ、「単なる階級闘争道具論」も否定していかなければならないと表明した。

二、中国法理学の秩序立った発展期（一九九二～二〇〇二年）

一九九二年、歴史的意義を備えた「一四大（中国共産党第一四回全国代表大会）」が開催された。その重要な功績は、「社会主義市場経済体制構築の若干問題に関する中国共産党中央の決定」を批准し、中国が社会主義市場経済を実施することを正式に宣言した点にある。法治建設が上部構造の重要な構成要素であることに鑑みれば、経済体制の変換に伴う新たな変化と発展は自ずと生じる。

㈠法治と改革の内的関連を提示

法理学はまず、法治と改革の内的関連を理論的に提示し、「市場経済は実質的には法治経済だ」とする科学的論断を提起して論証した。中国法学会は会員を組織して論文を書かせ、いくつかの面からこの重要な課題について回答している。初めに、市場経済は一種の商品交換経済であり、その一歩目は法律を用いて交換する製品の財産権、すなわち合法的な所有権を確認することで、さもなければ取引の実施は不可能となる。二歩目は市場を作り、取引のルールを規定することで、民法にある契約法は、商品取引における各種のルールや手続を専門的に調整するものである。三歩目は商品交換後に様々な原因によって引き起こされる各種の紛争を合理的、合法的に解決することである。例えば、品質問題、運送問題、取付問題などで、これらは司法手続もしくは仲裁を通して解決する必要がある。市場経済におけるどのステップも、権利保護の問題、知的財産権の問題、人格権保護の問題などである。したがって、基本法である民法は、権利保障法となる。もちろん、より大きな法律体系、すなわち憲法を核心とし、民法、刑法、社会法などの法律部門を含んだ巨大な法律体系がある。それらは、社会の公平と正義を維持し、公民の各種政治的権利、財産の権利、人身の権利の保障を価値基準とし、そこから国の長期的安定を維持し、人権を保障するのである。これはつまり、法治は市場経済のために広々とした道を切り開き、法学、とりわけ法理学の発展を更に促進したのである。

㈡法に基づく国家統治の方針を確定

一九九七年、「一五大（中国共産党第一五回全国代表大会）」の中で、「法に基づく国家統治と社会主義法治国家の建設」が国家統治政策の基本方略に確定した。これは中華民族の偉大な快挙であり、改革開放の道のりにおける偉大な快挙でもある。それは市場経済建設における重要な問題に科学的に答えただけでなく、中国の特色ある社会主義民主政治建設における重要な問題にもすべて科学的に回答しており、「一一回三中全会（中国共産党第一一回全国代表大会第三期中央全体会議）」以来、実践の中で形成されてきた中国の特色ある社会主義の道がより時代の潮流に順応し、民意に合致し、国情に適合するよう促し、更なる人民からの擁護と国際的な賛同を獲得したのである。では、法に基づく国家統治とは何か？　それは、党の指導の下、幅広い人民・大衆が憲法や法律規定に基づき、様々なルートや形式を通じ、国家事務、経済文化事業、社会事務をそれぞれ管理することである。こうした民主と制度を規範化、法律化させていき、指導者が変われば政策が変わったり、指導者の見方や注意力の変化によって方式が変わったりしないようにする。つまり、法律の権威を強調し、人民が中心であることを突出させなければならない。なぜなら、法律は人民の意志の現れかつ人民の利益の集中的現れだからであり、その核心は党の指導を貫くことなのである。したがって、「一五大（中国共産党第一五回全国代表大会）」における報告は、中国法理学の更なる発展を導いたのである。

㈢社会主義法治の道を歩むことの徹底

党の指導、社会主義制度、中国の特色ある社会主義法治理論は、社会主義法治の道における核心的要素である。中国の国情に立脚し、「全般的西洋化」や「三権分立」に反対していかなければならない。立法の面では、民主的立法、科学的立法、法に基づく立法を心掛けた上、「法律移植」に反対し、西洋の法律の「運搬者」となって全文を書き写すようなことをしてはならない。もちろん、そのうちの合理的要素については、分析と批判を加えた上で、状況に応じて借りてくることは可能である。法の執行の面では、「法があるからには必ずこれに依拠し、法を執行するからには必ず厳正を旨とし、法に違反したからには必ず追及すること」を厳格に行い、法の前の平等を徹底させる。司法の面では、法に基づく裁判権、検察権の独立行使を徹底し、行政機関、社会団体・組織ならびに個人による干渉に反対する必要がある。つまり、法に基づく国家統治を維持・徹底させるには、法理と実践を結びつけ、法に基づく国家統治というこの基本方略を、立法、法の執行、司法、法の遵守の各段階ならびに各機関に徹底させる必要があり、そこから法理学が更なる高みへ発展するよう促し、中国の特色ある社会主義法治理論という中国法理学の根本が、中国の隅々まで根を張り、花を咲かせ、実を結ぶようにしていかなければならない。

重点は、「法律移植」問題に対し、いかに正しく認識・対処できるかにある。法学の発展において、中国古代の自国の文化財ならびに（西洋法学も含めた）人類法治文明の継承と借用の問題が存在することに疑いの余地はない。しかし、この継承問題には原則がある。それは「昔のものを今に役立てる」と「西洋のものを中国に役立てる」である。分析を通じ、そのうちの良い部分を継承して借用し、悪い部分は捨て去らなければならず、「全文をそのまま運んで」きてはならない。したがって、異なる歴史背景を持つ法律にとって、「法律移植」を行ってはならず、我々は西洋法学の「運搬者」になっては絶対にならない。もちろん、そのうちいくつかの規範、特に社会の発展や人々の生活向上に有利となる規範は、その継承も借用も可能であり、厳密に言えば、これは中国古代法学と西洋法学の問題ではなく、人類法治文明発揚の問題なのである。ここで法学における精華と糟粕(かす)を区別しなければならないのは言うまでもない。さらに、中国の国情にふさわしいかどうかも検証しなければならない。この点についての法学界の見方は、議論を重ねたこともあり比較的明確で、特に全人代およびその常務委員会は、立法の上でこの点を極めて重視している。まさにこうした理由から、中国の特色ある社会主義法治の道は、ますます広がっていくのである。

　改革開放以降、中国法理学がまさに歴史的成果を上げ続けていることにより、中国法学の発展もますます成熟味を帯びてくるのである。昔は中国法学が世界から「学ぶ」ことが多かったが、今では諸外国の法学界が中国から「学ぶ」例も少なくない。まさにこの年代、中国はアメリカ、EU、東南アジアや、もちろんロシアを含めたソ連解体後の独立国家共同体とも頻繁に交流した。中国人民大学は中国法学会の支持の下、世界各国および地域の法学部学部長会議を何度か開催している。同時に、法哲学社会哲学国際学会連合会世界大会、さらには国際刑法会議、国際腐敗防止会議には、中国法学界からの代表が参加しただけでなく、発言や交流も行っており、さらには中国代表が副会長、常務理事、理事などの職を担うこともあった。つまり、中国法学は国際舞台において発言の場を確保しただけでなく、まさに中国が安保理常任理事国として果たしているのと同じように、重要な役割を担い始めたのである。

(四)世界人権事業に対する莫大な貢献

　中国共産党および中国人民は昔から人権問題を重視してきた。早くは一九二一年、『中国共産党綱領』の中で人権問題を取り上げ、中国根拠地において人権を保障する法令と措置を公布している。中華人民共和国成立以降、憲法の「公民の基本的権利と義務」の部分では中国公民の政治的権利と自由が十分に確認でき、公民の財産権保護が規定されている。一九八〇年代中後期以降になると、人権の理論と実践を研究・保障するブームが公に巻き起こされていった。国はこの動きに対して人権保障白書を発表し、国際人権保護に積極的に参加しつつ、人権理論において莫大な貢献をしてきた。(1)生存権と発展権が基本的人権であることを強調し、世界各国、とりわけ発展途上国からの賛同と支持を集めた。(2)一国の人権状況を観察するには、その国の政治、経済、文化・伝統と適応させる必要があることを提起し、西側諸国が人権を口実に他国の内政に干渉することに反対した。(3)個体人権と集団人権の結合を主張し、発展途上国における環境権、発展権、平和権を突出させた。(4)国際人権活動に積極的に参加し、国連人権委員会の理事や責任者を何度も担当した。(5)「南南人権フォーラム」を何度も開催し、人権問題における発展途上国の発言権を高めるよう努めた。(6)各国との人権対話を強化し、中国の特色ある人権理論を宣伝した。

(五)社会主義立法の発展を有利に促進

世紀の変わり目、中国の立法体系の基本的枠組みはすでに出来上がっており、特に社会立法、民事立法において大きな進歩が見られた。法理学の深化を通して、中国は立法の重点を民事、経済、社会立法へと移行し、中国の特色ある社会主義法律体系の基本的枠組みのために礎を築いた。立法の発展はまた、中国における環境法、食品衛生法、労働法および民法典の研究を促進した。論文の統計から見れば、民法に関する論文が次第に増えていき、法学論文総数の第二位あるいは第一位に届くところまで伸びてきている。また、経済法研究会が民法研究会から分離独立し、それ以外にも環境法研究会、労働法研究会、社会法研究会などが成立し、中国法学の研究範囲はますます広がっていき、特に立法機関との連携はますます緊密になっていった。

三、中国法理学の発展深化期（二〇〇二～二〇一二年）

法理学の発展深化段階では、回答を迫られる実践問題がますます多くなり、その重要度も増してきた。法に基づく国家統治の歴史的道のりにおいて、党の執政方式問題と法治化問題は日増しに突出していった。二〇〇二年に開かれた「一六大（中国共産党第一六回全国代表大会）」では、法に基づく執政という重要な理論と実践の問題について回答している。法理学界でも法に基づく執政に関する問題に真面目に取り組み、研究を重ねた。(1)法に基づく執政の内容。すなわち中国共産党は法に基づいて立法を指導し、法の執行を保証し、司法を支持し、率先して法を守っていく。(2)法の執行の主体問題。ここでは二つの意見が出された。一つ目は、法に基づく執政の主体は中国共産党だと考えるもので、政府で指導者の職を担う幹部は、党の路線、方針、政策に基づいて仕事をしなければならない。二つ目は、法に基づく執政の主体は政府で指導者の職を担う個人だと考えるものである。一つ目の意見が正しいのは明らかである。なぜなら「執政党」という名詞がすでに、執政の主体は党であって個人ではないことを表明しているからである。実際、個人が執政党の政策に背いた場合はそれが誰であれ、党は合法的な法的手続を経てその職を免じることができる。この点は国際的な共通認識でもあり、ましてや紀律の厳しい中国共産党では、いかなる党員も党の決定には従わなければならない。(3)法に基づく執政の能力。これは「一六回四中全会（中国共産党第一六回全国代表大会第四期中央全体会議）」で明示された問題で、すべての党員、特に政府の職務を担当する党員に、自らの政治レベルの向上と業務レベルの不断の向上を求めた。また、学習を通じて法治思想と法治方式のレベルを引き上げる努力をすると同時に、自らが主管する部門の業務知識に精通していることが求められた。つまり、党が政府に派遣する指導者・幹部には、指導力、組織力、コミュニケーション力、業務遂行能力が必要とされ、現代科学の知識、インターネットの知識、ビッグデータ運用能力の掌握が求められたのである。

この段階には、法理学のもう一つの問題、すなわち理論と実践の結合において、中国の特色ある社会主義法律体系が認識・実践されたのであった。科学的法律体系は、法治の基盤であるだけでなく、一つの国が必ず解決しなければならない問題でもある。レーニンは法制の統一を打ち立てた当初、ソ連が社会主義国を打ち立てた当初、レーニンは法制の統一を強調し、調和的で協調的な法律体系を作るよう求めた。中国もこの点を非常に重視している。「一六大（中国共産党第一六回全国代表大会）」における報告の中では、社会主義法律体系構築の問題が強調され、二〇一〇年に中国の特色ある社会主義法律体系を作り上げるという歴史的任務が明示された。法学界と法律界、特に全人代とその常務委員会の努力により、二〇一〇年までにようやく法律体系の構築がほぼ完了する。この法律体系は、憲法および憲法関連法、民商法、行政法、経済法、社会法、刑法、訴訟法および非訴訟手続法の七部門に分かれている。法律体系の構築の中で出てきた問題について、法学界が関心を寄せ、とりわけ民法、憲法が法理学界の議論を呼んだ。市場経済という条件の下、『民法総則』を制定して民法編纂作業にあたることは大きな意義を持つと同時に、社会主義法律体系を完成させるためには通らなければならない道のりであり、法に基づく国家統治における特殊機能を法律体系が十分に発揮できるための大きな措置であったことは言うまでもない。しかし、いかなる問題にも限界がある。一部の学者は、「民法こそ万法の母」という観点に沿うよう訴え、民法を根本法の地位まで高めて憲法と同等に扱うよう画策した。この観点は明らかに法制統一を損ねるものであるが、実のところ、この観点の起源は古代ローマ法まで遡る。当時、五大法学者の一人であったガイウスはローマ法を公法と私法の二つに分類した。公法は国の利益を代表し、私法は個人の利益を代表したが、その目的は人々にローマ法を学ばせることにあった。この点はその後、五大法学者の別の一人である民法学者ウルピアヌスによって踏襲され、著名な『ローマ法大全』の構成部分である『法学提要』の中に書き込まれた。しかしその後、ヨーロッパにおけるローマ法復興期間中に、この観点は欧州法学界によって誤解され、法律体系は公法と私法であると確定し、「民法こそ万法の母」という当時の実情に即したことわざとなって伝わったのである。その後、フランスの法学者ボダン（Jean Bodin）が『国家論』（全六巻）という本を出版し、さらに資産階級が政権を奪って憲法を公布して以降、憲法が根本法かつ法律の母であり、最高の法的効力を持つのだと公に認められるようになったのである。各国もこぞって憲法を核心に据えた法律体系を形成していき、世界中で公認されていく。したがって、憲法がすでに法律の母あるいは「法律の法律（マルクス語）」となった歴史的条件の下、民法を万法の母として憲法と同列に扱い、それぞれが私法と公法を代表するなどの観点を再び宣伝することは時代に即さないのである。これは、国家の法制統一を損ねることにもなるため提唱すべきではなく、さらには中国の実情や「憲法に基づく国家統治」理論とも合わない。法律体系の問題は極めて重要であり、憲法を核心としなければならない。これは重要な法治原則であって、勝手に変えてはならず、まして乱用するなどは許されない。もちろん、これは民法を貶めるのでは決してない。憲法を核心とする法律体系の中に民法を置くことで、その市場経済の牽引と促進の役割を発揮し、人身の権利、人格の権利、財産の権利などの保障を実現させ、「権利保障法」、「市場促進法」といった特殊な役割を果たすのである。

法理学がさらに発展していく道のりにおいて、法学指導思想の闘争もますます明確に公開化されてきた。ごく一部の資産階級自由化の信奉者はいわゆる「〇八憲章」を掲げ、曖昧でとても賛同できかねる「三権分立」の考えを提示するが、これは中国の国情と完全に対立する資産階級の原則である。「三権分立」に対して科学的な分析と否定を行うことは、法理学や法学界全体ないしは政治思想界全体にとっての重要な任務であり、マルクス主義法理学がはっきりさせるべき問題であることは明らかである。もちろん、一七～一八世紀の初期、新興資産階級は封建専制や神権政治に反対するために、「三権分立」の考えを訴えた。ロック、モンテスキュー、ルソー、ハミルトンなどによる宣伝や伝播を経て、この考え方はすぐに資産階級革命における重要な武器となり、封建制度をひっくり返す上で進歩的な役割を果たした上、新たな資産階級政権構築初期における内部矛盾調整の際にその役割を発揮した。しかし、資本主義政権が常態化して以降、「三権分立」はますます時代に合わないものとなり、資産階級各集団およびその政党同士が互いに駆け引きをする際の道具に成り下がった。彼らは互いにつぶし合い、醜い争いを演じ、社会の分裂を引き起こした。つまり、「三権分立」は社会の進歩にとって明らかな障害となってしまったのである。より重要なのは、それがすでに資産階級が人民を騙すための隠れ蓑となり、いわゆる人民主権は完全に消滅している点である。人民には四年か五年に一度の投票権が与えられるのみで、投票の後はすべての権力が政府に集中する仕組みである。こうした「三権分立」の原則が中国共産党の指導する多党合作・政治協商制度にとっくに合わなくなっているのは明白である。これは人民が主人公となる政権原則を根本的に否定し、人民代表大会制度という根本的政治制度を否定し、中国共産党指導による多党合作制度を否定している。これはつまり、「三権分立」をやることに中国人民が賛同するはずがなく、中国法理学界はこれに反対しなければならないのである。

法理学の発展深化は、法学教育に対して更なる要求を課し、その発展を促した。二一世紀初頭にはすでに三〇〇以上の高等教育機関に法学専攻が設置され、法科卒業生の「過剰」と「欠如」が併存する状況が生まれた。一つ目は、卒業生が西部地区で働きたくないこと、もう一つは政法幹部の一部が弁護士業へと転じたことである。そこで、党と国は高等教育機関の抜本的改革に大きく力を入れ、一連の措置を講じた。(1)「法務修士学位（訳注：法曹実務者を養成するためのコース）」の設置。これは国外における法律人材育成の経験を合理的に参考とし、中国の実情と合わせ、中国の国情に立脚して講じた重要な措置である。二〇世紀末に試験的に実施され、二一世紀初頭には徐々に拡張していき、効果は良好であった。「法務修士」はどこでも人気を集め、中国の「法学職業共同体」

を正式に形成させたのである。中国政法大学を例にとると、二〇〇五年に法科大学院が設立しており、一九九六年から二〇〇五年までに募集した法科大学院生は二二六一人に上る。(2)「卓越法律人材育成計画」の実施。その育成目標は、「多様化する法律職業の要求に適応し、強固な土台と広い間口を徹底し、法律職業倫理教育ならびに学生の法律実務能力の育成を強化する。学生が法学やその他の学問を用い、実務を解決する能力を高め、法律職業教育と素養教育との連携を促進し、高品質、高品格、高素養、高水準の法律人材を育成する」とある。高等教育機関における法律部門での実践という横のつながりを提唱するため、互いに人員を派遣する相互担任教員制が可能となった（この措置はその後、「ダブル千計画」、すなわちそれぞれ一〇〇〇人ずつを派遣して全国レベルで交流するものへと転換した）。(3)法学教育において次々と「二一一プロジェクト」、「九八五プロジェクト」、「二〇一一プラン」を実施して段階的に文系重点学科の構築計画を作成し、重点学科への評価作業を行い、そこから法学教育の質を大きく高めたのである。これにより、改革開放以降培ってきた法科人材たちが国の指導的な立場の仕事に就いた。なかには国家指導者となった者もおり、国家主席、国務院総理、各部の部長（訳注：日本で言う各中央省庁の長官にあたる）、最高人民法院院長、最高人民検察院検察長が含まれる。中国法学教育は人材の宝庫であり、法理学はその中で重要な役割を果たしてきたと言っても過言ではない。

四、中国法理学の繁栄・発展期（二〇一二年～現在）

二〇一二年、「一八大（中国共産党第一八回全国代表大会）」が順調に開催され、中国の特色ある社会主義新時代が幕を開け、中国法学もここから繁栄・発展の新段階へと突入する。

(一)法に基づく国家統治の全面的な推進

「一八大」の報告の中で、「全面的な法に基づく国家統治」が明確に宣言され、それに続く「一八回四中全会（中国共産党第一八回全国代表大会第四期中央全体会議）」で、『法に基づく国家統治の全面的推進における若干の重大問題に関する中共中央の決定』が採択された。さらに「一八回五中全会（中国共産党第一八回全国代表大会第五期中央全体会議）」では、全面的な法に基づく国家統治を、党と国の戦略的配備である「四つの全面（訳注：①小康社会の全面的完成、②改革の全面的深化、③全面的な法に基づく国家統治、④全面的な厳しい党内統治）」における重要な部分に位置づけた。

それにより、「全面的な法に基づく国家統治」は、国家統治執政の基本方式となっただけでなく、全党、全国、全軍、全人民が共に奮闘するための戦略的位置づけとなったのである。これは「法に基づく国家統治」のために理論的裏付けを提供しなければならない中国法理学にとって、光栄かつ厳しい政治任務および歴史的使命なのである。

1、全面的な法に基づく国家統治の科学的内包

全面的な法に基づく国家統治は、偉大で体系的なプロジェクトであり、政治体制における重大な変革でもある。我々は「全面」、「推進」、「早急」の三つのキーワードに含まれる時代的意義を把握しておかなければならない。まず「全面」はすべての面を意味しており、片面的な執行をしてはならない。これは全体、体系、統一を目指すものであり、対立、分散、局部ではない。法治建設の内部要素と外部要素を総合的に考え、法に基づく国家統治という基本方略が全面的かつ有効に推進され、それをより高く、より深い段階へと押し上げていくのである。その基本的内包は以下の通りである。

第一に、「三者統一（党の指導および人民が主人公となることとは、全面的な法に基づく国家統治の総原則である）」は、マルクス主義中国化の莫大な成果であり、「中国の案」の基本的経験でもあり、何より全面的な法に基づく国家統治の総原則なのである。まず、党の指導は中国の特色ある社会主義の最も本質的な特徴であり、全面的な法に基づく国家統治の最も根本的な特徴である。党の指導を徹底することは、歴史の選択、人民の選択であり、当代中国における現実の選択である。これは人民が主人公となることおよび全面的な法に基づく国家統治を実現する必然的要求なのである。第二に、法に基づく執政は、全面的な法に基づく国家統治の総方針である。習近平総書記は、「法に基づく執政は、全面的な法に基づく国家統治の鍵であり[3]」、「それは、党が憲法と法律に基づいて国家統治や執政を行うよう求め、また党内法規に基づいて党の管理・統治を行うよう要求し」、「法に基づく国家統治の基本方略と法に基づく執政の基本方式を統一し、党が全体を見渡し、各方面と全人代、政府、政治協商会議、裁判機関、検察機関が法や章程に基づいて職能を履行したり、統一作業を展開したりするよう調整を行う。党の指導者は人民が制定することならびに憲法・法律の範囲内で統一した活動をすることを徹底して実施する」と明確に指摘した[4]。第三に、全面的な法に基づく国家統治の総目標は、中国の特色ある社会主義法治体系と社会主義法治国家の建設である。具体的に言うと、「中国共産党の指導

の下、中国の特色ある社会主義制度を維持し、中国の特色ある社会主義法治理論を貫き、完全な法律規範体系を形成する」ことであり[5]、法に基づく国家統治、規律に基づく党統治、公正な司法、人民全体による遵法を徹底し、国家統治体系と統治能力現代化を促すのである。第四に、人民を中心とすることが、全面的な法に基づく国家統治の総要求である。人民を中心とし、人民のために尽くすことは、党と国の根本的要求、党政機関の一切の活動における出発点かつ帰属点、そして党の初心かつ国の主旨なのである。人民のみが歴史発展の動力であり、人民を主人公に据えることが国の本質なのである。したがって、全面的な法に基づく国家統治における一切の活動は、人民を中心にという根本理論と方向性に即したものでなければならない。第五に、中国の特色ある社会主義法治の道を貫くことは、全面的な法に基づく国家統治の総方向である。道の問題は方向性の問題である。「一一回三中全会（中国共産党第一一回全国代表大会第三期中央全体会議）」以降、実践の中で形成されてきた中国の特色ある社会主義法治の道は、国情に立脚し、潮流に順応し、民意に沿ったものであって、それらを裏切るものでは決してない。それは徹底して遵守していくだけでなく、不断の改善も必要なのである。第六に、人権の尊重と保障は、全面的な法に基づく国家統治の総価値である。習近平総書記は人権研究会に宛てた三つの祝賀メッセージの中で、中国の特色ある人権発展の道について深く提示した。それは人民を中心とした発展理念を貫き、以て人民の福祉を高め、人民の権益の保障を出発点と終着点に据え、人権の尊重と保障を価値基準とし、これらの基盤の上で、世界の人々と団結して人類運命共同体を構築するのである。第七に、公権力を抑制することである。公権力を制度という籠の中に閉じ込め、腐敗に反対して清廉な政府を作り、法が定めた職権は必ず行うと同時に、法からの授権なきことは絶対に行ってはならないとし、風紀正しい良好な政治的生態を作るとした。この七つの面は一つの全体的まとまりであり、共に全面的な法に基づく国家統治における科学的内包を構成するのである。

2、全面的な法に基づく国家統治の指導思想

全面的な法に基づく国家統治に関する習近平の観点は、マルクス・レーニン主義、毛沢東思想、鄧小平理論、「三つの代表（訳注：先進的生産力・先進的文化・最も広範な人民の利益の代表）」重要思想、科学的発展観の継承と発展である。これは、マルクス主義中国化における最新の成果にして、中国の特色ある社会主義理論体系の重要な構成部分であり、党と人民による実践経験および智恵の集合

体の結晶でもある。またこれは、全党員・全国民が中華民族の偉大な復興のために奮闘する行動指針でもあり、全面的な法に基づく国家統治の実践を長期的に徹底させ、絶えず発展させていかなければならないのである。

全面的な法に基づく国家統治に関する習近平の観点は、その内容が豊富で奥が深く、法治中国の各領域や方面にまで及んでいる。それは、法に基づく国家統治、法に基づく執政、法に基づく行政の共同推進を徹底し、法治国家、法治政府、法治社会の一体化建設を維持し、法に基づく国家統治と徳による国家統治とを結びつけるよう求めている。また、法に基づく国家統治と規律に基づく党内統治、司法体制改革の本格化を維持し、民族全体の法制的素養と道徳的素養を高めるよう求めた。まとめると、これは以下のような基本的な特徴を備えている。第一に、伝承と創造が結びつき、革新を旨とすること。第二に、末端組織による模索とトップの設計を結びつけ、トップの設計を旨とすること。第三に、治標と治本を結合させ、治本を旨とすること。第四に、法に基づく軍隊統治と軍民融合を結びつけ、軍民融合を旨とすること。第五に、「一国二制度」と祖国統一を結びつけ、祖国の統一を旨とすること。第六に、国内法治と国際法治を結びつけ、人類運命共同体の構築を旨とすること。もちろん、最も根本的なことは全面的な法に基づく国家統治において、党の指導を強化していくことである。中央の全面的な法に基づく国家統治委員会で、習近平総書記が二度にわたって行った演説の中に登場する一〇の金言をしっかり学習し、貫徹していかなければならない。これは全面的な法に基づく国家統治が根本的に守るものであり、長期間これを徹底させる必要があり、絶えず豊かに発展させていかなければならない。

3、全面的な法に基づく国家統治と国家統治現代化との関係

国家統治現代化は、現代文明の重要な指標である。国家統治は全面的な法に基づく国家統治と極めて緊密な相互関係にあり、互いに依存しながら、相互に促進し合う。初めに、法に基づく国家統治は、国家統治の重要な形式かつ基本原則である。歴史や現状を縦断的に見ると、国家統治現代化の形式は、法学界でよく言われる国家統治現代化の四つの枠組み、すなわち自治、共治、善治、法治である。そのうち法治は基本形式であり、自治、共治、善治の基本原則である。つまり、国家統治現代化では必ず法治を基盤および原則としなければならず、法治から離れてしまったら国家統治の必要性と可能性もなくなるのである。次に国家統治現代化は、全面的な法に基づく

国家統治の必然的要求かつ発展の趨勢でもある。なぜなら、これは実践の中で深化していき、時代と共に変化しなければならないからである。国家統治のやり方も現代化し、従来の管理を治理に変えなければならない。なぜなら管理は一種のトップダウンの仕組みであり、相互に監督できない上、相互に助け合うことも不可能だからである。現代の複雑かつ精密な相互関係において、国家統治者は大衆と平等に扱われなければならず、互いに尊敬して助け合う必要がある。これは従来の単純な服従する・されるといった関係ではない。法の前の平等は、まさに法治の要旨であり、法治は大衆がより活発な創造力を働かせるよう要求する。これらはまさに、国家統治現代化が必然的にもたらす積極的変化なのである。

　国家統治現代化には一つの矛盾がある。それは善治と統治の関係である。法学界には二つの見方が存在する。一つ目の場合、善治とは法治に良法を加えたものだと考える。もう一つの場合は、善治と法治は二つの学科における同等の学術用語だと考える。実のところ、政治学における善治と法治はほぼ同義語と言える。なぜなら、例えば良法、公開、文明などのように、善治の要素はすべて法治の中に含まれるからである。全面的な法に基づく国家統治において、法治を凌駕する善治を作ってはならず、そうすればこの命題自身に背くどころか、党や国の重要政策に違反することとなる。したがって、我々は善治と法治を統一させ、両者の統一を法に基づく国家統治の方式の中に組み込まなければならない。もちろん、両者の間にも一定の区別はあるがそれは根本的なものではなく、二つの学科における学術用語的な区別に過ぎない。つまり中国が全面的な法に基づく国家統治という歴史的道のりを歩むことに対し、何ら影響がないのである。

4、全面的な抜本的改革と全面的な法に基づく国家統治との関係

　改革と発展は当代中国の二大テーマであり、党と国が共同で進める「四つの全面」戦略配置における重要な構成要素でもあり、両者の関係は極めて緊密である。まさに習近平総書記が評価したように、鳥の両翼のように、車の両輪のように、発展の基本的方向と民族復興のトップ設計を共同で構成することは、中国人民の国家統治が法治化という新たな境地に突入したことを示しているのである。

　ご存じのように、改革には二種類の性質・形式がある。一つは制度改革で、これは一種の社会制度をもう一つの社会制度へと転換させることを指す。例えば中国古代に

おける商鞅の変法、日本の近代に起こった明治維新がそれにあたる。もう一つは体制改革で、これは特に社会主義制度における自己改善のことを指す。前者は法律制度改革、すなわち法律の立、改、廃、釈を同時に行うことを意味する。後者は憲法と法律の範囲内で実施し、すべての改革の根拠が法に基づいていなければならない。法律に明文規定がない場合は、新法を制定して試験的に運用してから全面的実施へと移行する必要がある。中国が現在行う全面的な抜本的改革は、必ず全面的な法に基づく国家統治の軌道の上で実施されなければならない。例えば中国では、各級人民代表大会に監察委員会を設けているが、これにはまず監察法を制定し、それからその規定に基づいて、正式に各級監察委員会を設置するというやり方である。我々は「良性的違憲」という観点に必ず反対し、憲法と法律の権威を必ず守らなければならない。全面的な法に基づく国家統治は、まず憲法と法律を尊重して服従するところから始まり、法律の合憲性審査を厳格に維持・実施していくのであり、ここに疑いの余地はない。「一九大（中国共産党第一九回全国代表大会）」は、中央の全面的な法に基づく国家統治指導班の成立を正式に宣言し、法治中国建設に対する統一的指導を強めた。また、憲法実施の監視を強化し、合憲性審査作業を推進して憲法の権威を守り、科学的立法、民主的立法、法に基づく立法を推し進め、良法を以て社会発展を促進し、党の事業至上、人民の利益至上、憲法至上、法の前の平等という法治理念を全国的に樹立し、全面的な抜本的改革が順調に実施されるよう保障した。

(二)人民が主人公となる制度体系を健全化

1、人民が主人公となる制度の強化への保障

中国の『憲法』第二条には、中華人民共和国のすべての権力は人民に属すと明確に規定されている。これはつまり、人民が主人公となるのは社会主義の本質的要求かつ中華人民共和国の国体であり、人民代表大会制度は中国の政体、すなわち政権の組織形式ということである。これは党の指導、人民が主人公となること、法に基づく国家統治を統一した根本的政治制度の仕組みを徹底し、選挙の民主、協商の民主、自治の民主、談判の民主といった四つの民主を有するものである。前二つは、人民が主人公となるための主要形式と制度である。選挙の民主を改善し、人民代表大会を通して国家権力を行使するやり方を維持・保障し、全人代常務委員会が立法作業および監督作業において特殊な役割を発揮するようにする。また、全人代常務委員会の組織および作業制度を健全化し、

憲法が付与した立法権、監督権、決定権、任命権を法に基づいて行使し、「人民の代表は人民が選び、良い代表を選ぶのは人民の責務」をよりよく発揮できるようにする。

2、協商の民主の重要な役割を発揮

困ったことがあれば話し合い、皆の事は皆で相談する。これは人民民主の極意である。共産党が指導する多党合作・政治協商民主は、中国の特色ある社会主義民主の重要な形式であり、一層これを強化・改善していく必要がある。また、党の章程および中国共産党中央による『新時代における人民政治協商建設作業の強化に関する若干の意見』に基づき、政治協商民主の制度化、規範化、多様化を実現させていく。すなわち協商の民主を政治協商、民主監督、参政議会政治の全過程に浸透させ、その形式と過程を改善し、共通認識と団結を促し、中華民族の偉大な復興を実現させるため共に奮闘するのである。

もちろん、人民が主人公となる制度体系の健全化には、愛国統一戦線の強化と発展、国家機構の抜本的改革、法に基づく国家統治の本格的実践、法治政府の構築など各作業が含まれており、新時代の新たな道のりにおいて新たな貢献をしていくのである。

㈢司法を社会の公平・正義を守る最後の砦に

法治とは正義の治であり、法学は正義の学であり、これは人類法治文明の共通認識である。とりわけ中国では、全面的な法に基づく国家統治を実践していく中で、公平と正義は党と国が追い求める極めて崇高な価値目標となっている。そこで習近平総書記も「いずれの司法案件においても、人民大衆が公平と正義を実感できるよう努力しなければならない。不公平な裁判が人民大衆の感情を傷つけ、彼らの利益を損なうようなことがあっては決してならない」と繰り返し強調している。司法は公平と正義を必ず追い求め、人民の利益を守らなければならず、そうすることで正義や法治が広まっていくのである。

「一回の不公正な裁判の悪しき結果は、十回分の犯罪以上だと言ってよい。なぜなら、犯罪は法律を無視したものであるが――それは例えば水流を汚染したようなものである。しかしながら、不公正な裁判は法律を打ち壊す――それは例えば水源を汚染したようなものである」というベーコンの名言がある[6]。この言葉は奥深く、参考にする価値がある。確かなことは、中国の司法制度も必然的に人類の優秀な法治文明を参考とし、より高い法治の境地へと向かっていくのである。全面的な法に基づく国家統治の過程において、我々は司法体制改革に真剣に取り組み、裁判を中心とした訴訟制度の改革を徹底していかなければならない。すなわち、一連の案件に対する早急な再調査、証拠不十分な事件における容疑者の釈放、冤罪事件の解決により、正義が広まっていく。冤罪を減らすことで社会は癒され、当事者が自由の身となるだけでなく、社会全体の公平と正義が発揚されるのである。

公正な司法は法治における重要な構成部分であり、人民の生存と財産の安全ならびに社会の公平・正義に直接関わるものである。これは全面的な法に基づく国家統治を法理学が実践していく際の重点であり、法理学界が極めて注視し、真剣に研究している問題である。中国共産党中央はこれに対し、「一八回四中全会（中国共産党第一八回全国代表大会第四期中央全体会議）」を開き、司法体制に対して改革を実施し、一九八項に及ぶ改革措置を提出し、中国の特色ある社会主義司法制度を新たな段階へと押し上げた。

(四)香港・マカオに対する中央の全面的管理統治権の維持ならびに特別行政区の高度自治権保障における有機的結合が「一国二制度」を実現させる最良の案

香港とマカオが祖国に戻ってきたことは、中華民族の偉大な復興における極めて大きな快挙であり、歴史遺留問題を国際的に解決するための典型的な一例となった。二〇数年が経った今、香港は安定と繁栄を保っているのみならず、マカオの発展と進歩も促進され、「一国二制度」方針の正確性が示された。中央の特別行政区に対する全面的管理統治と、特別行政区の高度自治保障との有機結合の実施は、「一国二制度」を実現させる最良の案であり、その方針が変わらず、動揺しないことを保証するだけでなく、それが実践の中で形を変えたり、計画をはずれたりしないことを保証している。

法学界は「一国二制度」を完全に擁護しており、その法律人材育成以外に、「一国二制度」方針、とりわけ中央の特別行政区に対する全面的管理統治権と、特別行政区の高度自治権に対し、理論の面から本格的な討論を行っている。法学界は一貫して、全面的管理統治権は国家主権の重要なシンボルかつ現れだと考えている。国家主権は、一八八六年にフランスの学者ボダンが『国家論』（全六巻）において提起して以降、世界的に繰り返し実践され、理論的にも向上が見られた。国家主権は最高のものであり、侵してはならず、譲ってはならず、分けてはならない。主権は対内的に権威性を備え、対外的には排他性を備えている。具体的には、独立権、平等権、自衛権、管轄権となって現れる。香港とマカオの返還は、領土返還と言うより主権返還であり、「主権が統治権に変わった」などでは決してないのである。なぜなら、中華人民共和国が香港とマカオに対して主権を持っているのは疑いの余地がなく、全面的管理統治権はまさに主権行使の主要内容と具体的現れだからである。これは中華人民共和国が付与した権力であり、全国人民代表大会が制定して採択した『香港特別行政区基本法』と『マカオ特別行政区基本法』が正式に認める権力でもあり、特別行政区憲制原則の主な内容なのである。実のところ、全面的管理統治権の形式を保障するために、香港とマカオ特別行政区では多くの下準備を行ってきた。⑴香港、マカオ特別行政区の憲法基盤を確定する。『中華人民共和国憲法』、『香港特別行政区基本法』、『マカオ特別行政区基本法』の中で、それぞれ明確な規定を行った。例えば『憲法』第二一条、第六二条、第六七条では、特別行政区設置に関して、中央が決定する特別行政区の設置とその制度、全人代常務委員会による法律の解釈権に対する規定が確定された。同時に、全人代によって制定された香港、マカオの各基本法には、具体的に香港政府の組織構築や管理および法律の実施などの問題について明確な規定がなされている。⑵特別行政区行政長官を任命する。行政長官は中央に対して責任を負い、定期的な報告をしなければならない。行政長官は中央から権限を委託され、特別行政区に対して法に基づく管理を実施すると同時に、特別行政区の政権機関を組閣する。⑶中央は特別行政区長官ならびに政府に、法に基づいて執政する権限を与えて支持・指導し、行政長官によって推薦された特別行政区上級官吏、立法会主任、終審法院（訳注：香港特別行政区の司法機構における最上級裁判所）の院長を任命する。また特別行政区行政長官ならびに中央が任命した官吏の就任宣誓式を手配し、国家指導者から特別行政区基本法に関する状況についての徹底した指導を受ける。中央政府は国務院が香港・マカオに関する事務処理に便利なよう、香港・マカオ担当室という事務機関を設置し、「一国二制度」方針政策と中央からの関連指示を徹底的に執行する責任を負うと共に、特別行政区関連の事務の職責を担う。⑷中央人民政府駐港（駐マカオ）特派員公署ならびに香港・マカオ駐留軍を設立し、内地各分野との交流や協力を促し、この二地区の関連人員と連絡を取り、台湾に関する関連事務を処理する。⑸中央は特別行政区の関連外交事務の処理に責任を負う。⑹中央は特別行政区の防衛処理に責任を負う。⑺憲法が付与し、特別行政区基本法が認めた全人代常務委員会の職務権限を行使する。そこには次のものが含まれる。第一に、香港・マカオ特別行政区立法機関で採択された法律に対する報告と審査。第二に、特別行政区基本法補足事項三に列挙された特別行政区で実施される全国的性質を備えた法律数の増減を決定。第三に、特別行政区に新たな権限を付与。第四に、香港・マカオ基本法に対する解釈。第五に、特別行政区政治制度発展問題に対する決定。第六に、特別行政区終審法院の裁判官と高級法院の裁判官の任命と罷免に対する報告などを行う。

全面的管理統治権は中央政府によって行使され、特別行政区の高度自治権との関係も極めて明確である。特別行政区の高度自治権は中央が授けたものであり、中央と特別行政区との関係は、中央と地方との上下関係である。したがって、ここには「残余権限（訳注：法律に明記されていない権限）」のようなものは存在していない。仮にあったとしても、それは中央固有のものである。なぜなら、中華人民共和国は単一制国家だからである。ここには権力の配分問題は存在しない。特別行政区における一切の権力は中央が授けたものであり、授けた分のみ存在する。こうした土台の上にある特別行政区の高度自治権もまた広範なものとなる。ここでは香港特別行政区の例を見る。

第一に、特別行政区では元々あった資本主義制度が維持され、生活方式も変わらず、法律も基本的には同じとなる。特別行政区は法に基づき、私有財産権のほかに自由港や単独関税区の地位を保護し、財政の独立と税収政策を守るだけでなく、経済貿易、金融、科学、教育、文化、防衛諸政策なども自ら定める。第二に、香港基本法と全人代常務委員会による既成法律の処理に関する決定、すなわち一般法（訳注：コモン・ロー）、衡平法（訳注：エクイティー）、関連条例の場合、立法と慣習に倣い、香港基本法に抵触あるいは特別行政区立法機関が修正した内容以外は、これを残すものとする。第三に、香港特別行政区では、『中華人民共和国憲法』ならびに『香港特別行政区基本法』に基づいた高度自治を実施し、行政管理権、立法権、独立司法権、終審権を存分に行使する。第四に、香港特別行政区長官は特別行政区の首長であり、香港特別行政区を代表するものとする。したがって中央政府に対して責任を負い、報告を行うと同時に、香港特別行政区に対しても責任を負う。第五に、香港特別行政区立法会は行政区の立法機関であり、基本法の規定に基づき、民事、刑事、商事、訴訟手続関連などの法律を定めることができる。立法会が定めた法律は、全人代常務委員会にて報告を行わなければならない。第六に、香港特別行政区の裁判機関は、法に基づく裁判権を独立して行使し、それが設立した終審法院は、特別行政区における司法終審権を行使する。ただし、特別行政区内における国防や外交などの国家行為には管轄権を持たない。

実践が証明するように、香港・マカオに対する中央の全面的管理統治権の実施ならびに中央から権限を与えられた特別行政区の高度自治権との有機的結合は、「一国二制度」方針を全面的に実施する最良の案であり、「一国二制度」関係における「一国」が「本」であるという基本思想が正確に認識できるものとなっている。中央の「全面的管理統治権」を維持しなければ、「一国」という根本を保障することは不可能なのであり、同時に、こうした有機的結合のみが、特別行政区の安定と繁栄を維持できるのである。この両者の有機的結合を実施することが、「一国二制度」を保障する最良の案であることは、実践が十分証明済みである。この結論は法学界全体の共通認識となっている。

(五)人類が生存を頼る地球という楽園の保護と、人類運命共同体の構築

現代という時代は、利益が錯綜し、危険と隣り合わせでもある。一方で、世界は多極化し、経済はグローバル化し、社会は情報化し、文化の多様化はますます進んでおり、地球規模のガバナンス体系および国際秩序の変化も加速度的に進んでいる。各国同士の連携や依存も日に日に高まっており、国際的な力関係もバランスを保ち、平和的発展の勢いを止めることはできない。しかし、もう一方で、世界が直面する不安定な要素も日に日に突出してきている。テロリズム、深刻な貧富の格差、頻繁に発生する地域間紛争、深刻な人道主義の危機、生態系の問題、気候の変化など安全を脅かす非伝統的脅威が続いており、人類は深刻な挑戦にさらされている。いかなる人間も無関係ではいられず、いかなる国もここから逃げることはできない。世界の人々は心を一つにして、人類運命共同体を構築していかなければならないのである。このため習近平総書記は中国人民を代表し、国連総会、国連ジュネーブ事務局、世界各国において何度も談話を発表し、人類運命共同体という偉大な構想を訴えた。これは中国法理学に対し、重大な命題を投げ掛けた。すなわち、法理学の面から人類運命共同体構築の偉大な意義と法理的基盤を説明しなければならないのである。

1、人類運命共同体構築は人類共通の理想と共通の利益の現れ

人類はみな一つの地球村で暮らしている。ここでは互いに衝突することもあれば、共通の利益を求める一面もある。人類運命共同体の構築は、現代世界における客観

的要求であり、人類共通の理想でもある。この重大な命題は、一七〇年以上も前から『共産党宣言』の中ですでに「階級や階級対立が存在する例の資産階級旧社会に替わるものは、こういった連合体である。そこでは、一人一人の自由な発展が、すべての人の自由な発展の条件となる」と予言されている。(7)

2、人類運命共同体構築はやがて世界人権事業の新紀元を開拓

一三〇九年にイタリアの詩人ダンテが初めて「人権」という言葉を使って以来、中世ルネッサンスにおける人文主義的人権観念、古典自然法学派、自然主義的人権観（人権天賦論）、功利主義法律人権観、ルーズベルトの「自由主義」的人権観、西洋諸国による新自由主義的人権観を経て、マルクス主義の発展主義的人権観へと至った。すでに七つの世紀を跨いできたが、ようやく世界人権事業における新紀元を迎えたのである。この新紀元における初歩的実践が、まさに協力・互恵の「一帯一路」である。それは以下の基本的要素から構成されている。第一に、共に話し合い、共に建設し、共に勝ち、共に分かち合うことを原則としたグローバル・ガバナンスの新局面である。第二に、人民を中心とした発展理念を指導思想とした世界人権発展の道である。第三に、「多様な文化・文明の融合」を基盤とした多彩な世界である。第四に、利益を土台とした運命共同体である。中国は人類運命共同体の提唱者であるだけでなく、その参与者であり守護者でもある。

3、「人類運命共同体」実践基地である「一帯一路」の建設と保護

近年来、「一帯一路」は各方面で大きな成功を収め、すでに「人類運命共同体」実践のモデルとなった。引き続き、発展・改善していかなければならない。経済的な協力・互恵発展をグローバル・ガバナンスの典範とし、それを世界人権事業が通るべき道へと発展させ、強固な運命共同体を結成していくのが、中国法理学発展において守るべき法則なのである。

この段階はこれからも続いていき、法理学に及ぶ問題も多くなってくる。我々の使命は名誉あるもので、その責任は重い。したがって、中国の特色ある社会主義の道において、引き続き自信を持って中国法理学の発展のため、弛まぬ努力を続けていかなければならないのである。

第二節　法学教育

一九七八年末、「一一回三中全会（中国共産党第一一回全

国代表大会第三期中央全体会議）」が開かれたが、これは中国の歴史上、偉大な節目の大会となった。それは党と国の政策の重点を、階級闘争を綱としたものから、生産建設を中心としたものへと移行したのである。同時に、中国の法学教育も春を迎えることとなり、再開発展期、改革発展期、拡大発展期、全面的発展期という四つの発展段階を歩んできた。

一、発展再開期（一九七九〜一九九二年）

この段階の前期は再開に、後期は発展にそれぞれ重点を置いている。周知の理由により、中国の法学教育は挫折を味わい、一九七〇年代中期の段階で残されていた法学専攻は、わずか二大学の学部専攻、すなわち北京大学法律学科と吉林大学法律学科、さらに一大学の専修科を残すのみであった。これは、武漢大学と中南政法学院の一部教師によって作られた湖北大学法律専修科である。しかし、ここでも一、二年の間は学生募集が禁止された。

鄧小平は法学教育の深刻な状況をいち早く察知して自ら全国科学教育の舵取りを行い、すぐに法学教育を再開させたのであった。北京大学法学科、吉林大学法学科、湖北大学法学科は一九七七年にすぐさま学生募集を行い、法学教育における改革開放四〇年の先陣を切ったのである。当時法科は、全国で二二三人の学部生を募集した。一九七八年、西南政法学院、北京大学法律学科、吉林大学法律学科、鄭州大学法律学科、湖北大学法律学科の法律専攻学部生は七二九人に上った。それに続いて、武漢大学、中国人民大学、南京大学、復旦大学、山東大学、中山大学の法律学科も次々と再開され、同時に北京政法学院、華東政法学院、西北政法学院が復活し、中南政法学院も再建された。一九八三年頃までに、二十余りの高等法学学校ならびに中央政法幹部学校や各省の政法幹部学校が学生募集を始めた。喜ばしいことに、北京大学法律学科がまず教育内容を更新し、昔の「国家と法の一般理論」という法学基礎課程の名を「法学基礎理論」と改めたのである。一九八二年、司法部は一部の法学教師を集め、全教科分の法学教材を編集し、当時の法学教育再開における推進的役割を果たした。一九八四年になると、当時の国家教育委員会が再び総合大学の著名な教師を集め、高水準の法学教材、例えば『法学基礎理論』、『中国法制史』、『中国法律思想史』、『中国憲法学』、『中国民法学』、『中国刑法学』、『中国民事訴訟法』、『中国刑事訴訟法』、『国際法』、『国際私法』、『外国法制史』、『西洋法律思想史』を共同編集している。同時に法学教育は院生教育や成人教育にまで拡大され、多数の法科修士生や一部の博士生を育てた。つまり、法学教育は一九五〇～六〇年代の水準を取り戻しただけでなく、多少の上積みが見られたのである。これは主に以下の面に示されている。(1)教師数に比較的大きな増加が見られたこと。(2)総合大学や政法専門の学院の法学専攻だけでなく、党校（訳注：中国共産党が各級幹部を育成・訓練する学校）、師範系大学、さらには医学、農学、工学系大学にも法学教育が設けられたことで、法学教育が基本的に国民教育の重要な内容となったこと。(3)法学部に例えば国際法専攻、経済法専攻が設けられ、一部の大学では環境法専攻、国際経済法専攻まで設けられたこと。仮に一九八〇年代前期の法学教育が再開を主とするのであれば、後期は発展を主としたものと言える。当時のこうした深度と幅はあくまでも再開期の範囲内であり、全体的に見れば粗削りで、法学教育における幼年期に属する。しかし全体的な方向性は間違っておらず、それはマルクス主義法学理論を指導思想とし、中国法制建設の実践を基盤に据え、中国の国情から出発して中国の法学教育を再開・発展させるものであった。

二、改革発展期（一九九二～二〇〇二年）

改革開放四〇年の法学教育第二段階は一九九二～二〇〇二年で、秩序ある発展を遂げた時期である。中国改革開放が絶えず深化し、特に一九九二年の「一四大（中国共産党第一四回全国代表大会）」の開催ならびに社会主義市場経済体制の確立と発展に伴い、さらに市場経済は実は法制経済なのだという科学的判断の提唱と実践に鑑み、中国の法学には比較的大きな発展が見られた。その上、重点が拡大発展へと向かうが、具体的には以下の点に表れている。第一に、全国に法学専攻を設置する大学が急増し、多い時には六三二にまで達したこと。法科の学生（学部生と専門学校生を含む）はすでに七万九五九〇人に、修士生は六一二三人に、博士生は六八四人に上り、成人教育の学生は一〇万人余りに上った。第二に、法学教育が設けた専攻がより取り見取りであったこと。例えば国際法と国際経済法のように互いを含めるもの、行政法専攻と環境法専攻のように互いに衝突するものも見られた。第三に、法学教材にも統一感が全くなく、自家製教材で対応するしかなかったこと。要するに、法学教育の発展は奮い立つものであったが、当初の予想を遥かに超えるこうした発展は、二一世紀初頭の法科人材飽和状態を生み出す元となった。こうした状況に直面し、国家教育部はすぐさま法学教育指導委員会を組織して成立させた。中国人民大学法学部の曽憲義学部長が主任を務め、武漢大学法学部の李龍副学部長、北京大学法律学科の魏振瀛学科長、中国政法大学副学長がそれぞれ副主任を務めた。教育部による直接指導の下、全国の法学教育に対する諮問、調査、意見を取りまとめ、ある種の改革を試みた。同時に教育部の要求に基づき、いくつかの課題を設定したが、そのうち法学教育と直接関係があったのが、李龍が責任者を務め、周葉中、韓大元、張守文、公丕祥、徐亜文、汪習根などが加わった重要教育改革プロジェクト『二一世紀の法学系専攻カリキュラム構成、共通核心科目および主要教学成果内容改革に対する研究と実践』だったのである。このプロジェクトが二〇〇〇年に完成すると、『中国法学教育の改革と未来』をテーマに、教育部から批准され、全国規模での教育改革が始まった。このプロジェクトでは三つの重要な成果を実現させている。第一に、中山大学で開かれた全国法学部学部長会議に、教育部や司法部の関連担当責任者が参加し、「専攻」の表現が「合意」を得られたこと。つまり、法学専攻は一つの完全なカリキュラム体系であると考えられ、法学部に元々あった七つの専攻、すなわち法学、国際法、経済法、国家経済法、環境法、行政法、公安が合併して法学専攻という一つの専攻となることが全会一致で可決されたのである。ちなみに公安は単独で別の専攻を構成し、専攻目録の中では別の一類に属する。第二に、法学専攻に一四の共通核心科目が設けられたことである。すなわち、法理学、中国法律史、憲法および行政法、民法、商法、知的財産権法、経済法、社会法、刑法、民事訴訟法、刑事訴訟法、国際公法、国際私法、国際経済法である。その後、教学指導委員会により、環境法と労働法の二科目が加えられた。第三に、法学の教育理念が更新され、分厚い基礎を徹底し、間口を広げ、教養教育を実施するとされた。法学教育の育成目標は、国のために教養の高い法科人材を育成することとされたのである。これは二〇〇〇年から全国的に実施され始めた。このプロジェクトは最終的に高等教育機関人文社会科学研究成果一等賞を受賞する。もちろん、実践の中で核心科目に対しては修正を加えていった。法学教育指導委員会第二代主任は、引き続き曽憲義が務め、副主任も多少規模が拡大され、委員の数もある程度増えた。

　この期間中には、もう一つの大きな進展があった。それは中国法学会の復活と再建である。そして中国法学会の指導の下、各専攻研究会が立ち上がるが、ほとんどは一九八五年から一九九〇年の間に発足し、その後多少の増加が見られた。さらに『中国法学』、『中外法学』、『政法論壇』、『法学家』、『法学評論』、『現代法学』、『法商研究』、『法律科学』など一〇余りの法学の専門雑誌が刊行され、法学教育の発展に大きな役割を果たした。

それと同時に、教育部が直接指導する法務修士全国教育指導委員会が正式に発足した。当時の最高人民法院院長であった肖揚が主任委員を、曽憲義教授が副主任委員をそれぞれ務め、法務修士の募集と育成の仕事を直接指導した。最初はいくつかの博士課程を持つ学校で試験的にスタートし、その後全国規模で展開され、すでに百以上の高等政法学部・学科が設置資格を取得した。法務修士は法律実践部門に直接仕えるため、公検法（訳注：公安・検察・法院）三家から歓迎された。

上述の措置を土台とし、教育部は法学教育に対してさらに踏み込んだ改革を実施した。一九九九年六月に開かれた第三次全国作業部会において『教育改革の深化、教養教育の全面的推進に関する決定』が出され、「二一一プロジェクト」と「九八五プロジェクト」といった建設プロジェクトが打ち出された。法学教育は大きく発展し、最も多い時で三〇六もの法学系大学が存在したのである。さらに法学系大学を組織し、「中国法学教育改革実施プロジェクト研究」をテーマに討論が行われた。曽憲義が代表となり、張文顕、李龍、呉漢東、韓大元などがシンポジウムに参加し、法学教育に対する抜本的改革、すなわち法学専攻の下に研究方向を設置し、方向の中に一定のカリキュラムを増設することが定められた。具体的には、法学専攻の一年目と二年目は共通核心科目を学び、三年目と四年目になってから専攻の方向性に基づいたカリキュラムを学ぶのである。さらに、法学教育とは一般教育（主に教養教育を強調）と専門教育（職業教育）とを結びつけたものであると定め、中国の特色ある法学教育を行い、そこから中国法学教育が健全に発展していくよう求めた。実践教学を強化するため、二〇〇〇年九月にまずは北京の七大学に、その後四〇以上の大学の政法学部・学科に「法律相談所（リーガルクリニック）課程」が開設されるに至り、法科学生の実践能力が高められた。同時に、法学教育における国際化要素も強調され、中国法学教育を徐々に国際舞台へと歩ませていった。世紀の変わり目には世界法学部学部長会議が開催され、アメリカのイェール大学、ハーバード大学、フランスのパリ大学、イギリスのオックスフォード大学、ケンブリッジ大学、ロシアのモスクワ大学の法学部学部長などが多数出席し、講演を行った。同時に、中国法学教育指導委員会も、アメリカ、EU諸国や国際組織などと法学教育連合会議を開催している。当時のクリントン米大統領は、米中両国の法学部学部長連合会議のために祝電まで送っている。

つまり、中国の法学教育はすでに世界へとはばたき、名声を轟かせたのである。

三、拡大発展期（二〇〇二〜二〇一二年）

改革開放四〇年の法学教育における第三段階は、法治化発展段階（二〇〇二〜二〇一二年）でもある。前二つの発展期を、中国の法学教育発展は未成熟なりにもやる気を保ち、発展の潜在力があると表現するならば、この第三段階は発展が比較的成熟した段階だと言える。二〇〇五年末までに法学の学部専攻および院生の数は三〇万人に達した。内訳は学部生が二〇万人以上、法学修士（訳注：法学研究者を育成するためのコース）が六万人以上、博士生が六〇〇〇人以上となっている。また、法務修士二万人余りを募集しており、法学教育において多様なルート、多様な形式、多様なレベルという枠組みが登場したことも明らかである。同時に、国家レベルの出版社が出版する法学教材や法学専門書も登場した。教学内容においては、マルクス主義法学の一般原理と中国的特色の維持、マルクス主義法学中国化の強調、中国法治建設の経験総括と昇華の強調、中国の国情に対する研究の提唱と強化、中国法治建設が中国の国情に立脚しなければならないことの強調、全般的西洋化に反対する明確な姿勢、「三権分立」など西洋法学理論への反対が見られた。法学界では中国の国情にそぐわない法学観点に対する整理、例えば「権利本位」、法律移植、司法の独立などへの整理が始まっており、法学教育および法学研究に対する中国共産党の絶対的指導が徹底された。この原則的問題に対し、教育部および中国法学会は正しい理論を貫き、法学教育におけるマルクス主義法学理論の権威的地位と指導的役割を徹底したのである。

大きな方向性を維持するという基盤の下、法学教育は決してその場に止まることなく、逆に「百花斉放」や「百家争鳴」方針の徹底を提唱した。マルクス主義法学の指導の下、中国古代と西洋諸国の法治文明を合理的に取り入れ、中国の国情に立脚し、中国の特色ある社会主義法学理念を構築・形成していったのである。法学教育機関全体が力を結集させ、中国の特色ある社会主義法学理論を研究・発展させていった。法学教育の発展においては、「卓越法律人材育成計画」が実施された。これは中国法学教育の質と水準を高めることを目的としており、その大きな利点は多元化された法学教育モデルを構築し、「千人一様」だった育成方式を打破したことである。数年の実践を通じ、これは一定の成果を上げ、法学教育における職業教育と教養教育との有機的結合を基本的に確立させるに至った。この時期には、一部の価値ある法学専門書も出版されている。教育部と中国法学会はすぐにこれらを評価している。例えば、法に基づく執政、文明的な法の執行、物権法と刑法に対する研究で、特に経済法と環境法の研究においては新たな進歩が見られた。人権の研究に対しては制度建設が強化されただけでなく、国際人権対話のレベルが強化されて高まり、比較的良好な国際的効果が見られた。それと同時に、「特別カリキュラム」が提起・実施されたことで、法学教育における国際化レベルが強化され、法学カリキュラムにおけるバイリンガル教学が強調された。この時期は、海外留学から戻ってくる法学人材も日増しに増えており、そこに国内の大学が増えてきた状況も加わり、法学はかつての明るい未来が約束された専攻から、人材過剰、分配（訳注：国家が大卒者のそれぞれの配属先を決める）難、就職難の局面を迎えていた。こうした現象は、中国の法学人材不足という実情と符合しないものであるが、確かに存在したのである。国による一連の有効な措置のおかげで、こうした局面は無事に解決し、法学教育を健全な発展の道へと歩ませたのである。

四、全面的発展期（二〇一二年～現在）

法学教育の全面的発展段階において、政法関連の高等教育機関は学生の実務能力の育成をより重視し、実践段階を大幅に強化した。一つ目として、固定された実習基地を有し、学生の実習時間を増やすよう求めた。二つ目は、政法系学校と具体的な政法部門、例えば法院、検察、公安機関との間で「ダブル千計画」を実施し、業務連絡を強化させた。これはそれぞれ人材を派遣して相手方で一～二年働き、全国で合わせて二〇〇〇人の交流になることから、「ダブル千計画」と呼ばれる。三つ目は、学生の国際交流能力を向上させ、その外国語レベルを高めるため、「バイリンガルカリキュラム」を多数開設するよう求めた。同時に、法学博士生の評議作業を復活させ、新たに八つの大学に博士課程が設けられたことで、全国の法学博士課程は約八〇に達した。これを土台とし、政法系高等教育機関は更に国際評価から「ダブル一流」建設を取り入れ、その結果、六つの学校が国際一流学科建設に選ばれた。すなわち、中国人民大学法学部、中国政法大学法学部、北京大学法学部、清華大学法学部、武漢大学法学部、中南財経政法大学法学科（自定）である。

特に触れておかなければならないのは、中国共産党中央が二〇一四年に開いた「一八回四中全会（中国共産党第一八回全国代表大会第四期中央全体会議）」において、全面的な法に基づく国家統治における司法管理体制、司法の責任、訴訟原則などいくつかの重要な問題に対し、真剣な議論が交わされた点である。さらに、『法に基づく国家統治の全面的推進における若干の重大問題に関する中共中央の決定』がまとめられ、一九〇以上の問題が提起された上、具体的な司法部門に振り分けられて解決を見ることとなった。そこには主に、二つの大きな面が含まれている。一つは裁判を中心とした訴訟原則の改革で、もう一つは責任制を中心とした追及制度の構築である。同時に、法学教育の問題も研究・強化され、上述した『決定』の中では以下のように指摘されている。「マルクス主義法思想ならびに中国の特色ある社会主義法治理論を用い、全般的に高等教育機関、科研機構の法学教育および法学研究の砦を抑えるよう徹底する。また法学基礎理論研究を強化し、完璧な中国の特色ある社会主義法学理論体系、学科体系、カリキュラム体系を形成する。さらに、統一された国家法学系専攻核心教材を組織・編集して全面的に採用し、司法試験の必修範囲に組み込む。徳を立て、人を樹て、徳育を先と為すといった方向付けを堅持し、中国の特色ある社会主義法治理論が教材に入り、講堂に入り、頭に入るよう推進し、その法治体系に精通かつ徹底できる人材および後方部隊を育成するよう徹底させる。国際法律規則に明るく、渉外法律事務の処理に長けた渉外法治人材部隊を構築する」と。

二〇一七年、習近平総書記は中国政法大学を視察し、法学教育について重要な談話を発表した。その中で、全国法科学生が「徳と法を兼ね備えた」法治人材となるよう号令を発し、中国の特色ある社会主義法治強国を建設するために青春を捧げ、中華民族の偉大な復興という中国の夢を実現するため奮闘するよう求めた。

「一九大（中国共産党第一九回全国代表大会）」の開催は、中国の特色ある社会主義新時代の幕を開けたため、法学教育にも新たな局面が出現したのは言うまでもない。我々は中国の法制建設、とりわけ法治中国の基本思想としての法学教育に厚い期待を寄せている。過去を振り返ればその成果は輝かしく、未来を展望すればその行く末は限りなく開けているのである。

「一九大（中国共産党第一九回全国代表大会）」の開催は、中国の特色ある社会主義新時代の始まりであると同時に、中国法学教育新時代の幕開けでもあり、中国法治建設ならびに中国法学教育に新たな輝きをもたらすことは疑いの余地もない。こうした展望を行う理由は少なくとも四つある。

第一に、習近平の新時代における中国の特色ある社会主義法治思想に関する指導である。これは我々が中国法学教育の輝かしい前途を展望する際の基本的思想かつ根本的保証となる。なぜなら、習近平の新時代における中国の特色ある社会主義思想は、マルクス・レーニン主義、毛沢東思想、鄧小平理論、「三つの代表」重要思想、科学的発展観の継承かつ発展であり、マルクス主義の最新成果だからである。これは同時に、党と人民による実践と集団の知恵の結晶でもあり、中国の特色ある社会主義理論体系の重要な構成要素でもある。すなわち、これは党全体と全国人民が中華民族の偉大な復興実現のために奮闘する行動指針であり、内容が豊富で奥深いのである。また習近平の法治に関する思想は、そのうちの重要な内容であり、とりわけ全面的な法に基づく国家統治に関する論述、法治と改革に関する弁証関係の論述、中国の特色ある社会主義法治の道、法治理論、法治体系に関する論述は、中国法学教育の指導思想かつ根本的内容である。これは、中国法学教育の国際的地位を高め、中国の特色ある社会主義法治体系、学科体系、カリキュラム体系の構築に対し、極めて大きな促進・推進の役割を果たす。例えば、習近平の法治思想に関する重要な論断・警告は、中国法治言語体系の基本原理および基本概念に直接転化することができる。これは学科体系における理論的根源やカリキュラム体系における重要な支えとなり、当代中国法学教育を輝かしい道へと歩ませるのである。

現在の世界では、中国の知恵、中国の案、中国の貢献が、世界中の人々からますます称賛され、彼らの共通の理想となっている。とりわけ、中国法学教育はマルクス主義法学を指導思想とし、悠久で奥深い中華法治文明に裏打ちされたものである。それは中華民族の「人を以て本と為す」歴史的伝統に根を張り、「和を以て貴しと為す」や「容る有りて乃ち大なり」の枠組みにおいて「太平の世」の境地を追い求め、「人類運命共同体」や「天下為公」といった科学的理念を胸に、「人間の全面的発展」という価値目標を追求し、天下を思う広い心と人類の共通の理想とを示したものである。つまり、中国法学教育の内容はますます人々の心をつかんでおり、急速な発展ならびに全面的繁栄を迎えることは必定なのである。

目下、前進の道において多くの困難に遭う可能性があるが、習近平の法治に関する思想の中から探求し、実践の中から真実を求め、規律の中から発見し、指導者・幹部や人民全体における法治思想と法治方式の水準を高め続けていかなければならない。

第二に、中国法学教育と前途に対しては四つの自信を樹立することである。すなわち、法治の道への自信、法治理論への自信、法治制度への自信、法治文化への自信である。自信は前進の原動力であり、成功を勝ち取るための土台でもある。道への自信とは、方向性の問題である。ここでは、中国の特色ある社会主義法治の道が「一一回三中全会（中国共産党第一一回全国代表大会第三期中央全体会議）」以来、法治実践の中で徐々に形成されたものであり、時代の流れに乗り、民意に沿って国情に立脚した大いに歓迎されるものであることをしっかりと見極め、堅く信じていかなければならない。この道は三つの面から構成されており、その核心的意義は中国共産党による指導の徹底、中国の特色ある社会主義制度の徹底、中国の特色ある社会主義法治理論の徹底である。これは中国の特色ある社会主義法治体系の制度属性ならびに前進の方向を規定・確保するものである。また法学教育は、社会主義法治体系の構成要素であり、ここから法学教育に明確な発展の方向が与えられ、それが中国の特色ある社会主義の大通りの上を絶え間なく前進していけるようにするのである。

第三に、中国には数十年、とりわけ改革開放四〇年という法学教育の経験があり、こうした経験は貴重な宝である。これらを総括してマルクス主義による分析を加え、中国の国情に結びつけて理論の域にまで高めれば、有益なこと間違いない。例えば、中国法学教育の性質に対しては、教養教育と職業教育を結合したモデルを採用し、中国法学教育の発展を効果的に推進するのである。中国の法学教育は西洋の教育モデルをそのまま移植してはならず、単純に院生教育段階へと押しやってもならない。つまり、教養教育という土台の上で職業教育と結びつけるのであり、実践が証明するように、その効果は良好と言える。

第四に、中国法学教育は、中国数千年に及ぶ法学教育の合理的な要素をうまく活用し、「昔のものを今に役立てる」と「西洋のものを中国に役立てる」といった方針を貫く。同時に、西洋法学教育における合理的要素もうまく取り入れ、そこから中国法学教育独自の道を行き、条件に適った社会主義法律人材をただちに育成するのである。

習近平総書記は二〇一七年五月、中国政法大学を視察に訪れ、中国の法学教育と法制建設に対して重要な指示を与えている。そこでは、正確な法治理論による導きがなければ、正しい法治実践は不可能であることが強く指摘された。高等教育機関は法治人材育成の第一陣営として、学科が揃い、人材が密集している優位性を十分に利用し、法治とその領域における基礎的問題の研究を強化していく。また、複雑な現実を深く分析し、科学的な結論を出して規則の認識を高め、中国の特色ある社会主義法治体系を完成させるために、社会主義法治国家建設のための理論的な支えを提供するのである。同時に、徳と法を兼ね備えた法科人材の育成に大いに力を入れるよう訴えた。習近平総書記は法学教育の重要性を強調しただけでなく、法学教育を発展させる方法と措置をも指摘したのである。これは中国法学教育にとって力強い追い風であり、我々はこの呼びかけに応じ、光栄な使命と責任の重大性を痛感し、あふれる自信と希望を抱いて、法治教育を新たな段階へと推し進めていかなければならないのである。偉大な新時代において、法学教育は必ずや新局面を迎えるに違いない。

「一九大（中国共産党第一九回全国代表大会）」の精神に励まされ、二〇一八年一月三〇日、国家教育部は『普通高等教育機関学部専攻類教学品質国家基準』を公布した。法学を含む全国の学部専攻の目録は全部で九二に上り、これは中国初の高等教育教学品質基準である。そこでは専攻課程教員メンバーの数と構成、学科専攻における教員の資質および水準、教学における教員の発展条件について定性と定量の結合を求め、三つの原則を貫くよう提起している。一つ目は、学生中心を突出させ、学生の学習に対する興味や潜在能力を引き出すことに注意すること。二つ目は、産出の方向性を突出させ、経済社会の発展需要に主動的にアプローチし、人材育成目標を科学的かつ合理的に設定すること。三つ目は、持続的改良を突出させ、学校の質保障体系を強調し、教育の質の絶え間ない向上を推進することである。

要するに、習近平の新時代における中国の特色ある社会主義思想の導きと、党の教育方針という方向性があれば、中国は法学教育を三つの「一流」（一流大学、一流学科、一流教師陣）へと推し進めることができる。それにより、中国法治建設に対してあるべき貢献をし、人類運命共同体構築のために奮闘・努力するのである。法学教育の前途は明るいが、責任も重大なのである。

第三節　中国法理学発展の戦略的計画

一、法学の言語体系・学科体系・教材体系の構築

学科の言語体系は、実のところ学科の学術的命でもあり、その学科の基礎理論構築の成果に直接関係するだけ

でなく、学科の発展水準と発展の方向性にも直接反映される。またその学科の国際化レベルにも直接影響する。まさに後進国が泣きを見るのと同様、独立した言語体系を持たない学科が学術的談話の権利能力と行為能力を失うのは必須で、最終的にはその生きる場まで失ってしまうのである。そこで、法学言語体系を構築することは、当代中国法学界、特に法理学界にとって極めて切迫した問題となり、これは直接中国法学の未来に関わってくる。

中国共産党と中国は中国法学言語体系の構築を常に重視しており、一世代上の無産階級革命家や法学者はこのために甚大な努力をし、これを構築しようと何度も試みてきた。最初は中華人民共和国成立直前、すなわち一九四九年正月のことである。国民党政府は「三大戦役（訳注：遼沈戦役〈一九四八年九月～一一月〉、淮海戦役〈一九四八年一一月～一九四九年一月〉、平津戦役〈一九四八年一一月～一九四九年一月〉という「三大戦役」を経て、国民党軍は総敗退した）」の惨敗を受け、いわゆる「平和交渉」を求めてきた。毛沢東主席は中国共産党を代表し、「平和交渉」に対して回答を行い、八つの条件を打ち出したが、その第二条には「偽憲法の廃止」、第三条には「偽法統の廃止」が含まれている。当時の『解放日報』の解説によると、法統とは法体系のことで、「憲法ならびに法系統」とも呼ばれているとある。明らかに、法体系もしくは法システムにおいて、これが法学言語体系内に含まれる点は疑いの余地もない。引き続き、一九四九年二月、『国民党の六法全書廃止と解放区の司法原則確定に関する中国共産党中央の指示』が公布されるが、その中には当然、法学言語体系構築の初期構想が見られた。なぜなら、司法原則においては、当然新たな法学言語体系の基本概念と判断が必要だからである。実のところ、当時の華北人民政府がすでに徹底した実施を行っている。マルクス主義法学者の董必武、謝覚哉、楊秀峰などがすでにマルクス主義法学言語体系構築の作業に入っており、「革命精神を用いてマルクス・レーニン主義、毛沢東思想の国家観および法律観を学ぶ」よう人々に呼びかけていた(8)。しかし、続いて中華人民共和国が成立し、抗米援朝の朝鮮戦争、土地改革、「三反五反」などの重大政治活動と政治運動が次々と起こったため、党と国には法学言語体系構築作業を実施する時間も余裕もなかった。ただし、一連の立法、特に一九五四年憲法の制定と公布は、法学言語体系構築の本格的幕開けにとって、絶好の布石となった。

現在、中国の特色ある社会主義法律体系は、当代法学が目覚ましく発展する当代中国、とりわけ習近平の新時代における中国の特色ある社会主義思想の科学的新情勢の下、力を結集させて中国の特色ある社会主義法学言語体系を構築することは、すでに主観的にも客観的にもその条件を整えている。全面的な法に基づく国家統治の徹底した実践の中で、法学言語体系は必ず形成されるのである。この体系は、習近平の新時代における中国の特色ある社会主義法治体系、とりわけその基本理念、範疇、重要判断、論述を土台としている。真剣な討論を経て、中国の特色ある社会主義法治（学）言語体系の核心理念を構築し、中国法治の実践から基本範疇や概念を練り上げ、最後に中国の特色ある社会主義法学言語の基本的枠組みへと昇華させる。こうした土台の上に、中国古代法治文明の精華を合理的に継承して受け入れる。すなわち、自国の文化財における法治文明の吸収である。同時に、西洋法治文明の精華についても目的を持って分析を行い、合理的に取り入れる。すなわち、外来の法治的文化財および国際法治公認の人民に有利な言語的文化財および国際慣例における一部合理的要素を吸収するのである。

中国法学言語体系の構築は、偉大でシステマチックなプロジェクトであり、全国人民、特に法学界や法律界の同志たちによる努力が必要となる。党の指導、習近平による中国の特色ある社会主義思想の指導、全面的な法に基づく国家統治の輝かしい実践があれば、法学言語体系は必ず構築できると信じている。もちろん、この偉大なプロジェクトは一筋縄ではいかない。一人一人が自ら、また今日からこれを実践し、団結して協力し合い、共に奮闘していかなければならないのである。

法学学科体系と教材体系の構築作業については、マルクス主義理論と建設プロジェクトの一部として、二〇〇四年にすでに始動している。この十数年来、国は教材局を作り、中国共産党中央宣伝部や国家教育部と共にこの方面の作業に追われた。ある程度の成果を残した今、「一九大」の精神や重要な法治理念、概念をこの中に浸透させ、一段と新しいマルクス主義中国化の偉大な成果を形成していく。そして、それらが教材に入り、講堂に入り、学生の頭に入っていくことで、基礎がしっかりとした間口の広い高規格・高教養・高品格の治国の才を育てていくのである。

二、中華民族の偉大な復興を実現させるための共通思想の基礎固めと中国法理学の発展促進

二〇一八年三月、全人代で五回目の『憲法改正案』が通過し、公布された。ここでは最高法規という形式で、習近平の新時代における中国の特色ある社会主義思想を国の指導思想とすることが確認された。これは、憲法が

時代に即したものとなるよう推進し、全国人民が共に守り、各事業や各方面の作業における行動準則となった。これは中国の歴史発展における必然的要求であり、全面的な法に基づく国家統治の客観的需要でもある。同時にこれは、憲法が国の最高法規という地位、法的権威、法的効力としての法治法則であることを示している。

憲法は最高法規の地位を備えており、それは自らの内容によって定められている。憲法は法律の法律であり、国の立法基盤である。また法体系の中の核心であって「母法」でもあり、他の法律・法規はこれに基づいて制定されなければならない。しかしながら、実践の中では、「民法こそ万法の母」と考える者が一部にいる。これは古めかしい考え方、もっと言えば一種の間違った思想である。憲法は国の根本法であって「母法」であり、他の法律は憲法を土台かつ根拠としなければならない。これは人類法治文明の共通認識であり、中国の法制統一に必要な考え方でもある。中国の特色ある社会主義法律は憲法を核心としていなければならない。「憲法は公法を代表し、民法は私法を代表しており、両者は互いに干渉しない。これは平行する二つのシステムなのだ」などと二度と言ってはならないのである。

憲法は法的権威を備えており、これは法律・法制自身による要求である。アリストテレスは早くに、法律は各方面において至高の権威を持つべきで、憲法はそうした法体系の核心であるのだから、もちろん権威を備えるべきだと述べている。憲法の権威は憲法至尊、憲法の至聖、憲法の至信を求める。つまり、一国において人々が憲法の尊厳を守り、憲法の神聖なる不可侵性を保障し、法体系における憲法の至高の地位を守ることで、人々の内心に憲法に対する信仰を打ち立てなければならないのである。なぜなら、中国の憲法は国の根本的大法、国家統治・執政における総章程、全国人民の意志の現れ、改革開放の総綱領だからであり、我々はこれを行動準則として、心の中の憲法信仰を深めていくべきなのである。

憲法は最高の法的効力を備えている。これは客観的な必然的要求である。なぜならそれは「母法」であり、他の法律は「子法」に属するからである。「子法」は当然「母法」に服従しなければならず、少しでも抵触したり違反したりすることは許されない。もしそうなった場合、その「子法」は即刻失効し、法的効力を持たなくなる。この原則は『立法法』の中にはっきりと規定されている。法律の生命は実施にあり、法律の権威もまたその実施にある。そして法律実施の根拠は、法律を保障する効力なのである。

のみから見ても、法学はまず人文科学である。それには二つの理由がある。一つ目は、歴史上最も古い大学はイタリアのボローニャ大学であるが、最初は二つの学科しかなかった。すなわち法学部と医学部であり、その後、神学部（後に哲学部と改称）が加わった。この三つの学部を設立したのは、それらが解決するのがすべて人間の問題だからである。神学は人の思想問題を、医学は人の健康問題を、法学は人の行為問題をそれぞれ解決する。もちろん、社会の発展につれ、大学には少なからぬ自然科学系の学部・学科が増設されていった。これはつまり、人々は歴史的に、まずは法学が人文科学であることを認めていたのである。現在も多くの国でそう考えられている。二つ目は、法学は確かに古いが、それは独立した学科として、哲学や政治学の中から分離して出てきたものである。法学の発展にはまず、解釈学派と後の人文主義法学派があり、オースティン（John Ausitn）の『法理学の範囲（The Province of Jurisprudence Determined）』が出版されてから、ようやく法理学が一つの学科となったのである。したがって、我々は法学を人文科学と定義すべきなのである。実のところ、法学はイデオロギー学科でもあり、価値観、歴史観、世界観の影響と支配を直接受ける。西洋法学は資産階級のためにあり、例えばトランプ（訳注：

憲法は中華民族の偉大な復興を実現するという共通の思想を基盤としているため、（中国法理学をもちろん含めた）中国法学の発展を必然的に促す。なぜなら憲法は、中国法学に指導思想を提供もしくは確定させるからで、法学に関する習近平の思想は豊富な内容と奥深さを持ち、中国法学の発展を力強く後押しして支持し、法学発展のために、例えば政策制定、人材育成、物質的保障の提供など各方面から条件を整えることとなる。

三、法学教育の強化・改革と国家のために道徳・法律を兼ね備えた法学人材の育成

中国の法学教育には数千年の歴史があり、紀元前六世紀における法学の先駆者・鄧析が私塾を作って法学教育に従事してから現在に至るまで、多くの変化を経験してきた。特に中華人民共和国成立以降の法学教育に対する改革のおかげで、法学教育は中国の法治建設に大量の法律人材を送り込むこととなった。

しかし、中国の法学教育には一定の問題が未だに存在しており、更なる強化と改善が必要である。初めに、考えを刷新しなければならない。中国は常に、法学を社会科学、しかも実践性の強い社会科学であると認定してきた。しかし、これは正確性に欠けると考えられる。歴史

前アメリカ大統領）の法律や政策を見れば、この点がはっきり表れている。中国法学の発展と計画・繁栄では、習近平の新時代における中国の特色ある社会主義思想を指導思想とし、中国の国情に立脚し、中国法治建設の経験を総括しなければならないのである。したがって、我々は中国法学教育に対して一層の改革を行い、中国の特色ある社会主義法治理論の学習を強化していく必要がある。

同時に我々は、中国法学の実践性をはっきりと認識し、法学理論と法治実践を結びつけていかなければならない。これには以下の傾向を克服する必要がある。すなわち、実践からかけ離れた学校教育が比較的突出し、育成された学生に実践能力が欠けている傾向である。そこで、経験豊富な裁判官や検察官を学校に派遣して教育にあたらせ、それを彼らの昇進の条件の一つとすべきである。決して形式主義に走ってはならない。高等教育機関の政法学部・学科では、教員の学術科研レベルを高める際、実践を総括した論文を求めるべきである。また学校の教員は裁判所で半年から一年の非常勤を経験しておくとよい。そのようにして初めて、理論と実践教学を統一することが可能なのである。もちろん、そこには学生が実践部門に赴いて少なくとも半年の実習をすることや、高等教育機関の政法学部・学科と政法部門との連携強化が含まれている。省レベルの政法委員会にこの件を専門に管理する担当者を設けるとよい。厳密に言えば、元々あった五つの政法系大学は中央政法委員会の直接管轄とすべきである。大学を卒業した法科学生については、省政法委員会が一括して手配を行い、学部卒業生には県レベルの法学所において一～二年の十分な実務経験を積ませてから大学院の入試を受けさせるべきである。

中国法学教育の責任は重大で、その栄光の使命を胸に、中国法学と法治の繁栄のために更なる貢献をし、偉大な社会主義法治国家建設のために引き続き努力していかなければならないのである。

四、良法善治と実践の中での法に基づく国家統治の全面的推進

習近平総書記は、「法律は国家統治の重器であり、良法は善治の前提である」と指摘している。良法善治は、全面的な法に基づく国家統治の重要段階であり、法治中国の基本的象徴でもある。近年、中国の法学界と政治学界では良法善治に対して熱い議論が行われてきた。ある学者は、善治とは良法に法治を加えたものであると主張した。また別の学者は、善治と法治は二つの全く異なる概念であると考えた。実はどちらも誤解である。なぜな

ら法治（実質的法治）は「良法の治」でなければならず、良法を離れたら、法治はその基礎と前提を失ってしまうからである。同様に、法治は良法の必然的要求であるため、両者は不可分なのである。したがって、古代中国にはこれを「善法」と称し、王安石は「天下に善法を立てれば、則ち天下治まる。一国に善法を立てれば、則ち一国治まる」と述べている。[9]

ここでは「良法」の科学的概念をはっきりさせておかなければならない。筆者は二〇世紀末、『良法論』という本を著し、良法の基準について提起している。中国の立法実践を結びつけ、世界各国の立法を参照した結果、良法は以下の基準を備えていなければならないと思われる。

㈠人民性

これは「良法」の第一基準であり、「良法」の本質的属性でもある。そこには以下の要求が含まれる。(1)人民の主体的地位の徹底。人民は法に基づく国家統治における主体かつ力の源である。そして人民代表大会は人民が主人公となることを保障する根本的政治制度である。したがって、法治建設における人民の主体的地位を守り続けなければならない。法律とは、人民のため、人民に寄り添い、人民に幸せをもたらし、人民を守り、人民の主体的地位の保障ならびに人民の根本的利益を出発点と終着点に据えなければならない。そして人民が幅広い権利と自由を享受し、担うべき義務と責任を負い、社会の公平と正義を守り、共に豊かになることを促進するよう保証しなければならない。社会主義法治の実質は、民の為の立法、民の為の法の執行なのである。まさにマルクスが早くから訴えたように、「法律が人民の意志の自覚的表れであるから、人民の意志と共に生まれ、人民の意志によって創設された時のみ着実に把握することができる。そして、ある種の倫理関係の存在がすでにその本質にあるそうした条件に合わないことを正確かつ何の偏見もなしに確定し、科学が到達したレベルに合うだけでなく、社会ですでに形成された観点にも合うようになる」のである。[10] (2)科学的立法、民主的立法、法に基づく立法の本格的推進。人民の主体的地位を維持することは、人民性という根本的特徴と基準から良法の内容を論証することである。そして、科学的立法、民主的立法、法に基づく立法は、人民性という根本的基準を方法論から論証するもので、立法の際は客観的規律を尊重し、マルクスが語ったことを守るよう求める。立法は法律の発明ではなく、法律を表述したものに過ぎないのである。民主的立法で特に強調されるのは、例えば表決立法、協商立法、行政立法などのような民主的立法形式の多様性である。法に基づく立法が主に強調するのは法治の統一性であり、憲法こそ立法の基盤を唱え、法律の協調性を強調する。(3)社会主義法律は党の正確な主張と人民の意志の統一を強調。我々は社会主義国家であり、党の指導は全面的なものであることを明確にしておかなければならない。そして全体を縦覧しつつ、各方面と協議を重ね、法律は党の主張を反映し、表すものでなくてはならない。それと同時に、人民の意志を表していなければならない。つまり、党の主張と人民の意志は統一されたものであり、党の主張は人民の意志を反映し、人民もまた党の指導と主張を擁護する必要がある。党は人民を指導して法律を制定し、人民に法律を守らせる。要するに、人民性とは社会主義良法の根本的基準なのである。

(二)客観性

唯物史観では、社会の存在は社会のイデオロギーを決定すると述べている。これを基礎理論とする観点では、法律内容の変更と発展は、一定の経済的土台によって決まるものだと考える。したがって、法律には二面性が備わっている。一つは一定の階級意志性、すなわち主観性である。もう一つは一定の経済的土台の上に構築された重要な部分、すなわち客観性を備えていることである。マルクスは早くから「こうした意志の内容は、あなた方の階級における物質的生活条件によって決まるのだ」と人々を戒めている。[11] 客観性は良法の基本的基準であり、立法、特に社会主義立法における必然的要求である。この基準に背くことがあれば、良法の本質は失われる。ここで言う客観性とは、立法の際、客観的法則を遵守して適応していくことであり、主観的憶測に走ってはならないのである。したがって、立法の前には以下の作業を行わなければならない。(1)真剣に調査研究を実施すること。ここでは、専門の担当者(同業の専門家)、法律専門家、専管の幹部による「三結合」人員を構成したり、立法公聴会を開いて各方面の意見や提案を聞いたりすることができる。(2)関連資料を真剣に分析・総括すること。ここには、資料や歴史資料の調査研究が含まれており、偽を廃して真を残し、精華を吸収して糟粕を捨てることが望まれる。(3)中国古代の自国の文化財と世界各国からの外来の文化財とを比較し、参考にすること。立法の客観的法則性問題に関しては、習近平総書記が『法に基づく国家統治の全面的推進における若干の重大問題に関する中共中央の決定』の中で以下のように指摘している。全面的な法に基づく国家統治推進では、「中国の実情から出発するよう徹底する。中国の特色ある社会主義の道、理論体系、制度は、全面的な法に基づく国家統治推進において根本的に守るものである。我が国の基本的国情から出発し、改革開放の弛まぬ深化と呼応させ、党が人民を指導して法治を実行する成功経験を総括・運用していく。また社会主義法治建設の重要な理論と実践問題をめぐっては、法治理論の刷新を推し進め、中国の実情に即し、中国の特色を備え、社会発展の規則を表す社会主義法治理論を発展させていく。そして法に基づく国家統治のために理論的指導と学術的支えを提供する」と。

㈢時代性

良法は、それが存在する時代と密接な関係にある。いかなる法律も、一定の時間と空間の中にあり、異なる時代には異なる法律が存在する。したがって、良法の基準の一つは、それが存在する時代に呼応し、時代の流れに順応できているかどうかとなる。時代の潮流に逆らってはならず、この基準もまた重要である。我々がいる時代は、平和的発展を主流とする時代である。国内では社会主義市場経済を発展させ、国際的には平和的外交政策を実施し、世界の人々と団結して人類運命共同体を共に構築していくのである。したがって我々の国内における立法では、経済建設における市場の決定的役割と、市場経済を促進する際に政府が発揮する重要な役割を強化していかなければならない。同時に、我々の立法の内容は、平和的外交活動を促進し、世界の人々が団結して人類運命共同体を構築していくのに有利なものでなければならない。現時点では、「一帯一路」の完備を提唱する過程において、国際貿易とグローバル・ガバナンス促進に有利な法律・法規である必要がある。良法の時代性は、良法の活力でもある。もしも時代性という基準がなければ、良法はその存在の前提を失う。まさにマルクスが早くに指摘したように、「我々は、我々の住む時代的条件の下でしか認識することはできない。その上、こうした条件が達成されているところが、我々の認識における限界点」なのである。[12]

㈣操作性

良法は操作できるべきである。操作が不可能な法律は、当然法律とはなり得ず、良法の場合はそれ以上が求められる。なぜかといえば、法律の命が実践や実施にあるからである。法律の権威もまた実践と実施にある。良法は、実施を通さない限り、その良法たる機能を表すことはできない。良法の実践性、すなわち操作性という基準を表すには、以下の点に気をつけなければならない。⑴良法の規範的表現は、必ず全称的、肯定的、具体的な判断であること。この点は、法律出身のマルクスもかつて経典の中で表明している。彼は「法律は肯定的、明瞭的、普遍的規範である」と述べている。[13] ⑵法律同士の相互矛盾に関しては、後出の法が前出の法に、上位法が下位法に、根本法が普通法に、特別法が一般法にそれぞれ優先する原則を用いてこれを解決すべきこと。⑶法律規範は分かりやすいものを選び、中国語の文法・修辞の要求に適ったものを用い、学術用語は簡明、確実、正確なものを使うこと。⑷良法は執行しやすいものであること。この点は非常に重要である。さもなければ、良法が役割を発揮する際に影響を及ぼすこととなり、その立法の意義が失われるのである。

良法は土台であり、善治は鍵である。善治は複雑な系統的ガバナンスプロジェクトであり、そこにはガバナンス方式の多様化、例えば共治、自治、徳治が含まれ、これらは必ず法治を基本としていなければならない。また、ガバナンスの種類の多様化、例えば根本的ガバナンス、総合的ガバナンス、オープンなガバナンスも含まれる。さらには、ガバナンス段階の多様化、例えば国家ガバナンス、社会ガバナンスや、ガバナンス類型の多様化、例えば環境ガバナンス、秩序ガバナンス、文化ガバナンスなども含まれる。もちろん、善治の主な内容は、社会主義民主と自由を拡大・改善し、法の前の平等を実現し、人権を尊重・保障することである。

良法は善治と結合していなければならない。良法がなければ、いわゆる善治は存在せず、悪法悪治となる。善治のない良法も、よりよい作用を発揮できない。したがって、良法と善治は有機的統一を実現させる必要があるのである。実際には知と行の統一である。

良法善治は全面的な法に基づく国家統治の新たな段階、すなわち上級段階であり、法治と平行した国家統治方式ではない。従って、法に基づく国家統治は国家統治・執政の基本方式であるため、善治は法に基づく国家統治を凌駕する方式ではない。法に基づく国家統治は、それを深く推進した段階であり、さもなければその実践における徹底した推進に影響を及ぼすこととなると党中央は早い段階から明確に指摘している。

良法善治の価値基準は、人民の素晴らしい生活を実現させることである。つまり、それは人民に安心感、充実感、幸福感を感じてもらうことである。まさに毛沢東が青年期に予期したように、「法令とは幸福を謀る道具である」、「法令が善であれば、我が民を必ず幸福にしてくれる。我が民はそうした法令が出されないことを恐れ、もしくは出されてもそれが効力を発揮しないことを恐れている。したがって全力でこれを保障し、維持し、その目的を達するまで改善し続けなければならない」のである。[14]したがって、我々は習近平総書記の呼びかけに呼応し、全面的な法に基づく国家統治の過程において、良法善治を推し進め、「小康社会の全面的完成の決戦に勝利し、新時代の中国の特色ある社会主義の偉大な勝利をかち取り、中華民族の偉大な復興という中国の夢を実現し、人民の素晴らしい生活へのあこがれを実現するために、引き続き奮闘していこう！」ということである。[15]

五、人類運命共同体の構築と人間の全面的発展の実現

利害が錯綜し、常に危険と隣り合わせの昨今、人類はテロ、自然災害、局地戦争、難民危機、社会分裂など大きな挑戦に直面している。いかなる国も、いかなる個人もこうした状況から逃れることはできない。したがって、一つの地球に暮らす人々が一致団結し、共に立ち向かっていくことが求められる。こうした危機に際し、習近平総書記は中国の案を打ち出した。それは、全面的な法に基づく国家統治を推進できるばかりでなく、各国の人々を団結させ、恒久平和的で常に安全な、共に繁栄する団結した美しい世界を作り上げることもできる。この中国の知恵が垣間見える中国の案は「人類運命共同体の構築」なのである。

実のところ、早くは二〇一五年九月、習近平国家主席は国連創設七〇周年記念大会の際、『手を携えてウィンウィン合作の新たなパートナーを構築し、心を一つにして人類運命共同体を作り上げよう』と題した著名な講演を行っている。二〇一七年一月、習主席はスイスのジュネーブで再び、『人類運命共同体の共同構築』と題したテーマ講演を行った。その後も諸国歴訪の度に、似たような講演や談話を発表し、世界中の国々で大きな反響を呼び、世界中の人々から賛同を得たのである。同時に、「人類運命共同体の構築」という言葉を国連決議およびその所属各委員会の決議に入れ込んだことで、国際人権法治における発言権を勝ち取ったのである。これは、中国新時代における全面的な法に基づく国家統治の重要指導思想となり、人間の全面的発展を力強く促進した。

「人類運命共同体の構築」という科学的観点と重要な論断の提起は、法治史上あるいは人権史上の偉大な快挙であり、人類が共通の理想の下に集う先駆けとなったばか

りでなく、中国の法に基づく国家統治の全面的推進における指導思想と価値目標でもある。もちろん、それは中華五千年という悠久の歴史が持つ伝統文化や法治文明に根ざしている。それが徹底するのは、「和を以て貴しと為す」や「容る有りて乃ち大なり」の広い心、それが追い求めるのは「太平の世」や「天下為公」といった理想の境地、それがこだわるのは「和して同ぜず」の哲理思想、そしてそれが実現しようとしているのは「人間の全面的発展」という崇高な理想なのである。したがって、この偉大な思想の提起は、人類の発展に方向性を示しただけでなく、中国法理学の発展計画にも奮闘目標を提起したのである。

1、全面的な法に基づく国家統治と法に基づくグローバル・ガバナンスとの相互適応

人類運命共同体の構築は偉大な提案であり、この提案の実施は宏大でシステマチックなプロジェクトであり、流れを決め、計画的に実施していく必要がある。国際的に見れば、まずは法に基づくグローバル・ガバナンスを進めていくことである。ソ連が解体し、東欧が激変した後、世界にはアメリカというたった一つの超大国が残されたと言える。アメリカは恣意的に国際秩序を破壊し、人権の旗印を掲げて他国の内政に粗暴な干渉を行い、イラク戦争、アルジェリア戦争、ユーゴスラビア戦争などを次々と仕掛けた。国際秩序は深刻なダメージを受け、法に基づくガバナンスが急務となったのである。そして「人類運命共同体の構築」提議と「一帯一路」の実践は、「共に話し合い、共に建設し、共に勝ち、共に分かち合う」ことこそ法に基づくグローバル・ガバナンスの最もよい形式であることを示した。そこには一つの重要な原則が貫かれている。それは国の大小、貧富、強弱を問わず、法律上も主権上も一律に平等だという点である。これは法に基づくグローバル・ガバナンスの最もよい案であり、各国の人々から幅広い賛同を得た。中国は現在、法に基づく国家統治を隅々まで実践しており、国際法治と互いに歩調を合わせ、共同推進していく必要がある。中華人民共和国は国際法治や法に基づくグローバル・ガバナンスの提唱者・参与者であるだけでなく、その模範的執行者となり、理論面や思想面、さらには物質面からも法に基づくグローバル・ガバナンスの支持者とならなければならない。そして、そこから全面的な法に基づく国家統治と、法に基づくグローバル・ガバナンスとの有機結合を推進していく。

もちろん、人類運命共同体の構築は長期的な発展過程であり、一朝一夕に成し遂げられるものではなく、成し

遂げられるわけもない。一般的には国内から始め、まずは中華民族運命共同体を構築しなければならない。その後、地域人民共同体、そして大陸間人類運命共同体、最後に人類運命共同体の段階へと入るのである。つまり、これには比較的長い時間が必要で、一代限りで完成させるのは不可能であり、何代あるいは十数代の人々の努力がなければ最終的な完成を見ることはできない。この過程は今この時から始めなければならず、「一帯一路」はまさにこの偉大なプロジェクトの始まりかつ初歩的実践なのである。

2、中国の特色ある人権発展の道と国際人権動向との結合

二〇世紀半ば、国連の成立および『国連憲章』公布、とりわけ一九四八年『世界人権宣言』の公布に伴い、人権問題は世界各国の人々からの注目の的となり、人権の尊重と保障が各国の憲法に次々と書き入れられた。「三世代の人権論」が西側の「人権天賦論」に次第に取って代わっていき、マルクス主義の人権に関する理論は全世界へと広まっていった。習近平国家主席の国連総会とスイスのジュネーブにおける二度の演説、および国連の重要な決議が「人類運命共同体構築」という偉大な構想を認めたことは、人権問題をさらに全国人民の関心の中心へと駆り立てた。すなわち、平和と発展という国際潮流の中で、各国の人権保障と国際人権発展の方向をいかに有機結合させていくかということである。

この偉大な歴史的潮流の中で、習近平が示して指摘した中国の特色ある人権発展の道は、各国が自国の人権と国際人権とを結びつけて発展させるのに、重要な啓示的役割を果たした。中国の特色ある人権発展の道における基本点は、唯物史観を基礎理論とし、中国の国情に基づき、人民を中心として発展を理念とし、理論と実践の結合を原則とする理論体系なのである。人民を中心とした発展理念は、国内の人権にとっても、国際的人権にとっても極めて大きな意義がある。発展は人類社会の永遠のテーマであり、人民は人権の中心でもあり、更には人権の動力でもある。人権はまさに人が人たりえるためにあるべき権利なのである。人権が、人民という中心を離れてしまえば、その存在の前提と基盤を失うこととなる。現在の世界においては、貧困撲滅が「人民を中心として」の重要課題となっており、国連が打ち出した「十ヵ年計画」は、各国の人々が人権を尊重・保障する現実的目標である。つまり、民生こそ人権の第一任務なのであり、中国は生存権と発展権が根本的人権であると訴え、さらには完全な貧困脱却の具体的計画および二〇二〇年にす

べての貧困を脱却するという壮大な目標を実施した。国際人権の発展計画もまた、貧困脱却の具体的目標を定めた。まさにこうした理由から、中国の人権状況は国際人権事業に大きな貢献を果たし、各国の貧困脱却活動に有益な経験を提供するに至ったのである。ここには、年間新規就業者一〇〇〇万人増、また全方位・全周期での人民の健康、とりわけ完全な貧困脱却の快挙を実現させたことが含まれる。

ここから分かるように、習近平総書記の「人類運命共同体構築」に関する偉大な構想、そしてそれを実現させる重要なステップである「一帯一路」の提唱は、中国の特色ある人権発展の道と国際人権発展の方向の有機的結合にとって大きな意義を持つのである。これは中国人民の栄誉と貢献であり、同時に世界中の人々と共に人間の全面的発展実現のために尽くす中国人民の努力でもある。もちろん、「人類運命共同体構築」という偉大な構想の提唱は、中国法理学を更なる高みへと昇華させ、人間の全面的発展の歴史過程において法学、とりわけ法理学に更なる役割を発揮させるのである。

六、学科建設への重大な関心と中国の特色ある社会主義法理学への自信と認知度の向上

学科建設は、中国の特色ある社会主義法理学の命である。七〇年近くにわたる建設を通して、中国法理学に十分な進歩が見られたのは疑いの余地がない。二〇世紀半ばの法理学革命から、一九八〇年代初頭の復活・再開、二一世紀の発展、「一八大（中国共産党第一八回全国代表大会）」以来の全面的な法に基づく国家統治、そして法治中国の新時代に突入するに至り、中国法理学はすでに人類法治文明のトップグループ入りを果たしたのである。しかし、我々の法理学研究が比較的弱い点からも目をそらせてはならない。一つ目は、幅広い基礎理論研究の深さが足りず、例えば、中国の特色ある社会主義法治理論をいかに総括するか、いかに述べるか、いかに定義するかの公式な綱要は、現在に至っても見当たらない。二つ目は、中国の特色ある社会主義法治実践とその経験の理論的総括と昇華が足りない点である。源に活きた水がなければ、法学理論体系は生気と活力、時代の息吹を欠くこととなる。三つ目は、中華法治文明と法律思想について深掘りされておらず、伝承と革新に欠ける点である。そのせいで、中国法理学の民族性および中国の特色はそれほど濃

くなく、主導性概念と命題に乏しい。四つ目は、「法理」の基本的範疇、人類法治文明の普遍的法理、新時代法理に対する体系的研究の欠如である。それにより、法治実践と部門法学研究の法理的裏付けにおいて科学的かつ有効な役割が果たせていない。「法理の学」である法理学の学術的本質が、未だ十分に発揮できていないのである。五つ目は、法理学の研究グループがひ弱な点である。とりわけ、国際的影響力と学術権威性を備えた法理学の大学者が不足している。上述の問題は、中国法学会が主催した二〇一八年法理学年度総会において出された各方面の意見に基づいてまとめた結論であり、残念ながらこれが現状である。

こうした問題に向き合ってみると、中国法理学の学科建設を強化することは時代の必須であり、差し迫った課題であることが見て取れる。このため、我々は中国共産党中央の全面的な法に基づく国家統治委員会第一次会議が打ち出した「十の堅持」に基づき、本格的に手を下し、着実に実行して規則を打ち立て、これを徹底していかなければならない。第一に、我々は法理学の理論建設と学術建設を強化し、法理学の科学性を高めていく必要がある。現状を見れば、研究グループを組織して計画を制定し、マルクス主義法学経典研究の強化と共に、マルクス主義法学中国化・時代化・大衆化の理論的成果、特に中国の特色ある社会主義法制理論研究を強化していくことである。第二に、法学体系と法理学基本範疇の研究を強化する。第三に、法体系と法治体系精神の内核である法理要素の研究を強化する。第四に、中国古代法理学の研究を強化し、各国の法理学界と手を携えて「人類運命共同体を構築」する。第五に、部門法学に対する法理研究を強化し、中国法理学の足場を固める。第六に、西洋法理学の追跡研究を強化する。要するに、中国法理学のグレードアップとモデルチェンジを推進し、「全面的な法に基づく国家統治」をより理想的でより高い段階へと押し上げることで、中国法理学への自信と認知度を全面的に高めていくのである。

［注］

（1）『馬克思恩格斯選集（マルクス・エンゲルス選集）』（第三巻）、人民出版社、一九九五年、五二三頁。

（2）『馬克思恩格斯選集（マルクス・エンゲルス選集）』（第一七巻）、人民出版社、一九六三年、四七六頁。

（3）『中共中央関於全面推進依法治国若干重大問題的決定（法に基づく国家統治の全面的推進における若干の重大問題に関する中共中央の決定）』、人民出版社、二〇一四年、三三頁。

（4）『中共中央関於全面推進依法治国若干重大問題的決定（法に基づく国家統治の全面的推進における若干の重大問題に関

する中共中央の決定)』、人民出版社、二〇一四年、五頁。

(5)『中共中央関於全面推進依法治国若干重大問題的決定(法に基づく国家統治の全面的推進における若干の重大問題に関する中共中央の決定)』、人民出版社、二〇一四年、四頁。

(6)『中共中央関於全面推進依法治国若干重大問題的決定(法に基づく国家統治の全面的推進における若干の重大問題に関する中共中央の決定)』、人民出版社、二〇一四年、五五頁より孫引き。

(7)『馬克思恩格斯選集(マルクス・エンゲルス選集)』(第一巻)、人民出版社、一九九五年、二九四頁。

(8)『董必武政治法律文集』、法律出版社、一九八六年、四六頁。

(9)『王安石文集・周公』。

(10)『馬克思恩格斯全集(マルクス・エンゲルス全集)』(第一巻)、人民出版社、一九九五年、三四九頁。

(11)『馬克思恩格斯全集(マルクス・エンゲルス全集)』(第四二巻)、人民出版社、一九七九年、三八五頁。

(12)『馬克思恩格斯全集(マルクス・エンゲルス全集)』(第三巻)、人民出版社、一九七二年、五六二頁。

(13)『馬克思恩格斯全集(マルクス・エンゲルス全集)』(第一巻)、人民出版社、一九九五年、一七六頁。

(14)『毛沢東早期文稿』(一九一二年六月~一九二〇年一一月)、湖南出版社、一九九〇年、一頁。

(15) 習近平『決勝全面建成小康社会奪取新時代中国特色社会主義偉大勝利—在中国共産党第一九次全国代表大会上的報告(小康社会の全面的完成の決戦に勝利し、新時代の中国の特色ある社会主義の偉大な勝利をかち取ろう—中国共産党第一九回全国代表大会における報告)』、人民出版社、二〇一七年、七一頁。

参考文献

『馬克思恩格斯全集（マルクス・エンゲルス全集）』一～三巻。

『馬克思恩格斯選集（マルクス・エンゲルス選集）』一～四巻。

『毛沢東選集』一～四巻、人民出版社、一九九一年。

『毛沢東早期文稿』、湖南出版社、一九九〇年。

『鄧小平文選』一～三巻、人民出版社、一九九三～一九九四年。

『江沢民文選』一～三巻、人民出版社、二〇〇六年。

『胡錦濤文選』一～三巻、人民出版社、二〇一六年。

『習近平国政運営を語る』第二巻、外文出版社、二〇一七年。

『習近平関於全面依法治国論述摘編（全面的な法に基づく国家統治に関する習近平の論述抄録）』、中央文献出版社、二〇一五年。

習近平『決勝全面建成小康社会奪取新時代中国特色社会主義偉大勝利—在中国共産党第一九次全国代表大会上的報告（小康社会の全面的完成の決戦に勝利し、新時代の中国の特色ある社会主義の偉大な勝利をかち取ろう—中国共産党第一九回全国代表大会における報告）』、人民出版社、二〇一七年。

『中共中央関於全面推進依法治国若干重大問題的決定（法に基づく国家統治の全面的推進における若干の重大問題に関する中共中央の決定）』、人民出版社、二〇一四年。

『中国法律図書総目』、中国政法大学出版社、一九九一年。

『中国大百科全書》（法学巻）、中国大百科全書出版社、一九八四年。

『文淵閣四庫全書』、商務印書館、二〇一六年。

楊伯峻訳注『春秋左伝注』、中華書局、二〇一六年。

左丘明『国語』、上海古籍出版社、一九七八年。

繆文遠等訳注『戦国策』、中華書局、二〇一二年。

呂不韋『呂氏春秋』、中華書局、二〇一一年。

呂不韋『諸子集成』、中華書局、一九五四年。

司馬光『資治通鑑』、岳麓書社、一九九〇年、点校版。

『周礼・儀礼・礼記』、岳麓書社、一九八九年、点校版。

阮元校刻『十三経注疏』、中華書局、一九八〇年、影印本。

楊伯峻訳注『論語訳注』、中華書局、一九八〇年。

楊伯峻訳注『孟子訳注』、中華書局、一九六〇年。

方勇・李波訳注『荀子』、中華書局、二〇一五年。

房玄齢『管子』、上海古籍出版社、二〇一五年。

石磊訳『商君書』、中華書局、二〇一八年。

方勇訳注『墨子』、中華書局、二〇一五年。

湯漳平、王朝華訳注『老子』、中華書局、二〇一四年。

方勇訳注『庄子』、中華書局、二〇一五年。

董仲舒『春秋繁露』、上海古籍出版社、一九八九年。

陳広忠訳『淮南子』（上・下）、中華書局、二〇一二年。

桓寛『塩鉄論』、中華書局、二〇一五年。

長孫無忌等撰『唐律疏議』、法律出版社、一九九九年。
『歴代刑法志』、群衆出版社、一九六二年。
王充『論衡』、陳蒲清校勘、岳麓書社、二〇〇六年。
朱熹『朱子語類』、中華書局、一九九四年。
『白居易集』、岳麓書社、一九九二年。
『欧陽修全集』、中華書局、二〇〇一年。
『東坡全集』、北京燕山出版社、二〇〇九年。
『王安石全集』、吉林人民出版社、一九九六年。
『柳河東集』（上・下）、上海古籍出版社、二〇〇八年。
『宋本范文正公文集』一～四冊、国家図書館出版社、二〇一七年。
『包拯集』、中華書局、一九六三年。
『朱熹集』、四川教育出版社、一九九六年。
『王陽明全集』、上海古籍出版社、二〇一一年。
『張太岳集』、上海古籍出版社、一九八四年。
『海瑞集』、中華書局、一九六二年。
黄宗羲『明夷待訪録』、岳麓書社、二〇一一年。
顧炎武『日知録集釈』、岳麓書社、一九九四年。
『龔自珍全集』、上海人民出版社、一九七五年。
『魏源全集』、岳麓書社、二〇〇四年。
沈家本『歴代刑法考』（全四冊）、中華書局、一九八五年。
『黄侃手批白文十三経』、上海古籍出版社、一九八三年。
梁啓超『飲氷室文集』、中華書局、一九八九年、影印本。
王韜『弢園文録外編』、中華書局、一九五九年。
范文瀾『中国通史』、人民出版社、一九七八年。
張豈之主編『中国思想史』、高等教育出版社、二〇一五年。
李沢厚『中国古代思想史論』、人民出版社、一九八六年。
張憲文『中華民国史綱』、河南人民出版社、一九八五年。
賈逸君『中華民国史』、岳麓書社、二〇一一年。
李新・孫思白『民国人物伝』一～六巻、中華書局、一九七八～一九八七年。
李光燦・張国華『中国法律思想通史』一～四冊、山西人民出版社、二〇〇〇年。
張晋藩主編『中国法制通史』（十巻本）、法律出版社、一九九九年。
楊鶴皋『中国法律思想通史』（上・下）、湘潭大学出版社、二〇一一年。
『中国教育年鑑（一九四九―一九八一年）』、中国大百科全書出版社、一九八四年。
張覚訳注『商君書全訳』、貴州人民出版社、一九九三年。
睡虎地秦墓竹簡整理小組『睡虎地秦墓竹簡』、文物出版社、一九七八年。
呉兢『貞観政要』、上海古籍出版社、一九七八年。
蒋祖怡『王充巻』、中州書画社、一九八三年。
『李大釗選集』、人民出版社、一九五九年。
『陳独秀文章選編』（上中下）、三聯書店、一九八四年。
『廖仲愷集』、中華書局、一九八八年。
鄧中夏『廖仲愷先生哀思録』、三民書局、一九二七年。
『孫中山選集』（上下冊）、人民出版社、一九五六年。
『董必武選集』、人民出版社、一九八五年。

『董必武政治法律文集』、法律出版社、一九八六年。
韓述之主編『中国社会科学争鳴大系』(政治巻・法律巻)、上海人民出版社、一九九一年。
李達『法理学大綱』、法律出版社、一九八三年。
『彭真文選』、人民出版社、一九九一年。
沈譜・沈人驊『沈鈞儒年譜』、群言出版社、二〇一三年。
韓延龍・常兆儒主編『中国新民主主義革命時期根拠地法制文献選編』(第四巻)、中国社会科学出版社、一九八四年。
銭穆『先秦諸子系年』、商務印書館、二〇一五年。
陶鴻慶『読諸子札記』、中華書局、一九五九年。
何勤華『中国法学史』、法律出版社、二〇〇六年。
栗勁『秦律通論』、山東人民出版社、一九八五年。
徐道隣『中国法制史論集』、志文出版社、一九七五年。
中国史学会主編『太平天国』一〜八冊、神州国光社、一九五二年。
李龍主編『法理学』、中国社会科学出版社、二〇〇三年。
『李龍文集』一〜二巻、武漢大学出版社、二〇〇六年・二〇一一年。
李龍『鄧小平法制思想研究』、江西人民出版社、一九九八年。
李龍『新中国法制建設的回顧与反思』、中国社会科学出版社、二〇〇四年。
李龍『良法論』、武漢大学出版社、二〇〇五年。
李龍『人本法律観研究』、中国社会科学出版社、二〇〇六年。
『韓徳培文集』(上・下)、武漢大学出版社、二〇〇七年。
朱有『中国近代学制史料』、華東師範大学出版社、一九八九年。
高華平・王斉洲・張三夕訳『韓非子』、中華書局、二〇一五年。
陳高傭『公孫龍子・鄧析子・尹文子今解』、商務印書館、二〇一七年。
唐浩明『楊度』(上中下)、人民文学出版社、二〇〇二年。
沈宗霊『現代西方法理学』、北京大学出版社、一九九二年。
蘇力『法治及其本土資源』、中国政法大学出版社、一九九六年。
夏勇『法治与21世紀』、社会科学文献出版社、二〇〇四年。
卓沢淵『法的価値論』、法律出版社、一九九九年。
公丕祥『法哲学与法制現代化』、南京大学出版社、一九九八年。
郭道暉『中国当代法学争鳴実録』、湖南人民出版社、一九九八年。
陳弘毅『法治、啓蒙与現代法的精神』、中国政法大学出版社、一九九八年。
范忠信『中国法律伝統的基本精神』、山東人民出版社、二〇〇一年。
劉景范『陝甘寧辺区的政権建設』、甘粛人民出版社、一九九一年。
張希坡『革命根拠地法制史研究与〝史源学〟挙隅』、中国人民大学出版社、二〇一一年。
費孝通『郷土中国・生育制度・郷土重建』、商務印書館、二〇一五年。
瞿同祖『中国法律与中国社会』、中華書局、二〇〇三年。
楊鴻烈『中国法律思想史』、中国政法大学出版社、二〇〇四年。
呂世倫主編『現代西方法学流派』、中国大百科全書出版社、二〇〇〇年。
鄧正来主編『布莱克維尔政治学百科全書(THE BLACKWELL ENCYCLOPAEDLA OF POLITICAL SCIENCE)』、中国政法大学出版社、一九九二年。

周鯁生『国際法』（上下册）、商務印書館、一九七六年。

王鉄崖等『周鯁生国際法論文選』、海天出版社、一九九九年。

［米］費正清（John King Fairbank）・崔瑞徳（Denis Crispin Twitchett）主編『剣橋中国史（The Cambridge history of China）』（一〜一五巻）、中国社会科学出版社、一九九〇〜二〇〇六年。

［古代ギリシア］亜里士多徳（Aristotelēs）『政治学』、呉寿彭訳、商務印書館、一九八一年。

［英］韋恩・莫里森（Wayne Morrison）『法理学：从古希腊到後現代（古代ギリシアからポストモダニティまで）』、李桂林・李清偉・侯健・鄭雲瑞訳、武漢大学出版社、二〇〇三年。

［米］E・博登海默（E. Bodenheimer）『法理学：法律哲学与法律方法』、.正来訳、華夏出版社、一九八七年。

［米］羅斯科・龐徳（Roscoe Pound）『法理学』（第一巻）、余履雪訳、法律出版社、二〇〇七年。

［米］布坎南（Buchanan）『自由・市場与国家』、呉良健等訳、北京経済学院出版社、一九八八年。

［米］羅斯科・龐徳（Roscoe Pound）『通過法律的社会控制（法に基づく社会統制）』、沈宗霊訳、商務印書館、二〇一〇年。

［米］理査徳・波斯納（Richard Posner）『法律的経済分析（法の経済分析）』、蔣兆康・林毅夫訳、中国大百科全書出版社、一九九七年。

［米］理査徳・波斯納（Richard Posner）『法理学問題』、蘇力訳、中国政法大学出版社、一九九四年。

［独］伯恩・魏徳士（Bernd R. thers）『法理学』、丁小春・呉越訳、法律出版社、二〇〇三年。

［独］K・茨威格特（K. Zweigelt）／H・克茨（H. K.tz）『比較法総論』、潘漢典・米健・高鴻鈞・賀衛方訳、法律出版社、二〇〇三年。

［仏］勒内・達維徳（Rene David）『当代主要法律体系（現代の主要法体系）』、漆竹生訳、上海訳文出版社、一九八四年。

［日］川島武宜『現代化与法』、王志安・渠濤等訳、中国政法大学出版社、一九九四年。

［仏］狄冀（Duguit）『公法的変遷：法律与国家（公法の変遷：法律と国家）』、鄭戈・冷静訳、遼海出版社・春風文藝出版社、一九九九年。

［墺］凱尔森（Kelsen）『法与国家的一般理論（法と国家の一般理論）』、沈宗霊訳、商務印書館、二〇一三年。

［日］仁井田陞『唐令拾遺』、栗勁ほか訳、長春出版社、一九八九年。

執筆者・訳者紹介

李龍（りりゅう）

一九三七～二〇二〇年。湖南省祁陽人。武漢大学人文社会科学資深教授。二〇一二年、中国法学会より「全国傑出資深法学家」に選出、二〇一八年には「湖北文化名人」、「荊楚社科名家」に選ばれる。

これまでに国際法哲学と社会哲学協会中国分会副会長、教育部法学教育教学指導委員会副主任・顧問、中国法学会学術委員会委員、中国法学会常務理事、中国法学会法理研究会副会長・顧問、中国法学会法学教育研究会副会長・顧問、教育部「新時代におけるマルクス主義理論研究と建設プロジェクト」重点教材審議委員会委員、浙江大学法学部学部長、国家「二〇一一協同創新センター」認定作業専門家、武漢大学人権研究院長などを歴任。

主な研究分野は法理学、憲法学、法学教育である。著書や教材（編集長）は四〇冊余り。『中国社会科学』、『新華文摘』、『法学研究』、『中国法学』など核心的学術誌に二〇〇余りの論文が掲載。一二七名の博士を育て、そのうち一二名が大学の学長もしくは副学長となっている。国家レベル教学優秀成果賞一等賞を三回（一九九七年は序列三位、二〇〇一年は序列筆頭者、二〇〇五年は序列三位）、国家教育委員会科研成果一等賞を一回（一九九八年『人権的理論与実践』、総執行編集長）、教育部全国優秀教材一等賞を二回（二〇〇二年独著『憲法基礎理論』、序列二位の『法理学』）、司法部優秀教材一等賞を一回（編集長としての『良法論』）、湖北省人民政府科研成果一等賞を二回（二〇〇四年『依法治国方略実施問題研究』、二〇〇九年『人本法律観研究』）を受賞。

呂衛清（ろえいせい）

一九六九年生まれ。華中師範大学准教授。訳書・論文に『世界反ファシズム戦争における中国抗戦の歴史的地位』（共訳、アーツアンドクラフツ）、『法治社会における基本的人権―発展権の法的制度研究』（訳書、白帝社）、『満鉄農村調査（総第四巻・慣行類第四巻）』（共訳、中国社会科学出版社）、「『羅生門』詞義漢化的認知分析」（『語文文化学刊（創刊号）』）、「是『正能量』還是『プラスのエネルギー』?―論翻訳策略的選択」（『新世紀術語及新詞日訳的探索和発展』）など。

神田英敬（かんだひでのり）

一九七八年生まれ。武漢理工大学日本人教師。主な訳書に『世界反ファシズム戦争における中国抗戦の歴史的地位』（共訳、アーツアンドクラフツ）、『人生の起点と終着駅』（訳書、東方出版社）、「『黄帝内経』と生命科学に関する一考察」（訳書、東方出版社）、『中日関係の光と影』（共訳、安徽人民出版社）、『医療衛生サービス常用語対訳ハンドブック』（共訳、中訳出版社）など。

中国法理学発展史

2024年8月31日　第１版第１刷発行

著者◆李　龍
訳者◆呂衛清、神田英敬
発行人◆小島　雄
発行所◆有限会社アーツアンドクラフツ
東京都千代田区神田神保町2-7-17
〒101-0051
TEL. 03-6272-5207　FAX. 03-6272-5208
http://www.webarts.co.jp/
印刷　シナノ書籍印刷株式会社

落丁・乱丁本はお取り替えいたします。
ISBN978-4-908028-99-1　C3022